Bruce Fife

Mein Keto-Kochbuch

450 ketogene Rezepte
zum gesunden Genießen & Abnehmen

Kochen nach dem Keto-Prinzip

VAK

VAK Verlags GmbH
Kirchzarten bei Freiburg

Titel der amerikanischen Originalausgabe:
Dr. Fife's keto cookery: nutritious and delicious ketogenic recipes for healthy living

Erschienen bei Piccadilly Books, Ltd., Colorado Springs, USA

Bibliografische Information der Deutschen Nationalbibliothek
Die Deutsche Nationalbibliothek verzeichnet diese Publikation in der Deutschen Nationalbibliografie; detaillierte Bibliografische Daten sind im Internet unter http://dnb.d-nb.de abrufbar.

VAK Verlags GmbH
Eschbachstraße 5
79199 Kirchzarten
Deutschland
info@vakverlag.de
Das gesamte Verlagsprogramm mit Leseproben finden Sie im Internet unter:
www.vakverlag.de

6. Auflage 2026

Übersetzung: Anni Pott
Lektorat: Imke Rötger
Coverdesign: Sabine Fuchs, Oberhaching
Coverfotos: © iStock.com / fcafotodigital (großes Foto); Elena Veselova / Shutterstock.com, Elena Gaak / Shutterstock.com, Phototasty / Shutterstock.com
Fotos: © Bruce Fife
Layout und Satz: de·te·pe, Aalen
Druck: mediaprint solutions GmbH, Paderborn
Printed in Germany
ISBN 978-3-86731-194-6 (Paperback)
ISBN 978-3-95484-357-2 (ePub)
ISBN 978-3-95484-368-8 (PDF)

Inhalt

Hinweise des Verlags

Dieses Buch dient der Information über Möglichkeiten der Gesundheitsvorsorge. Wer sie anwendet, tut dies in eigener Verantwortung. Autor und Verlag beabsichtigen nicht, individuelle Diagnosen zu stellen oder Therapieanleitungen zu geben. Die Informationen und Empfehlungen in diesem Buch sind nicht als Ersatz für professionelle medizinische oder naturheilkundliche Hilfe bei ernsthaften gesundheitlichen Problemen zu verstehen. Wenden Sie sich bitte an Ihren behandelnden Arzt oder Therapeuten, bevor Sie Entscheidungen bezüglich Ihrer Gesundheit treffen oder wenn Sie Beratung und Anleitung bei einem speziellen medizinischen Problem benötigen.

Autor und Verlag übernehmen keine Verantwortung für besondere gesundheitliche oder allergiebedingte Bedürfnisse, die ärztlich überwacht werden müssen, oder für Nebenwirkungen, die durch Anwendung der in diesem Buch vorgestellten Rezepte auftreten könnten.

Bei allen Rezepten ist neben der Angabe der Nährwerte pro Portion jeweils angegeben, wie viele Portionen ein Rezept ergibt.

Die in den Rezepten oft genannte „Tasse" ist eine in den USA übliche Maßeinheit, die sich auf eine Art Meßbecher bezieht. Es werden jeweils auch die Gewichtsangaben aufgeführt.

Kapitel 1

Einleitung

Die ketogene Ernährung

Eine ketogene Ernährung ist eine Ernährungsweise, die den Körper in den Zustand der Ketose versetzt – ein metabolischer Zustand, in dem der Körper Fett statt Glukose (Zucker) als Hauptbrennstoffquelle nutzt und verbrennt. Wenn man diesen Punkt erreicht hat, befindet man sich in Ketose. Da diese Form von Ketose durch die aufgenommene Nahrung hervorgerufen wird, spricht man hier oft von einer ernährungsbedingten Ketose.

Die ketogene Ernährung ist im Wesentlichen eine sehr kohlenhydratarme, fettreiche, moderat proteinhaltige Ernährung. Die therapeutische Wirkung ergibt sich aus der strikten Beschränkung von Kohlenhydraten und der großzügigen Verwendung von Fett, mit gerade genug Protein, um den täglichen Eiweißbedarf zu decken.

Die gesundheitlichen Vorteile einer ketogenen Ernährung sind vielfältig. Diese Ernährungsweise wurde ursprünglich in den 1920er Jahren als therapeutische Maßnahme speziell zur Behandlung von Epilepsie entwickelt. Sie ist bis heute die einzige Therapie, die sich bei Epilepsie als erfolgreich erwiesen hat, selbst in schwersten, arzneimittelresistenten Fällen. Die ketogene Ernährung hat sich im Laufe der Jahre auch erfolgreich erwiesen bei der Behandlung von vielen anderen Erkrankungen und Störungen des Gehirns, wie Alzheimer, Parkinson, ALS, Autismus und bei traumatischen Gehirnverletzungen.

Nahrungsfette sind eine entscheidende Komponente der ketogenen Ernährung und machen zwischen 60 und 90 Prozent der täglichen Kalorienaufnahme aus. Dieser hohe prozentuale Anteil von Fett veranlasste einige Ärzte dazu, die Unbedenklichkeit dieser Ernährung infrage zu stellen. Seit vielen Jahren geht man davon aus, dass Fett, insbesondere gesättigte Fettsäuren, Herzkrankheiten fördert. Doch die ketogene Ernährung wird seit fast einem Jahrhundert therapeutisch eingesetzt. Tausende von Patienten haben sie ohne gravierende negative Auswirkungen erfolgreich angewendet, und das in manchen Fällen über viele Jahre.

Tatsache ist, dass sie nicht nur nicht schädlich ist, sondern alle Parameter zu verbessern scheint, die Ärzte üblicherweise erfassen, um den Gesundheitszustand eines Patienten zu beurteilen. Der Blutcholesterinspiegel sinkt; der Spiegel des HDL-Cholesterins – das sogenannte gute Cholesterin, von dem man annimmt, dass es vor Herzkrankheiten und Schlaganfällen schützt – steigt; der Blut-Triglycerid-Spiegel sinkt (erhöhte Werte sind ein Risikofaktor für Herzinfarkte); hoher Blutdruck wird gesenkt, der Blutzuckerspiegel normalisiert sich; die Gehirnfunktion verbessert sich; systemische Entzündungen gehen zurück; Übergewicht wird gesenkt; das Energieniveau steigt; die körperliche Leistungsfähigkeit und Ausdauer verbessern sich; die Verdauung funktioniert besser, die Gesundheit des gesamten Körpers wird positiv beeinflusst. Als Folge davon werden viele gesundheitliche Probleme abgeschwächt oder verschwinden ganz.

Der Zweck dieses Buches

Sich ketogen zu ernähren ist einfach. Es erfordert jedoch eine Änderung der Essgewohnheiten und eine Umstellung bei der Essenszubereitung. Viele Menschen suchen im Internet nach Rezepten. Das könnte ein großer Fehler sein. Verstehen Sie mich nicht falsch. Das Internet ist ein sehr nützliches Instrument, und man kann viele gute Informationen dort finden. Aber es ist auch eine Quelle von vielen Falschinformationen, insbesondere wenn es um Ernährung und Gesundheit geht. Auch nach ketogenen Rezepten suchen viele Menschen zuerst im Internet. Leider sind jedoch sehr viele dieser sogenannten ketogenen Rezepte nicht wirklich gesund, geschweige denn ketogen. Sie sind voller Kohlenhydrate, Süßstoffe, ungesunder Fette und anderer fragwürdiger Zutaten.

Viele Menschen, die diese Rezepte posten, gehen davon aus, ketogen sei das Gleiche wie kohlenhydratarm (Low-Carb). Das stimmt aber nicht! Alle ketogenen Rezepte sind kohlenhydratarm, aber nicht alle kohlenhydratarmen Rezepte sind ketogen. Ich habe festgestellt, dass viele der sogenannten ketogenen Rezepte im Internet nicht wirklich ketogen sind. Wenn Sie diese Rezepte nutzen, torpedieren Sie nur Ihre Bemühungen, eine ernährungsbedingte Ketose zu erreichen, und verlangsamen Ihre Fortschritte. Sofern Sie aus gesundheitlichen Gründen mit einer ketogenen Ernährung anfangen wollen, müssen Sie darauf achten, dass die Rezepte, die Sie verwenden, wirklich ketogen sind, sonst werden Sie von den Ergebnissen und Fortschritten enttäuscht sein.

Mit der wachsenden Popularität der ketogenen Lebensweise ist auch das Angebot an ketogenen Rezepten gewachsen, sodass sie heute im Überfluss vorhanden sind. Man kann problemlos Hunderte von Rezepten finden, nicht nur im Internet, sondern auch in Büchern und Zeitschriften. Viele von ihnen klingen köstlich, wie etwa Keto-Cupcakes oder Keto-Eiskrem … Doch gibt es so etwas wirklich?

Menschen, die nach ketogenen Rezepten suchen, gehen im Allgemeinen einfach davon aus, dass ein Rezept, das als „ketogen“ oder „kohlenhydratarm“ bezeichnet wird, auch wirklich ketogen ist. Weit gefehlt! Denn der Begriff „kohlenhydratarm“ ist relativ. Ein einziges Stück eines gewöhnlichen Schokoladenkuchens kann zum Beispiel 50 Gramm Kohlenhydrate enthalten. Ein gleich großes Stück Schokoladenkuchen in einer kohlenhydratarmen Version mag mit 40 Gramm Kohlenhydraten etwas weniger enthalten. Doch 40 Gramm sind sehr viele Kohlenhydrate, wenn Sie sich an ein ketogenes Ernährungsprogramm halten, bei dem Ihre gesamte tägliche Kohlenhydratzufuhr womöglich auf nur 20 oder 30 Gramm beschränkt ist. Da 40 Gramm jedoch weniger als 50 Gramm sind, wird der Kuchen als „kohlenhydratarm“ bezeichnet. Und viele Low-Carb-Anhänger wundern sich, warum sie nicht abnehmen, wenn sie diese pseudo-kohlenhydratarmen Lebensmittel essen!

Damit kohlenhydratarme und ketogene Produkte genauso süß und verlockend wie die Versionen mit vollem Kohlenhydratgehalt schmecken, werden kalorienarme künstliche Süßstoffe jedweder Art hinzugefügt, für gewöhnlich Aspartam oder Splenda. Viele Menschen haben nach wie vor Angst vor Fetten, vor allem vor gesättigten Fettsäuren, sodass sie ihre Gerichte fettarm zubereiten oder Margarine bzw. Pflanzenöle anstelle von gesunden gesättigten Fettsäuren verwenden.

Es kann frustrierend sein, alle die sogenannten kohlenhydratarmen und ketogenen Rezepte zu durchforsten, um jene zu finden, die wirklich ketogen und gesund sind. Das hat mich veranlasst, dieses Buch zu schreiben. Ich wollte „echte" ketogene Rezepte mit gesunden Zutaten anbieten. Dieses Buch enthält alle meine ketogenen Lieblingsrezepte, die ich im Laufe der Jahre gesammelt und entwickelt habe. Diese Rezepte konzentrieren sich auf frische, natürliche Nahrungsmittel und Vollwertprodukte, ohne chemische Zusatzstoffe, schädliche Fette oder synthetische Süßstoffe. Keines der Rezepte enthält Gluten oder Getreide. Ein Ziel war auch, alles möglichst einfach zu halten. Manche Keto-Rezepte verlangen stundenlange Vorbereitungen. Hier ist das nicht so.

Diese Gerichte sind im Allgemeinen schnell und einfach zuzubereiten und dennoch außergewöhnlich köstlich. Bei den Zutaten handelt es sich um gängige Lebensmittel, die problemlos erhältlich sind. Es kann frustrierend sein, wenn man ein fantastisches Gericht sieht, aber wenn man es nachzukochen versucht, feststellt, dass dazu Galgantwurzel, Kaffir-Limettenblätter oder Prik Kee Noo benötigt werden. Diese Zutaten mögen in Thailand gängig sein, andernorts aber nicht. Über das Internet können zwar viele exotische Kräuter und Gewürze bestellt werden, aber wer möchte schon 10 Euro Versandkosten für ein Gewürz im Wert von 5 Euro zahlen? Die Zutaten, die in diesem Buch zu finden sind, sind hingegen in den meisten Supermärkten erhältlich.

Bei den Rezepten in diesem Buch werden meistenteils frische Produkte und keine Konserven-, Tiefkühl- oder abgepackten Produkte verwendet. Ausnahmen sind Würzmittel wie Mixed Pickles und Senf. Jedes Rezept ist auf nicht mehr als 15 Gramm Kohlenhydrate pro Portion begrenzt, meist auf noch weniger.

Wie Sie eine ernährungsbedingte Ketose erreichen

Sie erreichen eine ernährungsbedingte Ketose, indem Sie 60 bis 90 Prozent der Kalorien als Fett zu sich nehmen, 15 bis 20 Prozent als Eiweiß und 0 bis 15 Prozent als Kohlenhydrate. Diese Verhältnisse müssen nicht genau bei jeder Mahlzeit eingehalten werden, aber die tägliche Gesamtaufnahme sollte sich innerhalb dieser Grenzen bewegen. Beachten Sie bitte, dass Sie Ihre Kohlenhydrataufnahme massiv beschränken; dies ist von entscheidender Bedeutung für die Produktion von Ketonkörpern. Ihr Körper bildet nur dann Ketone, wenn Ihre Blutzuckerwerte niedrig sind. Beim Verzehr von Kohlenhydraten steigt der Blutzuckerspiegel. Deshalb muss der Verzehr von Kohlenhydraten auf ein Minimum beschränkt werden.

Die prozentualen Anteile von all den Nährstoffen auszurechen, die bei jeder Mahlzeit während des Tages verzehrt werden, kann sehr mühselig sein. Bei den Rezepten in diesem Buch brauchen Sie hingegen keine Berechnungen anzustellen. Eine einfachere Möglichkeit, um sicherzustellen, dass eine Mahlzeit ketogen ist, besteht darin, einfach die Menge an verzehrten Kohlenhydraten zu begrenzen und darauf zu achten, dass Sie jede Menge Fett zuführen. Um einen Zustand der ernährungsbedingten Ketose zu erreichen und aufrechtzuerhalten, sollten Sie Ihre Netto-Kohlenhydrataufnahme auf weniger als 40 Gramm pro Tag beschränken, wobei nicht mehr als 15 Gramm auf eine Mahlzeit entfallen. „Netto-Kohlenhydrate" werden definiert als die Gesamt-Kohlenhydrate minus Ballaststoffe (Fasern) (Ballaststoffe werden als Kohlenhydrate klassifiziert, liefern aber keine Kalorien und haben auch keine negativen Auswirkungen auf den Blutketonspiegel).

Eiweiß sollte ebenfalls auf etwa 60 bis 90 Gramm täglich beschränkt werden, abhängig von Ihrer Körpergröße und dem Ausmaß Ihrer körperlichen Aktivitäten. Jemand, der größer ist, oder jemand, der körperlich aktiv ist, braucht mehr Eiweiß als jemand, der kleiner oder weniger aktiv ist. Die jeweiligen Werte werden unter jedem Rezept angegeben. Wenn Sie im Auge behalten möchten, was sie essen, brauchen Sie nur die Gramm an Kohlenhydraten und Eiweiß zu addieren, die Sie täglich zu sich nehmen.

Mit einigen wenigen Ausnahmen enthalten die meisten Rezepte eine ausreichende Menge an Fett, sodass die einzelnen Gerichte ketogen sind und Sie sich nicht bei jeder Mahlzeit die Menge an darin enthaltenem Fett notieren müssen, um dann insgesamt am Tag auf die im Verhältnis richtige Fettmenge zu kommen. Gerichte mit einem geringeren Fettgehalt sollten Sie jedoch mit anderen fettreicheren Gerichten kombinieren. Ein Steak allein liefert zum Beispiel normalerweise nicht genug Fett, um ketogen zu sein, sodass es mit einem oder mehreren fettreichen Salat- oder Gemüsegerichten kombiniert werden sollte, die dafür sorgen, dass die Gesamt-Fettzufuhr ein ketogenes

Niveau erreicht. Ich bezeichne diese als „keto-freundliche“ Nahrungsmittel, weil sie sehr kohlenhydratarm sind und leicht in ein ketogenes Ernährungsprogramm integriert werden können.

Fette und Öle

Eine der Grundlagen der ketogenen Ernährung ist Fett. Nahrungsfette liefern die für die Ketonbildung notwendigen Bausteine. Sie müssen reichlich Fett essen, damit der Körper dazu übergeht, Fett statt Glukose zu verbrennen.

Bei den meisten Rezepten in diesem Buch wird Kokosöl als die Hauptfettquelle verwendet. Der Grund ist, dass Kokosöl ein gutes Speiseöl ist, bei normalen Kochtemperaturen sehr stabil ist und gut schmeckt. Entscheidend dafür, dass es regelmäßig bei ketogenen Ernährungsprogrammen verwendet wird, ist jedoch, dass es ketogener als die meisten anderen Fettarten ist. Kokosöl wird leicht in Ketone umgewandelt und lässt den Blutketonspiegel schnell steigen, weitaus mehr als andere Fette.

Manche Fette sind gesünder als andere. Auch wenn bei den Rezepten eine bestimmte Fettart vorgeschlagen wird, können Sie diese durch jede Fettart ersetzen, die Sie möchten. Wählen Sie dazu Fette aus der nachstehenden Liste der „Empfohlenen Fette“. Alle diese Öle sind unbedenklich für die Zubereitung von Speisen. Halten Sie sich jedoch fern von den „Nicht empfohlenen Fetten“ und verwenden Sie diese nie beim Kochen oder bei der Essenszubereitung.

Zum Kochen und Backen sind Kokosöl, Palmöl, Palmfett, Rotes Palmöl, Palmkernöl und tierische Fette am besten geeignet. Da Kokosöl ketogener als andere Fette ist, verwende ich es, wann immer ich kann. Mir gefallen die Vitamine (Beta-Carotin, Vitamin E, Lycopen usw.), die in Rotem Palmöl zu finden sind, und ich liebe den Geschmack von Butter, Schweineschmalz und Rindertalg. Schmalz und Talg haben gute Antihafteigenschaften, sodass sie zum Braten und Frittieren besonders gut geeignet sind. Aus diesen Gründen verwende ich alle diese Fette beim Kochen und kombiniere sie oft, um mir jede ihrer Eigenschaften zunutze zu machen.

Olivenöl, Macadamianussöl, Avocadoöl, Butter, Ghee und MCT-Öl sollten beim Kochen allerdings besser nur für die Zubereitung von Speisen bei mäßigen oder niedrigen Temperaturen und zum Backen oder für die Zubereitung von Aufstrichen, Salatdressings und Getränken verwendet werden.

Empfohlene Fette	**Nicht empfohlene Fette**
Avocadoöl	Backfett
Butter	Baumwollsamenöl
Ghee	Distelöl
Kokosöl	Erdnussöl
Leichtes Olivenöl extra	Hydrierte Pflanzenöle
Macadamianussöl	Kürbiskernöl
MCT-Öl	Maisöl
Natives Olivenöl extra	Margarine
Palmfett	Rapsöl
Palmkernöl	Sojaöl
Palmöl/Palmfruchtöl	Sonnenblumenöl
Rotes Palmöl	Traubenkernöl
Tierische Fette (Schmalz, Talg, Entenfett usw.)	Walnussöl

Fleisch

Bei einer ketogenen Ernährung können Sie alle Sorten von frischem Fleisch essen – Rindfleisch, Schweinefleisch, Lamm, Büffel, Fisch, Schalen- und Krustentiere, Geflügel, Reh und sonstiges Wildfleisch. Bevorzugt sollten Sie Fleisch aus biologischer Tierhaltung, von Tieren, die mit Gras und ohne Hormone und Antibiotika gefüttert werden, verwenden. Wild gefangener Fisch ist gegenüber solchem aus Fischzuchtfarmen vorzuziehen. Fetthaltige Fleischstücke sind gegenüber mageren Fleischstücken zu bevorzugen. Lassen Sie die Haut am Geflügel, und essen Sie sie mit dem Fleisch. Sie ist oft der leckerste Teil.

Verarbeitetes Fleisch, das Nitrate, Nitrite, Natriumglutamat oder Zucker enthält, sollte gemieden werden. Dazu gehören die meisten Frühstücksfleisch- und verarbeiteten Fleischsorten wie Hotdogs, Bratwürste, Würstchen, Frühstücksspeck und Schinken. Verarbeitetes Fleisch, bei dem nur Kräuter und Gewürze hinzugefügt wurden, ist jedoch erlaubt. Lesen Sie jeweils das

Etikett mit der Angabe der Inhaltsstoffe. Wenn kein Zucker und keine chemischen Zusatzstoffe enthalten sind, ist der Verzehr wahrscheinlich unbedenklich. Wenn nur etwas Zucker darin enthalten ist, können Sie es dennoch essen, sofern Sie den Zucker bei der Berechnung Ihrer Ration an Gesamt-Kohlenhydraten berücksichtigen. Achten Sie beim Etikett mit der Angabe der Inhaltsstoffe auf den Zuckergehalt.

In Reformhäusern und vielen Supermärkten werden inzwischen zuckerfreier Schinken oder Speck ohne Nitritpökelsalz sowie Speck und andere zuckerfreien verarbeiteten Fleischsorten ohne Nitritpökelsalz angeboten. Eine andere Speckquelle ist Schweinebauch. Dabei handelt es sich um ungepökelten Speck. Einfach vom Metzger in Streifen schneiden lassen und genau wie andere Specksorten verwenden.

Eine ketogene Ernährungsweise ist keine eiweiß- oder fleischreiche Ernährungsweise. Es ist aber eine Ernährungsweise, die für eine ausreichende Eiweißzufuhr sorgt. Manche Menschen gehen davon aus, wenn Kohlenhydrate beschränkt werden und Fett uneingeschränkt erlaubt ist, dass Eiweiß dann auch unbegrenzt erlaubt sei, da es ja keine Kohlenhydrate enthält. Das ist nicht so. Das Problem bei Eiweiß ist, dass der Körper etwa die Hälfte des zugeführten Proteins in Glukose umwandeln kann, die den Blutzuckerspiegel steigen lässt und die Ketonbildung blockiert. Deshalb kann der Verzehr von zu viel Eiweiß kontraproduktiv sein.

Als Faustregel gilt, dass Sie Ihre Eiweißaufnahme auf 1 Gramm Eiweiß pro Kilogramm Körpergewicht beschränken sollten. Dies bezieht sich auf Ihr berechnetes „Idealgewicht“ (nutzen Sie einen der kostenlosen Idealgewicht-Rechner im Internet), nicht auf Ihr tatsächliches Gewicht, wenn Sie übergewichtig sind. Wenn Ihr Idealgewicht bei 75 Kilogramm liegt, sollten Sie jeden Tag etwa 75 Gramm Eiweiß zu sich nehmen. Sofern Sie Sportler oder körperlich sehr aktiv sind, können Sie die Menge um 10 oder 20 Gramm erhöhen.

Einer der größten Fehler, den Menschen machen, wenn sie versuchen, ihre Ernährung auf ketogen umzustellen, ist der Verzehr von zu viel Eiweiß. Bei den Rezepten in diesem Buch ist der Eiweißgehalt so eingeschränkt, dass er einer ketogenen Ernährung entspricht, und am Ende eines jeden Rezeptes ist der jeweilige Eiweißgehalt pro Portion angegeben.

Sie werden in diesem Buch eine Reihe von Rezepten für Steaks, Braten und Geflügel finden. Die Größe der Portionen bei Fleischrezepten sollte wie vorstehend beschrieben begrenzt und mit ketogenen Gemüse- und Salatgerichten kombiniert werden, um für eine ausgewogene Mahlzeit und eine ausreichende Menge an Fett zu sorgen.

Gemüse und Obst

Bei einer gesunden ketogenen Ernährung werden Sie wahrscheinlich mehr Gemüse als je zuvor in Ihrem ganzen Leben essen, was einer der Gründe ist, warum diese Ernährungsweise so vorteilhaft ist. Neben Fett sollte der Großteil Ihres Ernährungsprogramms aus kohlenhydratarmem Gemüse bestehen. Sie werden mehr Gemüse als Fleisch essen. Eine ketogene Ernährung kann auch als eine gemüsebasierte Ernährung bezeichnet werden.

Wenn Sie bei Ihrem Ernährungsprogramm alle Körner, kohlenhydratreichen Gemüsesorten und Früchte sowie Süßigkeiten weglassen, die Sie normalerweise verzehren, müssen Sie diese Kalorien durch andere Nahrungsmittel ersetzen, die Ihnen die Menge, die Nährstoffe und die Kalorien liefern, die Sie parallel zu der von Ihnen verzehrten Menge an Fett benötigen. Kohlenhydratarme Gemüsesorten decken diesen Bedarf. Man kann eine ketogene Ernährung genau genommen als eine sehr kohlenhydratarme, fettreiche, moderat eiweißhaltige, gemüsebasierte Ernährung beschreiben.

Da der Verzehr von Kohlenhydraten auf weniger als 40 Gramm pro Tag beschränkt werden muss, sollten alle kohlenhydratreichen Produkte am besten aus dem Speiseplan eliminiert werden. Dazu gehören sämtliche Körner oder Getreidesorten, stärkehaltiges Gemüse und die meisten Früchte. Nüsse, Samen und kohlenhydratarme Früchte können hingegen in begrenzten Mengen gegessen werden.

Beeren haben von allen Obstsorten den niedrigsten Kohlenhydratgehalt. Brombeeren, Himbeeren, Boysenbeeren, Stachelbeeren und Erdbeeren haben einen relativ niedrigen Kohlenhydratgehalt. Eine Handvoll enthält etwa 3 bis 4 Gramm Kohlenhydrate. Blaubeeren haben einen etwas höheren Kohlenhydratgehalt, aber im Vergleich zu den meisten anderen Früchten immer noch einen recht niedrigen Gehalt. Sie können tatsächlich die meisten Sorten von frischem Obst bei einer ketogenen Ernährung essen, müssen nur die Menge, die Sie essen, begrenzen, um unter 15 Gramm pro Mahlzeit zu bleiben. Einige Obstsorten haben einen sehr hohen Kohlenhydratgehalt, sodass Sie sich mit einer sehr kleinen Portion bescheiden müssten. Bei einigen Rezepten in diesem Buch ist auch eine kleine Menge an Obst vorgesehen. Die Menge muss jedoch klein bleiben, um die Ketose aufrechtzuerhalten. Trockenobst wie Pflaumen oder Rosinen sollte bei einer ketogenen Ernährung nicht gegessen werden, da sich der Zucker beim Trocknungsprozess konzentriert, sodass diese Produkte sehr reich an Kohlenhydraten sind.

Zucker und Süßungsmittel

Bei den Rezepten in diesem Buch werden keine wie auch immer gearteten Zuckersorten verwendet, ob natürliche oder synthetische. Damit Sie die Kohlenhydratzufuhr gering genug halten, um einen Zustand der Ketose zu erreichen und aufrechtzuerhalten, müssen Sie alle süßen Produkte und Süßungsmittel weglassen.

Der vielleicht größte Stolperstein, wenn man eine ernährungsbedingte Ketose erreichen und aufrechterhalten will, ist die Zuckersucht. Da es sich bei Zucker um reine Kohlenhydrate handelt, ist Zucker mit einem ketogenen Ernährungsprogramm absolut unvereinbar. Um die schädlichen Wirkungen von Zucker zu vermeiden, haben sich viele Menschen künstlichen Süßstoffen und Zuckerersatzstoffen zugewendet, die im Grunde frei von Kohlenhydraten sind. Auf diese Weise können sie die süßen Leckereien, die sie seit jeher lieben, ohne alle die Kohlenhydrate genießen.

Das Problem bei diesen kohlenhydratarmen und kohlenhydratfreien Zuckerersatzstoffen ist jedoch, dass sie in Wirklichkeit nicht besser sind als Zucker. Zum einen nähren sie die Zuckersucht und halten sie am Leben, selbst wenn Sie sich an ein kohlenhydratarmes Ernährungsprogramm halten. Dies erhöht die Versuchung zu mogeln oder sich etwas vorzumachen und schließlich mit dem Ernährungsprogramm zu scheitern. Zum anderen – und das ist noch problematischer – sind alle Zuckerersatzstoffe antiketogen, und das macht es sehr schwierig, eine ernährungsbedingte Ketose zu erreichen und aufrechtzuerhalten.

Alle Zuckersorten und Zuckerersatzstoffe haben Einfluss auf den Blutzucker- und/oder Ketonspiegel. Künstliche Süßstoffe wie Aspartam und

Splenda haben darüber hinaus negative Auswirkungen auf die allgemeine Gesundheit und fördern eine Gewichtszunahme sowie Stoffwechselprobleme. Zuckeralkohole wie Xylitol und Erythritol werden oft verwendet, um sogenannte ketogene Desserts, Sirups, Pralinen, Bonbons und andere Leckereien zu süßen. Viele Menschen gehen davon aus, dass Zuckeralkohole keine nennenswerten Kalorien enthalten und diese somit unbedenklich bei einem ketogenen Ernährungsprogramm verwendet werden können. Das ist jedoch nicht so. Es sind schon Menschen aus der Ketose katapultiert worden, nur weil sie ihre Zähne mit einer xylitolhaltigen Zahnpasta geputzt haben.

Das Gleiche gilt für Stevia. Nur allzu oft sind Menschen aus der Ketose katapultiert worden, nachdem sie etwas gegessen hatten, das an sich ein ketogener Snack oder ein ketogenes Getränk gewesen wäre, aber einige wenige Tropfen flüssiges Stevia enthielt. Dabei geht es nicht nur um eine kurze Absenkung des Ketonspiegels. Diese Wirkung kann einen ganzen Tag oder noch darüber hinaus anhalten, selbst wenn eine strikte ketogene Ernährung beibehalten wird. Es ist erstaunlich, welche Auswirkungen nur eine winzige Menge Erythritol oder Stevia auf den Blutketonspiegel haben kann.

Aus diesem Grund ist ein Dessert nicht mehr ketogen, sobald es in irgendeiner Form mit einem künstlichen Süßstoff oder Zuckerersatzstoff gesüßt ist. Der Verzehr solcher Produkte wird nur Ihren Erfolg bei einer ketogenen Ernährung vereiteln. Sofern Sie sich aus therapeutischen Gründen an ein ketogenes Ernährungsprogramm halten, müssen Sie bedenken, dass der Verzehr von Produkten mit Süßungsmitteln die nutzbringenden Wirkungen des Ernährungsprogramms beeinträchtigen und verhindern wird, dass Sie die gewünschten Ergebnisse erzielen.

Kapitel 2

Saucen

Saucen verbessern den Geschmack von Fleisch, Fisch, Geflügel und insbesondere von Gemüse. Es ist erstaunlich, wie eine kleine Sauce ein ansonsten fades Gemüse in eine kulinarische Delikatesse verwandeln kann. Fette geben dem Essen Geschmack und sorgen dafür, dass Gemüse besser schmeckt. Die meisten Kinder und auch Erwachsenen finden Gemüse jedoch langweilig oder sogar eklig. Das liegt daran, dass die meisten Eltern sämtliche Fette vermeiden, um „gesunde" Mahlzeiten auf den Tisch zu bringen. Deshalb wird Gemüse in der Regel durch Dünsten oder Kochen zubereitet und mit kaum etwas mehr als einer Prise Salz und Pfeffer serviert – wie langweilig! Die meisten Gemüsesorten schmecken fade, wenn sie auf diese Weise zubereitet werden. Wenn Sie jedoch Fett in Form von Butter und Saucen hinzufügen, verwandeln Sie die Gerichte in absolute Köstlichkeiten! Selbst die schwierigsten Esser werden ihr Gemüse essen, wenn es so zubereitet wird.

Eine der wesentlichen nützlichen Nebenwirkungen bei der Verwendung von Saucen für alle, die sich an kohlenhydratarme und ketogene Ernährungsprogramme halten, ist, dass sie ein exzellenter Weg sind, um die Fettzufuhr erheblich zu erhöhen. Die meisten Saucen basieren auf Fett. 1 Esslöffel Sauce kann 8 bis 10 Gramm Fett enthalten. Nur wenige Esslöffel Sauce können eine ansonsten fettarme Mahlzeit in eine voll ketogene Mahlzeit verwandeln.

Saucen, die mit Gemüse, Fisch und Geflügel serviert werden, bekommen ihren Grundgeschmack meistens aus einer Kombination von Butter, Sahne, Milch, Brühe, Käse oder Kräutern. Bratensaucen beziehen ihren Geschmack aus dem Bratensaft oder Bratenfett und werden mit dem Fleisch oder den dazugehörigen Beilagen serviert.

Wenn Fleisch geröstet oder gebraten wird, hinterlässt das Bratenfett einen braunen Bratensatz in der Pfanne. Der Bratensatz sieht wie vereinzelte verbrannte Stückchen Fleisch und Fett aus, die am Pfannenboden haften. Es ist dieser Bratensatz, der der Sauce ihren delikaten Geschmack gibt. Die Bratensauce entsteht, indem der Bratensatz abgelöscht, also Wasser dazugegeben und das Ganze aufgekocht wird. Sobald das Wasser leicht kocht und verrührt wird, löst sich der Bratensatz am Pfannenboden teilweise auf und vermischt sich mit der kochenden Flüssigkeit. Durch Hinzufügen von Würzmitteln und einem Verdickungsmittel wird die Sauce vollendet.

Stärken und Mehle

Das größte Hindernis bei Saucen ist für diejenigen, die sich an ein ketogenes Ernährungsprogramm halten, dass bei den meisten eine Art von Bindemittel zum Andicken hinzugefügt werden muss und die traditionellen Bindemittel reich an Stärke – Kohlenhydraten – sind. Die gängigsten Bindemittel bestehen aus Weizenmehl und Maisstärke. Wenn Sie nur eine kleine Menge eines Bindemittels benötigen, mag die Anzahl der dadurch gelieferten Kohlenhydrate sehr klein sein und kaum Auswirkungen auf ein kohlenhydratarmes oder ketogenes Ernährungsprogramm haben. Normales Weißmehl (Weizenmehl) enthält zum Beispiel 6 Gramm Kohlenhydrate pro Esslöffel. 2 Esslöffel Weißmehl (12 g Kohlenhydrate) werden benötigt, um 1 Tasse (240 ml) Flüssigkeit anzudicken. ¼ Tasse angedickte Flüssigkeit würde 3 Gramm Kohlenhydrate enthalten.

Maisstärke hat einen etwas höheren Stärke- oder Kohlenhydratgehalt, 7 Gramm pro Esslöffel, aber eine größere Bindewirkung als Weißmehl. Mit nur ½ Esslöffel kann 1 Tasse Flüssigkeit angedickt werden. Eine Portion von ¼ Tasse würde etwas weniger als 1 Gramm Kohlenhydrate enthalten. Eine so kleine Menge kann leicht in ein ketogenes Ernährungsprogramm integriert werden.

Weizen und Mais sind beide Getreidesorten. Viele Menschen versuchen aus verschiedenen Gründen, Getreidekörner zu meiden. Manche haben eine Glutenintoleranz und müssen komplett auf Weizen verzichten. Andere beliebte nicht körnerhaltige Bindemittel sind Tapioka (Tapiokastärke) und

Pfeilwurzmehl, die aus den Wurzeln des Maniok bzw. des Pfeilwurz gewonnen werden. Sie beziehen ihre Bindewirkung ebenfalls aus Stärke und enthalten etwa die gleiche Menge an Kohlenhydraten wie Maisstärke. So lange Sie nur etwa 1 Esslöffel an Bindemittel verwenden, können Sie Ihre Gesamt-Kohlenhydratzufuhr immer noch innerhalb der Grenzen eines ketogenen Ernährungsprogramms halten.

Mehle und Stärken müssen mit einer kleinen Menge kalter Flüssigkeit – Wasser, Sahne oder Milch – angerührt werden, bevor man sie zum Andicken in die heiße Sauce gibt, sonst kommt es zu Klumpenbildung.

Wasserlösliche Pflanzengummis und Samen

Wenn Sie ein Bindemittel suchen, das überhaupt keine Kohlenhydrate enthält, können Sie verschiedene wasserlösliche Pflanzengummis wie Guarkernmehl (Guargummi), Agar-Agar und Xanthan verwenden. Diese Bindemittel absorbieren Wasser und bilden ein Gel. Sie werden oft in Fertigprodukten als Verdickungsmittel und Stabilisatoren verwendet. Sie sind überall erhältlich und vor allem in der asiatischen Küche beliebt.

Es gibt auch viele kohlenhydratarme Angebote, die gewöhnlich aus einer Mischung von Pflanzengummis bestehen und beispielsweise aus Guarkernmehl, Xanthan, Johannisbrotkernmehl und Gummiarabikum hergestellt werden.

Manche Samen sind reich an wasserlöslichen Pflanzengummis und können als Verdickungsmittel verwendet werden, wie beispielsweise Leinsamen, Chia-Samen und Flohsamenschalen. Flohsamen wird seit Jahrzehnten als Nahrungsergänzungsmittel zur Behandlung von Verdauungsproblemen wie Verstopfung, Durchfall und Reizdarmsyndrom verwendet. Flohsamen hat eine lange Geschichte, was die unbedenkliche Verwendung angeht. Im Unterschied zu Leinsamen und Chia-Samen vermischt sich der Flohsamen mit der Sauce und wird unsichtbar. Allen Gummis ist zu eigen, dass dabei Saucen mit einer gallertartigen Textur entstehen, die manche unappetitlich finden. Ich bevorzuge Xanthan, da dabei eine ziemlich einheitliche Sauce entsteht, die nicht allzu gallertartig ist. Xanthan ist im Internet, in Reformhäusern und in manchen Supermärkten erhältlich.

Bevor Sie Pfanzengummis in Saucen einrühren, sollten Sie sie mit etwas Öl oder geschmolzener Butter anrühren und die Mischung dann in die Sauce geben. Dies verhindert, dass sich Klumpen bilden. Mit wenig kann oft viel erreicht werden: Nur ½ Teelöffel Xanthan genügt, um 1 Tasse Flüssigkeit anzudicken. Gehen Sie deshalb langsam vor und fügen Sie jeweils nur eine kleine Menge hinzu, um die Sauce anzudicken. Sowohl Xanthan als auch Flohsamen beginnen einzudicken, sobald sie Flüssigkeit ausgesetzt sind, sodass sie sowohl kalte als auch heiße Flüssigkeiten andicken. Wenn Pflanzengummis einer heißen Flüssigkeit hinzufügt werden, dicken sie die Sauce allmählich ein. Sie brauchen im Allgemeinen etwas länger als Stärken und Mehle, um Saucen anzudicken.

Nussmehle

Nussmehle wie Mandelmehl und Kokosmehl werden in der kohlenhydratarmen Küche oft als Ersatz für andere kohlenhydratreichere Mehle bei der Zubereitung von Backwaren verwendet. Für diese Zwecke sind sie zwar gut geeignet, aber nicht zum Andicken. Sie enthalten nicht genug Stärke oder lösliche Fasern, um Flüssigkeiten ausreichend zu binden.

Sahne oder Rahm

Sahne oder Rahm können bei manchen Rezepten zum Andicken verwendet werden. Wenn Sahne einen wesentlichen Teil des Rezeptes ausmacht, kann mit langsamem Köcheln bewirkt werden, dass die Sauce in dem Zuge eindickt, wie die Feuchtigkeit verdampft. Man kann einem Gericht jedoch nicht einfach etwas Sahne hinzufügen, um es anzudicken. Um dies zu erzielen, muss der Anteil der Sahne bei dem Gericht hoch sein.

Zum Eindicken muss frische Sahne verwendet werden. Die meisten Milch- und Sahneersatzprodukte wie Mandel-, Soja- und Kokosmilch binden nicht gut.

Eigelb

Eigelb kann auch zum Andicken von Saucen verwendet werden. Man braucht etwa 2 Eigelb, um 1 Tasse Flüssigkeit einzudicken. Bei der Verwendung von Eigelb zum Andicken von Saucen muss man allerdings sehr vorsichtig vorgehen.

Schlagen Sie die Eigelbe zuerst mit einer Gabel, bis sie eine einheitliche Farbe haben, dann rühren Sie etwas heiße Sauce hinein. Wichtig ist, nur nach und nach etwas heiße Sauce in das Eigelb zu geben, um es langsam zu erwärmen, sonst gerinnt das Eigelb. Dann rühren Sie die Eigelbmischung in die restliche heiße Sauce. Um beste Ergebnisse zu erzielen, sollten mit Eigelb eingedickte Saucen bei niedrigster Hitze oder im Wasserbad bei köchelndem, nicht kochendem Wasser gekocht und verrührt werden. Kochen und rühren Sie die Sauce nur so lange, bis die Sauce eingedickt ist. Das Ei ist dann nicht mehr zu schmecken.

Bindemittel	**Netto-Gramm Kohlenhydrate / EL**	**Menge, die zum Eindicken von 1 Tasse (240 ml) Flüssigkeit benötigt wird***
Eigelb	0,5 (1 Eigelb)	2 Eigelb
Flohsamen	0	½ TL
Guarkernmehl	0	½ TL
Maisstärke	7	½ EL (8 g)
Pfeilwurz	7	½ EL (8 g)
Tapioka	7	½ EL (8 g)
Weißmehl	6	2 EL (16 g)
Xanthan	0	½ TL

* Die Flüssigkeit bezieht sich auf Wasser, Brühe und Milch. Bei Sahne benötigen Sie etwa halb so viel Bindemittel.

Braune Bratensauce – Grundrezept

Braune Bratensauce

Bratensauce wird durch Ablöschen des Bratensaftes hergestellt, der sich beim Braten von Fleisch und Geflügel als brauner Bratensatz auf dem Boden der Pfanne ansammelt. Dieser Bratensatz gibt der Bratensauce ihren Geschmack.

Bevor Sie das Fleisch braten, müssen Sie überlegen, welche Art von Bratpfanne oder Topf Sie verwenden. Diese müssen sowohl backofen- als auch herdtauglich sein, da Sie die Bratensauce in ein und derselben Pfanne oder in ein und demselben Topf zubereiten. Glasbratpfannen oder -töpfe sind möglicherweise nicht geeignet. Verwenden Sie stattdessen hitzebeständige Pfannen oder Töpfe aus Edelstahl oder Emaille-Kochgeschirr. Bratensauce kann aus dem Bratensaft zubereitet werden, der nach dem Braten von Fleisch in einer Pfanne übrig bleibt.

Nachdem das Fleisch gebraten worden ist, neigen die meisten Köche dazu, das übrig gebliebene Fett weitgehend zu entfernen. Sie möchten zum einen den Fettgehalt der Bratensauce reduzieren und zum anderen dafür sorgen, dass das Mehl oder die Stärke sich gleichmäßiger in die Bratensauce einrühren lässt. Überschüssiges Fett trennt sich von der Bratensauce. Zu den Zielen einer ketogenen Ernährung gehört jedoch, eine Mahlzeit mit zusätzlichem Fett anzureichern. Das heißt, solange nicht übermäßig viel Fett vorhanden ist, sollte es am besten bei der Zubereitung der Bratensauce ganz verwendet werden, rühren Sie es einfach ohne einen Gedanken daran, ob Fett abgetrennt werden könnte, unter und genießen Sie es.

Abhängig von der Größe und der Sorte des Fleisches, das Sie gebraten haben, ist die Menge des anfallenden Bratenfettes sehr unterschiedlich. Um das Bratenfett genau abzumessen, gießen Sie es in einen Messbecher. Je nachdem, wie groß Ihre Ausgangsmenge an Bratenfett ist, fügen Sie genug Wasser (bzw. Fleisch-, Knochen- oder Gemüsebrühe) hinzu, um auf das entsprechende Maß von ½ Tasse an Flüssigkeit zu kommen, etwa 1 Tasse, 1½ Tassen oder 2 Tassen Flüssigkeit. Sie sollten die Menge an Flüssigkeit feststellen, damit Sie genau beurteilen können, wie viel Bindemittel zu verwenden ist.

Dann die Flüssigkeit in die Bratpfanne zurückgeben, auf den Herd stellen und leicht zum Kochen bringen. Mit einem Holzlöffel oder Schneebesen verrühren, um den Bratensatz aufzulösen. Salz und Pfeffer zum Abschmecken dazugeben und ½ bis 1 Esslöffel (5 bis 10 g) gehackte Zwiebeln pro Tasse Bratensaft.

Wenn Sie als Verdickungsmittel Tapioka oder Pfeilwurz verwenden, nehmen Sie ½ Esslöffel (8 g) für jede Tasse Bratensaft in der Pfanne. Jeden ½ Esslöffel (8 g) Verdickungsmittel mit mindestens 1 Esslöffel (15 ml) kaltem Wasser anrühren. Die Mischung dann in den heißen Bratensaft rühren und weiter rühren, bis das Ganze zu einer Bratensauce verdickt. Wenn Sie zum Beispiel 2 Tassen (480 ml) Bratensaft haben, rühren Sie 1 Esslöffel (16 g) Bindemittel mit 2 Esslöffeln (30 ml) kaltem Wasser an.

Werden Guarkernmehl oder Xanthan als Bindemittel verwendet, nehmen Sie ½ Teelöffel für jede Tasse (240 ml) Bratensaft in der Pfanne. Verrühren Sie jeden ½ Teelöffel Xanthan mit 1 Esslöffel (14 g) geschmolzener Butter. Dann rühren Sie die Mischung in den heißen Bratensaft und rühren weiter, bis das Ganze zu einer Sauce eindickt. Gummis brauchen länger zum Eindicken als Stärken und Mehle.

Wie viel Bratensauce Sie erhalten, hängt von der Menge an Bratensaft und Wasser ab, die verwendet wird. Der Eiweißgehalt pro Portion von ¼ Tasse ist vernachlässigbar. Der Fettgehalt ist zu unterschiedlich, um ihn genau ermitteln zu können, liegt in der Regel aber zwischen 10 und 15 Gramm pro Portion. Der Netto-Kohlenhydratgehalt von Tapioka oder Pfeilwurz wäre etwa 1 Gramm pro Portion und fast 0 Gramm pro Portion, wenn Sie Guarkernmehl oder Xanthan verwenden.

Variationen

Geflügelkleinsauce

Eine Geflügelkleinsauce ist eine schmackhafte Beilage zu Geflügel. Geflügelklein besteht aus bestimmten Teilen und Innereien von Geflügel wie Leber, Herz, Magen und Nacken von Puten und anderem Geflügel. Geben Sie das rohe Geflügelklein in 2 Tassen (480 ml) Wasser und lassen Sie es etwa 30 Minuten köcheln. Dann das Geflügelklein aus der Brühe nehmen – die Brühe jedoch aufbewahren. Herz und Magen klein schneiden und, wenn Sie Leber mögen, auch die Leber klein schneiden. Den Knochen vom Nacken entfernen und den Knochen entsorgen.

Dann wie oben beschrieben eine braune Bratensauce herstellen. Verwenden Sie dazu die Brühe von dem Geflügelklein, ohne zusätzlich Wasser dazuzugeben. Fügen Sie das klein geschnittene Geflügelklein hinzu sowie ½ Teelöffel getrockneten Salbei und ½ Teelöffel getrockneten Thymian, bevor Sie die Sauce andicken.

Weiße Bratensauce

Weiße Bratensauce passt sehr gut zu Geflügel und zu gekochtem Gemüse. Sie kann nach der gleichen Vorgehensweise, wie vorstehend beschrieben, aus Bratensaft hergestellt werden, wobei das Wasser allerdings durch Sahne ersetzt wird. Halten Sie sich dabei an die oben beschriebene Anleitung. Dann etwas gemahlenen Salbei und Rosmarinpulver mit dem Salz und schwarzen Pfeffer hinzufügen. Die Bratensauce mit Würzmitteln Ihrer Wahl abschließend abschmecken.

Kräuterbratensauce

Welche Kräuter Sie verwenden, hängt von der Art von Fleisch ab, das Sie braten. Die braune Bratensauce zubereiten, wie in der Anleitung beschrieben, aber folgende Kräuter noch zusätzlich zu dem Bratensaft hinzufügen und einige Minuten köcheln lassen, bevor Sie das Bindemittel dazugeben.

Bei Rindfleisch: ½ Teelöffel Bohnenkraut, Thymian und Majoran.

Bei Lammfleisch oder Kalbfleisch: 1 Teelöffel Estragon oder Pfefferminz und/oder ½ Teelöffel gemahlenen Rosmarin.

Bei Schweinefleisch und Geflügel: ½ Teelöffel Salbei und/oder Thymian.

Weiße Zwiebelsauce

Eine weiße Bratensauce herstellen, aber bevor Sie das Bindemittel hinzufügen, sautieren Sie ½ Tasse (40 g) gehackte Zwiebeln in 1 Esslöffel (14 g) Butter für jede Tasse (240 ml) Bratensaft. Die Zwiebeln sautieren, bis sie anfangen, braun zu werden. Dann die Mischung aus Zwiebeln und Butter dem Bratensaft hinzufügen, ebenso wie das Salz und den Pfeffer. Kein Salbei und Rosmarin hinzufügen, sondern stattdessen ½ Teelöffel getrockneten Thymian pro Tasse Bratensaft.

Champignonsauce

Die braune oder weiße Bratensauce nach Anleitung zubereiten, aber zusammen mit dem Salz und Pfeffer geben Sie zusätzlich noch ½ Tasse (35 g) klein geschnittene Champignons und zusätzlich ½ Esslöffel (5 g) gewürfelte Zwiebeln pro Tasse (240 ml) Bratensaft dazu.

Bratwurst-/Hackfleischsauce

Dies ist eine wunderbare Allzwecksauce, die den Geschmack von jedem Gemüse oder Fleisch, das Sie kochen oder braten, verbessern wird.

2 EL (28 g) Butter
115 g Bratwurst oder Schweinehackfleisch
¼ Tasse (40 g) Zwiebeln, gehackt
½ Tasse (120 ml) Schlagsahne oder Kokosmilch
½ Tasse (120 ml) Hühnerbrühe (S. 90–91)
⅛ TL Salz
⅛ TL frisch gemahlener schwarzer Pfeffer
¼ TL getrockneter Thymian
¼ TL getrockneter gemahlener Rosmarin
1 TL Tapioka oder Pfeilwurz*
2 EL (30 ml) kaltes Wasser

Ergibt: 5 Portionen, je ¼ Tasse (60 ml)
Pro Portion, mit Tapioka: 14,5 g Fett; 2 g Netto-Kohlenhydrate; 7 g Protein; 166 Kalorien
Pro Portion, mit Xanthan: 16,5 g Fett; 1 g Netto-Kohlenhydrate; 7 g Eiweiß; 180 Kalorien

Die Butter in einem Topf bei mittlerer Hitze zum Schmelzen bringen. Das Schweinehackfleisch und die Zwiebeln hinzufügen und etwa 10 Minuten braten, bis das Fleisch und die Zwiebeln anfangen, braun zu werden – zwischendurch gelegentlich umrühren. Sahne, Hühnerbrühe, Salz, schwarzen Pfeffer, Thymian und Rosmarin hinzugeben und etwa 5 Minuten bei gelegentlichem Umrühren köcheln lassen, damit die Aromen sich miteinander vermischen können. Tapioka mit 2 Esslöffeln (30 ml) kaltem Wasser anrühren und in die heiße Mischung rühren. Ständig weiter rühren, bis die Sauce eindickt. Dann von der Herdplatte nehmen, um zu verhindern, dass sie anbrennt.

* Bei diesem Rezept kann anstelle von Tapioka auch Guarkernmehl oder Xanthan verwendet werden. Die Sauce wie vorstehend beschrieben zubereiten, aber ¼ Teelöffel Xantan mit 1 Esslöffel (14 g) geschmolzener Butter verrühren. Die Mischung aus Xanthan und Butter in die heiße Sauce rühren und ständig weiter rühren, bis die Sauce eindickt, etwa 8 Minuten.

Fiesta-Sauce

Folgen Sie der Anleitung für die Zubereitung der Bratwurst-/Hackfleischsauce, aber nachdem Sie das Bindemittel hinzugefügt haben, geben Sie zusätzlich noch ¼ Tasse (65 g) Salsa und ¼ Tasse (30 g) zerkleinerten scharfen Cheddar-Käse dazu.

Ergibt: 6 Portionen, je ¼ Tasse (60 ml)
Pro Portion, mit Tapioka: 13,5 Fett; 2 g Netto-Kohlenhydrate; 7,5 g Eiweiß; 159 Kalorien
Pro Portion, mit Xanthan: 15,5 g Fett; 1 g Netto-Kohlenhydrate; 7,5 g Eiweiß; 173 Kalorien

Hühnerfleischsauce

Diese Sauce ist eine gute Möglichkeit, um übrig gebliebenes Hühnerfleisch zu verwerten. Schmeckt gut zu gekochtem Gemüse oder Blumenkohlpüree.

6 EL (84 g) Butter
¼ Tasse (40 g) Zwiebeln, gewürfelt
¼ Tasse (30 g) Sellerie, gewürfelt
¼ Tasse (20 g) Champignons, gewürfelt
1 Tasse (140 g) gekochtes Hühnerfleisch, fein zerkleinert
2 Tassen (480 ml) Hühnerbrühe (S. 90–91)
½ TL Salz
¼ TL schwarzer Pfeffer
½ TL Thymian
1½ EL (12 g) Tapioka oder Pfeilwurz*
½ Tasse (120 ml) Sahne oder Kokosmilch

Ergibt: 4 Portionen, je 1 Tasse (240 ml)
Pro Portion, mit Tapioka: 31 g Fett; 4 g Netto-Kohlenhydrate; 13,5 g Eiweiß; 349 Kalorien
Pro Portion, mit Xanthan: 31 g Fett; 2 g Netto-Kohlenhydrate; 13,5 g Eiweiß; 341 Kalorien

Butter in einer großen Pfanne bei mittlerer Hitze zum Schmelzen bringen. Zwiebeln und Sellerie sautieren, bis sie weich sind. Champignons, Hühnerfleisch, Hühnerbrühe, Salz, Pfeffer und Thymian hinzufügen und etwa 10 Minuten köcheln lassen. Tapioka mit der Sahne verrühren und in die Mischung rühren, ständig weiter rühren, bis die Masse eindickt.

* Bei diesem Rezept kann anstelle von Tapioka auch Guarkernmehl oder Xanthan verwendet werden. Die Sauce nach der Anleitung im vorstehenden Rezept zubereiten, aber die Zwiebeln in 5 Esslöffeln (75 g) Butter sautieren, dann die Sahne mit der Brühe in die Sauce geben und 1 Teelöffel Xanthan mit 1 Esslöffel (14 g) geschmolzener Butter verrühren. Die Mischung aus Xanthan und Butter in die heiße Sauce rühren und ständig weiter rühren, bis die Masse verdickt ist, etwa 8 Minuten.

Velouté-Sauce

Dies ist eine der klassischen französischen Grundsaucen, von denen viele Saucen-Varianten abgeleitet werden. Sie wird auf der Grundlage von Brühe – Hühnerbrühe, Rindfleischbrühe, Kalbfleischbrühe, Schweinebrühe oder Fischbrühe – hergestellt. Die traditionell mit Mehlschwitze zubereitete Sauce wird bei dieser kohlenhydratarmen Version mit kohlenhydratarmen Bindemitteln hergestellt.

- ¼ Tasse (40 g) Zwiebeln, gehackt
- 6 EL (90 g) Butter
- ¼ Tasse (20 g) Champignons, klein geschnitten
- 2 Tassen (480 ml) Hühner-, Rinder-, Schweine- oder Fischbrühe (S. 90 – S. 92)
- ¼ TL Salz
- 1 Prise weißer Pfeffer
- ¼ bis ½ TL Kräuter*
- 1 EL (8 g) Tapioka oder Pfeilwurz**

Ergibt: 10 Portionen, je ¼ Tasse (60 ml)
Pro Portion, mit Tapioka: 7,5 g Fett; 1,5 g Netto-Kohlenhydrate; 1 g Eiweiß; 77 Kalorien
Pro Portion, mit Xanthan: 7,5 g Fett; 0,5 g Netto-Kohlenhydrate; 1 g Eiweiß; 173 Kalorien

Die Zwiebeln in der Butter sautieren, bis sie weich sind, etwa 5 Minuten. Die Champignons dazugeben und weiter braten, bis die Zwiebeln goldbraun werden, etwa 5 Minuten. 1½ Tassen (360 ml) Brühe, Salz, Pfeffer und Kräuter hinzufügen und etwa 15 Minuten köcheln lassen. Die Tapioka mit ½ Tasse (120 ml) kalter Brühe anrühren und in die heiße Mischung rühren, ständig weiter rühren, bis die Sauce eindickt.

* Bei Hühner- oder Putenbrühe verwenden Sie Salbei, Rosmarin oder Thymian. Bei Rindfleischbrühe nehmen Sie Bohnenkraut, Thymian oder Majoran. Bei Lamm- oder Kalbfleischbrühe verwenden Sie Estragon, Rosmarin oder Salbei. Bei Fisch nehmen Sie Majoran, Dill, Thymian, Curry oder Petersilie.

** Anstelle von Tapioka kann bei diesem Rezept auch Guarkernmehl oder Xanthan verwendet werden. Halten Sie sich an die Anleitungen des Rezepts, aber sautieren Sie die Zwiebeln in 5 Esslöffeln (75 g) Butter, und rühren Sie ½ Teelöffel Xanthan mit 1 Esslöffel (14 g) geschmolzener Butter an. Dann rühren Sie die Mischung aus Xanthan und Butter in die heiße Sauce und ständig weiter rühren, bis die Sauce eindickt, etwa 8 Minuten.

Weiße Grundsauce

Dies ist eine kohlenhydratarme Version der klassischen Béchamelsauce, eine der fünf klassischen französischen Saucen. Es ist eine weiße Grundsauce, die fast zu allem passt. Sie kann als Basis für eine Vielzahl anderer Saucen verwendet werden.

Brokkoli mit weißer Grundsauce

- 4 EL (120 g) Butter
- ¼ Tasse (40 g) Zwiebeln, gehackt
- ½ Tasse (120 ml) Sahne oder Kokosmilch
- ½ Tasse (120 ml) Hühnerbrühe (S. 90–91)
- ¼ TL Salz
- ⅛ TL weißer Pfeffer
- ¼ TL getrockneter Thymian
- 1 TL Tapioka oder Pfeilwurz*
- 2 EL (30 ml) Wasser

Ergibt: 5 Portionen, je ¼ Tasse (60 ml)
Pro Portion, mit Tapioka: 28 g Fett; 2 g Netto-Kohlenhydrate; 1 g Eiweiß; 264 Kalorien
Pro Portion, mit Xanthan: 28 g Fett; 1 g Netto-Kohlenhydrate; 1 g Eiweiß; 260 Kalorien

Die Butter in einem Topf bei mittlerer Hitze zum Schmelzen bringen und die Zwiebeln sautieren, bis sie anfangen, braun zu werden. Die Hitze auf niedrige Temperatur reduzieren. Sahne, Hühnerbrühe, Salz, Pfeffer und Thymian hinzugeben und bei häufigem Umrühren etwa 6 bis 8 Minuten köcheln lassen, damit die Aromen sich verbinden. Die Tapioka mit dem Wasser anrühren und in die heiße Sahnesauce rühren. Ständig weiter rühren, bis die Sauce eindickt. Abschmecken und je nach Geschmack noch mit etwas Salz und Pfeffer nachwürzen.

* Anstelle von Tapioka kann bei diesem Rezept auch Xanthan verwendet werden. Halten Sie sich bei der Zubereitung an die Anleitung des Rezeptes, sautieren aber die Zwiebeln in 3 Esslöffeln (90 g) Butter anstelle von 4 und rühren Xanthan mit 1 Esslöffel (14 g) Butter an. Die Mischung aus Xanthan und Butter dann in die heiße Sauce rühren und ständig weiter rühren, bis die Sauce eindickt.

Variationen

Sardellensauce

Die weiße Grundsauce, wie in der Anleitung beschrieben, zubereiten, aber das Salz weglassen, Fischbrühe statt Hühnerbrühe verwenden und 4 Teelöffel Sardellenpaste sowie eine Prise Cayennepfeffer hinzufügen. Passt gut zu Fisch oder gekochtem Gemüse.

Ergibt: 5 Portionen, je ¼ Tasse (60 ml)
Pro Portion, mit Tapioka: 34 g Fett; 2 g Netto-Kohlenhydrate; 1,5 g Eiweiß; 320 Kalorien
Pro Portion, mit Xanthan: 34 g Fett; 1 g Netto-Kohlenhydrate; 1,5 g Eiweiß; 316 Kalorien

Kapernsauce

Die weiße Grundsauce, wie in der Anleitung beschrieben, zubereiten, aber das Salz weglassen. Kurz vor dem Servieren ¼ Tasse (34 g) grob zerkleinerte Kapern und ½ Esslöffel (8 g) Zitronensaft hinzufügen. Passt gut zu Fisch.

Ergibt: 5 Portionen, je ¼ Tasse (60 ml)
Pro Portion, mit Tapioka: 28,5 g Fett; 2 g Netto-Kohlenhydrate; 1,5 g Eiweiß; 270 Kalorien
Pro Portion, mit Xanthan: 28,5 g Fett; 1 g Netto-Kohlenhydrate; 1 g Eiweiß; 266 Kalorien

Meerrettichsauce

Die weiße Grundsauce, wie in der Anleitung beschrieben, zubereiten, dann 2 Esslöffel (30 g) fertig zubereiteten Meerrettich aus dem Glas sowie ⅛ Teelöffel Senfmehl mit 2 Esslöffeln Sahne gemischt hinzufügen und 2 bis 3 Minuten erhitzen. Passt gut zu Rindfleisch oder Lamm.

Ergibt: 5 Portionen, je ¼ Tasse (60 ml)
Pro Portion, mit Tapioka: 30 g Fett; 2,5 g Netto-Kohlenhydrate; 1 g Eiweiß; 284 Kalorien
Pro Portion, mit Xanthan: 30 g Fett; 1,5 g Netto-Kohlenhydrate; 1 g Eiweiß; 280 Kalorien

Mornaysauce

Dies ist eine delikate Käsesauce, die gut zu Fisch und Meeresfrüchten, Geflügel, Eiern oder Gemüse passt. Die weiße Grundsauce zubereiten, wie in der Anleitung beschrieben. Bei niedriger Hitze je ¼ Tasse (20 g) geriebenen Parmesan- und Gruyère-Käse hinzufügen und rühren, bis die Masse geschmolzen ist.

Ergibt: 5 Portionen, je ¼ Tasse (60 ml)
Pro Portion, mit Tapioka: 30 g Fett; 2 g Netto-Kohlenhydrate; 3,5 g Eiweiß; 292 Kalorien
Pro Portion, mit Xanthan: 30 g Fett; 1 g Netto-Kohlenhydrate; 3,5 g Eiweiß; 288 Kalorien

Shrimpssauce

Die weiße Grundsauce zubereiten, wie in der Anleitung beschrieben, aber das Salz weglassen, statt Hühnerbrühe Fischbrühe verwenden und ¼ Teelöffel Fischsauce sowie ½ Tasse (60 g) zerkleinerte Shrimps dazugeben. Schmeckt gut zu Eiern und zu Gemüse.

Ergibt: 6 Portionen, je ¼ Tasse (60 ml)
Pro Portion, mit Tapioka: 23 g Fett; 1,5 g Netto-Kohlenhydrate; 3 g Eiweiß; 225 Kalorien
Pro Portion, mit Xanthan: 23 g Fett; 0,5 g Netto-Kohlenhydrate; 3 g Eiweiß; 221 Kalorien

Saure-Sahne-Sauce

Die weiße Grundsauce zubereiten, wie in der Anleitung beschrieben, aber die Sahne auf ¼ Tasse (60 ml) reduzieren. Nachdem die Sauce verdickt ist, die Hitze auf eine niedrige Temperatur senken und ½ Tasse (115 g) saure Sahne einrühren. Die Sauce nicht kochen.

Ergibt: 5 Portionen, je ¼ Tasse (60 ml)

Pro Portion, mit Tapioka: 28 g Fett; 2 g Netto-Kohlenhydrate; 1 g Eiweiß; 264 Kalorien

Pro Portion, mit Xanthan: 28 g Fett; 1 g Netto-Kohlenhydrate; 1 g Eiweiß; 260 Kalorien

Cremige Champignonsauce

Die weiße Grundsauce zubereiten, wie in der Anleitung beschrieben, aber 1 Tasse (70 g) klein geschnittene Champignons oder Zucht-Champignons mit der Sahne hinzufügen.

Ergibt: 6 Portionen, je ¼ Tasse (60 ml)

Pro Portion, mit Tapioka: 23 g Fett; 2 g Netto-Kohlenhydrate; 1 g Eiweiß; 219 Kalorien

Pro Portion, mit Xanthan: 23 g Fett; 1 g Netto-Kohlenhydrate; 1 g Eiweiß; 215 Kalorien

Senfsauce

Die weiße Grundsauce zubereiten, wie in der Anleitung beschrieben, aber ¼ Tasse (44 g) Senf mit der Sahne hinzufügen. Passt gut zu gekochtem Gemüse und Eiern.

Ergibt: 6 Portionen, je ¼ Tasse (60 ml)

Pro Portion, mit Tapioka: 23 g Fett; 2 g Netto-Kohlenhydrate; 1 g Eiweiß; 219 Kalorien

Pro Portion, mit Xanthan: 23 g Fett; 1 g Netto-Kohlenhydrate; 1 g Eiweiß; 215 Kalorien

Schinkensauce

Die weiße Grundsauce zubereiten, wie in der Anleitung beschrieben, aber ½ Tasse (75 g) gewürfelten Schinken, zuckerfrei und ohne Nitritpökelsalz, zu den Zwiebeln dazugeben, wenn diese sautiert werden. ½ Teelöffel Senfmehl mit der Sahne einrühren. Passt gut zu gekochtem Gemüse und Eiern.

Ergibt: 6 Portionen, je ¼ Tasse (60 ml)

Pro Portion, mit Tapioka: 24 g Fett; 1,5 g Netto-Kohlenhydrate; 3 g Eiweiß; 234 Kalorien

Pro Portion, mit Xanthan: 24 g Fett; 0,5 g Netto-Kohlenhydrate; 3 g Eiweiß; 230 Kalorien

Käsesauce

Dies ist eine einfache und delikate Käsesauce, die zu jeder Art von gekochtem Fleisch oder Gemüse gereicht werden kann. Jede Portion von ¼ Tasse (60 ml) enthält 20 Gramm Fett, womit diese Sauce ideal ist, um den Fettgehalt von einer Vielzahl von Gerichten zu erhöhen. Bei diesem Rezept wird scharfer Cheddar-Käse verwendet, Sie können aber auch andere Käsesorten verwenden, um andere Geschmacksrichtungen zu erhalten.

Ergibt: 8 Portionen, je ¼ Tasse (60 ml)
Pro Portion, mit Tapioka: 20 g Fett; 1,5 g Netto-Kohlenhydrate; 4 g Eiweiß; 202 Kalorien
Pro Portion, mit Xanthan: 21 g Fett; 0,5 g Netto-Kohlenhydrate; 4 g Eiweiß; 207 Kalorien

3 EL (45) Butter
1 Tasse (240 ml) Sahne
1 Tasse (115 g) scharfer Cheddar-Käse, gerieben
⅛ TL Salz
2 TL Tapioka oder Pfeilwurz*
¼ Tasse (60 ml) Wasser

Butter und Sahne in einem Topf bei niedriger Temperatur erhitzen. Käse und Salz einrühren und köcheln

Bratfisch mit Käsesauce

lassen. Dabei weiter rühren, bis der Käse schmilzt. Tapioka im Wasser anrühren und in die heiße Masse gießen. Ständig weiter rühren, bis die Sauce eindickt, etwa 4 bis 5 Minuten. Passt gut zu gekochtem Brokkoli, Blumenkohl, gekochten Zucchini, Auberginen, Champignons, grünen Bohnen, gekochtem Spargel, Rosenkohl und Fleisch.

* Bei diesem Rezept kann anstelle von Tapioka auch Guarkernmehl oder Xanthan verwendet werden. Die Sauce zubereiten, wie vorstehend im Rezept beschrieben, aber das Wasser weglassen und ½ Teelöffel Xanthan in 1 Esslöffel (14 g) geschmolzener Butter verrühren. Die Mischung aus Xanthan und Butter in die heiße Sauce dazugeben und ständig weiter rühren, bis sie eindickt, etwa 8 Minuten.

Variationen

Salsa-Käsesauce

Die Käsesauce zubereiten, wie in der Anleitung beschrieben, aber ½ Tasse (130 g) Salsa mit der Sahne dazugeben.

Ergibt: 10 Portionen, je ¼ Tasse (60 ml)
Pro Portion, mit Tapioka: 16 g Fett; 2 g Netto-Kohlenhydrate; 3,5 g Eiweiß; 166 Kalorien
Pro Portion, mit Xanthan: 16 g Fett; 1 g Netto-Kohlenhydrate; 3,5 g Eiweiß; 162 Kalorien

Jalapeno-Käsesauce

Die Käsesauce zubereiten, wie in der Anleitung beschrieben, aber 2 Esslöffel (18 g) klein geschnittene Jalapeno hinzufügen.

Ergibt: 8 Portionen, je ¼ Tasse (60 ml)
Pro Portion, mit Tapioka: 20 g Fett; 1,5 g Netto-Kohlenhydrate; 4 g Eiweiß; 202 Kalorien
Pro Portion, mit Xanthan: 21 g Fett; 0,5 g Netto-Kohlenhydrate; 4 g Eiweiß; 207 Kalorien

Knoblauch-Käsesauce

Die Käsesauce zubereiten, wie in der Anleitung beschrieben, aber 2 kleine oder 1 große zerdrückte Knoblauchzehe(n) mit der Sahne hinzufügen.

Ergibt: 8 Portionen, je ¼ Tasse (60 ml)
Pro Portion, mit Tapioka: 20 g Fett; 1,5 g Netto-Kohlenhydrate; 4 g Eiweiß; 202 Kalorien
Pro Portion, mit Xanthan: 21 g Fett; 0,5 g Netto-Kohlenhydrate; 4 g Eiweiß; 207 Kalorien

Champignon-Zwiebel-Käsesauce

Ergibt: 8 Portionen, je ¼ Tasse (60 ml)
Pro Portion, mit Tapioka: 20 g Fett; 2,5 g Netto-Kohlenhydrate; 4 g Eiweiß; 206 Kalorien
Pro Portion, mit Xanthan: 21 g Fett; 1,5 g Netto-Kohlenhydrate; 4 g Eiweiß; 202 Kalorien

½ Tasse (35 g) klein geschnittene Champignons und ¼ Tasse (40 g) gewürfelte Zwiebeln in der Butter sautieren, bis die Champignons und Zwiebeln weich sind. Tapioka, Salz und Sahne miteinander verrühren und in die Pilzmischung einrühren. Das Wasser weglassen. Anstelle von Cheddar-Käse verwenden Sie ½ Tasse (60 g) zerkleinerten Monterey-Jack-Käse und ¼ Tasse (30 g) geriebenen Parmesankäse. Den Käse in die heiße Champignonmischung geben und ständig weiter rühren, bis er geschmolzen ist.

Sauce Espagnole

Dies ist eine kohlenhydratarme Version der Sauce Espagnole, eine der fünf Grundsaucen in der französischen Küche. Das Eindicken kommt von dem pürierten Gemüse.

Ergibt: 6 Portionen, je ½ Tasse (120 g)
Pro Portion: 10 g Fett; 3,5 g Netto-Kohlenhydrate; 7 g Eiweiß; 132 Kalorien

4 Streifen Speck, zuckerfrei und ohne Nitritpökelsalz, knusprig gebraten und zerbröselt
2 EL (28 g) Butter
1 mittelgroße Zwiebel, fein gehackt
1 mittelgroße Karotte, fein gehackt
1 Stangensellerie, fein gehackt
2 Tassen (480 ml) Rinder- oder Knochenbrühe (S. 91–94)
2 Knoblauchzehen, gehackt
½ TL getrockneter Thymian
¼ TL getrockneter Majoran
½ TL getrockneter Oregano
¼ TL Salz
½ Lorbeerblatt
¼ Tasse (60 g) Tomatensauce
2 EL (30 ml) Zitronensaft

Sauce Espagnole

Den Speck in einem großen Topf braten, bis er knusprig ist. Den Speck herausnehmen, zerbröseln und beiseitestellen. Das Bratenfett von dem Speck in dem Topf lassen, Butter hinzufügen und Zwiebeln, Karotte und Sellerie etwa 10 bis 12 Minuten sautieren, bis sie anfangen, braun zu werden.

Rinderbrühe, Speck, Knoblauch, Thymian, Majoran, Oregano, Salz und Lorbeerblatt hinzugeben, abdecken und 30 Minuten köcheln lassen. Das Lorbeerblatt herausnehmen und die Sauce in einem Standmixer oder einer Küchenmaschine pürieren. Das Püree in den Topf geben und Tomatensauce sowie Zitronensaft unterrühren. Erhitzen, bis die Masse köchelt, dann von der Herdplatte nehmen und auf gekochtem Gemüse oder Fleisch servieren.

Übrig gebliebene Sauce kann einige Tage in einem lichtdicht verschlossenen Behälter aufbewahrt werden. Es ist gut, sie vorrätig zu haben, wenn Sie knapp mit der Zeit sind, da es auf diese Weise nur wenige Minuten dauert, um aus gewöhnlichem Gemüse etwas Besonderes zu machen.

Variationen

Sauce Diable – Teufelssauce

Die Sauce Espagnole zubereiten, wie in der Anleitung beschrieben, aber den Zitronensaft weglassen und 2 Esslöffel (30 ml) Worcestershire-Sauce und 1 Esslöffel (15 ml) roten Weinessig hinzufügen.

Ergibt: 6 Portionen, je ½ Tasse (120 g)
Pro Portion: 10 g Fett; 3,5 g Netto-Kohlenhydrate; 7 g Eiweiß; 132 Kalorien

Pikante Sauce

Die Sauce Espagnole zubereiten, wie in der Anleitung beschrieben, aber ½ Tasse (120 g) fein gehackte Dillgurken und 2 Esslöffel (8 g) feingeschnittene Petersilie hinzufügen.

Ergibt: 6 Portionen, je ½ Tasse (120 g)
Pro Portion: 10 g Fett; 4 g Netto-Kohlenhydrate; 7 g Eiweiß; 134 Kalorien

Kräutersauce

Bei dieser Sauce werden Rinderbrühe und Butter mit einer Vielzahl der beliebtesten Kräuter zusammengebracht.

Ergibt: 8 Portionen, je ¼ Tasse (60 ml)
Pro Portion, mit Tapioka: 6,5 g Fett; 2,5 g Netto-Kohlenhydrate; 1,5 g Eiweiß; 74 Kalorien
Pro Portion, mit Xanthan: 8 g Fett; 1,5 g Netto-Kohlenhydrate; 1,5 g Eiweiß; 84 Kalorien

¼ Tasse (60 g) Butter
½ Tasse (80 g) Zwiebeln, gehackt
2 Tassen (480 ml) Rinderbrühe (S. 91–92)
¼ TL getrockneter Majoran
¼ TL getrockneter Thymian
¼ TL getrocknetes Bohnenkraut
¼ TL getrockneter Salbei
¼ TL getrocknetes Basilikum
⅛ TL gemahlene Muskatnuss
⅛ TL schwarzer Pfeffer
⅛ TL Salz
1 EL (8 g) Tapioka oder Pfeilwurz*
1 EL (15 ml) Zitronensaft
1 TL frischer Estragon, gehackt, oder ¼ TL getrockneter Estragon
1 TL frischer Kerbel, gehackt, oder ¼ TL getrockneter Kerbel

Die Butter in einem mittelgroßen Topf erhitzen und die Zwiebeln sautieren, bis sie anfangen, braun zu werden, etwa 8 bis 10 Minuten. 1½ Tassen (360 ml) Brühe, Majoran, Thymian, Bohnenkraut, Salbei, Basilikum, Muskatnuss, schwarzen Pfeffer und Salz dazugeben und etwa 5 Minuten köcheln lassen. Die Tapioka mit der restlichen ½ Tasse (60 ml) Brühe verrühren und in die Sauce rühren, ständig weiter rühren, bis die Sauce verdickt. Zitronensaft, Estragon und Kerbel unterrühren. Von der Herdplatte nehmen und servieren.

* Bei diesem Rezept kann anstelle von Tapioka auch Xanthan verwendet werden. Die Sauce zubereiten, wie vorstehend im Rezept beschrieben, aber die Zwiebeln statt in 4 nur in 3 Esslöffeln (90 g) Butter sautieren und ¼ Teelöffel Xanthan mit 1 Esslöffel (14 g) Butter verrühren. Die Mischung aus Xanthan und Butter in die heiße Sauce rühren und ständig weiter rühren, bis die Sauce eindickt.

Rote Paprikasauce

Dies ist ein ausgezeichneter Ersatz für Spaghetti-Sauce.

Ergibt: 6 Portionen, je ½ Tasse (120 g)
Pro Portion: 12,5 g Fett; 4 g Netto-Kohlenhydrate; 13 g Eiweiß; 180 Kalorien

- 4 EL (56 g) Kokos- oder rotes Palmöl
- 226 g Rinderhackfleisch
- 1 mittelgroße Zwiebel, fein gehackt
- 2 Stangensellerie, fein gehackt
- 2 Knoblauchzehen, gehackt
- 2 mittelgroße rote Paprikaschoten, gehackt
- 1 Tasse (240 ml) Rinder- oder Knochenbrühe (S. 91–94)
- ½ Tasse (120 g) Tomatensauce
- ½ TL getrockneter Thymian
- ½ TL getrockneter Oregano
- ½ TL getrocknetes Basilikum
- ½ TL getrockneter Rosmarin
- ½ TL Salz
- ¼ TL schwarzer Pfeffer
- ¼ Tasse (20 g) Parmesankäse (optional)

Das Öl bei mittlerer Hitze in einem großen Topf erhitzen. Das Rinderhackfleisch braten, in kleine Stücke zerteilen und so lange braten, bis es angebräunt ist. Das Rinderhackfleisch aus dem Topf nehmen und beiseitestellen; das Öl in dem Topf lassen.

Zwiebeln, Sellerie, Knoblauch und rote Paprikaschoten etwa 12 Minuten sautieren oder bis sie zart sind und anfangen, braun zu werden. Rinderbrühe, Tomatensauce, Thymian, Oregano, Basilikum, Rosmarin, Salz und schwarzen Pfeffer dazugeben und 30 Minuten köcheln lassen. Von der Herdplatte nehmen und etwas abkühlen lassen. Die Sauce in einer Küchenmaschine oder mit einem Standmixer pürieren. Das Püree zusammen mit dem gebratenen Hackfleisch wieder in den Topf geben, um es aufzuwärmen. Den Parmesankäse unterrühren und von der Herdplatte nehmen. Zu gekochtem Gemüse, Eiern oder Fleisch servieren.

Sauce hollandaise

Bei der Sauce hollandaise wird als Bindemittel Eigelb verwendet. Es kann etwas schwierig sein, Saucen hinzubekommen, die mit Eigelb zubereitet werden, aber wenn Sie beachten, dass die Sauce bei zu viel Hitze gerinnt, müsste es Ihnen gelingen. Sie nehmen einen Wasserbadtopf und bereiten die Sauce über siedendem, nicht kochendem Wasser zu. Sobald die Sauce eindickt, nehmen Sie sie von der Herdplatte.

Ergibt: 4 Portionen, je ¼ Tasse (60 g)
Pro Portion: 30 g Fett; 0,5 g Netto-Kohlenhydrate; 3 g Eiweiß; 284 Kalorien

4 Eigelb
1 EL (15 ml) Schlagsahne oder Kokosmilch
½ Tasse (120 g) Butter, weich
¼ EL Salz, 1 Prise weißer Pfeffer
1 EL (15 ml) Zitronensaft

Das Eigelb schlagen, bis es cremig und zitronenfarben ist. Die Sahne unterrühren und das Ganze in den Wasserbadtopf über leicht siedendem Wasser gießen. Erhitzen und 2 bis 3 Minuten ständig weiter rühren, bis die Masse warm, aber nicht heiß ist. Die Hälfte der Butter einrühren; die andere Hälfte der Butter hinzugeben, nachdem der erste Teil der Butter sich gut mit der Masse vermischt hat. Kochen und 2 bis 3 Minuten rühren, bis die Sauce so eingedickt ist, dass sie auf der Unterseite eines Löffels haften bleibt. Den Was-

Sauce hollandaise an Lachs

serbadtopf vom Herd nehmen und Salz, Pfeffer und Zitronensaft einrühren. Zu Eiern, Fisch oder Meeresfrüchten oder gekochtem Gemüse servieren.

Das Gerinnen der Sauce ist ein häufiges Problem, wenn mit zu viel Hitze gearbeitet wird. Wenn Ihnen das passiert, schütten Sie die Sauce nicht weg – sie kann immer noch gerettet werden. Geben Sie 2 Esslöffel (30 ml) kochendes Wasser dazu und dann das Ganze kräftig schlagen, bis es glatt wird.

Variationen

Figaro-Sauce

Die Sauce hollandaise zubereiten, wie in der Anleitung beschrieben, aber ⅓ Tasse (78 g) Tomatensauce und 1 Esslöffel gehackte Petersilie oder gehackten Koriander unterrühren und erhitzen und über kaum siedendem Wasser 2 bis 3 Minuten rühren. Passt gut zu Fisch und Meeresfrüchten.

Ergibt: 4 Portionen, je ¼ Tasse (60 g)
Pro Portion: 30 g Fett; 1,5 g Netto-Kohlenhydrate; 3 g Eiweiß; 288 Kalorien

Sauce hollandaise mit Senf

Die Sauce hollandaise zubereiten, wie in der Anleitung beschrieben, aber ½ Teelöffel Senfmehl mit Zitronensaft verrühren und in die Sauce hinzufügen. Passt gut zu gekochtem Gemüse, Eiern und Fisch.

Ergibt: 4 Portionen, je ¼ Tasse (60 g)
Pro Portion: 30 g Fett; 0,5 g Netto-Kohlenhydrate; 3 g Eiweiß; 284 Kalorien

Avgolemono-Sauce

Dies ist eine traditionelle griechische Sauce auf der Grundlage von Eigelb. Schmeckt gut zu Spargel, Brokkoli und Artischocken.

Ergibt: 6 Portionen, je ¼ Tasse (60 g)
Pro Portion: 2,5 g Fett; 0,5 g Netto-Kohlenhydrate; 2,5 g Eiweiß; 34 Kalorien

1¼ Tassen (300 ml) Hühnerbrühe (S. 90–91)
1 Prise Muskatnuss
3 Eigelb, leicht geschlagen
3 Esslöffel (45 ml) Zitronensaft
Salz, Schwarzer Pfeffer

Brühe und Muskatnuss in einem Wasserbadtopf über siedendem, nicht kochendem Wasser erhitzen. Etwa ½ Tasse (120 ml) der erhitzten Brühe mit dem Eigelb verrühren. Die Eigelbmischung in den Rest der Brühe gießen und so lange ständig weiter rühren, bis die Masse eindickt. Von der Herdplatte nehmen und den Zitronensaft jeweils löffelweise (15 ml) einrühren. Mit Salz und Pfeffer abschmecken.

Grüne Chilisauce

Diese Sauce kann zu gekochtem Gemüse oder Fleisch serviert werden. Schmeckt großartig zu Rührei.

Ergibt: 8 Portionen, je ¼ Tasse (60 ml)
Pro Portion, mit Tapioka: 8 g Fett; 3 g Netto-Kohlenhydrate; 3,5 g Eiweiß; 98 Kalorien
Pro Portion, mit Xanthan: 9,5 g Fett; 2 g Netto-Kohlenhydrate; 3,5 g Eiweiß; 107 Kalorien

¼ Tasse (56 g) aus Speck ausgelassenes Fett oder Kokosöl
½ Tasse (75 g) Schweinefleisch oder Schinken, zuckerfrei und ohne Nitritpökelsalz, gewürfelt
½ mittelgroße Zwiebel, gehackt
2 Knoblauchzehen, gehackt
1½ Tassen (360 ml) Schweine- oder Hühnerbrühe (S. 90–92)
1 Dose (280 g) grüne Chilischoten oder 1 Tasse (120 g) grüne Chilischoten, gehackt, gebraten
¼ TL getrockneter Oregano
¼ TL gemahlener Kreuzkümmel
¼ TL Salz
1 EL (8 g) Tapioka oder Pfeilwurz*

Das Fett in einer mittelgroßen Pfanne erhitzen und das Schweinefleisch und die Zwiebeln sautieren, bis die Zwiebeln weich werden, etwa 5 Minuten. Den Knoblauch hinzugeben und 2 Minuten kochen, bis der Knoblauch anfängt zu duften. 1 Tasse (240 ml) Brühe, Chilischoten, Oregano, Kreuzkümmel und Salz einrühren und etwa 15 Minuten köcheln lassen. Die Tapioka mit 1½ Tassen (120 ml) Brühe verrühren, in die heiße Mischung gießen und so lange ständig weiter rühren, bis die Sauce eindickt.

* Bei diesem Rezept kann anstelle von Tapioka auch Guarkernmehl oder Xanthan verwendet werden. Die Sauce zubereiten, wie in dem Rezept beschrieben, aber ¼ Teelöffel Xanthan mit 1 Esslöffel (14 g) geschmolzener Butter verrühren. Die Mischung aus Xanthan und Butter in die heiße Sauce rühren und ständig weiter rühren, bis sie eindickt, etwa 8 Minuten.

Cocktailsauce

Cocktailsauce

Cocktailsauce wird für gewöhnlich als Dip verwendet, sie ist aber auch als Salatdressing sehr gut geeignet. Die meisten handelsüblichen Cocktailsaucen sind mit Zucker überfrachtet. Diese Version ist hingegen zuckerfrei und schmeckt großartig. Dieses Rezept zeichnet sich durch einen milden Meerrettichgeschmack aus; falls Ihnen etwas mehr Schärfe lieber ist, fügen Sie 1 zusätzlichen Teelöffel Meerrettich hinzu.

- 220 g Tomatensauce
- 4 TL frischer Zitronensaft
- ¼ TL Salz
- 2 TL Meerrettich, fertig zubereitet aus dem Glas
- 2 TL Chilisauce

Ergibt: etwa 1 ¼ Tassen (280 g)
Pro Esslöffel (14 g): 0 g Fett; 0,5 g Netto-Kohlenhydrate; 0 g Eiweiß; 2 Kalorien

Alle Zutaten in einer kleinen Schüssel kräftig miteinander verrühren. Entweder sofort verwenden oder in einen luftdicht verschlossenen Behälter geben und im Kühlschrank aufbewahren. Die Sauce hält sich etwa 2 Wochen.

Alfredo-Sauce

Dies ist eine wunderbare Käsesauce für Fleisch, Eier und Gemüse.

¼ Tasse (56 g) Butter
1¼ Tassen (295 ml) Schlagsahne
½ Tasse (50 g) Parmesankäse, gerieben
¼ Tasse (25 g) Pecorino-Romano-Käse, gerieben
⅛ TL frisch gemahlener schwarzer Pfeffer

Ergibt: 4 Portionen
Pro Portion:
38 g Fett; 2 g Netto-Kohlenhydrate;
7,5 g Eiweiß;
380 Kalorien

Die Butter in einem mittelgroßen Topf bei mittlerer Hitze schmelzen lassen. Sahne hinzugeben und köcheln lassen, bis sich die Masse auf 1 Tasse reduziert hat, etwa 8 Minuten. Von der Herdplatte nehmen und den Parmesan- sowie den Pecorino-Romano-Käse und den Pfeffer unterrühren. Weiter rühren, bis alles geschmolzen ist. Heiß servieren.

Tartarsauce

1 Tasse (225 g) Mayonnaise (S. 49–51)
3 Frühlingszwiebeln, gehackt
1 EL (4 g) Petersilie, gehackt
1 EL (4 g) frischer Estragon, gehackt
¼ Tasse (60 g) Dillgurken, klein geschnitten
2 EL (17 g) Kapern
1 TL Dijon-Senf
1 EL (15 ml) Rotweinessig

Ergibt: etwa
1¼ Tassen (280 g)
Pro Esslöffel (14 g):
8,5 g Fett;
0,5 g Netto-Kohlenhydrate; 0 g Eiweiß;
78 Kalorien

Alle Zutaten miteinander verrühren, zudecken und 2 bis 3 Stunden ruhen lassen. Mit Fisch oder Meeresfrüchten servieren.

Cremige Meerrettichsauce

½ Tasse (120 ml) Sahne
½ Tasse (115 g) Mayonnaise (S. 49–51)
2 EL (30 g) Meerrettich, fertig zubereitet aus dem Glas
1 EL (15 ml) Zitronensaft
1 EL (6 g) Zitronenschale

Ergibt: etwa 1 Tasse (112 g)
Pro Esslöffel (14 g): 4,5 g Fett; 0 g Netto-Kohlenhydrate; 0 g Eiweiß; 40 Kalorien

Die Sahne nach und nach unter die Mayonnaise schlagen, bis eine glatte Masse entsteht. Meerrettich, Zitronensaft und Zitronenschale unterrühren. ½ Stunde ruhen lassen und mit kaltem Rindfleisch, Lamm oder Schweinefleisch servieren.

Specksauce mit saurer Sahne

1 Tasse (230 g) saure Sahne
4 Streifen Speck, zuckerfrei und ohne Nitritpökelsalz, knusprig gebraten und zerbröselt
2 EL geschmolzenes aus Speck ausgelassenes Fett

Ergibt: etwa 1 Tasse (112 g)
Pro Esslöffel (14 g): 6,5 g Fett; 0,5 g Netto-Kohlenhydrate; 2 g Eiweiß; 68 Kalorien

Die saure Sahne mit dem zerbröselten Speck und dem Fett verrühren. Passt gut zu Fisch oder Meeresfrüchten sowie zu gekochtem oder rohem Gemüse.

Käsesauce mit saurer Sahne

¼ (60 ml) Schlagsahne
1 Tasse (115 g) scharfer Cheddar-Käse, gerieben
⅛ TL Zwiebelpulver
1 Tasse (230 g) saure Sahne

Ergibt: etwa 1¾ Tassen (390 g)
Pro Esslöffel (14 g): 4 g Fett; 0,5 g Netto-Kohlenhydrate; 1 g Eiweiß; 42 Kalorien

Sahne, Käse und Zwiebelpulver in einem Wasserbadtopf miteinander verrühren. Über siedendem Wasser den Käse schmelzen und die Zutaten sich miteinander verbinden lassen. Sobald eine glatte Masse entstanden ist, die saure Sahne unterrühren und den Topf von der Herdplatte nehmen. Passt gut zu gekochtem oder rohem Gemüse.

Kapitel 3

Salate und Dressings

Dieses Kapitel ist in drei Abschnitte unterteilt: kohlenhydratarme Salatdressings, große Salate und Beilagensalate. Kohlenhydratarme Salatdressings enthalten verschiedene Arten von Mayonnaise, die so, wie sie sind, oder zusammen mit anderen Zutaten verwendet werden können, um andere Salatdressings zuzubereiten. Die meisten Salatdressings werden auf der Grundlage von Öl oder Sahne zubereitet.

Große Salate sind Salate, die eine vollständige Mahlzeit darstellen. Die meisten dieser Rezepte ergeben 2 bis 4 Portionen. Ein Rezept kann jedoch auch halbiert oder die Portion verkleinert werden, sodass daraus ein Beilagensalat wird.

Die Beilagensalate sind kleiner und ausreichend für eine kleine Mahlzeit oder sie können zu einem Hauptgericht gereicht werden. Beilagensalate passen gut zu Steaks, Koteletts, Braten und sonstigen Fleisch- und Fischgerichten.

Salate eignen sich generell sehr gut, um Abwandlungen auszuprobieren und zu experimentieren. Sie können die in den Rezepten angegebenen Zutaten oder Mengen ändern und sie Ihrem persönlichen Geschmack und Ihren Vorlieben anpassen. Sie können die Portionen auch größer oder kleiner machen, je nach Appetit oder der Anzahl der Personen, die Sie bei einer Mahlzeit erwarten. Verändern Sie diese Rezepte ganz nach Ihrem Belieben.

KOHLENHYDRATARME SALATDRESSINGS

Ein grüner Blattsalat ist eine gute Beilage für ein kohlenhydratarmes oder ketogenes Gericht und kann zusammen mit einem ölbasierten Dressing eine ausreichende Menge an Fett für eine Mahlzeit liefern. Salate können mit vielen verschiedenen Zutaten und Dressings in unterschiedlichen Geschmacks- und Gewürznoten zubereitet werden. Beschränken Sie sich nicht auf den üblichen Eisbergsalat – versuchen Sie auch Buttersalat, Eichblattsalat, Römersalat (Sommerendivie) und andere Varianten. Zu den Gemüsesorten, die gut zu Salaten passen, gehören Gurken, Paprika, Wachspaprika, Tomaten, Avocado, Petersilie, Zwiebeln, Schalotten, Frühlingszwiebeln, Radieschen, Yambohne, Koriander, Brunnenkresse, Sprossen, Sellerie, Knollensellerie, Pak Choi (Senfkohl), Chinakohl, Rotkohl, Grünkohl, Brokkoli, Blumenkohl, Spinat, Mangold, Krauskohl, Karotten, Topinambur, Sauerkraut, Chicorée, Endivie und Zuckerschoten. Nicht in allen Salaten muss auch Kopfsalat enthalten sein. Sie können eine Vielzahl von Salaten aus all diesen Gemüsesorten ohne Kopfsalat zubereiten.

Toppings geben Salaten das gewisse Etwas. Kohlenhydratarme Toppings sind zum Beispiel hart gekochte Eier, Schinken, zerkleinerter Speck (Speckbrösel), zerkleinertes Rind-, Hühner-, Truthahn-, Schweinefleisch, zerkleinerter Fisch (Lachs, Sardinen etc.), Krabben, Shrimps, Nori, Hartkäse (Cheddar, Monterey-Jack, Münsterkäse etc.), Weichkäse (Feta, Hüttenkäse etc.), Nüsse, Oliven und Schweinekrusten oder Speckkrusten.

Das Dressing ist der vielleicht wichtigste Teil des Salates. Es ist das, was den Salat ausmacht und den anderen Zutaten Pep gibt. Die meisten im Handel erhältlichen Salatdressings werden auf der Grundlage von Soja- oder Rapsöl hergestellt und enthalten oft Zucker, fruktosehaltigen Maissirup, Natriumglutamat (MSG) und andere unerwünschte Zusatzstoffe. Viele werden als kalorienarm oder fettarm beworben, aber nur wenige sind kohlenhydratarm. Eine bessere Wahl ist ein selbst gemachtes kohlenhydratarmes Salatdressing aus gesünderen Zutaten. Nachstehend finden Sie einige solcher Rezepte.

Mayonnaise

Die meisten Pflanzenöle können verwendet werden, um eine Mayonnaise herzustellen. Olivenöl ergibt eine Mayonnaise, die viel gesünder ist als die Produkte, die im Supermarkt erhältlich sind und aus Ölen hergestellt werden, die mehrfach ungesättigte Fettsäuren enthalten. Olivenöl „extra virgin" gibt der Mayonnaise jedoch einen sehr starken Olivenölgeschmack, der die übrigen Zutaten überlagern kann. Sogenanntes „extra leichtes" Olivenöl hat demgegenüber einen milden Geschmack und ergibt eine ausgezeichnete Mayonnaise.

Ergibt: etwa 20 Esslöffel (280 g)
Pro Esslöffel (14 g): 10,5 g Fett; 0 g Netto-Kohlenhydrate; 0 g Eiweiß; 94 Kalorien

2 Eigelb
2 EL (30 ml) Apfelessig
1 TL Senf
¼ TL Paprikapulver
½ TL Salz
1 Tasse (240 ml) extra leichtes Olivenöl, getrennt

Alle Zutaten müssen Zimmertemperatur haben, bevor sie verarbeitet werden. Eigelb, Senf, Paprikapulver, Salz und ¼ Tasse (60 ml) Öl in einem Mixer oder einer Küchenmaschine etwa 60 Sekunden mixen. Währenddessen das restliche Öl sehr langsam dazugießen, zuerst tropfenweise, dann nach und nach in einem dünnen Strahl. Das Geheimnis bei der Herstellung einer guten Mayonnaise ist das langsame Hinzugeben des Öls. Die Mayonnaise dickt dadurch ein. Abschmecken und gegebenenfalls etwas nachwürzen. Die Mayonnaise in einem luftdichten Behälter im Kühlschrank aufbewahren; dort hält sie sich mehrere Wochen lang.

Kokos-Mayonnaise

Ergibt: etwa 20 Esslöffel (280 g)
Pro Esslöffel (14 g): 10,5 g Fett; 0 g Netto-Kohlenhydrate; 0 g Eiweiß; 94 Kalorien

Die Mayonnaise wie beim vorhergehenden Rezept herstellen, aber die ½ Tasse extra leichtes Olivenöl durch ½ Tasse Kokosöl ersetzen. Achten Sie darauf, dass das Kokosöl Zimmertemperatur hat und flüssig ist, bevor Sie es hinzugeben. Sie können entweder expellergepresstes Kokosöl oder kalt gepresstes Kokosöl verwenden, um Mayonnaise zu machen. Das kalt gepresste

Kokosöl gibt der Mayonnaise einen leichten Kokosgeschmack. Das expellergepresste Kokosöl ist stärker raffiniert und hat keinen Kokosgeschmack.

Sie können die Mayonnaise auch nur mit Kokosöl herstellen, ganz ohne Olivenöl, sie muss dann aber sofort aufgebraucht werden, da das Kokosöl fest wird, wenn es abkühlt. Wenn Sie die Mayonnaise in den Kühlschrank stellen, wird sie hart und ist danach nicht mehr zu gebrauchen. Werden die Öle jedoch gemischt, bleibt die Mayonnaise weich und cremig, wenn sie gekühlt wird.

Mediterrane Mayonnaise

Diese Mayonnaise wird aus einer Mischung aus extra leichtem Olivenöl und Olivenöl extra virgin hergestellt. Das Olivenöl extra virgin gibt der Mayonnaise den Olivengeschmack oder mediterranen Geschmack. Sie können die Mayonnaise auch ganz mit Olivenöl extra virgin herstellen, der Olivengeschmack kann dann aber übermäßig stark werden. Diese Mischung aus 50 Prozent extra leichtem Olivenöl und 50 Prozent Olivenöl extra virgin liefert gerade genug Olivengeschmack, um der Mayonnaise einen schönen Olivengeschmack zu verleihen, ohne jedoch zu dominieren.

2 Eigelb
2 EL (30 ml) Apfelessig oder Zitronensaft
1 TL Senf
¼ TL Paprikapulver
½ TL Salz
½ Tasse (120 ml) Olivenöl extra virgin
½ Tasse (120 ml) extra leichtes Olivenöl

Ergibt: etwa 20 Esslöffel (280 g)
Pro Esslöffel (14 g): 10,5 g Fett; 0 g Netto-Kohlenhydrate; 0 g Eiweiß; 94 Kalorien

Mediterrane Mayonnaise

Die Zutaten müssen alle Zimmertemperatur haben, bevor Sie mit der Verarbeitung beginnen. Das Eigelb mit Essig, Senf, Paprikapulver, Salz und ¼ Tasse (60 ml) Olivenöl extra virgin in einem Mixer oder einer Küchenmaschine etwa 60 Sekunden mixen. Währenddessen das restliche Öl *sehr langsam* dazugießen, zuerst tropfenweise, dann nach und nach in einem dünnen Strahl. Das Geheimnis bei der Herstellung einer guten Mayonnaise ist das langsame Hinzugeben des Öls. Die Mayonnaise dickt dadurch ein. Abschmecken und gegebenenfalls etwas nachwürzen. Die Mayonnaise in einem luftdichten Behälter im Kühlschrank aufbewahren; dort hält sie sich mehrere Wochen lang.

Leslies Fiesta-Kokos-Mayonnaise

Dies ist eines der Lieblings-Mayonnaise-Rezepte meiner Frau Leslie. Alle Zutaten müssen Zimmertemperatur haben, bevor Sie mit der Verarbeitung beginnen. Um Eier, die im Kühlschrank aufbewahrt wurden, schnell zu erwärmen, können Sie sie etwa 10 Minuten in sehr warmes Wasser legen, bevor Sie sie aufschlagen. Verwenden Sie diese Mayonnaise bei jedem Rezept, bei dem Mayonnaise benötigt wird.

2 Eigelb
1 ganzes Ei
Saft von 2 Zitronen
2 TL Dijon-Senf
¾ TL Salz, 1 Prise weißer Pfeffer
¼ Tasse (12 g) frischer Schnittlauch, gehackt
½ Tasse (8 g) frischer Koriander, gehackt
¼ Tasse (60 ml) Olivenöl extra virgin
⅔ Tasse (160 ml) extra leichtes Olivenöl
1 Tasse (235 ml) expellergepresstes Kokosöl

Ergibt: etwa 2 Tassen (450 g)
Pro Esslöffel (14 g): 10,5 g Fett; 0 g Netto-Kohlenhydrate; 0 g Eiweiß; 94 Kalorien

Das Eigelb mit dem Ei, Zitronensaft, Senf, Salz, weißen Pfeffer, Schnittlauch und Koriander in den Mixer oder die Küchenmaschine geben und etwa 10 Sekunden mixen, bis alles zu einer Masse miteinander vermischt ist.

Bei ständig laufendem Mixer das extra leichte Olivenöl *sehr langsam* dazugießen, zuerst tropfenweise, dann nach und nach in einem dünnen Strahl. Das Geheimnis bei der Herstellung einer guten Mayonnaise ist das langsame Hinzugeben des Öls. Anschließend noch das Kokosöl in einem langsamen dünnen Strahl dazugeben. Dabei sollte die Mayonnaise anfangen einzudicken. Sobald sie eingedickt ist, füllen Sie die Mayonnaise in ein Glas mit einem luftdichten Verschluss, um sie im Kühlschrank aufzubewahren.

Kräuter-Mayonnaise

Dieses Dressing schmeckt gut zu Fisch oder Meeresfrüchten oder als Dressing für Gemüsesalate. Dieses Rezept kann mit einer der oben beschriebenen Mayonnaisen zubereitet werden.

½ Tasse (32 g) Petersilie, gehackt
⅓ Tasse (28 g) Brunnenkresse, gehackt
2 EL (6 g) Schnittlauch, gehackt
1 EL (4 g) frischer Dill, gehackt
1¼ Tassen (285 g) Mayonnaise (S. 49–51)
1 TL Zitronensaft
¼ TL Salz
2–3 Tropfen Chilisauce

Ergibt: etwa 1½ Tassen (336 g)
Pro Esslöffel (14 g): 9 g Fett; 0 g Netto-Kohlenhydrate; 0 g Eiweiß; 81 Kalorien

Alle Zutaten gut miteinander vermischen, zudecken und mehrere Stunden in den Kühlschrank stellen.

Essig- und Kokosöl-Dressing

¼ Tasse (60 ml) Kokosöl, geschmolzen*
¼ Tasse (60 ml) extra leichtes Olivenöl
2 EL (30 ml) Wasser
¼ Tasse (60 ml) Apfelessig
⅛ TL Salz
⅛ TL weißer Pfeffer

Ergibt: 14 Esslöffel (200 g)
Pro Esslöffel (14 g): 7,7 g Fett; 0 g Netto-Kohlenhydrate; 0 g Eiweiß; 67 Kalorien

Alle Zutaten in ein Einweckglas oder Schraubglas geben. Deckel schließen und kräftig schütteln, bis alles gut vermischt ist. Bei Zimmertemperatur stehen lassen, bis das Dressing gebraucht wird. Es kann mehrere Tage ohne Kühlung aufbewahrt werden. Wird es länger als 1 Woche aufbewahrt, sollte es im Kühlschrank stehen. Gekühltes Öl wird in der Regel fest; um es zu verflüssigen, mindestens 1 Stunde vor Gebrauch aus dem Kühlschrank nehmen.

* Anstelle von Kokosöl können Sie auch MCT-Öl verwenden. Wenn Sie möchten, können Sie sowohl das Kokosöl als auch das extra leichte Olivenöl durch die gleiche Menge Olivenöl extra virgin ersetzen.

Asiatisches Mandel-Dressing

½ Tasse (110 ml) Kokosöl
¼ Tasse (25 g) Mandelstifte
1 EL (15 ml) extra leichtes Olivenöl
2 EL (30 ml) Tamari-Sauce
1 EL (15 ml) Apfelessig
¼ TL gemahlener Ingwer
¼ TL Salz

Ergibt: 14 Esslöffel (200 g)
Pro Esslöffel (14 g): 9,5 g Fett; 0,5 g Netto-Kohlenhydrate; 0,5 g Eiweiß; 89,5 Kalorien

Das Kokosöl in einen kleinen Topf geben. Auf mittlerer bis niedriger Temperatur die Mandelstifte sautieren, bis sie goldbraun angeröstet sind. Vom Herd nehmen und auf Zimmertemperatur abkühlen lassen. Die restlichen Zutaten unterrühren. Wenn das Dressing ruht, setzt sich das Öl oben ab und die Mandeln sinken nach unten. Erst vor dem Gebrauch umrühren. Das Dressing löffelweise auf den Salat geben und darauf achten, dass auch Mandeln dabei sind. Das Dressing kann mehrere Tage ohne Kühlung aufbewahrt werden. Wird es länger als 1 Woche aufbewahrt, stellen Sie es in den Kühlschrank.

Asiatisches Mandel-Dressing

Vinaigrette

Ergibt: 1 Tasse (224 g)
Pro Esslöffel (14 g): 10,7 g Fett; 0 g Netto-Kohlenhydrate; 0 g Eiweiß; 92 Kalorien

¼ Tasse (60 ml) Rotwein- oder Weißweinessig
¼ TL Salz
⅛ TL weißer Pfeffer
¾ Tasse (180 ml) Olivenöl extra virgin

Essig, Salz und Pfeffer mit einer Gabel in einer Schüssel verrühren. Öl dazugeben und alles kräftig miteinander vermischen.

Knoblauch-Kräuter-Dressing

Ergibt: 6 Esslöffel (84 g)
Pro Esslöffel (14 g): 7,1 g Fett; 0 g Netto-Kohlenhydrate; 0 g Eiweiß; 62 Kalorien

2 Knoblauchzehen, geschält und zerdrückt
1 TL Estragon, 1 TL Majoran
1 TL Senfpulver
½ TL Salz, ¼ TL schwarzer Pfeffer
½ Tasse (120 ml) Olivenöl extra virgin
¼ Tasse (60 ml) Rotwein- oder Weißweinessig

Alle Zutaten in ein 0,5-Liter-Einweckglas oder Schraubglas geben. Den Deckel schließen und kräftig schütteln, um alles zu vermischen. Bei Zimmertemperatur mindestens 1 Stunde ruhen lassen. Unmittelbar vor dem Gebrauch nochmals schütteln.

Ranch-Dressing

Dieses Dressing wird aus saurer Sahne hergestellt. Es schmeckt am besten frisch zubereitet, sodass die im Rezept genannten Mengen klein sind, damit kaum oder keine Reste übrig bleiben.

Ergibt: 4 Esslöffel (56 g)
Pro Esslöffel (14 g): 3,8 g Fett; 0,6 g Netto-Kohlenhydrate; 0,4 g Eiweiß; 37 Kalorien

3 EL (45 g) saure Sahne
1 EL (15 ml) Schlagsahne
½ TL Zwiebelpulver
⅛ TL Dill
⅛ TL Salz, 1 Prise schwarzer Pfeffer

Alle Zutaten miteinander verrühren und auf einem Salat servieren.

Saure-Sahne-Zitronen-Dressing

½ Tasse (115 g) saure Sahne
1 EL (15 g) Zitronensaft
1 EL (4 g) Petersilie, gehackt
½ TL Salz
½ TL getrockneter Dill
¼ TL frisch gemahlener schwarzer Pfeffer
1 kleine Knoblauchzehe, geschält und zerdrückt

Ergibt: 10 Esslöffel (140 g)
Pro Esslöffel (14 g): 2,5 g Fett; 0,5 g Netto-Kohlenhydrate; 0,5 g Eiweiß; 26 Kalorien

Alle Zutaten miteinander verrühren und im Kühlschrank aufbewahren, bis sie gebraucht werden.

Sesam-Dressing

½ Tasse (110 g) Kokosöl, geschmolzen
1 Tasse (240 ml) Olivenöl extra virgin*
½ mittelgroße rote Zwiebel, gehackt
2 Knoblauchzehen, gehackt
2-½ EL (40 ml) Sojasauce
2-½ EL (40 ml) frischer Zitronensaft
¼ Tasse (24 g) Sesamsamen, geröstet

Ergibt: 2 Tassen (450 ml)
Pro Esslöffel (14 g): 10 g Fett; 0,5 g Netto-Kohlenhydrate; 0 g Eiweiß; 92 Kalorien

Alle Zutaten in einem Mixer gründlich miteinander vermischen, außer dem Sesamsamen. Nach dem Mixen den Sesamsamen unterrühren. In ein Einweckglas oder Schraubglas füllen und ruhen lassen.

* Sie können jedes Öl verwenden, etwa extra leichtes Olivenöl, MCT-Öl, Macadamianussöl etc. Ein Öl, das flüssig bleibt, wenn es über einen kalten Salat gegossen wird, ist notwendig, um das Kokosöl zu verflüssigen, damit das Dressing nicht fest wird, wenn es mit dem kalten grünen Blattsalat in Berührung kommt.

Oregano-Dressing

Ergibt:
13 Esslöffel (180 ml)
Pro Esslöffel (14 g):
8,5 g Fett;
0 g Netto-Kohlenhydrate; 0 g Eiweiß;
76,5 Kalorien

½ Tasse (120 ml) Olivenöl extra virgin
⅓ Tasse (80 ml) Weinessig
1½ TL Salz
1½ TL getrockneter Oregano

Alle Zutaten in ein fest verschlossenes Einweckglas oder Schraubglas geben und schütteln, um sie miteinander zu vermischen. Im Kühlschrank aufbewahren.

Tomaten-Gurken-Dressing

Ergibt:
1 Tasse (224 g)
Pro Esslöffel (14 g):
7 g Fett;
0 g Netto-Kohlenhydrate; 0 g Eiweiß;
63 Kalorien

½ Tasse (115 ml) Mayonnaise (S. 49–51)
1 mittelgroße Tomate, fein gehackt
½ mittelgroße Gurke, fein zerkleinert
½ TL Salz
¼ TL getrocknete Salbeiblätter

Alle Zutaten gründlich miteinander vermischen. In einem luftdicht verschlossenen Behälter im Kühlschrank aufbewahren.

Russisches Dressing

Ergibt:
1¼ Tassen (300 g)
Pro Esslöffel (14 g):
8,5 g Fett;
0 g Netto-Kohlenhydrate; 0 g Eiweiß;
76 Kalorien

1 EL (10 g) rote Zwiebeln, klein geschnitten
1 Tasse (225 g) Mayonnaise (S. 49–51)
¼ Tasse (70 g) Chilisauce
1 TL Meerrettich, fertig zubereitet aus dem Glas
¼ TL Worcestershire-Sauce
½ TL Paprikapulver

Mit einem Schneebesen alle Zutaten miteinander verrühren. Abdecken und im Kühlschrank aufbewahren, bis das Dressing gebraucht wird.

Thousand-Island-Dressing

Ergibt:
1½ Tassen (360 g)
Pro Esslöffel (14 g):
7 g Fett;
1 g Netto-Kohlenhydrate; 0 g Eiweiß;
67 Kalorien

- 1 Tasse (225 g) Mayonnaise (S. 49–51)
- 6 EL (90 g) Tomatensauce oder kohlenhydratarmer Ketchup
- ¼ Tasse (60 g) Gurken-Relish oder Gewürzgurken, gehackt
- 1 EL (10 g) rote Zwiebeln, klein geschnitten
- 1 EL (15 ml) Zitronensaft
- 1 TL Chilisauce
- ¼ TL Salz

Mit einem Schneebesen alle Zutaten miteinander verrühren. Abdecken und im Kühlschrank aufbewahren, bis das Dressing gebraucht wird.

Thousand-Island-Dressing

Koriander-Limonen-Dressing

Ergibt: etwa
19 Esslöffel (270 g)
Pro Esslöffel (14 g):
3,5 g Fett;
0,5 g Netto-Kohlenhydrate;
0,5 g Eiweiß;
35,5 Kalorien

- 1 Tasse (16 g) lose verpackter Koriander
- ½ Tasse (115 g) griechischer Joghurt, natur
- 2 Knoblauchzehen
- Saft von 1 Limone
- 1 Prise Salz
- ¼ Tasse (60 ml) Olivenöl
- 2 EL (30 ml) Apfelessig

Koriander, Joghurt, Knoblauch, Limonensaft und Salz im Mixer oder in der Küchenmaschine mixen. Während des Mixens Olivenöl und Essig in einem langsamen Strahl hinzugeben, bis eine gleichmäßige Masse entstanden ist. In einem luftdicht verschlossenen Behälter im Kühlschrank aufbewahren.

Französisches Dressing

Ergibt: etwa 1½ Tassen (336 g)
Pro Esslöffel (14 g): 9 g Fett; 0 g Netto-Kohlenhydrate; 0 g Eiweiß; 81 Kalorien

- 1 Tasse (240 ml) Olivenöl extra virgin
- ¼ Tasse (60 ml) Apfelessig
- ¼ Tasse (60 ml) Zitronensaft
- 1 TL Salz
- ½ TL Senfmehl
- ½ TL Paprikapulver

Alle Zutaten gründlich miteinander vermischen. Eine einfache Methode ist, alle Zutaten in ein dicht verschlossenes Einweckglas zu geben und kräftig zu schütteln. Im Kühlschrank aufbewahren. Vor dem Servieren nochmals schütteln.

Blauschimmelkäse-Dressing

Ergibt: etwa 26 Esslöffel (370 g)
Pro Esslöffel (14 g): 5,5 g Fett; 0 g Netto-Kohlenhydrate; 1 g Eiweiß; 53 Kalorien

- ¾ Tasse (90 g) zerbröselter Blauschimmelkäse, getrennt
- 85 g Frischkäse (Zimmertemperatur)
- ½ Tasse (115 g) Mayonnaise (S. 49–51)
- ⅓ Tasse (80 ml) Schlagsahne

⅓ Tasse (40 g) Blauschimmelkäse abteilen und beiseitestellen. Den restlichen Blauschimmelkäse und den Frischkäse mit dem Mixer auf kleiner Stufe verquirlen. Mayonnaise und Schlagsahne hinzugeben und auf mittlerer Stufe verquirlen, bis eine cremige Masse entstanden ist. Den restlichen Blauschimmelkäse unterrühren. Abdecken und mindestens 3 Stunden in den Kühlschrank stellen.

Cremiges Zwiebeldressing

Ergibt: etwa 1½ Tassen (370 g)
Pro Esslöffel (14 g): 9 g Fett; 0 g Netto-Kohlenhydrate; 0 g Eiweiß; 81 Kalorien

- 1 Tasse (225 g) Mayonnaise (S. 49–51)
- ½ Tasse (120 ml) Sahne oder Kokosmilch
- 2 Frühlingszwiebeln, fein zerkleinert

Alle Zutaten miteinander vermischen, abdecken und mindestens 4 Stunden in den Kühlschrank stellen.

Dressing Grüne Göttin

Dieses Dressing wurde in den 1920ern von einem Chefkoch im Palace Hotel in San Francisco zu Ehren des Schauspielers George Arliss und dessen Rolle in dem Film „The Green Goddess" kreiert. Die entscheidende Zutat sind Sardellen oder Sardellenpaste. Das ist es, was dem Dressing seinen unvergesslichen Geschmack verleiht.

1 Tasse (225 g) Mayonnaise (S. 49–51)
½ Tasse (115 g) saure Sahne
⅓ Tasse (5 g) Petersilie, gehackt
3 EL (9 g) Schnittlauch, gehackt
3 EL (42 g) Sardellenpaste oder Sardellenfilets, fein zerkleinert
3 EL (45 ml) Estragon- oder Weinessig
1 EL (15 ml) Zitronensaft
¼ TL Salz
⅛ TL schwarzer Pfeffer

Ergibt: etwa 2 Tassen (450 g)
Pro Esslöffel (14 g): 8 g Fett; 0 g Netto-Kohlenhydrate; 0 g Eiweiß; 72 Kalorien

Alle Zutaten miteinander vermischen und in den Kühlschrank stellen.

Buttermilchdressing

¾ Tasse (175 g) Mayonnaise (S. 49–51)
½ Tasse (120 ml) Buttermilch
1 TL getrocknete Petersilie
½ TL Zwiebeln, zerkleinert
1 Knoblauchzehe, geschält und zerdrückt
½ TL Salz
1 Prise frisch gemahlener schwarzer Pfeffer

Ergibt: etwa 1¼ Tassen (280 g)
Pro Esslöffel (14 g): 6,5 g Fett; 0,5 g Netto-Kohlenhydrate; 0 g Eiweiß; 60 Kalorien

Alle Zutaten miteinander vermischen und mindestens 2 Stunden in den Kühlschrank stellen. Vor dem Servieren nochmals umrühren.

Gartensalat

1 Tasse (70 g) Weißkohl, gehobelt
½ grüne Paprika, in feine Streifen geschnitten
1 mittelgroße Karotte, gehobelt
2 Frühlingszwiebeln, zerkleinert
1 Stangensellerie, gehackt
½ mittelgroße Gurke, in Scheiben geschnitten
4 Radieschen, in dünne Scheiben geschnitten
½ kleiner weißer Kohlrabi, gehobelt
½ Tasse (50 g) Blumenkohl, zerkleinert
Französisches Dressing (S. 58)

Ergibt: 2 Portionen
Pro Portion, ohne Dressing: 0,5 g Fett; 9,5 g Netto-Kohlenhydrate; 2,5 g Eiweiß; 52 Kalorien

Das Gemüse vorbereiten und mindestens 2 Stunden in den Kühlschrank stellen. Mit Französischem Dressing servieren. Die Zutaten in diesem Salat haben wenig Fett, sodass Sie eine angemessene Menge Dressing hinzufügen müssen, um den Fettgehalt zu erhöhen.

Olympia-Salat

6 Römersalatblätter, mundgerecht zerpflückt
4 Radieschen, in Scheiben geschnitten
½ mittelgroße Gurke, in Scheiben geschnitten
2 Frühlingszwiebeln, gehackt
10 schwarze Oliven, entkernt
¼ Tasse (35 g) Fetakäse
1 Dose (106 g) Sardinen, abgetropft
Oregano-Dressing (S. 56)

Ergibt: 2 Portionen
Pro Portion, ohne Dressing: 12,5 g Fett; 6,5 g Netto-Kohlenhydrate; 16,5 g Eiweiß; 204 Kalorien

Salat, Radieschen, Gurke, Frühlingszwiebeln, Oliven und Fetakäse in einer Schüssel miteinander vermischen. Dressing hinzugeben, nach Geschmack.

Cäsar-Salat

Dieses Rezept reicht für eine volle Mahlzeit für 2 Personen oder als Beilagensalat für 4 oder mehr Personen.

Ergibt: 2 Portionen
Pro Portion:
48 g Fett;
2,5 g Netto-Kohlenhydrate;
18 g Eiweiß;
514 Kalorien

1 Knoblauchzehe, gewürfelt
8 Sardellen- oder Sardinenfilets, zerkleinert
⅓ Tasse (80 ml) Olivenöl extra virgin
1 TL Worcestershire-Sauce
Saft von 1 Zitrone
½ TL Salz
¼ TL Senfmehl
¼ TL frisch gemahlener schwarzer Pfeffer
8 Römersalatblätter, mundgerecht zerpflückt
2 hart gekochte Eier, in Scheiben geschnitten
¼ Tasse (20 g) Parmesankäse, gerieben
8 Schweinekrusten oder Speckkrusten, zerkleinert

Um das Dressing zuzubereiten, in einer kleinen Schüssel Knoblauch, Sardellen, Öl, Worcestershire-Sauce, Zitronensaft, Salz, Senf und Pfeffer miteinander verrühren. In einer großen Schüssel das Dressing auf den Salat geben und unterheben. Mit den geschnittenen Eiern, dem Käse und den Schweinekrusten garnieren.

Cäsar-Salat

Avocadopüree-Salat

2 Avocados halbieren, Kern entfernen, Fruchtfleisch aus der Schale lösen
¼ Tasse (60 g) saure Sahne
2 EL (30 ml) Olivenöl extra virgin
2 Frühlingszwiebeln, gehackt
1 EL (15 ml) Limonensaft
1 TL Salz
½ TL Selleriesamen
¼ TL Chilisauce
1 mittelgroße Tomate, zerkleinert
½ Tasse (8 g) Koriander, gehackt
6 Tassen (120 g) Salatblätter, mundgerecht zerpflückt

Ergibt: 2 Portionen
Pro Portion:
70 g Fett;
9,5 g Netto-Kohlenhydrate;
13,5 g Eiweiß;
722 Kalorien

Die Avocados mit einer Gabel zerdrücken. Saure Sahne, Olivenöl, Frühlingszwiebeln, Limonensaft, Selleriesamen und Chilisauce dazugeben und schlagen, bis eine cremige Masse entstanden ist. Die Avocado-Mischung unter die Tomaten, den Koriander und die Salatblätter heben. Mit geriebenem Käse garniert servieren.

Florentiner Salat

1 Knoblauchzehe, zerdrückt
⅓ Tasse (80 ml) Olivenöl extra virgin
¼ Tasse (60 ml) Weinessig
¼ TL Salz
⅛ TL frisch gemahlener schwarzer Pfeffer
340 g frischer Spinat, mundgerecht zerkleinert
6 Streifen Speck, zuckerfrei und ohne Nitritpökelsalz, knusprig gebraten und zerbröselt
1 hart gekochtes Ei, in Scheiben geschnitten

Ergibt: 2 Portionen
Pro Portion:
64 g Fett;
4 g Netto-Kohlenhydrate;
28,5 g Eiweiß;
706 Kalorien

Den Knoblauch mindestens 1 Stunde in dem Öl stehen lassen, damit das Aroma in das Öl ziehen kann. Den Knoblauch anschließend herausnehmen und entsorgen. Essig, Salz und Pfeffer zu dem Öl hinzufügen und verrühren. Das Öl unter den Spinat und Speck heben. Mit geschnittenen Eiern garnieren.

Artischockensalat

Ergibt: 2 Portionen
Pro Portion, ohne Dressing:
18,5 g Fett;
11 g Netto-Kohlenhydrate;
20 g Eiweiß;
290 Kalorien

2 Artischockenherzen, mundgerecht zerteilt
6 Tassen (120 g) Kopfsalat
½ Tasse (60 g) Gurke, klein geschnitten
10 schwarze Oliven, entkernt
4 Streifen Speck, zuckerfrei und ohne Nitritpökelsalz, knusprig gebraten und zerbröselt
Saure-Sahne-Zitronen-Dressing (S. 55)

Artischockenherzen, Kopfsalat, Gurke, Oliven und Speck miteinander vermischen. Das Salatdressing unterheben.

Speck-Blumenkohl-Salat

Ergibt: 2 Portionen
Pro Portion:
66 g Fett;
8 g Netto-Kohlenhydrate;
33 g Eiweiß;
758 Kalorien

6 Tassen (120 g) Römersalat, mundgerecht zerpflückt
1 Tasse (100 g) Blumenkohl, zerkleinert
½ Avocado, klein geschnitten
½ Tasse (75 g) Daikon-Rettich, in feine Streifen geschnitten oder gerieben
2 Frühlingszwiebeln, gehackt
¼ Tasse (60 g) Mayonnaise (S. 49–51)
¼ Tasse (60 g) saure Sahne
¼ TL getrockneter Dill
Frisch gemahlener schwarzer Pfeffer zum Abschmecken
56 g Käse, gerieben
6 Streifen Speck, zuckerfrei und ohne Nitritpökelsalz, knusprig gebraten und zerbröselt

Salat, Blumenkohl, Avocado, Daikon-Rettich und Frühlingszwiebeln miteinander vermischen. In einer separaten Schüssel die Mayonnaise, saure Sahne, Dill und schwarzen Pfeffer miteinander verrühren. Das Dressing unter den Salat heben und mit Käse und Speck garnieren.

Spinatsalat mit Speck

280 g frischer Spinat
6 Streifen Speck, zuckerfrei und ohne Nitritpökelsalz
½ mittelgroße rote Zwiebel, in Scheiben geschnitten
½ Tasse (120 ml) Weinessig
2 EL (30 ml) Tomatensauce
½ TL Salz
⅛ TL schwarzer Pfeffer

Ergibt: 2 Portionen
Pro Portion:
32 g Fett;
7 g Netto-Kohlenhydrate;
25 g Eiweiß;
416 Kalorien

Den Spinat waschen und trocknen und in eine Salatschüssel geben. In einem Topf den Speck braten, bis er knusprig ist, herausnehmen und beiseitestellen. Das Bratenfett in dem Topf behalten. Darin die Zwiebelscheiben unter Rühren braten, bis sie zart sind. Die restlichen Zutaten dazugeben und unter Rühren weiter braten, etwa 3 bis 4 Minuten. Von der Herdplatte nehmen und die heiße Mischung über den Spinat gießen und gut unterheben. Den zerbröselten Speck dazugeben und unterheben und servieren.

Erdbeersalat

⅓ Tasse (36 g) Mandeln, gehobelt und geröstet
6 Tassen (120 g) Blattsalat, mundgerecht zerpflückt
1 mittelgroßer Stangensellerie, geschnitten
½ rote Paprika, gehackt
2 Frühlingszwiebeln, gehackt
¾ Tasse (128 g) Erdbeeren, in Scheiben geschnitten
¼ Tasse (60 ml) Weinessig
½ Tasse (60 ml) Olivenöl extra virgin

Ergibt: 2 Portionen
Pro Portion:
37,5 g Fett;
10,5 g Netto-Kohlenhydrate;
5,5 g Eiweiß;
401 Kalorien

Die Mandeln im Backofen bei 180 °C etwa 6 Minuten, oder bis sie goldbraun sind, rösten. Aus dem Backofen nehmen und auf Zimmertemperatur abkühlen lassen. Salat, Sellerie, Paprika, Frühlingszwiebeln, Erdbeeren, Essig und Öl miteinander vermischen. Mit den gerösteten Mandeln garnieren.

Taco-Salat

Wenn Sie Tacos mögen, werden Sie diesen Salat lieben. Er hat alles, außer Taco Shells.

Ergibt: 2 Portionen
Pro Portion:
57,5 g Fett;
11 g Netto-Kohlenhydrate;
46,5 g Eiweiß;
747 Kalorien

2 EL (28 g) Kokosöl
225 g Rinderhackfleisch
½ grüne Paprika, gehackt
½ mittelgroße Zwiebel, gehackt
½ TL Chilipulver
½ TL Kreuzkümmel
½ TL Paprikapulver
¼ TL Salz
Tabasco-Sauce oder Chilisauce zum Abschmecken
6 Tassen (120 g) Blattsalat, klein geschnitten
1 Avocado, geschnitten
1 mittelgroße Tomate, klein geschnitten
¼ Tasse (4 g) Koriander, gehackt
½ Tasse (58 g) Käse, gerieben
½ Tasse (115 g) saure Sahne

Das Öl in einem Topf erhitzen. Rinderhackfleisch, Paprika, Zwiebeln, Chilipulver, Kreuzkümmel, Paprikapulver und Salz dazugeben. So lange braten, bis das Fleisch gebräunt und das Gemüse weich ist. Die Tabasco-Sauce unterrühren, dann von der Herdplatte nehmen und beiseitestellen. Salat, Avocado, Tomate und Koriander miteinander vermischen und in 2 gleich große Portionen teilen. Die warme (nicht heiße) Hackfleischmischung, einschließlich Öl, über das frische Gemüse gießen. Mit geriebenem Käse garnieren und mit saurer Sahne übergießen.

Gurken-Hüttenkäse-Salat

4 Römersalatblätter, mundgerecht zerpflückt
1 mittelgroße Gurke, geviertelt und in Scheiben geschnitten
4 Radieschen, in dünne Scheiben geschnitten
2 Frühlingszwiebeln, gehackt
1 Tasse (225 g) Hüttenkäse
½ Tasse (115 g) saure Sahne
2 EL (30 ml) Olivenöl extra virgin
1 EL (15 ml) Estragonessig
¼ TL Salz
¼ TL schwarzer Pfeffer

Ergibt: 2 Portionen
Pro Portion:
28,5 g Fett;
12,5 g Netto-Kohlenhydrate;
18,5 g Eiweiß;
380 Kalorien

Salat, Gurke, Radieschen und Frühlingszwiebeln miteinander vermischen und beiseitestellen. In einer separaten Schüssel Hüttenkäse, saure Sahne, Olivenöl, Essig, Salz und schwarzen Pfeffer miteinander verrühren. Das Dressing unter den Salat heben.

Asiatischer Hühnersalat

¼ Tasse (30 g) gehobelte Mandeln, geröstet
2 Hühnerbrüste, gebraten und mundgerecht zerkleinert
6 Tassen (120 g) Blattsalat, mundgerecht zerpflückt
½ rote Paprika, gehackt
2 Frühlingszwiebeln, gehackt
1 mittelgroße Karotte, in feine Streifen geschnitten
1 Tasse (70 g) Weißkohl, gehobelt
Asiatisches Mandel-Dressing (S. 53)

Ergibt: 2 Portionen
Pro Portion, ohne Dressing:
18 g Fett;
8 g Netto-Kohlenhydrate;
45 g Eiweiß;
374 Kalorien

Die Mandeln im Backofen bei 180 °C etwa 6 Minuten, bis sie goldbraun sind, rösten. Aus dem Backofen nehmen und zum Abkühlen beiseitestellen. In einer Salatschüssel Hühnerbrust, Salat, Paprika, Frühlingszwiebeln, Karotte, Weißkohl und die gerösteten Mandeln miteinander vermischen. Das Asiatische Mandel-Dressing dazugeben und unterheben.

Japanischer Shrimps-Salat

- 6 Tassen (120 g) Blattsalat, mundgerecht zerpflückt
- 1 Tasse (90 g) Rotkohl, gehobelt oder klein geschnitten
- ½ mittelgroße Gurke, in feine Streifen geschnitten
- ½ Tasse (75 g) Daikon-Rettich, gerieben
- 2 Frühlingszwiebeln, gehackt
- 1 mittelgroße Karotte, gehobelt
- ½ Tasse (100 g) Babyshrimps, gebraten
- Asiatisches Mandel-Dressing (S. 53)

Ergibt: 2 Portionen
Pro Portion, ohne Dressing:
0,5 g Fett;
10 g Netto-Kohlenhydrate;
11,5 g Eiweiß;
90 Kalorien

Salat, Gemüse und Shrimps in einer Salatschüssel miteinander vermischen. Mit Asiatischem Mandel-Dressing servieren. Mit kleinen roten Chilischoten und Petersilie garnieren, falls gewünscht.

Japanischer Shrimps-Salat

Spaghettisaucen-Salat

Dieses Rezept hat seinen Namen wegen der reichhaltigen, schmackhaften Sauce erhalten, die so lecker ist wie Spaghettisauce; doch die Sauce wird nicht über Nudeln gegeben, sondern über frischen grünen Salat. Die Spaghettisauce mit grünem Salat zu kombinieren mag etwas ungewöhnlich klingen, aber es ist einfach ein delikates „Dressing" für einen ansonsten gewöhnlichen Salat.

Bereiten Sie so, wie Sie es gewöhnlich tun würden, einen Salat mit einigen der im Folgenden aufgeführten frischen Gemüsesorten zu:

Avocado
Blumenkohl
Brokkoli
Brunnenkresse
Daikon-Rettich
Grünkohl
Gurken
Karotten, gehobelt
Kopfsalat
Koriander
Paprika
Petersilie
Sellerie
Spinat
Weißkohl

Den Salat oder das Gemüse in einer Schüssel miteinander vermischen. Das Rezept für die Rote Paprikasauce auf S. 39 zubereiten und etwas abkühlen lassen, damit der Salat nicht seine Form verliert. Die Sauce über den Salat gießen und mit 28 Gramm geriebenem Käse garnieren. Ein Klacks saure Sahne macht das Ganze erstaunlich delikat!

Pro Portion, nur ½ Tasse (120 g) Sauce: 12,5 g Fett; 4 g Netto-Kohlenhydrate; 13 g Eiweiß; 180 Kalorien

Pro Portion des Salats (2 Tassen/110 g): 0 g Fett; 3,5 g Netto-Kohlenhydrate; 2,5 g Eiweiß; 23 Kalorien

Avocado-Salat mit Shrimps und Eiern

Der Geschmack ist am besten, wenn die Shrimps und Eier gekocht werden und noch etwas warm sind, wenn sie in den Salat gemischt werden.

½ Tasse (115 g) Mayonnaise (S. 49–51)
¼ Tasse (56 g) Französisches Dressing (S. 58)
1 Prise Cayennepfeffer
½ TL Sardellenpaste (optional)
2 EL Schnittlauch, gehackt, oder 2 Frühlingszwiebeln, gehackt
1 mittelgroßer Stangensellerie, klein geschnitten

1 Tasse (120 g) Gurke, klein geschnitten
1 Avocado, klein geschnitten
3 hart gekochte Eier, geschält und grob zerkleinert
550 g gekochte Shrimps, geschält

Ergibt: 4 Portionen
Pro Portion:
35 g Fett; 5 g Netto-Kohlenhydrate;
37 g Eiweiß;
483 Kalorien

Mayonnaise, Französisches Dressing, Cayennepfeffer, Sardellenpaste (oder eine Prise Salz, wenn keine Sardellenpaste verwendet wird) und Schnittlauch miteinander vermischen. Abdecken und 2 bis 3 Stunden kühl stellen. Sellerie, Gurke und Avocado unterrühren. Kurz vor dem Servieren die frisch gekochten Eier und Shrimps dazugeben und vorsichtig unterheben.

Krabben-Louis-Salat

340 g Krabbenfleisch oder Krabbenfleischimitat, gebraten
4 mittelgroße Tomaten, in acht Spalten geschnitten
4 hart gekochte Eier, in acht Spalten geschnitten
18 schwarze Oliven, entkernt
6 Tassen (120 g) Kopfsalat, mundgerecht zerpflückt
Louis-Dressing (siehe nachstehend)

Ergibt: 4 Portionen
Pro Portion:
29,5 g Fett;
7,5 g Netto-Kohlenhydrate;
27,5 g Eiweiß;
405 Kalorien

Louis-Dressing:
¾ Tasse (210 g) Chilisauce
½ Tasse (115 g) Mayonnaise (S. 49–51)
1 TL Zwiebeln, küchenfertig geschnitten
¼ TL Worcestershire-Sauce

Für die Zubereitung des Salats das Krabbenfleisch, die Tomatenspalten und geschnittenen Eier mit den Oliven auf dem grünen Salat anrichten. Louis-Dressing darübergeben.

Für die Zubereitung des Dressings alle Zutaten miteinander verrühren. Abdecken und in den Kühlschrank stellen, bis das Dressing für den Salat gebraucht wird.

Shrimps-Salat mit Cocktailsaucen-Dressing

170 g Shrimps, vorgekocht
6 Tassen (120 g) Salat, zerpflückt
1 mittelgroße Tomate, in acht Spalten geschnitten
2 Frühlingszwiebeln, gehackt
1 Tasse (60 g) Gurken, in Scheiben geschnitten
½ grüne Paprika, klein geschnitten
1 mittelgroßer Stangensellerie, klein geschnitten
2 EL (28 g) Mayonnaise (S. 49–51)
Cocktailsauce (S. 43)

Ergibt: 2 Portionen
Pro Portion, ohne Dressing: 12 g Fett; 9,5 g Netto-Kohlenhydrate; 21 g Eiweiß; 230 Kalorien

In einer mittelgroßen Schüssel die gekochten Shrimps mit Salat, Tomaten, Frühlingszwiebeln, Gurke, Paprika und Sellerie vermischen. Für das Dressing die Mayonnaise und die Cocktailsauce miteinander verrühren. Den Salat in Servierschalen geben und das Dressing darübergießen.

Gegebenenfalls kann der Fettgehalt dieses Salats erhöht werden, indem 1 bis 2 Esslöffel (15–30 ml) Olivenöl extra virgin oder 4 bis 6 Streifen zerkleinerter Speck hinzugefügt werden.

Pfirsich-Lachs-Salat

¼ Tasse (60 g) Mayonnaise (S. 49–51)
1 EL (15 ml) Olivenöl extra virgin
6 Tassen (180 g) frischer Spinat, mundgerecht zerkleinert
2 mittelgroße Stangensellerie, klein geschnitten
¼ Tasse (4 g) Koriander, gehackt
3 Frühlingszwiebeln, gehackt
170 g Lachs, gebraten
¾ Tasse (127 g) Pfirsiche, gewürfelt
¼ Tasse (28 g) Pekannüsse, gehackt

Ergibt: 2 Portionen
Pro Portion: 44 g Fett; 8,5 g Netto-Kohlenhydrate; 22 g Eiweiß; 518 Kalorien

Mayonnaise und Olivenöl miteinander verrühren, sodass ein Dressing entsteht. Spinat, Sellerie, Koriander und Frühlingszwiebeln miteinander vermischen und das Dressing dazugeben und unterheben. Den zerkleinerten Lachs, die Pfirsiche und die Pekannüsse darüber verteilen und servieren.

Hühner-Salat

1 Tasse (140 g) gekochtes Hühnerfleisch, abgekühlt und in Würfel geschnitten
½ Tasse (50 g) Sellerie, gehackt
2 Frühlingszwiebeln, gehackt
¼ grüne Paprika, klein geschnitten
½ Avocado, klein geschnitten
2 EL (2 g) Koriander, gehackt
1 EL (9 g) Pimientos, klein geschnitten
⅓ Tasse (115 g) Mayonnaise (S. 49–51)
2 EL (30 ml) Französisches Dressing (S. 58)
¼ TL Salz
⅛ TL schwarzer Pfeffer

Ergibt: 2 Portionen
Pro Portion, ohne Dressing:
37,5 g Fett;
3 g Netto-Kohlenhydrate;
22,5 g Eiweiß;
439 Kalorien

In einer Salatschüssel Hühnerfleisch, Sellerie, Frühlingszwiebeln, Paprika, Avocado und Koriander miteinander vermischen. In einer separaten Schüssel Pimientos, Mayonnaise, Französisches Dressing, Salz und schwarzen Pfeffer miteinander verrühren. Das Dressing zu dem Gemüse dazugeben und unterheben.

Erdbeer-Lachs-Salat

170 g Lachs, gebraten
½ Avocado, klein geschnitten
½ Tasse (85 g) Erdbeeren, geschnitten
1 Tasse (120 g) Gurken, in Scheiben geschnitten
6 Tassen (120 g) Römersalat, mundgerecht zerpflückt
½ Tasse (75 g) Fetakäse
¼ Tasse (28 g) Mandelsplitter oder Mandeln, gehobelt
2 EL (30 ml) Himbeeressig

Ergibt: 2 Portionen
Pro Portion:
28 g Fett;
9,5 g Netto-Kohlenhydrate;
26,5 g Eiweiß;
396 Kalorien

In einer Salatschüssel den Lachs mit Avocado, Erdbeeren, Gurken, Salat, Fetakäse und Mandeln vermischen. Den Himbeeressig dazugeben und unterheben.

Puten-Clubsalat mit Speck

6 Tassen (120 g) Blattsalat, mundgerecht zerpflückt
56 g Käse, gerieben
1 große Tomate, in dünne Spalten geschnitten
2 Frühlingszwiebeln, gehackt
110 g Pute, gebraten, mundgerecht zerkleinert
1 Tasse (60 g) Gurken, in Scheiben geschnitten
¼ grüne Paprika, klein geschnitten
Dressing*
6 Streifen Speck, zuckerfrei und ohne Nitritpökelsalz, knusprig gebraten und zerbröselt

Ergibt: 2 Portionen
Pro Portion, ohne Dressing: 36 g Fett; 7 g Netto-Kohlenhydrate; 46 g Eiweiß; 536 Kalorien

In einer Salatschüssel den Salat mit Käse, Tomate, Frühlingszwiebeln, Pute, Gurken und grüner Paprika mischen. Dressing dazugeben, um den Salat geschmacklich abzurunden, und mit dem zerbröselten Speck garnieren.

* Mit einem der nachstehenden Dressings servieren: Vinaigrette, Ranch-, Knoblauch-Kräuter- oder Koriander-Limonen-Dressing (S. 54–57).

Avocado-Krabben-Salat

6 Tassen (120 g) gemischter Salat (Blattsalat, Spinat, Weißkohl, Grünkohl etc.)
1 Avocado, klein geschnitten
135 g Krabbenfleisch
2 hart gekochte Eier, klein geschnitten
1 mittelgroße Tomate, in 8 Spalten geschnitten
2 Frühlingszwiebeln, gehackt
Thousand-Island-Dressing (S. 57)

Ergibt: 2 Portionen
Pro Portion, ohne Dressing: 19,5 g Fett; 15,5 g Netto-Kohlenhydrate; 22 g Eiweiß; 325 Kalorien

Den Salat gleichmäßig auf 2 Tellern verteilen. Darauf jeweils die gleiche Menge an Avocado, Krabbenfleisch, Eiern, Tomatenspalten und gehackten Frühlingszwiebeln anrichten. Das Thousand-Island-Dressing zum Abschluss darübergeben und servieren.

Shrimps-Artischocken-Salat

6 Tassen (120 g) gemischter Salat (Blattsalat, Spinat, Weißkohl, Grünkohl etc.)
1 große Tomate, in acht Spalten geschnitten
2 Artischockenherzen, aus der Dose oder frisch gekocht, zerkleinert
170 g Babyshrimps, gebraten
2 hart gekochte Eier, geschnitten
Russisches Dressing (S. 56)

Ergibt: 2 Portionen
Pro Portion, ohne Dressing:
6,5 g Fett;
14 g Netto-Kohlenhydrate;
31 g Eiweiß;
238 Kalorien

Den Salat gleichmäßig auf 2 Tellern verteilen. Darauf jeweils die gleiche Menge an Tomatenspalten, Artischockenherzen, Shrimps und Eiern anrichten. Das Russische Dressing zum Abschluss darübergeben und servieren.

Lachs-Salat

1 Dose (200 g) Lachs*
1 EL (15 ml) Zitronensaft
½ Tasse (60 g) Mayonnaise (S. 49–51)
¼ TL Selleriesamen
¼ TL Salz, ⅛ TL frisch gemahlener schwarzer Pfeffer
¼ mittelgroße rote Zwiebel, gehackt
2 EL (8 g) Petersilie, klein geschnitten
4 Tassen (80 g) Blattsalat, mundgerecht zerpflückt
1 mittelgroße Gurke, klein geschnitten
¼ rote Paprika, klein geschnitten
1 mittelgroße Tomate, in Spalten geschnitten
1 Prise Paprikapulver

Ergibt: 2 Portionen
Pro Portion:
57,5 g Fett;
9 g Netto-Kohlenhydrate;
22 g Eiweiß;
551 Kalorien

In einer kleinen Schüssel Lachs, Zitronensaft, Mayonnaise, Selleriesamen, Salz und schwarzen Pfeffer miteinander vermischen. Zwiebeln und Petersilie unterheben und beiseitestellen. In einer Salatschüssel Salat, Gurken und Paprika miteinander vermischen. Das Dressing über den Salat geben und unterheben. Mit Tomatenspalten und Paprika garnieren.

* Alternativ Thunfisch oder ein frisch gebratener Fisch

Räucherlachs-Salat mit Käse

Dieser Salat schmeckt am besten mit Räucherlachs. Falls kein Räucherlachs verfügbar ist, kann auch übrig gebliebener gebratener Lachs oder Lachs aus der Dose verwendet werden.

1 EL (15 ml) Zitronensaft
¼ Tasse (60 g) Mayonnaise (S. 49–51)
¼ Tasse (30 g) saure Sahne
¼ TL Salz
⅛ TL frisch gemahlener Pfeffer
6 Tassen (120 g) Kopfsalat, mundgerecht zerpflückt
2 Frühlingszwiebeln, gehackt
2 EL (2 g) Koriander, klein geschnitten
1 mittelgroßer Stangensellerie, klein geschnitten
½ grüne Paprikaschote, klein geschnitten
½ Tasse (58 g) Cheddar-Käse, gerieben
1 EL (8 g) Kapern
200 g Lachs, gebraten

Ergibt: 2 Portionen
Pro Portion:
40 g Fett;
5,5 g Netto-Kohlenhydrate;
29 g Eiweiß;
498 Kalorien

In einer kleinen Schüssel Zitronensaft, Mayonnaise, saure Sahne, Salz und schwarzen Pfeffer miteinander verrühren und beiseitestellen. In einer Salatschüssel Kopfsalat, Frühlingszwiebeln, Koriander, Sellerie, Paprika, Cheddar-Käse und Kapern miteinander vermischen. Das Dressing über den Salat geben und dann den zerkleinerten Lachs unterheben.

Schinken-Käse-Salat

4 Tassen (60 g) Blattsalat, mundgerecht zerpflückt
1 Tasse (150 g) gekochter Schinken, gewürfelt
½ Tasse (58 g) Cheddar-Käse, gerieben
2 hart gekochte Eier, grob zerkleinert
¼ Tasse (40 g) grüne Paprikaschote, klein geschnitten
2 Frühlingszwiebeln, gehackt
½ große saure Gurke, fein gehackt
¼ Tasse (60 g) Mayonnaise (S. 49–51)

Ergibt: 2 Portionen
Pro Portion:
41,5 g Fett;
6 g Netto-Kohlenhydrate;
26 g Eiweiß;
501 Kalorien

½ EL (7 g) Zitronensaft
½ TL (7 g) Schlagsahne
½ TL Worcestershire-Sauce
¼ TL gelber Senf

In einer Schüssel Salat, Schinken, Käse, Eier, Paprika, Frühlingszwiebeln und die saure Gurke miteinander vermischen. In einer separaten Schüssel Mayonnaise, Zitronensaft, Sahne, Worcestershire-Sauce und Senf verrühren, bis eine einheitliche Masse entsteht. Kurz vor dem Servieren das Dressing unter den Salat heben.

Schinken-Eier-Salat

Ergibt: 2 Portionen
Pro Portion:
40,5 g Fett;
4 g Netto-Kohlenhydrate;
18,5 g Eiweiß;
454 Kalorien

4 hart gekochte Eier, klein geschnitten
½ Tasse (75 g) gekochter Schinken, gewürfelt
4 Tassen (60 g) Blattsalat, mundgerecht zerpflückt
2 EL (15 g) saure Gurken, gewürfelt
2 Frühlingszwiebeln, gehackt
½ Tasse (60 g) Sellerie, gewürfelt
1 EL (4 g) Petersilie, klein geschnitten
¼ TL Salz
⅛ TL schwarzer Pfeffer
¼ Tasse (60 g) Mayonnaise (S. 49–51)
½ TL Dijon-Senf
1 EL (15 ml) Olivenöl extra virgin

In einer Schüssel Eier, Schinken, Salat, saure Gurken, Frühlingszwiebeln, Sellerie und Petersilie miteinander vermischen. In einer separaten Schüssel Salz, Pfeffer, Mayonnaise, Senf und Olivenöl miteinander verrühren, bis eine einheitliche Masse entstanden ist. Kurz vor dem Servieren das Dressing unter den Salat heben.

Salat mit grünen Bohnen und Schinken

Ergibt: 2 Portionen
Pro Portion:
67 g Fett; 8 g Netto-Kohlenhydrate;
30 g Eiweiß;
755 Kalorien

280 g grüne Bohnen, gekocht und abtropfen lassen
4 Frühlingszwiebeln, gehackt
¼ Tasse (60 ml) Olivenöl extra virgin
2 EL (30 ml) Apfelessig
¼ TL Salz
⅛ TL schwarzer Pfeffer
2 hart gekochte Eier, klein geschnitten
2 EL (28 g) Mayonnaise (S. 49–51)
1 TL Apfelessig
½ TL Senf
⅛ TL Salz
6 Streifen Speck, zuckerfrei und ohne Nitritpökelsalz, knusprig gebraten und zerbröselt
4 Römersalatblätter
Paprikapulver

In einer Schüssel die grünen Bohnen mit Frühlingszwiebeln, Olivenöl, 2 Esslöffeln Apfelessig, ¼ Teelöffel Salz und schwarzem Pfeffer vermischen und beiseite stellen. In einer anderen Schüssel Eier, Mayonnaise, 1 Teelöffel Apfelessig, Senf und ⅛ Teelöffel Salz verrühren. Beide Mischungen können im Voraus zubereitet und bis zu 24 Stunden im Kühlschrank aufbewahrt werden, bevor der Salat serviert wird.

Unmittelbar vor dem Servieren von der Mischung mit den grünen Bohnen gegebenenfalls etwas Flüssigkeit abgießen. Den Speck dazugeben und unterheben. Den Blattsalat auf 2 Tellern anrichten und gleichmäßige Portionen von der Bohnenmischung und von der Eiermischung auf jedem Teller verteilen. Mit Paprikapulver garnieren und servieren.

Krautsalat

Ergibt: 2 Portionen
Pro Portion:
10 g Fett;
5,5 g Netto-Kohlenhydrate;
2,5 g Eiweiß;
122 Kalorien

1 EL (14 g) saure Sahne
1 EL (14 g) Mayonnaise (S. 49–51)
1 TL Apfelessig
⅛ TL Salz
⅛ TL Senfmehl
2 Tassen (110 g) Weißkohl, gehobelt
1 mittelgroße Karotte, gehobelt
¼ grüne oder rote Paprika, in feine Streifen geschnitten
2 EL (14 g) Mandelsplitter, geröstet

Für die Zubereitung des Dressings: Saure Sahne, Mayonnaise, Essig, Salz und Senf in einer kleinen Schüssel miteinander verrühren. In einer größeren Schüssel Weißkohl, Karotten, Paprika und Mandeln miteinander vermischen. Das Dressing unterheben.

Krautsalat

Kohlrabi-Krautsalat

½ Avocado
¼ Tasse (60 ml) Olivenöl extra virgin
2 EL (30 ml) Apfelessig
⅓ Tasse (77 g) saure Sahne
½ TL Salz
1½ EL (6 g) Estragon, klein geschnitten
2 EL (8 g) Petersilie, klein geschnitten
1 EL (3 g) Schnittlauch, gehackt
Frisch gemahlener schwarzer Pfeffer
4 mittelgroße Kohlrabi
2 mittelgroße Karotten

Ergibt: 4 Portionen
Pro Portion:
23 g Fett; 7 g Netto-Kohlenhydrate;
3 g Eiweiß;
247 Kalorien

Für die Zubereitung des Dressings die Avocado schälen und zerkleinern. Zusammen mit Olivenöl, Essig, saurer Sahne und Salz in einen Mixer oder eine Küchenmaschine geben und pürieren, bis eine glatte Masse entstanden ist. Estragon, Petersilie und Schnittlauch einrühren. Mit Salz und schwarzem Pfeffer abschmecken und nach Belieben würzen.

Kohlrabi und Karotten schälen und in feine Streifen schneiden. Genug Dressing darübergeben, um sie zu bedecken, und servieren.

Sauerkrautsalat

2 Tassen (280 g) Sauerkraut (S. 130–131)
2 mittelgroße Stangensellerie, gehackt
1 kleine rote Paprika, gehackt
1 Frühlingszwiebel, gehackt
½ Tasse (115 g) saure Sahne
½ TL Selleriesamen

Ergibt: 2 Portionen
Pro Portion:
12,5 g Fett;
8 g Netto-Kohlenhydrate;
4,5 g Eiweiß;
162 Kalorien

Alle Zutaten miteinander vermischen. Abdecken und mindestens 24 Stunden in den Kühlschrank stellen, währenddessen gelegentlich umrühren.

Dieser Salat hat nur einen mäßigen Fettgehalt. Servieren Sie dazu etwas mit einem höheren Fettgehalt, etwa Speck, Würstchen oder durchwachsene Steaks.

Weißkohl-Apfel-Krautsalat

4 Tassen (280 g) Weißkohl, gehobelt
2 mittelgroße Karotten, gehobelt
½ Tasse (75 g) Äpfel, gewürfelt
¼ Tasse (28 g) Pekannüsse, gehackt und leicht geröstet
6 EL (84 g) Mayonnaise (S. 49–51)
1 EL (15 ml) Reis- oder Kokosessig
2 TL Sojasauce
¼ TL Salz

Ergibt: 4 Portionen
Pro Portion:
12 g Fett;
12 g Netto-Kohlenhydrate;
2 g Eiweiß;
164 Kalorien

In einer mittelgroßen Schüssel Weißkohl, Karotten, Äpfel und Pekannüsse miteinander vermischen. Um die Pekannüsse zu rösten, die Nüsse auf ein Backblech verteilen und etwa 6 Minuten bei 170 °C rösten. Die Nüsse im Auge behalten, da sie leicht verbrennen. In einer separaten Schüssel mit einem Schneebesen Mayonnaise, Essig, Sojasauce und Salz miteinander verrühren. Das Dressing unter die Salatmischung heben.

Rotkohlsalat

Dieser Salat kann gut im Voraus vorbereitet und im Kühlschrank aufbewahrt werden. Die Aromen entwickeln sich mit der Zeit. Schmeckt am zweiten Tag genauso gut, wenn nicht sogar besser.

½ mittelgroßer Kopf Rotkohl, gehobelt
⅓ Tasse (80 ml) Apfelessig
½ rote Paprika, gehackt
½ Tasse (60 ml) Olivenöl extra virgin
1 Frühlingszwiebel, gehackt
1 TL Salz
½ TL Selleriesamen
½ TL Senfmehl, ¼ TL schwarzer Pfeffer

Ergibt: 4 Portionen
Pro Portion:
14,5 g Fett;
4,5 g Netto-Kohlenhydrate;
1,5 g Eiweiß;
154 Kalorien

Alle Zutaten miteinander vermischen. Abdecken und 3 Stunden lang vor dem Servieren in den Kühlschrank stellen. Überschüssige Flüssigkeit vor dem Servieren abschütten.

Tomaten-Gurken-Salat

Ergibt: 2 Portionen
Pro Portion, ohne Dressing: 0,5 g Fett; 7 g Netto-Kohlenhydrate; 2 g Eiweiß; 40 Kalorien

1 große Tomate, klein geschnitten
½ mittelgroße Gurke, halbiert und in Scheiben geschnitten
½ rote Paprikaschote, klein geschnitten
2 Frühlingszwiebeln, gehackt
Salz und schwarzer Pfeffer
Dressing (Vinaigrette-, Knoblauch-Kräuter-, Essig- und Kokosöl-Dressing, S. 52 und S. 54)

Tomate, Gurke, Paprika und Zwiebeln in einer Schüssel miteinander vermischen, Salz und Pfeffer zum Abschmecken dazugeben und das Salatdressing unterheben.

Gefüllte Tomaten

Dieses Rezept ist eine sehr gute Beilage zu einem fettreichen Gericht.

Ergibt: 12 gefüllte Tomatenhälften
Pro Portion: 4,5 g Fett; 2,5 g Netto-Kohlenhydrate; 2 g Eiweiß; 58 Kalorien

6 mittelgroße Tomaten
60 g Babyshrimps, gebraten
1 kleine Gurke, klein geschnitten
⅓ Tasse (75 g) Mayonnaise (S. 49–51)
1 Knoblauchzehe, geschält und zerdrückt
1 EL (4 g) Petersilie, gehackt
1 Prise Salz, Chilisauce zum Abschmecken (optional)
Salatblätter

Die Tomaten halbieren und die Kerngehäuse entfernen. Die Kerngehäuse abtropfen lassen und beiseitestellen. Die restlichen Tomatenhälften mit der Schnittfläche nach unten auf Papiertücher legen und mindestens 2 Stunden in den Kühlschrank stellen.

Die Kerngehäuse klein schneiden und die Flüssigkeit abtropfen lassen. Mit Shrimps, Gurke, Mayonnaise, Knoblauch, Petersilie, Salz und Chilisauce verrühren. Abdecken und mindestens 2 Stunden in den Kühlschrank stellen. Kurz vor dem Servieren jede Tomatenhälfte auf ein Salatblatt legen. Die Tomaten mit der Shrimpsmischung füllen. Mit einem kleinen Petersilienzweig garnieren.

Gurken-Dill-Salat

Dies ist ein sehr einfach und schnell zuzubereitender Salat, der gut als Beilage zu einem Fleischgericht passt.

Ergibt: 2 Portionen
Pro Portion:
13 g Fett;
11 g Netto-Kohlenhydrate;
4 g Eiweiß;
177 Kalorien

½ Tasse (120 g) saure Sahne
1 kleine Knoblauchzehe, geschält und zerdrückt
¼ TL getrockneter Dill
¼ TL Salz
1 große oder 2 kleine Gurken, in dünne Scheiben geschnitten
Petersilie oder Koriander, klein geschnitten (optional)

Saure Sahne, Knoblauch, Dill und Salz miteinander verrühren. Die geschnittenen Gurken unterheben. Mit Petersilie oder Koriander zum Garnieren bestreuen, falls gewünscht.

Eisbergsalatspalten mit Speckbröseln

Ergibt: 4 Portionen
Pro Portion, ohne Dressing:
34 g Fett; 4 g Netto-Kohlenhydrate;
15 g Eiweiß;
382 Kalorien

6 Streifen Speck, zuckerfrei und ohne Nitritpökelsalz, knusprig gebraten und zerbröselt
225 g Frischkäse
1 EL (14 g) Mayonnaise (S. 49–51)
2 Frühlingszwiebeln, gehackt
½ Tasse (55 g) Karotten, gehobelt
1 mittelgroße Tomate, fein geschnitten und abtropfen lassen
¼ TL Salz
Chilisauce zum Abschmecken
½ mittelgroßer Kopf Eisbergsalat, halbiert
Thousand-Island- oder Französisches Dressing (S. 57 und S. 58)

Den Speck braten und beiseitestellen. Frischkäse und Mayonnaise miteinander verrühren, bis eine einheitliche Masse entstanden ist. Frühlingszwiebeln, Karotten, Tomate, Salz und Chilisauce unterrühren. Den Salat in 4 gleich große Spalten schneiden. Die Salatspalten jeweils auf 1 Teller legen. Die Frischkäsemischung über jede Spalte geben, Thousand-Island- oder Französisches Dressing hinzugeben und mit Speckbröseln garnieren.

Lachs-Gelantine-Salat

Ergibt: 4 Portionen
Pro Portion:
11,5 g Fett;
3 g Netto-Kohlenhydrate;
24 g Eiweiß;
211 Kalorien

Saure-Sahne-Sauce (siehe unten)
1 Päckchen Gelantine, geschmacksneutral
¼ Tasse kaltes Wasser
¾ Tasse kochendes Wasser
2 EL (30 ml) Zitronensaft
1½ TL Apfelessig
1 TL Salz
1 mittelgroßer Stangensellerie, klein geschnitten
⅓ Tasse (40 g) Gurken, klein geschnitten
10 dünne Scheiben Gurken
1 Dose (440 g) Lachs, abgetropft und zerkleinert
Blattsalat (Kopfsalat, Spinat, Weißkohl, Grünkohl etc.)

Saure-Sahne-Sauce:
¼ Tasse plus 2 EL (90 g) saure Sahne
½ kleine grüne Paprika, fein gehackt
1 TL Petersilie, gehackt
1 TL Schnittlauch, gehackt
½ TL Salz, 1 Prise Pfeffer

Für die Saure-Sahne-Sauce alle Zutaten miteinander vermischen und bis zum Servieren in den Kühlschrank stellen.

Für den Salat die Gelantine in kaltem Wasser anrühren und quellen lassen. Dann nach und nach kochendes Wasser dazugeben und rühren, bis die Gelantine aufgelöst ist. Zitronensaft, Essig und Salz unterrühren und beiseitestellen.

Sellerie und zerkleinerte Gurken miteinander vermischen. Die Gurkenscheiben auf dem Boden einer 1-Liter-Schale, verteilen, die für die Zubereitung des Gelantine-Salates als Form dient. Auf die Gurkenscheiben die Hälfte des Lachs schichten, dann die Sellerie-Gurken-Mischung und schließlich den restlichen Lachs. Die Gelantine über den Lachs gießen. In den Kühlschrank stellen, bis das Ganze fest geworden ist, etwa 3 Stunden.

Den Lachs-Salat aus der Form nehmen und auf Blattsalat anrichten. Mit Saure-Sahne-Sauce servieren.

Blumenkohlsalat (Pseudo-Kartoffelsalat)

Was wäre ein Sommer ohne Kartoffelsalat? Hier ist eine kohlenhydratarme Version mit Blumenkohl, die erstaunlich ähnlich wie das Original schmeckt.

Ergibt: 5 Portionen à jeweils etwa 225 g
Pro Portion: 31 g Fett; 4,5 g Netto-Kohlenhydrate; 3,5 g Eiweiß; 311 Kalorien

1 mittelgroßer Kopf Blumenkohl, mundgerecht zerkleinert
2 mittelgroße Stangensellerie, klein geschnitten
¼ Tasse (40 g) rote Zwiebeln, fein gehackt
1 ganze saure Gurke, gehackt
1 Tasse (225 g) Mayonnaise (S. 49–51)
2 TL Senf
1 EL (15 ml) Apfelessig
1 EL (4) frischer Dill, gehackt, oder 1 EL getrockneter Dill
Salz und frisch gemahlener schwarzer Pfeffer zum Abschmecken

Den Blumenkohl in einen großen Topf mit Wasser legen. Das Wasser zum Kochen bringen, die Temperatur senken und 15 bis 20 Minuten sieden lassen, bis der Blumenkohl zart ist. Den Blumenkohl herausnehmen, abtropfen lassen und beiseitestellen, um ihn auf Zimmertemperatur abkühlen zu lassen.

Sellerie, Zwiebeln, Gurke, Mayonnaise, Senf, Essig und Dill miteinander vermischen und gründlich verrühren. Den Blumenkohl unterheben und mit Salz und schwarzem Pfeffer abschmecken.

Blumenkohlsalat

Schinken und Blumenkohlsalat

Dies ist ein Pseudo-Kartoffelsalat, angereichert mit Schinken, Eiern und Gemüse; herzhaft genug für eine ganze Mahlzeit.

Ergibt: 6 Portionen à jeweils etwa 225 g
Pro Portion:
31 g Fett; 5 g Netto-Kohlenhydrate; 7,5 g Eiweiß; 329 Kalorien

1 mittelgroßer Kopf Blumenkohl, mundgerecht zerkleinert
110 g Schinken, in 1 cm große Würfel geschnitten
2 mittelgroße Stangensellerie, klein geschnitten
¼ Tasse (40 g) rote Zwiebeln, fein gehackt
1 ganze Dillgurke, gehackt
¼ Tasse (4 g) Koriander, gehackt
1 Tasse (225 g) Mayonnaise (S. 49–51)
2 TL Senf
1 EL (15 ml) Apfelessig
1 EL (4 g) frischer Dill, gehackt
Salz und frisch gemahlener schwarzer Pfeffer zum Abschmecken
2 hart gekochte Eier, in dünne Spalten geschnitten
10 Cherrytomaten

Den Blumenkohl in einem großen Topf mit Wasser zum Kochen bringen, die Temperatur verringern und 15 bis 20 Minuten sieden lassen, bis der Blumenkohl zart ist. Den Blumenkohl herausnehmen, abtropfen lassen, beiseitestellen und auf Zimmertemperatur abkühlen lassen.

Schinken, Sellerie, Zwiebeln, Dillgurke, Koriander, Mayonnaise, Senf, Essig und Dill miteinander vermischen und gründlich verrühren. Den Blumenkohl unterheben und mit Salz und schwarzem Pfeffer abschmecken. Mit Ei-Spalten und Cherrytomaten garnieren.

Gurken mit Saure-Sahne-Sauce

¾ Tasse (175 g) saure Sahne
1 EL (15 ml) Estragonessig
1 EL (15 ml) Zitronensaft
1 EL (4 g) frischer Dill, gehackt
¼ TL Salz, ⅛ TL schwarzer Pfeffer
2 mittelgroße Gurken, in Scheiben geschnitten

Ergibt: 4 Portionen
Pro Portion:
9,5 g Fett; 7 g Netto-Kohlenhydrate;
2,5 g Eiweiß;
123 Kalorien

Um die Sauce zuzubereiten, saure Sahne, Essig, Zitronensaft, Dill, Salz und schwarzen Pfeffer miteinander verrühren. Gurken dazugeben und unterheben.

Selleriesalat

8 Stangensellerie, Blätter entfernen
1½ Tassen (355 g) Rinderbrühe (S. 91–92)
½ Tasse (112 g) Französisches Dressing (S. 58)
1 kleiner Bund Brunnenkresse oder Blattsalat
¼ TL Salz
⅛ TL schwarzer Pfeffer
1 TL (4 g) Petersilie, gehackt
1 Dose (106 g) Sardinen
1 große Tomate, in 8 Spalten geschnitten
8 schwarze Oliven
4 EL (60 ml) Olivenöl extra virgin

Ergibt: 4 Portionen
Pro Portion:
36 g Fett; 2 g Netto-Kohlenhydrate;
7 g Eiweiß;
360 Kalorien

Den Stangensellerie in 7 Zentimeter lange Streifen schneiden und in der Brühe etwa 20 Minuten zugedeckt köcheln lassen. Den Sellerie herausnehmen und die Brühe für ein anderes Rezept aufbewahren. Das Französische Dressing über den Sellerie geben und unterheben, zudecken und im Kühlschrank mindestens 4 Stunden marinieren, kann auch über Nacht mariniert werden. Den Sellerie auf einem Brunnenkresse- oder Salatbett, auf einzelnen Tellern angerichtet, servieren. Salz und Pfeffer darüberstreuen, mit Petersilie, Sardinen, Tomatenspalten und Oliven garnieren. 1 Esslöffel (15 ml) Olivenöl über jeden Salat gießen.

Grüne-Bohnen-Salat

Dieser Salat passt besonders gut zu Schweinefleisch, Schinken oder Lamm.

340 g grüne Bohnen, gekocht und abtropfen lassen
½ kleine rote Zwiebel, in dünne Scheiben geschnitten
Dressing (siehe unten)

Ergibt: 2 Portionen
Pro Portion:
28 g Fett; 8 g Netto-Kohlenhydrate;
3,5 g Eiweiß;
298 Kalorien

Dressing:
1 EL (1 g) Koriander, gehackt
1 kleine Knoblauchzehe, geschält und zerdrückt
1 TL Dijon-Senf
¼ TL Salz
¼ Tasse (60 ml) Olivenöl extra virgin
2 EL (30 ml) Weinessig oder Reisessig
½ EL (7 g) Tomatensauce

Die gekochten grünen Bohnen und geschnittenen Zwiebeln in eine Salatschüssel geben. Um das Dressing zuzubereiten, alle Zutaten miteinander verrühren. Das Dressing über die grünen Bohnen und Zwiebeln geben und unterheben. Abdecken und etwa 1 Stunde bei Zimmertemperatur stehen lassen. Unmittelbar vor dem Servieren noch einmal vorsichtig umrühren.

Spargel mit Curry-Dressing

450 g Spargel, gekocht
½ Tasse (110 g) Französisches Dressing (S. 58)
6 Salatblätter
Curry-Dressing (siehe unten)
1 Paprikaschote, Kerngehäuse entfernen und in 1 cm lange Streifen schneiden

Ergibt: 2 Portionen
Pro Portion:
23 g Fett; 7 g Netto-Kohlenhydrate;
6,5 g Eiweiß;
261 Kalorien

Curry-Dressing:
¼ Tasse (60 g) Mayonnaise (S. 49–51)
1 EL (14 g) saure Sahne
½ TL Currypulver
½ TL Zitronensaft

Den Spargel dünsten, bis er zart ist. Von der Herdplatte nehmen und abkühlen lassen. Den Spargel mit dem Französischen Dressing bedecken und im Kühlschrank 3 bis 4 Stunden marinieren, dabei gelegentlich wenden. Unmittelbar vor dem Servieren das Curry-Dressing zubereiten, indem alle Dressing-Zutaten miteinander verrührt werden. Das Französische Dressing von dem Spargel abtropfen lassen (das Dressing kann für einen anderen Salat verwendet werden). Den Spargel auf Salatblättern anrichten und mit Curry-Dressing bedecken. Mit Paprika-Streifen garnieren.

Gemüse-Vinaigrette

Dieser Salat wird mit verschiedenem gekochtem Gemüse zubereitet. Dazu können folgende oder auch andere Gemüsesorten verwendet werden.

Artischockenherzen	Fenchel	Kohlrabi
Blumenkohl	Grüne Bohnen oder Wachsbohnen	Palmenherzen
Brokkoli		Sellerie
Daikon-Rettich	Knollensellerie	Spargel

Die jeweilige Menge wird davon abhängen, wie viele Gemüsesorten verwendet werden und wie viele Portionen zubereitet werden sollen.

Das Gemüse dünsten oder kochen, bis es zart ist. Das Gemüse in einer flachen Schüssel anrichten und großzügig Französisches Dressing (S. 58) darübergeben. Abdecken und mehrere Stunden oder über Nacht im Kühlschrank marinieren, dabei gelegentlich wenden, sodass das Gemüse gleichmäßig von dem Dressing ummantelt wird. Gekühlt auf einem Salatbett servieren.

Der Fettgehalt kann anhand der Menge Dressing geschätzt werden, die verwendet wird. Wie viele Portionen sich bei der Zubereitung ergeben und andere Nährwerte variieren zu stark, um dazu eine Angabe machen zu können.

Gefüllte Avocado mit Speck

Dieses Rezept ist so einfach und so gut. Es ist eine wunderbare fettreiche Beilage zu einem Gericht; mit 1 Avocado pro Person kann auch eine ganze Mahlzeit damit zubereitet werden.

Ergibt:
4 Avocadohälften
Pro Portion:
36 g Fett;
2,5 g Netto-Kohlenhydrate; 9 g Eiweiß;
370 Kalorien

2 Avocados
4 Streifen Speck, zuckerfrei und ohne Nitritpökelsalz, knusprig gebraten und zerbröselt
3 EL (42 g) Butter
1 TL Knoblauch, gehackt
1 EL (15 ml) Balsamicoessig

Die Avocados längs halbieren und die Kerne entfernen. Jede Avocadohälfte mit 1 Streifen zerbröseltem Speck füllen. In einem kleinen Topf bei niedriger Temperatur die Butter schmelzen. Knoblauch hinzufügen und etwa 2 Minuten kochen lassen, bis sich der Duft entfaltet. Balsamicoessig hinzugeben und von der Herdplatte nehmen. Über die Avocadohälften träufeln und servieren.

Avocado-Speck-Eier-Salat

Dies ist ein schnell und einfach zuzubereitender Salat zum Frühstück, Mittagessen oder Abendessen.

Ergibt: 2 Portionen
Pro Portion:
52,5 g Fett;
7 g Netto-Kohlenhydrate; 35 g Eiweiß;
640 Kalorien

1 Avocado, gehackt
4 hart gekochte Eier, in Scheiben geschnitten
1 mittelgroße Tomate, klein geschnitten
2 EL (30 ml) Zitronensaft
6 Streifen Speck, zuckerfrei und ohne Nitritpökelsalz, knusprig gebraten und zerbröselt
2 EL (2 g) Koriander, gehackt
Salz
Frisch gemahlener schwarzer Pfeffer

Avocado, Eier, Tomate, Zitronensaft, Speck und Koriander in einer Schüssel miteinander vermischen. Mit Salz und schwarzem Pfeffer abschmecken.

Kapitel 4

Suppen und Eintopfgerichte

Ich liebe Suppen und Eintöpfe. Sie sind unglaublich einfach zuzubereiten und passen sehr gut zu ketogener Ernährung. Die Zutaten können jeweils ganz einfach so angepasst werden, dass sich der Fettgehalt erhöht. Es ist oft schwierig, Gerichte zuzubereiten, die genug Fett haben, um einer ketogenen Ernährung zu entsprechen. Bei Suppen kann man auf sehr schmackhafte Weise so viel Fett hinzufügen, wie man braucht. Wenn Sie mehr Fett in ihrem Essen benötigen, geben Sie einfach mehr in die Suppe hinein. In einer kleinen Suppe können 2, 3 oder 4 Esslöffel (28–42 g) Fett köstlich schmecken.

BRÜHEN

Brühen sind eine wohlschmeckende Grundlage für Suppen, Eintöpfe, Saucen, Curry-Eintöpfe, Schmorgerichte und andere Gerichte. Brühen geben einer Mahlzeit zusätzliche Nährstoffe, Aromen und Reichhaltigkeit. Sie können in größeren Mengen im Voraus zubereitet und für den späteren Gebrauch im Kühlschrank aufbewahrt werden. Brühen sind tiefgefroren über ein Jahr haltbar. Wenn Sie einen größeren Topf Brühe zubereiten, können Sie sie in einzelnen Portionen von 1 bis 4 Tassen (250–1.000 ml) für den späteren Gebrauch einfach einfrieren.

Brühen können aus jeder Art von Fleisch hergestellt werden – Rind, Schwein, Lamm, Huhn, Pute, Ente, Fisch oder Meeresfrüchte. Die Vorgehensweise ist im Grunde immer gleich. Brühen werden im Allgemeinen aus den billigsten Fleischstücken mit Knochen zubereitet, etwa aus Schenkeln,

Haxen oder Resten, die an Knochen oder ansonsten beim Essen übrig geblieben sind. Fleischreste oder -abfälle, Knochen und Knorpel ergeben auch eine gute Brühe.

Selbst gemachte Brühen sind weitaus besser als Fertigbrühen, die man kaufen kann; sie sind aromatischer und enthalten keine Konservierungsstoffe, Geschmacksverstärker oder andere chemische Zusatzstoffe. Darüber hinaus haben selbst gemachte Brühen einen höheren Fettanteil, wobei das Fett nicht entfernt, sondern zusammen mit der Brühe verzehrt werden sollte.

Hühnerbrühe

Hühnerbrühe kann von einem ganzen Huhn oder von den Resten zubereitet werden, die vom Hühnchen-Essen übrig geblieben sind. Anstelle von einem ganzen Huhn kann man auch Hühner- oder Hähnchenschenkel oder -rücken kaufen, die oft billiger sind. Wenn Sie nur die übrig gebliebenen Knochen und Abfälle verwenden, überspringen Sie den ersten Teil der Anleitung unten und lassen das Ganze mit Kräutern und Gemüse 2 bis 6 Stunden köcheln.

Ergibt: unterschiedlich viele Portionen
Pro Portion von 1 Tasse ca.: 3 g Fett; 0,5 g Netto-Kohlenhydrate; 4 g Eiweiß; 45 Kalorien

- 1 ganzes Huhn, einschließlich Innereien
- 2 l Wasser
- 1 Lorbeerblatt
- 6 Pfefferkörner
- 1 mittelgroße Zwiebel, geviertelt
- 1 mittelgroße Karotte, in 2,5 cm lange Stifte geschnitten
- 1 mittelgroßer Stangensellerie, in 2,5 cm lange Stifte geschnitten
- 1½ TL Salz

Das Huhn, Lorbeerblatt und die Pfefferkörner in einen großen Kochtopf oder Schongarer geben, abdecken und 2 bis 2½ Stunden köcheln lassen. Das Huhn aus der Brühe nehmen und abkühlen lassen.

Das Fleisch von den Knochen entfernen und für Rezepte aufheben, die mit gekochtem Huhn zubereitet werden. Dann Knochen, Knorpel und Haut wieder in den KochTopf geben. Die restlichen Zutaten dazugeben und 2 bis 6 Stunden weiter köcheln lassen. Gelegentlich nachsehen, ob noch genügend Wasser im Topf ist. Gegebenenfalls noch etwas Wasser dazugeben.

Hühnerbrühe

Den Topf von der Herdplatte nehmen und abkühlen lassen. Um eine reine Brühe zu erhalten, den ganzen Topfinhalt abseihen. Die Brühe in mehreren kleinen, luftdicht verschlossenen Behältern aufbewahren und, sofern sie nicht innerhalb der nächsten 24 Stunden gebraucht wird, im Gefrierschrank.

Rinder-, Schweine- und Lammbrühe

Diese Brühen werden im Grunde auf die gleiche Weise wie die Hühnerbrühe zubereitet. Verwenden Sie preiswertere Fleischstücke mit Knochen, wie beispielsweise Haxen. Sie können auch festere Fleischstücke wie Rinderbrust, Querrippe und Rinderlappen verwenden.

1,8–2 kg Fleisch, Knochen und Knorpel
1 große Zwiebel, grob gehackt
2 Stangen Lauch, grob gehackt
2 mittelgroße Karotten, in 2,5 cm lange Stifte geschnitten
2 mittelgroße Stangensellerie, in 2,5 cm lange Stücke geschnitten

Ergibt: unterschiedlich viele Portionen
Pro Portion von 1 Tasse ca.: 3 g Fett; 0,5 g Netto-Kohlenhydrate; 4 g Eiweiß; 45 Kalorien

5 l Wasser
6 Pfefferkörner
2 Lorbeerblätter
2–3 Zweige Petersilie
1 EL Salz

Alle Zutaten in einen großen Kochtopf geben, miteinander verrühren, abdecken und 4 bis 5 Stunden köcheln lassen. Gelegentlich nachsehen, ob noch genügend Flüssigkeit im Topf ist, und gegebenenfalls noch etwas Wasser dazugeben. Etwaigen Schaum, der sich an der Oberfläche bildet, abschöpfen und wegschütten. Nicht das Fett abschöpfen. Von der Herdplatte nehmen und abkühlen lassen. Das Fleisch kann von den Knochen gelöst und für Rezepte aufgehoben werden, bei denen gekochtes Fleisch verwendet wird. Um eine reine Brühe zu erhalten, den ganzen Topfinhalt abseihen. Sofern die Brühe nicht innerhalb von 24 Stunden verwendet wird, sollte sie in kleinen Portionen von 1 bis 2 Tassen (250–500 ml) in luftdicht verschlossenen Behältern aufbewahrt und eingefroren werden.

Fischbrühe

Fischbrühe wird aus Fischgräten, -köpfen, -karkassen und den Schalen von Schalentieren zubereitet.

Ergibt: unterschiedlich viele Portionen
Pro Portion von 1 Tasse ca.: 3 g Fett; 0,5 g Netto-Kohlenhydrate; 4 g Eiweiß; 45 Kalorien

2 l Wasser
450 g Fischgräten und -karkassen
1 EL Salz

Alle Zutaten in einen großen Topf oder Suppentopf geben, abdecken und 1½ Stunden köcheln lassen. Von der Herdplatte nehmen und abkühlen lassen. Den Topfinhalt abseihen, um eine reine Brühe zu erhalten. Sofern die Brühe nicht innerhalb von 24 Stunden verwendet wird, im Gefrierschrank aufbewahren.

Knochenbrühe

Brühe und ausgekochte Knochen

Knochenbrühe wird aus Knochen, Knorpel und etwas Fleischresten und Fett, das an den Knochen haftet, zubereitet. Die Brühe kann von den übrig gebliebenen Knochen von einem gebratenen Hähnchen oder einer gebratenen Pute oder den Resten eines Bratens bzw. Rippchens hergestellt werden. Sie können auch frische Knochen beim Metzger kaufen. Bei der Zubereitung der Knochenbrühe wird Essig zu dem Wasser gegeben, um die Mineralstoffe zu lösen, sodass die Brühe eine ausgezeichnete Quelle für Calcium, Magnesium, Phosphor und andere Mineralstoffe ist, die für die Gesundheit der Knochen notwendig sind.

Die Knochen in einen großen Kochtopf oder Schongarer geben und so viel Wasser hinzufügen, dass etwa 7 Zentimeter mit Wasser bedeckt sind. 2 Esslöffel (30 ml) Apfelessig pro Liter Wasser hinzufügen. Das Wasser erhitzen, bis es köchelt, abdecken und sehr lange, möglicherweise bis zu 48 Stunden kochen. Wenn Sie möchten, können Sie nach etwa der Hälfte der Kochzeit etwas gehackte Karotten, Sellerie, Zwiebeln, Salz und schwarzen Pfeffer hinzufügen. Etwaigen Schaum, der sich oben auf der Brühe bildet, abschöpfen und wegschütten. Gegebenenfalls während des Kochens noch mehr Wasser hinzugeben, sodass die Knochen immer bedeckt sind.

Ergibt: unterschiedlich viele Portionen
Pro Portion von 1 Tasse ca.: 2 g Fett; 0,5 g Netto-Kohlenhydrate; 3 g Eiweiß; 32 Kalorien

Von der Herdplatte nehmen und abkühlen lassen. Den Topfinhalt durch ein Sieb abseihen, um eine reine Brühe zu erhalten. Das Fett oder kleine Fleischreste nicht wegwerfen, sondern wieder in die Brühe geben. Das Knochenmark unbedingt ganz aus den Knochen lösen und in die Brühe geben. Wenn die Brühe nicht innerhalb von ein paar Tagen gebraucht wird, sollte sie im Gefrierschrank aufbewahrt werden. Sie ist tiefgefroren bis zu einem Jahr haltbar.

SUPPEN

Borschtsch mit Wurst

Borschtsch mit Wurst

Borschtsch ist ein traditioneller ukrainischer Rote-Bete-Eintopf. Er enthält immer Rote Bete, es können aber auch noch andere Gemüsesorten hinzugefügt werden. Er wird oft ohne Fleisch zubereitet, bei der Version hier geben wir jedoch Wurst dazu und ersetzen die Rote Bete zum Teil durch Weißkohl. Anstelle von Weißkohl können Sie auch Rote-Bete-Blätter verwenden, wenn Sie mögen, oder eine Mischung von beidem. Das Ergebnis ist ein dickflüssiger, herzhafter, delikater Eintopf. Jede Portion von 2 Tassen enthält 23 Gramm Fett. Den Fettgehalt können Sie leicht erhöhen, indem Sie Butter oder mehr saure Sahne hinzufügen.

Ergibt: 4 Portionen
Pro Portion:
23 g Fett;
10,5 g Netto-Kohlenhydrate;
17,5 g Eiweiß;
332 Kalorien

5 Tassen (1,2 l) Rinderbrühe (S. 91–92) oder Wasser
2 mittelgroße Rote Bete, gerieben oder gehackt
1 mittelgroße Zwiebel, gehackt
225 g Wurst
1 Tasse (100 g) Fenchel oder Sellerie, gehackt
3 Tassen (270 g) Weißkohl oder Rote-Bete-Blätter, gehackt
½ TL Selleriesamen
1 TL Dill
Salz und Pfeffer
Saure Sahne

Die Rinderbrühe zum Kochen bringen. Rote Bete, Zwiebeln, Wurst und Fenchel hinzugeben, die Hitze reduzieren und etwa 10 Minuten köcheln lassen. Weißkohl, Selleriesamen und Dill hinzufügen; 30 Minuten köcheln lassen. Mit Salz und Pfeffer abschmecken. Von der Herdplatte nehmen und etwas abkühlen lassen. Warm servieren mit einem Klacks saurer Sahne.

Traditioneller Borschtsch

Borschtsch ist ideal, um nicht so teure Fleischstücke zu verwenden. Durch den langen Garprozess werden selbst die zähesten Fleischstücke zart. Bei dieser Version wird Eisbein als Grundlage für die Suppe verwendet, aber Sie können auch Fleisch, Knochen mit Fleischresten, Rinderbeinscheiben, Rinderlappen oder Skirt-Steak (Saumfleisch) oder auch Rinderbrust garen. Der von einem Beinschinken übrig gebliebene Knochen ist eine exzellente Grundlage.

Ergibt: 6 Portionen
Pro Portion:
26 g Fett; 7 g Netto-Kohlenhydrate;
15 g Eiweiß;
322 Kalorien

0,7–1 kg Eisbein
14 Tassen (3,3 l) Wasser
1 mittelgroße Zwiebel, gehackt
3 Stangensellerie, gehackt
2 Tassen (220 g) Rote Bete, in feine Streifen, Julienne, geschnitten*
1 mittelgroße Karotte, gehackt
3 Tassen (270 g) Weißkohl, zerkleinert
1 TL Dill
½ TL Salz
¼ TL schwarzer Pfeffer
Saft von 1 Zitrone (etwa 2 EL/30 ml)
Saure Sahne

Das Eisbein mit dem Wasser in einen großen Topf geben, zum Kochen bringen, dann die Hitze reduzieren, abdecken und etwa 4 Stunden köcheln lassen. Beim Kochen verdampft etwas von dem Wasser. Zwiebeln, Sellerie, Rote Bete und Karotte dazugeben, abdecken und 1½ bis 2 Stunden köcheln lassen, oder bis das ganze Gemüse weich ist. Das Eisbein herausnehmen, das Fleisch vom Knochen lösen und in mundgerechte Stücke schneiden, den Knochen wegwerfen. Das Fleisch wieder in den Topf geben und Weißkohl, Dill, Salz und schwarzen Pfeffer dazugeben, abdecken und 20 bis 30 Minuten köcheln lassen, bis der Weißkohl weich ist. Zitronensaft dazugeben und von der Herdplatte nehmen. Mit einem Klacks saurer Sahne servieren.

* Julienne sind feine, etwa 3 Millimeter dicke Streifen.

Borschtsch mit Tomaten

Borschtsch wird mit einer Vielzahl von Zutaten zubereitet. Bei dieser Version werden gedünstete Tomaten als Grundlage verwendet. Bereiten Sie genug Borschtsch zu, um ihn 2 Tage lang zu servieren. Am zweiten Tag schmeckt er sogar noch besser.

Ergibt: 4 Portionen
Pro Portion:
10,5 g Fett;
12 g Netto-Kohlenhydrate;
23,5 g Eiweiß;
236 Kalorien

4 Tassen (945 ml) Rinderbrühe (S. 91–92) oder Wasser
225 g Rinderhackfleisch
2 mittelgroße Rote Bete, gehobelt oder gehackt
2 mittelgroße Zwiebel, gehackt
2 mittelgroße Karotte, gehackt
2 Tassen (360 g) Tomaten, gedünstet
2 Tassen (180 g) Weißkohl oder Rote-Bete-Blätter, zerkleinert
2 Tassen (60 g) Spinat, zerkleinert
½ TL Selleriesamen
1 TL Dill
Salz und Pfeffer
Saure Sahne

Die Rinderbrühe zum Kochen bringen. Rinderhackfleisch, Rote Bete, Zwiebeln, Karotten und gedünstete Tomaten dazugeben, die Hitze reduzieren und etwa 20 Minuten köcheln lassen. Weißkohl, Spinat, Selleriesamen und Dill hinzufügen, 10 Minuten köcheln lassen. Mit Salz und Pfeffer abschmecken. Von der Herdplatte nehmen und etwas abkühlen lassen. Warm mit einem großen Klacks saurer Sahne servieren. Um den Fettgehalt zu erhöhen, noch Butter oder mehr saure Sahne hinzugeben.

Rindereintopf

Die meisten traditionellen Rindereintöpfe enthalten viele Kartoffeln. Bei dieser kohlenhydratarmen Version werden die Kartoffeln durch andere Gemüsesorten ersetzt. Der weiße Daikon-Rettich, der wie ein milder Kohlrabi schmeckt, ist ein guter Ersatz für Kartoffeln, sowohl im Geschmack als auch im Aussehen.

Ergibt: 4 Portionen
Pro Portion:
20,5 g Fett;
8 g Netto-Kohlenhydrate;
30,5 g Eiweiß;
338 Kalorien

- 5 Tassen (1.180 ml) Rinderbrühe (S. 91–92) oder Wasser
- 280 g Rindfleisch, klein geschnitten
- ¼ Tasse (56 g) Butter, Kokosöl oder rotes Palmöl
- 1 große Karotte, gehackt
- ½ mittelgroße Zwiebel, gehackt
- 2 Knoblauchzehen, gehackt
- 2 Tassen (200 g) grüne Bohnen, gehackt
- 230 g Daikon-Rettich oder Kohlrabi, gehackt
- 1 Dose (125 g) Tomatensauce
- ½ TL Oregano
- Salz und Pfeffer

Die Rinderbrühe zum Kochen bringen. Das klein geschnittene Rindfleisch, Butter, Karotten, Zwiebeln, Knoblauch, grüne Bohnen, Daikon-Rettich und Tomatensauce dazugeben. Die Hitze reduzieren und etwa 40 Minuten köcheln lassen. Oregano hinzufügen und mit Salz und Pfeffer abschmecken. Weitere 5 Minuten köcheln lassen. Von der Herdplatte nehmen und servieren.

Jede Portion enthält 6,3 Gramm Fett. Der Fettgehalt kann einfach erhöht werden, indem zusätzlich Butter oder Kokosöl dazugegeben wird. Ein Esslöffel hinzugefügtes Fett erhöht den Fettgehalt pro Portion auf 20 Gramm.

Herzhafte Eierflockensuppe

Die traditionelle chinesische Eierflockensuppe besteht aus Hühnerbrühe, einem kleinen Ei und kaum etwas anderem. Sie schmeckt gut, ist aber nicht sehr sättigend. Dies ist eine herzhaftere Version, die mehr sättigt und mit ganzen Eiern, Huhn, Champignons und Zwiebeln zubereitet wird.

7 Tassen (1.650 ml) Hühnerbrühe {S. 90–91)
1½ Tassen (210 g) Huhn, klein geschnitten
1 mittelgroßer Stangensellerie, dünn geschnitten
½ mittelgroße Zwiebel, gehackt
8 Champignons, geschnitten
¼ Tasse Butter
4 Eier
Salz und Pfeffer

Ergibt: 4 Portionen
Pro Portion:
20 g Fett;
4,5 g Netto-Kohlenhydrate;
30,5 g Eiweiß;
320 Kalorien

Die Hühnerbrühe zusammen mit dem Huhn, Sellerie, Zwiebeln, Champignons und Butter in einem Topf köcheln lassen, bis das Gemüse zart ist. Die Eier in eine Schüssel aufschlagen. Die Eier leicht schlagen und in die heiße Suppe gießen. Köcheln lassen, bis das Ei stockt. Mit Salz und Pfeffer abschmecken. Mit gehackten Frühlingszwiebeln garnieren und servieren.

Herzhafte Eierflockensuppe

Sämige Hühnersuppe

2 EL (28 g) Butter
2 Stangensellerie, gehackt
1 mittelgroße Zwiebel, gehackt
4 Tassen (950 ml) Hühnerbrühe (S. 90–91)
56 g Champignons, klein geschnitten
1 TL Salz, ¼ TL schwarzer Pfeffer
¼ Tasse (15 g) Petersilie, gehackt
1 Tasse (240 ml) Schlagsahne
2 Tassen (280 g) gekochtes Huhn, klein geschnitten

Ergibt: 4 Portionen
Pro Portion:
31 g Fett;
4,5 g Netto-Kohlenhydrate;
27 g Eiweiß;
405 Kalorien

Die Butter in einem großen Topf bei mittlerer Hitze zum Schmelzen bringen. Sellerie und Zwiebeln sautieren, bis die Zwiebeln zu karamellisieren beginnen, etwa 10 Minuten. Hühnerbrühe, Champignons, Salz, schwarzen Peffer und Petersilie dazugeben, abdecken und 30 Minuten köcheln lassen. Die Suppe in einen Mixer geben und mixen, bis eine glatte Masse entstanden ist. Die Suppe wieder in den Topf gießen, Sahne und Huhn unterheben und etwa 5 Minuten erhitzen.

Spargel-Käse-Suppe

6 EL (84 g) Butter
½ mittelgroße Zwiebel, gehackt
1 Stangensellerie, klein geschnitten
450 g Spargel, klein geschnitten
4 Tassen (950 ml) Hühnerbrühe (S. 90–91)
2 Knoblauchzehen, gehackt
1 TL Salz
¼ TL schwarzer Pfeffer
1 EL (4 g) frische Petersilie, klein geschnitten
1 Tasse (240 ml) Schlagsahne
2 TL Zitronensaft
1 Tasse (115 g) scharfer Cheddar-Käse, gerieben
4 Streifen Speck, zuckerfrei und ohne Nitritpökelsalz, knusprig gebraten und zerbröselt

Ergibt: 4 Portionen
Pro Portion:
58 g Fett; 6 g Netto-Kohlenhydrate;
23 g Eiweiß;
638 Kalorien

Die Butter in einem großen Topf bei mittlerer Hitze zum Schmelzen bringen. Zwiebeln, Sellerie und Spargel sautieren, bis sie zart sind, etwa 10 bis 15 Minuten. Brühe, Knoblauch, Salz und schwarzen Pfeffer dazugeben, abdecken und 30 Minuten köcheln lassen. Von der Herdplatte nehmen und etwas abkühlen lassen. Petersilie dazugeben und die Suppe in einen Mixer geben und pürieren. Die pürierte Suppe wieder in den Topf gießen. Sahne, Zitrone und Käse dazugeben und erhitzen. Vor dem Servieren mit dem zerbröselten Speck bestreuen.

Tomatencremesuppe

Ergibt: 4 Portionen
Pro Portion:
31 g Fett;
9,5 g Netto-Kohlenhydrate;
10,5 g Eiweiß;
359 Kalorien

2 EL (28 g) Butter
½ mittelgroße Zwiebel, gehackt
2 großen Stangensellerie, klein geschnitten
1 rote Paprikaschote, klein geschnitten
1 Knoblauchzehe, gehackt
3½ Tassen (830 ml) Hühner- oder Rinderbrühe (S. 90–92)
470 ml Tomatensauce
¼ Tasse (15 g) frische Petersilie, klein geschnitten
1 (3 g) frisches Basilikum, klein geschnitten, oder ½ TL getrocknetes Basilikum
½ TL getrockneter Oregano
1¼ TL Salz
⅛ TL frisch gemahlener schwarzer Pfeffer
1 EL (15 ml) Zitronensaft
1 Tasse (240 ml) Schlagsahne
¼ Tasse (25 g) Parmesankäse, gerieben

Die Butter in einem großen Topf bei mittlerer Hitze zum Schmelzen bringen. Zwiebeln, Sellerie und Paprika sautieren, bis die Zwiebeln zu karamellisieren beginnen, etwa 10 Minuten. Knoblauch dazugeben und 1 bis 2 Minuten kochen. Brühe, Tomatensauce, Petersilie, Basilikum, Oregano, Salz und schwarzen Pfeffer dazugeben, abdecken und 30 Minuten köcheln lassen. Die Suppe in einen Mixer gießen und pürieren. Die pürierte Suppe wieder in den

Topf gießen, Zitronensaft und Sahne unterrühren und nochmals erhitzen, gerade so lange, bis sie heiß ist. Vor dem Servieren mit Parmesankäse bestreuen. Falls gewünscht, zusätzlich als Croutons ein paar Schweine- oder Speckkrusten obenaufstreuen.

Frische Tomatensuppe

Frische Tomatensuppe

4 große Tomaten
¼ Tasse (56 g) Butter
1 mittelgroße Zwiebel, gehackt
2 Stangensellerie, klein geschnitten
1 mittelgroße Karotte, klein geschnitten
2 Knoblauchzehen, gehackt
3 Tassen Hühnerbrühe (S. 90–91)
1 TL Salz, ¼ TL schwarzer Pfeffer
½ TL getrockneter Dill
1 TL getrocknetes Basilikum
½ TL Selleriesamen
¼ Tasse (15 g) Petersilie, klein geschnitten
½ Tasse (120 ml) Schlagsahne
½ Tasse (120 ml) saure Sahne
¼ Tasse (25 g) Parmesankäse, gerieben

Ergibt: 4 Portionen
Pro Portion:
30 g Fett;
11 g Netto-Kohlenhydrate;
9 g Eiweiß;
350 Kalorien

Die Tomaten auf der unteren Seite x-förmig einschneiden und 1 Minute in einen Topf mit kochendem Wasser legen. Mit einem Schaumlöffel die Tomaten herausnehmen, die Haut entfernen und wegwerfen. Die Tomaten zerkleinern und beiseitestellen.

Die Butter in einem großen Topf bei mittlerer Hitze zum Schmelzen bringen. Zwiebeln, Sellerie und Karotten sautieren, bis sie zart sind, etwa 10 bis 15 Minuten. Die zerkleinerten Tomaten, Knoblauch, Brühe, Salz, Pfeffer, Dill, Basilikum und Selleriesamen dazugeben, abdecken und 20 Minuten köcheln lassen. Von der Herdplatte nehmen und etwas abkühlen lassen. Petersilie dazugeben, dann in einen Mixer gießen und pürieren, bis eine glatte Masse entstanden ist. Die Masse wieder in den Topf gießen und erhitzen, bis sie heiß ist. Die saure Sahne unterrühren. Mit Parmesankäse bestreut servieren.

Champignoncremesuppe

¼ Tasse (56 g) Butter
2 Stangensellerie, klein geschnitten
1 mittelgroße Zwiebel, gehackt
280 g Champignons, klein geschnitten
5 Tassen Rinder- oder Hühnerbrühe (S. 90–92)
1 TL Salz, ½ TL schwarzer Pfeffer
1 TL Estragon
½ TL Thymian
½ Tasse (120 ml) Schlagsahne
½ Tasse (115 g) saure Sahne

Ergibt: 4 Portionen
Pro Portion:
30 g Fett;
6,5 g Netto-Kohlenhydrate;
10 g Eiweiß;
336 Kalorien

Die Butter in einem großen Topf bei mittlerer Hitze zum Schmelzen bringen. Sellerie und Zwiebeln sautieren, bis die Zwiebeln zu karamellisieren beginnen, etwa 12 bis 15 Minuten. Champignons, Brühe, Salz, schwarzen Pfeffer, Estragon und Thymian dazugeben und 30 Minuten köcheln lassen. Von der Herdplatte nehmen, Sahne unterrühren und etwas abkühlen lassen. Die Suppe in einen Mixer gießen und pürieren. Die pürierte Suppe wieder in den Topf gießen und nochmals erhitzen. Die saure Sahne unterrühren und servieren.

Champignon-cremesuppe

Tomaten-Champignon-Cremesuppe

4 große Tomaten, gehäutet und zerkleinert
4 EL (56 g) Butter
1 kleine Zwiebel, gehackt
1 Stangensellerie, klein geschnitten
1 Knoblauchzehe, gehackt
225 g Champignons
2 Tassen (480 ml) Hühnerbrühe (S. 90–91)
¼ TL schwarzer Pfeffer
4 TL Fischsauce
1 Tasse (240 ml) Schlagsahne oder Kokosmilch

Ergibt: 4 Portionen
Pro Portion:
34,5 g Fett;
10 g Netto-Kohlenhydrate;
7,5 g Eiweiß;
380 Kalorien

Einen großen Topf mit Wasser füllen und zum Kochen bringen. Die Tomaten auf der Unterseite x-förmig einschneiden und in das kochende Wasser geben. Die Tomaten mit einem Schaumlöffel nach etwa 1 Minute herausnehmen und in kaltes Wasser geben, bis sie genügend abgekühlt sind, um sie zu häuten. Die Haut entfernen und wegwerfen. Die Tomaten zerkleinern.

Die Butter in einer großen Pfanne oder einem großen Topf bei mittlerer Hitze zum Schmelzen bringen. Zwiebeln und Sellerie sautieren, bis die Zwiebeln zu karamellisieren beginnen, etwa 12 bis 15 Minuten. Knoblauch und Champignons dazugeben und 3 bis 4 Minuten garen. Brühe, Tomaten, schwarzen Pfeffer und Fischsauce unterrühren und 30 Minuten köcheln lassen. Die Suppe in einen Mixer geben und pürieren. Die pürierte Suppe wieder in die Pfanne geben, Sahne unterrühren und noch einmal kurz erwärmen, bis sie heiß ist.

Chili ohne Bohnen

Dieses Chili ohne Bohnen schmeckt genauso gut wie die Version mit Bohnen. Bei diesem Rezept werden die Bohnen durch andere Gemüsesorten ersetzt, hauptsächlich durch Daikon-Rettich oder Kohlrabi, die beide ein guter Bohnenersatz sind, wenn sie in bohnengroße Stücke geschnitten werden.

¼ Tasse (56 g) Kokosöl
450 g Rinderhackfleisch

1 mittelgroße Zwiebel, gehackt
1 grüne Paprikaschote, klein geschnitten
6 Knoblauchzehen, gehackt
1 oder 2 rote Chilischoten, gehackt (optional)
450 g Daikon-Rettich oder Kohlrabi, klein geschnitten
1 ⅓ Tassen (314 ml) Tomatensauce
½ Tasse (118 ml) Wasser
2 TL Chilipulver
1½ TL Paprikapulver
1 TL Oregano
1 TL Kreuzkümmel
1½ TL Salz

Ergibt: 4 Portionen
Pro Portion:
21 g Fett;
10 g Netto-Kohlenhydrate;
38,5 g Eiweiß;
383 Kalorien

Das Öl in einer großen Pfanne bei mittlerer Temperatur erhitzen. Fleisch, Zwiebeln, Paprikaschoten und Knoblauch dazugeben. Bei gelegentlichem Umrühren braten, bis das Fleisch gebräunt ist. Chilischoten, Daikon-Rettich, Tomatensauce, Wasser und Gewürze dazugeben, abdecken und etwa 30 Minuten köcheln lassen, oder bis das Chili andickt und das Gemüse zart ist. Servieren, wie es ist, oder mit geriebenem Käse oder saurer Sahne garnieren.

Chili-Eintopf mit Huhn

2 EL (28 g) Kokosöl
½ mittelgroße Zwiebel, gehackt
1 Stangensellerie, klein geschnitten
1 rote Paprikaschote, klein geschnitten
110 g Huhn, gekocht und klein geschnitten
110 g Champignons, klein geschnitten
¼ Tasse (35 g) Poblano oder andere milde Chilischoten, fein gehackt
1 TL Tabascosauce oder andere scharfe Sauce
1 TL Kreuzkümmel
½ TL Salz
1 Tasse (240 ml) Hühnerbrühe (S. 90–91) oder Wasser

Ergibt: 2 Portionen
Pro Portion:
48 g Fett;
10,5 g Netto-Kohlenhydrate;
37,5 g Eiweiß;
624 Kalorien

½ Tasse (120 ml) Schlagsahne
1 Tasse (115 g) Monterey-Jack-Käse, gerieben
½ Tasse (115 g) saure Sahne

Das Öl in einer großen Pfanne bei mittlerer Temperatur erhitzen. Zwiebeln, Sellerie und Paprika dazugeben und 6 bis 8 Minuten sautieren, oder bis das Gemüse zart ist. Huhn, Champignons, Poblano, Tabascosauce, Kreuzkümmel, Salz, Brühe und Schlagsahne dazugeben, die Temperatur reduzieren, abdecken und 10 Minuten köcheln lassen. Von der Herdplatte nehmen und den Käse unterrühren, bis er schmilzt. In einer Schüssel servieren und mit einem Klacks saurer Sahne garnieren.

Chili mit Rindfleisch und Gemüse

Ergibt: 2 Portionen
Pro Portion:
45 g Fett;
12 g Netto-Kohlenhydrate;
44,5 g Eiweiß;
631 Kalorien

¼ Tasse (56 g) Speiseöl
227 g Rinderhackfleisch
½ Zwiebel, gehackt
1 Stangensellerie, dünn geschnitten
1 grüne Paprikaschote, klein geschnitten
2 Knoblauchzehen, fein gehackt
170 g Kohlrabi oder Daikon-Rettich, klein geschnitten
2 TL Chilipulver
1 TL gemahlener Kreuzkümmel
1 TL getrockneter Oregano
½ TL Paprikapulver
½ TL Salz
1 EL (9 g) Jalapeno-Paprika, fein gehackt
½ Tasse (125 g) Tomatensauce
¾ Tasse (177 ml) Wasser oder Rinderbrühe (S. 91–92)
57 g Cheddar-Käse, gerieben

Das Öl in einer großen Pfanne bei mittlerer Temperatur erhitzen. Das Rinderhackfleisch dazugeben und zerteilen. Dann Sellerie, Paprika, Knoblauch und Kohlrabi dazugeben. Bei gelegentlichem Umrühren etwa 8 Minuten sautieren, bis das Hackfleisch gebräunt ist und das Gemüse anfängt, weich zu werden. Chilipulver, Kreuzkümmel, Oregano, Paprikapulver, Salz, Jalapeno-Paprika, Tomatensauce und Wasser unterrühren, abdecken und etwa 20 Minuten köcheln lassen, oder bis das Gemüse weich ist und die Aromen sich miteinander vermischt haben. Während des Köchelns gelegentlich umrühren. Die Temperatur auf Null stellen und den Käse gleichmäßig über das Chili streuen, abdecken und 1 bis 2 Minuten ziehen lassen, bis der Käse zu schmelzen beginnt. In einer Schüssel servieren. Mit einem Klacks saurer Sahne oder mit ein wenig klein geschnittener Avocado garnieren, falls gewünscht.

Chicken Gumbo – Hühnereintopf

Ich liebe Chicken Gumbo. Der traditionelle Hühnereintopf wird mit Reis zubereitet, aber bei dieser Version wird der Reis weggelassen und mehr Gemüse, drei Fleischsorten und eine geballte Ladung von Aromen dazugegeben. Er schmeckt besser als die kohlenhydratreichen Versionen.

Ergibt:
etwa 14 Tassen
Pro Tasse:
11 g Fett;
5 g Netto-Kohlenhydrate;
20 g Eiweiß;
199 Kalorien

- 8 Tassen (1.900 ml) Hühnerbrühe (S. 90–91)
- 1 große Tomate, halbiert
- ¼ Tasse (56 g) Kokosöl oder rotes Palmöl
- 280 bis 340 g Huhn, roh, mundgerecht geschnitten
- 400 g Shrimps
- 225 g würziges Frühstücksfleisch, zerkleinert
- 2 Karotten, gehackt
- 3 Selleriestangen, klein geschnitten
- 1 Tasse (100 g) grüne Bohnen, klein geschnitten
- 1 mittelgroße Zwiebel, gehackt
- 4 Knoblauchzehen, fein gehackt
- 1 EL (19 g) Salz, 1 TL schwarzer Pfeffer
- 225 g Okraschoten
- 2 EL (30 ml) Fischsauce
- 2 EL (30 ml) Chilisauce

Die Hühnerbrühe in einen 4-Liter-Topf geben und zum Kochen bringen. Tomaten dazugeben, die Temperatur reduzieren und 10 Minuten köcheln lassen. Die Tomaten herausnehmen und zum Abkühlen beiseitestellen. Kokosöl, Huhn, Shrimps, Frühstücksfleisch, Karotten, Sellerie, grüne Bohnen, Zwiebeln, Knoblauch, Salz und schwarzen Pfeffer dazugeben. Die Haut von den gedünsteten Tomatenhälften entfernen und wegwerfen. Die Tomaten klein schneiden und in die Suppe mit dazugeben. 1 Stunde köcheln lassen. Okraschoten, Fischsauce und Chilisauce dazugeben und weitere 30 Minuten köcheln lassen.

Gumbo ist im Allgemeinen etwas würzig, aber nicht alle mögen scharfe Gerichte. Diese Version ist relativ mild. Wenn Ihr Gumbo etwas schärfer sein soll, kann bei Ihrer Portion mehr Chilisauce dazugegeben werden.

Übrig gebliebene Suppe in einem luftdicht verschlossenen Behälter im Kühlschrank oder Gefrierschrank aufbewahren.

Der Fettgehalt kann bei dieser Suppe einfach dadurch erhöht werden, dass mehr Fett dazugegeben wird. Rotes Palmöl ist dafür gut geeignet. Es verstärkt den Geschmack und intensiviert die Farbe. 1 Esslöffel zusätzlich pro Tasse Suppe bedeutet weitere 14 Gramm Fett, die zu den nachstehenden Zahlen hinzuaddiert werden müssen.

Lachs-Suppe

Ergibt: 4 Portionen
Pro Tasse:
22,5 g Fett;
4,5 g Netto-Kohlenhydrate;
22 g Eiweiß;
308 Kalorien

- 3 Streifen Speck, zuckerfrei und ohne Nitritpökelsalz, gewürfelt
- 1 mittelgroße Zwiebel, gehackt
- 2 Stangensellerie, klein geschnitten
- 340 g Daikon-Rettich oder Kohlrabi, klein geschnitten
- 2½ Tassen (600 ml) Hühnerbrühe (S. 90–91)
- 1 TL getrockneter Dill
- 1 Lorbeerblatt
- ½ TL Salz
- ⅛ TL frisch gemahlener schwarzer Pfeffer
- 1 Dose (212 g) Lachs
- 2 EL (28 g) Butter
- 2 Tassen (470 ml) Schlagsahne oder Kokosmilch

Speck, Zwiebeln, Sellerie und Daikon-Rettich bei mittlerer Hitze in einer großen Pfanne sautieren, bis der Speck leicht knusprig ist. Hühnerbrühe, Dill, Lorbeerblatt, Salz und schwarzen Pfeffer dazugeben, abdecken und 20 Minuten köcheln lassen, oder bis das Gemüse zart ist. Lachs, Butter und Sahne dazugeben und etwa 5 Minuten weiter köcheln lassen. Das Lorbeerblatt herausnehmen und servieren.

New-England-Muschelsuppe (Clam Chowder)

Ergibt: 4 Portionen
Pro Portion:
69 g Fett;
5 g Netto-Kohlenhydrate;
28 g Eiweiß;
753 Kalorien

¼ Tasse (56 g) Butter
1 mittelgroßer Stangensellerie, klein geschnitten
½ mittelgroße Zwiebel, gehackt
170 g Daikon-Rettich, gehackt
2 Tassen (475 ml) Hühnerbrühe (S. 90–91)
2 Dosen (à 280 g) Venusmuscheln mit Saft
½ TL getrocknetes Basilikum
½ TL Salz
¼ TL frisch gemahlener schwarzer Pfeffer
4 TL Fischsauce
2½ Tassen (590 ml) Schlagsahne oder Kokosmilch
10 Speckkrusten, in 1,5 cm lange Stücke zerkleinert (optional)

New-England-Muschelsuppe

Die Butter in einem großen Topf bei mittlerer Temperatur erhitzen. Sellerie, Zwiebeln und Daikon-Rettich sautieren, bis sie zart sind, etwa 10 Minuten. Muscheln abgießen, Saft aufbewahren. Hühnerbrühe, Muschelsaft, Basilikum, Salz, schwarzen Pfeffer und Fischsauce dazugeben und etwa 5 Minuten köcheln lassen. Venusmuscheln und Schlagsahne dazugeben und weiter kochen lassen, bis sie heiß sind. Die Muschelsuppe mit Speckkrusten garniert servieren, so wie Sie es mit Croutons tun würden.

Fisch- und Meeresfrüchte-Suppe

Ergibt: 6 Portionen
Pro Tasse:
22,5 g Fett;
4,5 g Netto-Kohlenhydrate;
22 g Eiweiß;
308 Kalorien

- 2 EL (28 g) Kokosöl oder aus Speck ausgelassenes Fett
- 3 große Schalotten, gehackt
- 3 Knoblauchzehen, zerkleinert
- ½ TL Ingwer, zerkleinert
- 4 Tassen (950 ml) Hühnerbrühe (S. 90–91)
- 2 Tassen (470 ml) Muschelsaft aus der Flasche
- 1 EL (15 ml) frischer Limettensaft
- 2 TL Fischsauce
- 1 Dose (396 g) Kokosmilch
- 2 TL Limettenschale, gerieben
- ½ TL rote Paprikaflocken
- 1 TL Salz
- 225 g Weißfischfilets (beispielsweise Heilbutt, Kabeljau, Seebarsch), in mundgerechte Stücke geschnitten
- 225 g Schalentiere (beispielsweise Krebs, Hummer, Garnelen, Jakobsmuscheln), die Schalen entfernen und in mundgerechte Stücke schneiden
- 2 EL (2 g) Koriander, gehackt

Das Öl in einer großen Pfanne erhitzen. Schalotten, Knoblauch und Ingwer sautieren, bis sie duften, etwa 2 Minuten. Brühe, Muschelsaft, Limettensaft, Fischsauce, Kokosmilch, Limettenschale, rote Paprikaflocken und Salz hinzugeben und zum Köcheln bringen. Fisch und Schalentiere dazugeben und weiter köcheln lassen, bis der Fisch weiß wird und leicht zerfällt. Mit gehacktem Koriander garniert servieren.

Fischcremesuppe

Ergibt: 4 Portionen
Pro Tasse:
35,5 g Fett;
8 g Netto-Kohlenhydrate;
20,5 g Eiweiß;
433 Kalorien

¼ Tasse (56 g) Butter
2 Stangensellerie, klein geschnitten
1 mittelgroße Zwiebel, gehackt
1 rote Paprika, klein geschnitten
225 g Muschelsaft
2 Tassen (950 ml) Fisch- oder Hühnerbrühe (S. 90–91 und S. 92)
1 mittelgroße Tomate, geschält und gehackt
1 Lorbeerblatt
½ TL Salz
¼ TL schwarzer Pfeffer
¼ TL Rosmarin
¼ Tasse (16 g) Petersilie oder Koriander, gehackt
225 g Tomatensauce
1 Tasse (240 ml) Schlagsahne oder Kokosmilch
225 g Kabeljau oder Heilbutt, in kleine mundgerechte Stücke geschnitten

Die Butter in einem großen Topf bei mittlerer Temperatur zum Schmelzen bringen. Sellerie, Zwiebeln und Paprika sautieren, bis sie zart sind, etwa 10 Minuten. Muschelsaft, Brühe, Tomaten, Lorbeerblatt, Salz, schwarzen Pfeffer und Rosmarin dazugeben, abdecken und 20 Minuten köcheln lassen. Das Lorbeerblatt herausnehmen. Die Petersilie dazugeben. Von der Herdplatte nehmen und etwas abkühlen lassen. In einen Mixer gießen und pürieren. Die pürierte Suppe wieder in den Topf geben, Tomatensauce und Sahne dazugeben und erneut erhitzen. Den Fisch dazugeben und etwa 5 Minuten köcheln lassen, bis der Fisch weiß geworden ist.

Fischcremesuppe

Eintopf mit geräuchertem Eisbein

450–680 g Eisbein oder Schinkenkeule
3 l Wasser
1 mittelgroße Zwiebel, gehackt
2 Stangensellerie, klein geschnitten
2 mittelgroße Karotten, klein geschnitten
1 Tasse (120 g) Blumenkohl, klein geschnitten
1 Tasse (120 g) grüne Bohnen, klein geschnitten
6 Knoblauchzehen, gehackt
1 TL getrocknete Majoranblätter
1 TL getrocknetes Basilikum
½ TL getrockneter Dill
½ TL Salz
¼ TL schwarzer Pfeffer
6 EL (84 g) Butter

Ergibt: 6 Portionen
Pro Tasse:
25,5 g Fett;
5 g Netto-Kohlenhydrate;
28 g Eiweiß;
361 Kalorien

Einen großen Topf mit 3 Liter Wasser füllen, das Eisbein dazugeben und zum Kochen bringen. Dann die Temperatur verringern, abdecken und 6 bis 8 Stunden köcheln lassen. Das Eisbein herausnehmen und zum Abkühlen beiseitestellen. Alle übrigen Zutaten in das Wasser dazugeben, abdecken und 1 Stunde köcheln lassen. Wenn das Eisbein so weit abgekühlt ist, dass man es anfassen kann, den Knochen entfernen und das Fleisch in kleine mundgerechte Stücke schneiden. Den Knochen wegwerfen oder aufheben, um später eine Knochenbrühe zuzubereiten. Das Fleisch wieder in den Eintopf geben und vor dem Servieren noch einmal richtig erhitzen.

Hühner-Mandel-Suppe

2 EL (28 g) Kokosöl oder Butter
½ mittelgroße Zwiebel
170 g Brokkoli, klein geschnitten
1 mittelgroßer Stangensellerie, klein geschnitten
3 Knoblauchzehen, gehackt
4 Tassen (950 ml) Hühnerbrühe (S. 90–91)
2 Tassen (280 g) gekochtes Huhn, klein geschnitten

Ergibt: 4 Portionen
Pro Portion:
21,5 g Fett;
6,5 g Netto-Kohlenhydrate;
26 g Eiweiß;
323 Kalorien

1 TL Kreuzkümmel
½ Tasse (70 g) ganze Mandeln
1 EL (14 g) Mandelbutter (von gerösteten Mandeln)
Salz zum Abschmecken

Das Öl ist einem Topf erhitzen, Zwiebeln dazugeben und braten, bis sie glasig werden. Brokkoli, Sellerie und Knoblauch dazugeben. Kochen, bis das Gemüse weich ist, und dann die Brühe dazugeben. Das Huhn samt Kreuzkümmel, Mandeln und Mandelbutter dazugeben. Die Mandelbutter kann Klumpen bilden, die sich jedoch auflösen, wenn die Suppe kocht; gelegentlich umrühren. 10 Minuten köcheln lassen. Mit Salz abschmecken und servieren.

Beef-Stroganoff-Suppe

Dies ist ein gutes Rezept für festere Fleischstücke wie Rinderbrust, Rinderlappen und Saumfleisch (Skirt-Steak). Durch das langsame Kochen wird das Fleisch zart und das Aroma entfaltet sich.

Ergibt: 8 Portionen
Pro Portion:
24 g Fett;
4 g Netto-Kohlenhydrate;
32 g Eiweiß;
360 Kalorien

1 l Wasser
680 g Rinderbrust oder ein anderes Stück Rindfleisch
¼ Tasse (56 g) Butter
225 g Zucht-Champignons, halbiert
1 mittelgroße Zwiebel, gehackt
4 Knoblauchzehen, gehackt
2 EL (30 ml) Worcestershire-Sauce
1 EL (4 g) getrockneter Thymian
225 g Frischkäse
½ TL Salz
½ TL frisch gemahlener schwarzer Pfeffer
1 EL (14 g) Dijon-Senf
½ Tasse (120 ml) saure Sahne

Das Wasser und Rindfleisch in einen Schongarer geben und auf einer hohen Stufe 4 Stunden kochen. Das Rindfleisch herausnehmen und zum Abkühlen beiseitestellen. Während das Fleisch abkühlt, Butter, Champignons, Zwiebeln,

Knoblauch, Worcestershire-Sauce, Thymian, Frischkäse, Salz, Pfeffer und Dijon-Senf in den Schongarer geben. Das Rindfleisch in mundgerechte Stücke schneiden und in den Schongarer geben. Abdecken und 6 Stunden kochen. Kurz vor dem Servieren die saure Sahne dazugeben.

Hühner-Speck-Suppe

Dies ist ein gutes Gericht, um für mehrere Tage vorzukochen. Einmal zubereiten und mehrere Tagen davon essen. Schmeckt auch gut aus einem Thermobehälter, in dem es mit zur Arbeit genommen werden kann.

Ergibt: 8 Portionen
Pro Portion:
55 g Fett;
6,5 g Netto-Kohlenhydrate;
26 g Eiweiß;
625 Kalorien

12 Streifen Speck, zuckerfrei und ohne Nitritpökelsalz, knusprig gebraten und zerbröselt
3 große Stück Hühnerbrust
2 Tassen (470 ml) Hühnerbrühe (S. 90–91)
225 g Frischkäse
2 Tassen (470 g) Schlagsahne
2 EL (30 g) Butter
1 mittelgroße Zwiebel, gehackt
1 Paprika, klein geschnitten
2 mittelgroße Stangensellerie, klein geschnitten
225 g Champignons, klein geschnitten
6 Knoblauchzehen, gehackt
1 TL Salz
½ TL schwarzer Pfeffer
1 TL getrocknetes Basilikum
1 TL getrockneter Thymian

In einer Pfanne den Speck braten und beiseitestellen. Das Fett bis auf etwa 4 Esslöffel (60 g) abgießen. Das überschüssige Fett für ein anderes Gericht aufbewahren. Das übrige Fett in der Pfanne lassen und die Hühnerbrust bei mittlerer Temperatur scharf anbraten. Die Hühnerbrust herausnehmen und in kleine Würfel schneiden. Die Hühnerbrust muss jetzt noch nicht ganz gebraten werden.

1 Tasse (235 ml) Hühnerbrühe in die Pfanne geben und zum Köcheln bringen und etwa 2 Minuten köcheln lassen, um das Aroma vom scharfen

Anbraten der Hühnerbrust aus der Pfanne voll aufzunehmen. Die heiße Brühe samt dem Fett in einen Schongarer gießen. Die restliche Brühe sowie Frischkäse, Sahne, Butter, Zwiebeln, Paprika, Sellerie, Champignons, Knoblauch, Salz, schwarzen Pfeffer, Basilikum und Thymian dazugeben. Abdecken und bei niedrigerer Temperatur 6 Stunden kochen lassen. Die Hühnerbrustwürfel einige Minuten vor Ende der Garzeit hinzugeben und gar ziehen lassen.

Brokkoli-Cheddar-Suppe

Ergibt: 4 Portionen
Pro Portion:
39,5 g Fett;
10 g Netto-Kohlenhydrate;
26 g Eiweiß;
499 Kalorien

¼ Tasse (56 g) Butter
1 mittelgroße Zwiebel, fein gehackt
2 Stangensellerie, fein gehackt
4 Tassen (950 ml) Hühnerbrühe (S. 90–91)
4 Tassen 300 g) Brokkoli, fein gehackt
1 Lorbeerblatt
1 TL Salz
½ TL schwarzer Pfeffer
2 Tassen (470 ml) Schlagsahne
2 Tassen (225 g) scharfer Cheddar-Käse, zerkleinert
½ Tasse (50 g) Parmesankäse, gerieben

Die Butter in einem großen Topf bei mittlerer Temperatur zum Schmelzen bringen. Zwiebeln und Sellerie dazugeben und braten, bis sie weich sind, etwa 8 bis 10 Minuten, dabei zwischendurch immer wieder rühren. Hühnerbrühe, Brokkoli, Lorbeerblatt, Salz und schwarzen Pfeffer dazugeben und zum Kochen bringen. Die Hitze auf mittlere bis niedrige Temperatur verringern und etwa 30 Minuten köcheln lassen, bis der Brokkoli zart ist.

Etwa die Hälfte des Brokkoli herausnehmen und beiseitestellen. Das Lorbeerblatt wegwerfen. Die Suppe in eine Küchenmaschine geben und pürieren, bis eine glatte Masse entstanden ist. Die pürierte Suppe zurückgießen, den gekochten Brokkoli zusätzlich in den Topf geben und die Herdplatte auf mittlere Temperatur stellen. Sahne, Cheddar-Käse und Parmesankäse dazugeben und umrühren, bis alles gut vermischt ist. Die Suppe in Suppentassen füllen, mit ein paar Speckkrusten als Croutons garnieren und servieren.

Brokkoli-Cheddar-Suppe

Zucchini-Suppe

¼ Tasse (56 g) Butter
3 große Zucchini (etwa 680 g), klein geschnitten
2 Tassen (470 ml) Hühnerbrühe (S. 90–91)
¼ TL Salz
⅛ TL frisch gemahlener schwarzer Pfeffer
1 EL (15 ml) Zitronensaft
2 EL (6 g) frischer Schnittlauch oder Schalotten, gehackt

Ergibt: 4 Portionen
Pro Portion:
12,5 g Fett;
4,5 g Netto-Kohlenhydrate;
4,5 g Eiweiß;
148 Kalorien

Die Butter in einem großen Topf bei mittlerer Hitze zum Schmelzen bringen. Zucchini sautieren, bis sie anfangen, leicht braun zu werden, etwa 8 bis 10 Minuten, dabei gelegentlich umrühren. Brühe, Salz, schwarzen Pfeffer und Zitronensaft dazugeben und erhitzen. In einen Mixer gießen und mixen, bis eine glatte Masse entstanden ist. Mit frischem Schnittlauch garnieren und servieren. Kann auch mit einem Klacks saurer Sahne serviert werden, falls gewünscht.

Minestrone

Ergibt: 4 Portionen
Pro Portion:
19,5 g Fett;
9,5 g Netto-Kohlenhydrate;
13,5 g Eiweiß;
267 Kalorien

¼ Tasse (60 ml) Olivenöl extra virgin
1 mittelgroße Zwiebel, gehackt
1 Karotte, klein geschnitten
1 Stangensellerie, klein geschnitten
170 g Blumenkohl, klein geschnitten
5 Tassen Rinder-, Lamm- oder Schweinebrühe (S. 91–92)
225 g Tomatensauce
3 Knoblauchzehen, gehackt
½ TL getrocknetes Basilikum
½ TL Thymian
½ TL Salz
¼ TL frisch gemahlener schwarzer Pfeffer
1 kleine Zucchini, in Scheiben geschnitten und geviertelt
¾ Tasse (60 g) Parmesankäse, gerieben

Das Öl in einem großen Topf bei mittlerer Temperatur erhitzen. Zwiebeln, Karotten, Sellerie und Blumenkohl sautieren, etwa 12 bis 15 Minuten. Brühe, Tomatensauce, Knoblauch, Basilikum, Thymian, Salz, schwarzen Pfeffer und Zucchini dazugeben, abdecken und 20 bis 30 Minuten köcheln lassen, bis die Zucchini zart sind. Von der Herdplatte nehmen und den Parmesankäse dazugeben.

Kapitel 5

Gemüsegerichte

Gemüse ist das Herz und die Seele einer gesunden ketogenen Ernährung. Deshalb ist dieses Kapitel das längste und vielleicht auch wichtigste Kapitel in diesem Buch. Übrigens finden auch Menschen, die Gemüse als etwas durchaus Verzichtbares betrachten, ketogen zubereitetes Gemüse köstlich.

Hat Ihre Mutter Ihnen als Kind grüne Bohnen oder anderes Gemüse auch mit nichts anderem als mit etwas Salz und Pfeffer vorgesetzt? Womöglich legte Ihre Mutter außerdem Wert auf eine salzarme Ernährung, sodass Sie Ihr Gemüse nicht einmal mit etwas Salz aufpeppen konnten. Die meisten Gemüsesorten schmecken fad und langweilig, wenn sie ohne Gewürze oder andere Aromen zubereitet werden. Das ist der eigentliche Grund, warum die meisten Kinder und sogar Erwachsene nicht gerne Gemüse essen. Ich mag auch kein fades, nach nichts schmeckendes Gemüse. Aber ich liebe Gemüse, wenn es mit anregenden Zutaten zubereitet wird. Ohne viel Aufwand kann Gemüse aufgepeppt werden. Gewöhnliche grüne Bohnen werden in der Kombination mit einigen Zutaten wie Butter, Zwiebeln, Champignons oder Speckstückchen in eine Köstlichkeit verwandelt.

Es ist oft schwierig, genügend Fett in eine kohlenhydratarme Ernährung zu integrieren, damit sie wirklich ketogen ist. Gemüsegerichte sind ein einfacher und delikater Weg, um den Fettgehalt Ihrer Ernährung zu erhöhen. Darüber hinaus ist Gemüse eine ausgezeichnete Quelle für essenzielle Vitamine und Mineralstoffe und sie können damit Ihre Mahlzeiten abwechslungsreicher gestalten. Die meisten Gemüsesorten sind von Natur aus fettarm, sie können jedoch so zubereitet werden, dass sich ihr Fettgehalt wesentlich erhöht, sodass sie sogar einen weitaus höheren Fettgehalt als die meisten Fleischsorten haben. Und Gemüse enthält nicht übermäßig viel Eiweiß. So ist Gemüse der beste Freund eines jeden, der sich ketogen ernähren möchte. Richtig zubereitet ist es in der Tat der Schlüssel für eine erfolgreiche und gesunde ketogene Ernährung.

Bei den folgenden Gemüserezepten greifen viele der dazu empfohlenen Saucen auf Butter und Sahne zurück. Sofern Sie jedoch eine vegane oder Paleo-Ernährung bevorzugen und diese Zutaten nicht verwenden möchten, können Sie die Butter durch Kokosöl, rotes Palmöl oder Olivenöl ersetzen und die Sahne durch Kokosmilch. Es steht Ihnen stets frei, die Zutaten nach Ihren jeweiligen Präferenzen zu verändern. Seien Sie abenteuerlustig und experimentierfreudig! Das gilt für alle Rezepte in diesem Buch.

Wichtiger Hinweis: Die Gewichtsangaben für die in den nachstehenden Rezepten genannten Gemüsesorten beziehen sich auf das beschnittene, geschälte, entkernte etc. Gemüse. Bei der Angabe von zum Beispiel 225 Gramm Spargel handelt es sich um die Menge, die tatsächlich gekocht und gegessen wird; das Gewicht schließt nicht die holzigen Teile mit ein, die abgeschnitten und weggeworfen werden. Denken Sie daran, wenn Sie 1 Pfund Spargel kaufen und die holzigen Enden entfernt haben, dass Ihnen dann vielleicht nur 225 Gramm Spargel übrig bleiben.

Artischocken

Es überrascht mich immer wieder, wenn ich feststelle, dass viele Menschen noch nicht versucht haben, Artischocken einfach zu kochen und mit Butter oder Mayonnaise zu servieren. Artischocken sind zwar fettarm, aber hervorragend dafür geeignet, den Fettgehalt zu erhöhen, indem sie mit Butter oder Mayonnaise kombiniert werden.

Vorbereitete Artischocke

Jede Artischocke entspricht einer Portion. Bei der Zubereitung der Artischocken werden zuerst die verfärbten Blätter und die kleinen Blätter am Artischockenboden entfernt. Den Stielansatz glatt zum Artischockenboden abschneiden. Von der Artischockenspitze etwa 2,5 Zentimeter abschneiden und wegwerfen. Mit einer Schere die stacheligen Enden bei allen Blättern abschneiden.

Die Artischocken in einen Topf geben und genügend Wasser einfüllen, sodass sie schwimmen können. 1 Teelöffel Salz dazugeben. Das Wasser zum Kochen bringen, dann die Hitze reduzieren, abdecken und etwa 30 Minuten köcheln lassen beziehungsweise bis der Boden der Artischocke zart ist, wenn Sie mit einem Messer hineinstechen. Die Artischocken vorsichtig mit einer Zange oder einem großen Schaumlöffel aus dem Wasser nehmen. Mit dem Kopf nach unten hinstellen und abtropfen lassen.

Eine Portion besteht aus 1 Artischocke mit 2 EL (28 g) Mayonnaise
Pro Portion:
21 g Fett;
6,5 g Netto-Kohlenhydrate;
4,5 g Eiweiß;
233 Kalorien

Halbierte Artischocke

Heiß mit Butter, Mayonnaise (S. 49–51) oder Sauce hollandaise (S. 40–41) servieren. Zum Essen der Artischocke die Blätter jeweils einzeln abzupfen und den unteren Teil des Blattes in eine Sauce Ihrer Wahl dippen. Das Blatt zwischen den Zähnen hindurchziehen, um den fleischigen Teil abzukratzen. Das Blatt wegwerfen.

Nachdem alle äußeren Blätter entfernt worden sind, kommt der mittlere Teil der helleren zarten Blätter zum Vorschein, die das sogenannte „Heu“ bedecken. Mit einem Löffel diese Blätter und das Heu entfernen und wegwerfen. Was bleibt, sind der Boden oder das „Herz“ der Artischocke, das allgemein als der wertvolle Teil angesehen wird. Das Herz in mundgerechte Stücke schneiden und in die Sauce dippen.

Gefüllte gegrillte Avocados

Halbierte Avocado mit Kern

- 2 EL (28 g) Kokosöl
- 1 mittelgroße gelbe Zwiebel, fein gehackt
- 2 Knoblauchzehen, gehackt
- 225 g Rinderhackfleisch
- 225 g Bratwurst
- ¼ TL Salz
- 1 EL (7,5 g) Chilipulver
- 1 TL Paprikapulver
- 1 TL gemahlener Kreuzkümmel
- ½ TL Cayennepfeffer
- 1 Dose (425 g) Tomatensauce
- 6 Avocados, halbiert und Kern entfernt, mit Schale
- 2 Tassen (460 g) Monterey-Jack-Käse, gerieben
- 6 EL (90 g) saure Sahne
- ½ Tasse (8 g) Koriander, grob gehackt

Ergibt: 12 gefüllte Avocadohälften
Pro Avocadohälfte: 35 g Fett; 4,5 g Netto-Kohlenhydrate; 20 g Eiweiß; 413 Kalorien

Das Öl in einer mittelgroßen Pfanne bei mittlerer Temperatur erhitzen. Zwiebeln und Knoblauch dazugeben und 5 Minuten sautieren. Rinderhackfleisch, Wurst, Salz, Chilipulver, Paprikapulver, Kreuzkümmel und Cayennepfeffer dazugeben und etwa 8 Minuten sautieren, bis das Fleisch gebräunt und durch ist. Die Tomatensauce hinzufügen und zum Köcheln bringen. Während die Hackfleischmischung köchelt, einen Grill auf mittlere Temperatur vorheizen.

Die Avocados mit der aufgeschnittenen Seite nach oben auf die Arbeitsplatte legen und sanft auf die Arbeitsplatte drücken, um den Boden etwas abzuflachen, damit sie liegen bleiben, ohne zu kippen.

Die Avocadohälften auf ein Backblech oder einen großen Teller legen. Mit einem Löffel Häufchen von der Hackfleischmischung in alle Avocadohälften füllen. Jedes Häufchen mit Käse bestreuen. Die Avocadohälften vorsichtig in den Grill schieben, die Klappe schließen und etwa 5 Minuten grillen, bis der Käse geschmolzen ist und beginnt braun zu werden.

2 Avocadohälften auf jedem Teller anrichten und jede Hälfte mit 1 Löffel saurer Sahne und gehacktem Schnittlauch garnieren.

Spargel mit Sauce

225 g Spargel
Weiße Grundsauce (S. 30–31)
Salz und schwarzer Pfeffer zum Abschmecken

Spargel

Den Spargel dünsten, sautieren oder kochen, bis er zart ist. Die weiße Grundsauce nach der Anleitung zubereiten. Die Mornay-, Shrimps-, Champignon- und Senfsauce (S. 32–33) passen besonders gut zu Spargel. Mit Salz und Pfeffer abschmecken, falls gewünscht.

Ergibt: 2 Portionen
Pro Portion mit ¼ Tasse (60 ml) Weißer Grundsauce: 28 g Fett; 4 g Netto-Kohlenhydrate; 3,5 g Eiweiß; 282 Kalorien

Spargel und karamellisierte Zwiebeln

4 Streifen Speck, zuckerfrei und ohne Nitritpökelsalz, knusprig gebraten und zerbröselt
1 mittelgroße Zwiebel, grob gehackt
450 g Spargel, geschnitten
¼ TL Salz
¼ TL Zitronenpfeffer

Ergibt: 2 Portionen
Pro Portion: 23 g Fett; 6 g Netto-Kohlenhydrate; 18 g Eiweiß; 303 Kalorien

Den Speck in einer mittelgroßen Pfanne braten und beiseitestellen. Das Fett bei mittlerer Temperatur erhitzen, Zwiebeln und Spargel dazugeben und braten, bis die Zwiebeln zu karamellisieren beginnen, etwa 10 bis 14 Minuten, dabei gelegentlich umrühren. Salz und Zitronenpfeffer unterrühren. Von der Herdplatte nehmen. Mit zerbröseltem Speck garniert servieren.

Überbackener Spargel

450 g dünner Spargel, geschnitten
2 Knoblauchzehen, gehackt
¼ Tasse (56 g) Butter, geschmolzen
1 EL (15 ml) frischer Zitronensaft
1 TL Zitronenschale

Ergibt: 2 Portionen
Pro Portion: 23 g Fett; 4 g Netto-Kohlenhydrate; 4 g Eiweiß; 239 Kalorien

1 EL (4 g) frische Petersilie, gehackt
2 Schalotten, gehackt
1 TL frisch gehackter Rosmarin
1 TL frisch gehackter Thymian
⅛ TL Salz

Den Backofen auf 200 °C vorheizen. Den Spargel in einer Backform nebeneinander legen. In einer kleinen Schlüssel Knoblauch, Butter, Zitronensaft und Zitronenschale miteinander verrühren. Petersilie, Schalotten, Rosmarin, Thymian, Salz und Pfeffer unterrühren. Die Mischung über den Spargel gießen, sodass jeder Spargel bedeckt ist. Etwa 15 Minuten backen, bis der Spargel zart ist.

Spargel mit Sauce hollandaise

Ergibt: 2 Portionen
Pro Portion mit ½ Tasse (60 ml) Sauce hollandaise: 20 g Fett; 3,5 g Netto-Kohlenhydrate; 6,5 g Eiweiß; 220 Kalorien

Sauce hollandaise (S. 40–41)
220 g Spargel

Den Spargel in einem Dampfkochtopf dünsten, bis er zart ist. Die Sauce hollandaise nach der Anleitung zubereiten. Den Spargel mit der Sauce hollandaise bedeckt servieren.

Spargel mit Sauce hollandaise und Fisch

Brokkoli mit Käsesauce

Brokkoli

Dies ist ein einfaches Rezept, das gewöhnlichen Brokkoli in etwas verwandelt, was selbst Kindern schmecken wird.

Käsesauce (S. 34–35)
225 g Brokkoli, in Röschen zerteilt
Salz
Schwarzer Pfeffer

Ergibt: 2 Portionen
Pro Portion mit ½ Tasse (60 ml) Käsesauce: 40,5 g Fett; 7,5 g Netto-Kohlenhydrate; 11 g Eiweiß; 438 Kalorien

Die Käsesauce nach der Anleitung zubereiten. Den Brokkoli in einem Dampfkochtopf dünsten, bis er zart ist. Mit Salz und Pfeffer abschmecken und mit heißer Sauce servieren.

Variationen

Käsesauce ist ein großartiges Topping für eine Vielzahl von gekochtem oder gedünstetem Gemüse. Das Gemüse einfach dünsten oder kochen und dann die Käsesauce darübergeben. Folgende Gemüsesorten passen gut zu Käsesauce:

Artischockenherzen
Auberginen
Blattkohl
Blumenkohl
Champignons
Gelber Moschuskürbis
Grüne Bohnen
Grünkohl
Kohlrabi
Mangold
Rosenkohl
Spargel
Spinat
Tomaten
Wachsbohnen
Zucchini

Überbackener Brokkoli

Ergibt: 6 Portionen
Pro Portion:
38 g Fett; 8 g Netto-Kohlenhydrate;
15 g Eiweiß;
434 Kalorien

560 g Brokkoli, gekocht und abgetropft
1½ Tassen (360 ml) heiße Käsesauce (S. 34–35) oder Mornaysauce (S. 32)
½ Tasse (75 g) Schinken, zuckerfrei und ohne Nitritpökelsalz, oder Hähnchenfleisch, gewürfelt
⅓ Tasse (38 g) scharfer Cheddar-Käse, gerieben
1 EL (14 g) Butter, geschmolzen
2 Streifen Speck, zuckerfrei und ohne Nitritpökelsalz, knusprig gebraten und zerbröselt

Den Backofen vorheizen. Den vorher gekochten Brokkoli in eine nicht gefettete Auflaufform (1,5 l) geben. Mit der heißen Käsesauce bedecken, den Schinken unterrühren, mit Käse bestreuen und mit der Butter beträufeln. 10 bis 12 Zentimeter von der Hitzequelle entfernt 4 bis 5 Minuten überbacken, bis die Masse leicht gebräunt ist. Aus dem Backofen nehmen und vor dem Servieren mit dem zerbröselten Speck bestreuen.

Variationen

Brokkoli und Cremige Champignonsauce

Den Brokkoli dünsten oder kochen, bis er zart ist. Die heiße Cremige Champignonsauce (S. 33) über dem Brokkoli verteilen und alles zusammen, wie vorstehend beschrieben, überbacken.

Brokkoli mit Shrimpssauce

Den Brokkoli dünsten oder kochen, bis er zart ist. Die heiße Shrimpssauce (S. 32) über dem Brokkoli verteilen und alles zusammen wie vorstehend beschrieben überbacken.

Brokkoli mit Mandeln

¼ Tasse (30 g) Mandelsplitter, geröstet
¼ Tasse (56 g) Butter
225 g Brokkoli, mundgerecht zerkleinert
Salz
Schwarzer Pfeffer
Saft von ½ frischen Zitrone

Ergibt: 2 Portionen
Pro Portion:
30,5 g Fett;
6 g Netto-Kohlenhydrate;
6,5 g Eiweiß;
324 Kalorien

Den Backofen oder Grill auf 180 °C vorheizen. Die Mandeln auf ein Backblech legen und rösten, bis sie sehr leicht gebräunt sind, etwa 6 Minuten. Aus dem Backofen nehmen und abkühlen lassen.

Die Butter in einem Topf bei mittlerer Hitze schmelzen. Brokkoli dazugeben und sautieren, bis der Brokkoli zart ist, etwa 10 Minuten. Von der Herdplatte nehmen. Auf einem Teller anrichten und die Butter über dem Brokkoli verteilen. Mit Salz und Pfeffer abschmecken. Mit den gerösteten Mandeln garnieren und mit einem Spritzer Zitronensaft abrunden.

Brokkoli mit gerösteten Pekannüssen

2 Tassen (145 g) Brokkoli-Röschen
2 EL (28 g) Butter
¼ Tasse (28 g) Pekannüsse, gehackt

Ergibt: 2 Portionen
Pro Portion:
21,5 g Fett;
3,5 g Netto-Kohlenhydrate;
3,5 g Eiweiß;
221 Kalorien

Den Brokkoli in einem Dampfkochtopf dünsten, bis er zart ist. Die Butter in einer kleinen Pfanne bei mittlerer Hitze schmelzen. Die Pekannüsse dazugeben und gelegentlich rühren. Von der Herdplatte nehmen, wenn die Butter anfängt, braun zu werden. Über den gedünsteten Brokkoli gießen und servieren. Mit Salz und schwarzem Pfeffer abschmecken.

Brokkoli mit Erdnuss-Sauce

Bei diesem Gericht wird Brokkoli mit Erdnussbutter kombiniert. Diese Kombination mag ungewöhnlich klingen, aber der Brokkoli erhält dadurch ein schönes nussiges Aroma. Wenn es Ihnen lieber ist, können Sie bei diesem Rezept auch Mandeln und Mandelbutter verwenden.

¼ Tasse (60 g) Butter
2 EL (20 g) geröstete Erdnüsse, fein gehackt
1 EL (16 g) Bio-Erdnussbutter, zuckerfrei
450 g Brokkoli, mundgerecht zerkleinert

Ergibt: 4 Portionen
Pro Portion:
17 g Fett;
5,5 g Netto-Kohlenhydrate;
5,5 g Eiweiß;
197 Kalorien

Die Butter in einer kleinen Pfanne bei mittlerer Hitze zum Schmelzen bringen. Die Erdnüsse und Erdnussbutter dazugeben, unterrühren und etwa 2 Minuten rösten. Von der Herdplatte nehmen und beiseitestellen, aber warm halten. Den Brokkoli dünsten oder kochen, bis er zart ist. Die Erdnuss-Sauce über dem Brokkoli verteilen und servieren.

Brokkoli mit karamellisierten Zwiebeln

4 Streifen Speck, zuckerfrei und ohne Nitritpökelsalz, knusprig gebraten und zerbröselt
280 g Brokkoli, mundgerecht zerkleinert
1 mittelgroße Zwiebel, grob gehackt
2 EL (28 g) Butter
¼ TL Salz
¼ TL frisch gemahlener schwarzer Pfeffer
¼ Tasse (20 g) Parmesankäse, gerieben

Ergibt: 2 Portionen
Pro Portion:
35 g Fett;
10 g Netto-Kohlenhydrate;
22 g Eiweiß;
443 Kalorien

Den Speck in einem mittelgroßen Topf braten und beiseitestellen. Das ausgelassene Fett bei mittlerer Temperatur erhitzen, den Brokkoli und die Zwiebeln dazugeben, bei offenem Topf etwa 10 Minuten dünsten, bis die Zwiebeln anfangen, goldbraun zu werden, dabei gelegentlich umrühren. Butter, Salz und schwarzen Pfeffer unterrühren und weiter dünsten, bis der Brokkoli zart ist, etwa 4 bis 5 Minuten. Den zerbröselten Speck dazugeben und von der Herdplatte nehmen. Mit Parmesankäse bestreuen und servieren.

Brokkoli-Auflauf

- 450 g Brokkoli, in Röschen zerteilt
- 225 g Frischkäse (Zimmertemperatur)
- ¼ Tasse (60 g) Mayonnaise (S. 49–51)
- 28 g Jalapeno, gewürfelt
- ½ TL Salz
- 225 g scharfer Cheddar-Käse, gerieben
- 6 Streifen Speck, zuckerfrei und ohne Nitritpökelsalz, klein geschnitten

Ergibt: 4 Portionen
Pro Portion:
61 g Fett;
7 g Netto-Kohlenhydrate;
32,5 g Eiweiß;
707 Kalorien

Den Backofen auf 190 °C vorheizen. Den Brokkoli dünsten oder kochen, bis er knackig-zart ist, etwa 5 Minuten. Aus dem Dampfkochtopf oder Wasser nehmen und einige Minuten abkühlen lassen, damit Feuchtigkeit verdampfen kann. Den Brokkoli in eine Auflaufform (2 l) geben. Den Frischkäse mit der Mayonnaise, den Jalapeno und dem Salz verrühren und über den Brokkoli gießen. Anschließend zuerst den Käse gleichmäßig darüberstreuen und dann die Speckstückchen. 40 Minuten überbacken, bis die Masse heiß ist und Blasen wirft.

Überbackener Rosenkohl

- 560 g Rosenkohl, gekocht und abgetropft
- 1½ Tassen (360 ml) heiße Käsesauce (S. 34–35) oder Mornaysauce (S. 32)
- ⅓ Tasse (38 g) scharfer Cheddar-Käse, gerieben
- 1 EL (14 g) Butter, geschmolzen
- 4 Streifen Speck, zuckerfrei und ohne Nitritpökelsalz, knusprig gebraten und zerbröselt

Ergibt: 6 Portionen
Pro Portion:
29,5 g Fett;
6,5 g Netto-Kohlenhydrate;
13,5 g Eiweiß;
345 Kalorien

Den Backofen oder Grill vorheizen. Den vorher gekochten Rosenkohl in eine nicht gefettete Auflaufform (1,5 l) geben. Mit der heißen Käsesauce übergießen, den Käse darüberstreuen und mit der Butter beträufeln. 10 bis 12 Zentimeter von der Hitzequelle entfernt 4 bis 5 Minuten überbacken, bis die Masse leicht gebräunt ist. Aus dem Backofen oder Grill nehmen und vor dem Servieren mit dem zerbröselten Speck bestreuen.

Rosenkohl in brauner Butter

Ergibt: 4 Portionen
Pro Portion:
21 g Fett;
10,5 g Netto-Kohlenhydrate;
7 g Eiweiß;
259 Kalorien

680 g Rosenkohl
¼ Tasse (56 g) Butter
½ Tasse (50 g) Pekannüsse, halbiert
Salz
Schwarzer Pfeffer
Zitronensaft

Die äußeren Blätter von den Rosenkohl-Röschen entfernen und die Röschen längs halbieren. Den Rosenkohl dann in eine große Pfanne geben. Wasser bis zu einer Höhe von 1 Zentimeter dazugeben, abdecken und etwa 5 Minuten köcheln lassen, bis die Röschen zart sind (prüfen, indem Sie mit einem scharfen Messer hineinstechen). Von der Herdplatte nehmen, abtropfen lassen und beiseitestellen, aber warm halten.

Rosenkohl

Die Butter in einer großen Pfanne bei mittlerer Hitze zum Schmelzen bringen. Die Pekannüsse dazugeben und rösten, bis die Butter anfängt, braun zu werden, und die Nüsse zu duften beginnen. Den Rosenkohl in die heiße Butter geben und etwa 5 Minuten garen lassen, dabei häufig umrühren. Von der Herdplatte nehmen. Mit Salz, schwarzem Pfeffer und Zitronensaft würzen und abschmecken.

Überbackener Rosenkohl mit Parmesan

Ergibt: 4 Portionen
Pro Portion:
10,5 g Fett;
7 g Netto-Kohlenhydrate;
6,5 g Eiweiß;
148 Kalorien

450 g Rosenkohl
4 Knoblauchzehen, gehackt
3 EL (42 g) Butter, geschmolzen oder Speckfett
6 EL (30 g) Parmesankäse, gerieben
Salz und schwarzer Pfeffer

Den Backofen auf 200 °C vorheizen. Den Stielansatz bei jedem Röschen abschneiden und die erste Schicht der Blätter entfernen. Jedes Röschen halbieren, größere Röschen können geviertelt werden. Knoblauch und die geschmolzene Butter miteinander verrühren und über den in einer Auflaufform verteilten Rosenkohl gießen, sodass alle Röschen gleichmäßig bedeckt sind. Mit dem Parmesankäse bestreuen und mit Salz und schwarzem Pfeffer abschmecken. Die Auflaufform in den Backofen schieben und 40 bis 50 Minuten überbacken, bis die Röschen in der Mitte zart sind. Zwischendurch ein- oder zweimal umrühren, um ein gleichmäßiges Garen zu gewährleisten und zu verhindern, dass dünnere Teile verbrannt werden.

Pennsylvania-Rotkohl

Ergibt: 4 Portionen
Pro Portion:
14,5 g Fett;
12 g Netto-Kohlenhydrate;
3,5 g Eiweiß;
192 Kalorien

- ¼ Tasse (56 g) Speckfett oder Butter
- 1 große Zwiebel, gehackt
- 1 mittelgroße grüne Paprikaschote, klein geschnitten
- 1 mittelgroßer Stangensellerie, klein geschnitten
- 1 kleiner Kopf Rotkohl, geraspelt oder gehackt
- 2 Knoblauchzehen, gehackt
- 1 große Tomate, klein geschnitten
- 2 TL getrockneter Estragon
- ¼ TL Selleriesamen
- 1½ TL Salz
- ⅛ TL frisch gemahlener schwarzer Pfeffer

Rotkohl, halbiert

Das Fett in einem großen Topf bei mittlerer Temperatur erhitzen. Zwiebeln, Paprika und Sellerie sautieren, bis sie zart sind, etwa 8 Minuten. Den Rotkohl samt Knoblauch, Tomaten, Estragon, Selleriesamen, Salz und schwarzem Pfeffer dazugeben und etwa 6 bis 8 Minuten garen, bis der Kohl zart ist, dabei häufig umrühren.

Sauerkraut mit Kümmel

Ergibt: 4 Portionen
Pro Portion:
12 g Fett; 4 g Netto-Kohlenhydrate;
1,5 g Eiweiß;
130 Kalorien

¼ Tasse (56 g) Butter
1 mittelgroße Zwiebel, gehackt
1 mittelgroßer Stangensellerie, klein geschnitten
450 g Sauerkraut, abgetropft (siehe unten)
1 EL (6 g) Kümmelsamen

Die Butter in einer großen Pfanne bei mittlerer Hitze zum Schmelzen bringen. Zwiebeln und Sellerie sautieren, bis sie zart sind und die Zwiebeln anfangen, goldgelb zu werden. Sauerkraut und Kümmelsamen dazugeben und etwa 5 Minuten garen lassen, bis alles gut erhitzt ist, dabei häufig umrühren.

Selbst gemachtes Sauerkraut

Man kann Sauerkraut fertig zubereitet im Supermarkt kaufen. Bei der industriellen Verarbeitung wird das Sauerkraut jedoch in der Regel pasteurisiert, und dadurch werden die Milchsäurebakterien vernichtet, die beim Sauerkraut ansonsten so hilfreich für die Verdauung sind. Sauerkraut ist leicht selbst zuzubereiten und eine ausgezeichnete Quelle für „darmfreundliche" Bakterien.

Ergibt: Portionen von etwa 8 halben Tassen (70 g) zubereiten
Pro Portion:
0 g Fett;
1 g Netto-Kohlenhydrate;
0,5 g Eiweiß;
6 Kalorien

1 mittelgroßer Kopf Weißkohl, gehobelt
2 EL Meersalz, nicht jodiert

Den Kohlkopf waschen und die äußeren Blätter entfernen und wegwerfen. Den Strunk herausschneiden und ebenfalls wegwerfen. Den Kohl hobeln oder dünn schneiden und in eine Schüssel geben. Das Salz unterrühren und 30 bis 60 Minuten ruhen lassen. Das Salz zieht den Saft aus dem Kohl, der sich dann am Boden sammelt. Den Kohl mit dem Saft in ein 2-Liter-Einmachglas füllen und den Kohl gut festdrücken. Der Kohlsaft sollte den gehobelten Kohl ganz bedecken. Sofern Sie nicht genug Saft haben, können Sie etwas Wasser dazugeben. Aber kein gechlortes Wasser. Falls Sie kein ungechlortes Wasser haben, kochen Sie etwas Wasser 10 Minuten ab. Das Wasser dann ruhen und auf Zimmertemperatur abkühlen lassen, damit das Chlorgas entweichen kann.

Der gehobelte Kohl sollte, wie gesagt, von dem Saft ganz bedeckt sein. Wenn nicht, bildet sich gerne Schimmel auf dem nicht bedeckten Kohl. Sollte sich tatsächlich Schimmel bilden, so ist dies dennoch kein Grund zur Besorgnis. Der Schimmel ist nicht schädlich. Er kann einfach abgeschöpft und weggeworfen werden. Der Rest des Sauerkrauts ist immer noch gut. Die Salzlösung beugt der Bildung von schädlichen Bakterien und Schimmel vor. Sparen Sie also nicht an dem Salz, das für das Rezept verlangt wird.

Den Deckel lose und nicht fest schließen, damit Gase ungehindert entweichen können, gleichzeitig aber Staub und Insekten ferngehalten werden. Das Glas an einem warmen, dunklen Platz, etwa im Küchenschrank, 4 bis 8 Tage stehen lassen. Die Dauer, wie lange es stehen muss, hängt von der Temperatur ab. Bei warmer Temperatur erfolgt die Fermentierung (Gärung) schneller, und wenn es kühl ist, langsamer. Wird das Sauerkraut im Winter angesetzt und das Glas an einen kühlen Ort gestellt, müssen Sie möglicherweise zusätzliche Zeit für den Fermentierungsprozess einrechnen.

Je länger man den Kohl fermentieren lässt, desto saurer wird er. Wenn er den von Ihnen bevorzugten Säuregrad erreicht hat, verschließen Sie das Glas fest und bewahren das Sauerkraut im Kühlschrank auf. Durch die kühle Temperatur im Kühlschrank wird die weitere Fermentierung stark verlangsamt.

Sauerkraut ist nicht nur sehr fettarm, sondern auch sehr kohlenhydrat- und eiweißarm, aber reich an Vitaminen und gesunden Milchsäurebakterien, sodass es für die ketogene Ernährung sehr geeignet ist. Es kann mit anderen fettreichen Nahrungsmitteln kombiniert werden, um den Geschmack und den Nährwertgehalt der Mahlzeit zu verbessern.

Blumenkohlreis

Wenn Blumenkohl in einer Küchenmaschine fein zerkleinert wird, sieht er aus wie eine Schüssel gekochter Reis. Durch seinen milden Geschmack und die reisähnliche Textur ist er bei vielen traditionellen Reisgerichten ein guter Ersatz für gewöhnlichen Reis. Die einzige Zutat, die benötigt wird, ist Blumenkohl.

Blumenkohl

Den Blumenkohl in etwa 2,5 Zentimeter große Stücke zerkleinern. Die Stücke in eine Küchenmaschine geben und zerkleinern, bis der Blumenkohl die Größe von Reiskörnern hat. Nicht zu lange zerkleinern, sonst hat das Gericht am Ende eine griesartige Textur. Sollten noch größere Stücke Blumenkohl übrig bleiben, nachdem das meiste auf Reiskorngröße zerkleinert worden ist, die größeren Stücke einfach herausnehmen und separat nochmals zerkleinern.

Ergibt: unterschiedlich viele Portionen
Pro Portion von 1 Tasse (120 g): 0 g Fett; 3,5 g Netto-Kohlenhydrate; 2,5 g Eiweiß; 24 Kalorien

Dann ist der Blumenkohlreis soweit, dass er gekocht oder als Beilage zu einem reisfreien „Reisgericht“ verwendet werden kann.

Um Blumenkohlreis zuzubereiten, den zerkleinerten Blumenkohl in eine Küchenmaschine geben und zerkleinern, bis der Blumenkohl die Größe von Reiskörnern hat.

Blumenkohlpüree

Dies ist ein ausgezeichneter kohlenhydratarmer Ersatz für Kartoffelpüree – ein beliebtes kohlenhydratarmes, ketogenes Gericht.

- 1 mittelgroßer Kopf Blumenkohl, in kleine Stücke geschnitten
- 110 g Frischkäse (auf Zimmertemperatur bringen, nicht direkt aus dem Kühlschrank verarbeiten)
- 2 EL (28 g) Butter, geschmolzen
- ½ TL Salz, ⅛ TL frisch gemahlener schwarzer Pfeffer

Ergibt: 4 Portionen
Pro Portion: 15,5 g Fett; 5 g Netto-Kohlenhydrate; 5 g Eiweiß; 179 Kalorien

Den Blumenkohl in einen Dampfkochtopf geben und dünsten, bis er sehr weich ist, etwa 30 Minuten. Den Blumenkohl in eine Küchenmaschine geben, ohne ihn vorher abkühlen zu lassen. Den Frischkäse samt Butter, Salz und Pfeffer dazugeben. Auf einer hohen Stufe pürieren, bis eine cremige Masse entstanden ist. Ein paar Butterflocken darauf verteilen und servieren.

Variationen

Blumenkohlpüree mit Knoblauch und Parmesan

Pro Portion: 19 g Fett; 5 g Netto-Kohlenhydrate; 6 g Eiweiß; 215 Kalorien

In einer kleinen Pfanne eine fein gehackte Knoblauchzehe in 1 Esslöffel (14 g) Butter sautieren, etwa 2 Minuten, gerade so lange, bis die Butter geschmolzen und mit dem Knoblaucharoma verschmolzen ist. Die Knoblauchbutter und 2 Esslöffel (10 g) Parmesankäse in die Küchenmaschine geben und mit den vorstehenden Zutaten verrühren.

Blumenkohlpüree mit saurer Sahne

Pro Portion: 12 g Fett; 5 g Netto-Kohlenhydrate; 6 g Eiweiß; 152 Kalorien

Halten Sie sich an das vorstehende Rezept für Blumenkohlpüree, aber die Menge an Frischkäse auf 55 Gramm reduzieren und stattdessen zusätzlich 2 Esslöffel (28 g) saure Sahne und ¼ Teelöffel Zwiebelpulver hinzufügen. Vor dem Servieren mit frisch geschnittenem Schnittlauch garnieren.

Blumenkohlpüree, Hähnchenflügel und Zucchini

Blumenkohlpüree mit Cheddar-Käse

Pro Portion: unterschiedlich viele Portionen

Das Blumenkohlpüree nach der vorstehenden Anleitung zubereiten, aber geriebenen Cheddar-Käse darüberstreuen und 3 bis 4 Minuten im Backofen überbacken, bis der Käse heiß ist und Blasen wirft. Vor dem Servieren mit einem Klacks saurer Sahne und etwas gehacktem Schnittlauch garnieren.

Überbackener Blumenkohl

- 560 g Blumenkohl, gekocht und abgetropft
- 1½ Tassen (360 ml) heiße Käsesauce (S. 34–35) oder Mornaysauce (S. 32)
- ⅓ Tasse (38 g) scharfer Cheddar-Käse, gerieben
- 1 EL (14 g) Butter, geschmolzen
- 4 Streifen Speck, zuckerfrei und ohne Nitritpökelsalz, knusprig gebraten und zerbröselt

Ergibt: 6 Portionen
Pro Portion:
44 g Fett;
6,5 g Netto-Kohlenhydrate;
18 g Eiweiß;
494 Kalorien

Den Backofen oder Grill vorheizen. Den vorher gekochten Blumenkohl in eine nicht gefettete Auflaufform (1,5 l) geben. Die heiße Käsesauce darübergießen, mit dem Käse bestreuen und mit der Butter beträufeln. 10 bis 12 Zentimeter von der Hitzequelle entfernt 4 bis 5 Minuten überbacken oder bis die Masse leicht gebräunt ist. Aus dem Backofen oder Grill nehmen und vor dem Servieren mit dem zerbröselten Speck bestreuen.

Blumenkohl mit Cheddar-Käse und saurer Sahne

Dies erinnert sehr an gefüllte gebackene Kartoffeln mit Ihren Lieblings-Toppings und ist eine ausgezeichnete fettreiche Beilage zu Fleisch oder Fisch.

- 225 g Blumenkohl
- 4 EL (56) Butter
- 56 g Cheddar-Käse, gerieben
- 4 EL (56 g) saure Sahne
- 2 Streifen Speck, zuckerfrei und ohne Nitritpökelsalz, knusprig gebraten und zerbröselt
- 2 TL Schnittlauch, gehackt
- Salz und schwarzer Pfeffer

Ergibt: 2 Portionen
Pro Portion:
46 g Fett;
5 g Netto-Kohlenhydrate;
17,5 g Eiweiß;
504 Kalorien

Den Blumenkohl dünsten oder kochen, bis er zart ist. Auf einem Servierteller anrichten und Butter, Käse, saure Sahne, Speck und Schnittlauch darüber verteilen. Mit Salz und schwarzem Pfeffer abschmecken.

Blumenkohl mit karamellisierten Zwiebeln

Ergibt: 2 Portionen
Pro Portion:
42 g Fett;
10 g Netto-Kohlenhydrate;
18 g Eiweiß;
530 Kalorien

4 Streifen Speck, zuckerfrei und ohne Nitritpökelsalz, knusprig gebraten und zerbröselt
1 mittelgroße Zwiebel, grob gehackt
340 g Blumenkohl, in mundgerechte Stücke zerkleinert
¼ Tasse (56 g) Butter
2 Knoblauchzehen, fein gehackt
¼ TL Salz
1½ TL Currypulver
1 Prise Cayennepfeffer (optional)

Den Speck in einem mittelgroßen Topf braten und beiseitestellen. Das Fett bei mittlerer Temperatur erhitzen, Zwiebeln und Blumenkohl dazugeben und, ohne den Topf abzudecken, etwa 10 Minuten dünsten, bis die Zwiebeln anfangen, goldbraun zu werden, dabei gelegentlich umrühren. Butter, Knoblauch, Salz, Currypulver und Cayennepfeffer unterrühren und gut kochen, etwa 4 bis 5 Minuten. Vor dem Servieren mit dem zerbröselten Speck garnieren.

Blumenkohl Espagnole

Ergibt: 4 Portionen
Pro Portion:
15 g Fett;
7 g Netto-Kohlenhydrate;
12 g Eiweiß;
211 Kalorien

Sauce Espagnole (S. 36–37)
2 EL (30 g) Kokosöl oder Speckfett
½ Kopf Blumenkohl, in mundgerechte Stücke geschnitten
½ TL Koriander
⅛ TL Muskatnuss

Die Sauce Espagnole nach der Anleitung zubereiten. Diese Sauce als Erstes zubereiten, da sie die meiste Zeit in Anspruch nimmt.

Dann das Öl in einem Topf bei mittlerer Temperatur erhitzen. Den Blumenkohl dazugeben und unter gelegentlichem Rühren garen, bis er zart und von allen Seiten leicht gebräunt ist, etwa 10 bis 15 Minuten. Die Sauce Espagnole samt Koriander und Muskatnuss dazugeben. Zum Köcheln bringen und etwa 5 Minuten köcheln lassen. Von der Herdplatte nehmen und servieren.

Blumenkohl in Curry-Sahne-Sauce

Ergibt: 4 Portionen
Pro Portion:
24 g Fett;
5,5 g Netto-Kohlenhydrate;
4 g Eiweiß;
254 Kalorien

2 EL (28 g) Kokosöl
1 EL (15 g) Butter
½ mittelgroßer Kopf Blumenkohl, in Röschen zerteilt
½ mittelgroße Zwiebel, gehackt
2 Knoblauchzehen, gehackt
110 g Champignons, klein geschnitten
1 TL gelbes Currypulver
¼ TL Kurkuma
⅛ TL Cayennepfeffer
¼ TL Salz
½ Tasse (120 ml) Hühnerbrühe (S. 90–91)
½ Tasse (120 ml) Kokosmilch
½ Tasse (120 g) saure Sahne

Das Kokosöl und die Butter in einem großen Topf bei mittlerer Temperatur erhitzen. Blumenkohl und Zwiebeln dazugeben und unter gelegentlichem Umrühren garen, bis der Blumenkohl anfängt, braun zu werden, etwa 10 bis 15 Minuten. Knoblauch, Champignons, Currypulver, Kurkuma, Cayennepfeffer und Salz dazugeben und etwa 3 bis 4 Minuten weiter garen, oder bis der Knoblauch zu duften beginnt. Hühnerbrühe und Kokosmilch dazugeben und etwa 10 Minuten köcheln lassen, bis die Aromen sich vermischt haben und das Gemüse zart ist. Von der Herdplatte nehmen und die saure Sahne unterrühren.

Blumenkohl de la Fontaine

Ergibt: 4 Portionen
Pro Portion:
11 g Fett;
5 g Netto-Kohlenhydrate;
4 g Eiweiß;
135 Kalorien

1 mittelgroßer Kopf Blumenkohl, in Röschen zerteilt
3 EL (45 ml) Olivenöl extra virgin
1 kleine Zwiebel, fein gehackt
1 EL (15 g) Sardellen, zerkleinert
¼ Tasse (30 ml) Hühnerbrühe (S. 90–91)
1 EL (15 ml) Zitronensaft
1 TL Petersilie, gehackt
1 TL Koriander, gehackt
½ TL frisch gehacktes Basilikum oder ¼ TL getrocknetes Basilikum
1 Prise schwarzer Pfeffer

Den Blumenkohl in einem Dampfkochtopf dünsten, bis er zart ist, und warm halten, während die anderen Zutaten zubereitet werden. Das Öl in einem großen Topf bei mittlerer Temperatur erhitzen. Die Zwiebeln sautieren, bis sie leicht goldgelb sind, etwa 6 bis 8 Minuten. Die Sardellen unterrühren und 1 Minute braten. Die Brühe und den Zitronensaft unterrühren, abdecken und 10 Minuten köcheln lassen. Blumenkohl, Petersilie, Koriander, Basilikum und schwarzen Pfeffer dazugeben und 4 bis 5 Minuten köcheln lassen, und den Blumenkohl gelegentlich damit begießen, bis er durch und durch warm ist.

Gefüllte Paprika mit Blumenkohl

Ergibt: 4 gefüllte Paprikaschoten (Hälften)
Pro Portion:
22 g Fett; 6 g Netto-Kohlenhydrate;
19,5 g Eiweiß;
300 Kalorien

2 grüne Paprikaschoten
450 g Blumenkohl, in Röschen zerteilt
2 EL (28 g) Butter
¼ Tasse (56 g) Frischkäse
1 Ei
¼ TL Salz
⅛ TL schwarzer Pfeffer
¼ TL Knoblauchpulver
¼ TL Zwiebelpulver
110 g gebratenes Schweine- oder Hähnchenfleisch oder Schinken, zuckerfrei und ohne Nitritpökelsalz
110 g Käse, gerieben

Den Backofen auf 180 °C vorheizen. Die beiden Paprikaschoten halbieren, die Stiele und das Kerngehäuse entfernen. Einen großen Topf mit so viel Wasser füllen, dass die Paprika bedeckt sind. Das Wasser zum Kochen bringen, die Paprika hineingeben und 6 Minuten kochen. Die Paprika mit einem Schaumlöffel herausnehmen und beiseitestellen, damit sie kühlen und die Feuchtigkeit verdampfen kann.

Den Blumenkohl dünsten oder kochen, bis er zart ist. Den Blumenkohl samt Butter, Frischkäse, Ei, Salz, schwarzem Pfeffer, Knoblauchpulver und Zwiebelpulver in eine Küchenmaschine geben und pürieren, bis eine glatte Masse entstanden ist. Das gebratene und klein geschnittene Fleisch und die Hälfte des geriebenen Käses unterrühren.

Die Paprikahälften auf ein Backblech oder in eine Auflaufform legen. Die Paprikahälften gleichmäßig mit der Masse füllen und den restlichen Käse darüberstreuen. 30 Minuten überbacken.

Blumenkohl-Auflauf

Ergibt: 4 Portionen
Pro Portion:
55 g Fett;
10,5 g Netto-Kohlenhydrate;
27 g Eiweiß;
645 Kalorien

450 g Blumenkohl, zerkleinert
2 EL (28 g) Butter oder Speckfett
½ kleine Zwiebel, gehackt
225 g Frischkäse (auf Zimmertemperatur bringen, nicht direkt aus dem Kühlschrank verarbeiten)
½ TL Salz
¼ TL schwarzer Pfeffer
1 Tasse (230 g) saure Sahne
225 g Champignons, klein geschnitten
1 Tasse (150 g) Schinken, zuckerfrei und ohne Nitritpökelsalz, klein geschnitten
170 g Cheddar-Käse, gerieben
¼ Tasse (15 g) Petersilie, gehackt

Den Backofen auf 190 °C vorheizen. Den Blumenkohl dünsten, bis er zart ist. Die Butter in einer kleinen Pfanne bei mittlerer Hitze schmelzen lassen und die Zwiebeln sautieren, bis sie zart sind. Von der Herdplatte nehmen und den Frischkäse unterrühren, bis eine cremige Sauce entstanden ist. Salz, schwarzen Pfeffer und saure Sahne dazugeben. Blumenkohl, Champignons und Schinken unter die cremige Sauce heben, dann die Mischung in eine Auflaufform (28 x 18 cm) füllen. Den Cheddar-Käse gleichmäßig darüber verteilen. 25 Minuten überbacken. Mit gehackter Petersilie garniert servieren.

Überbackener Sellerie

Ergibt: 4 Portionen
Pro Portion:
41 g Fett;
5,5 g Netto-Kohlenhydrate;
16,5 g Eiweiß;
457 Kalorien

1 Staude Stangensellerie
¼ TL Salz
1½ Tassen (360 ml) Käsesauce (S. 34–35) oder Mornaysauce (S. 32)
⅓ Tasse (38 g) scharfer Cheddar-Käse, gerieben
4 Streifen Speck, knusprig gebraten und zerbröselt

Den Sellerie in 2,5 Zentimeter lange Stücke schneiden. 20 bis 25 Minuten in Wasser kochen, bis er zart ist. Das Wasser abgießen und den Sellerie in eine Auflaufform (1 l) geben. Den Sellerie mit Salz und heißer Käsesauce verrühren und mit Cheddar-Käse bestreuen. 12 Zentimeter von der Hitzequelle entfernt 3 bis 4 Minuten überbacken, oder bis die Masse leicht gebräunt ist. Aus dem Backofen nehmen und vor dem Servieren mit dem zerbröselten Speck bestreuen.

Stangensellerie

Daikon-Rettich

Dies ist eines meiner kohlenhydratarmen Lieblingsgemüse. Daikon-Rettich ist ein großer, milder, weißer Rettich, der in der asiatischen Küche verbreitet, inzwischen aber fast überall erhältlich ist. Es gibt verschiedene Sorten des Daikon; die gängigste Sorte hat eine lange Wurzel, die wie eine weiße Riesenkarotte aussieht, etwa 30 Zentimeter lang ist und einen Durchmesser von 5 bis

10 Zentimeter hat. Andere Sorten haben eine kohlrabiähnliche Form oder sind grün, rosa oder violett. Im Handel wird der Daikon ganz oder in zerkleinerter Form angeboten.

Daikon-Rettich

Der Daikon ist zwar ein Wurzelgemüse, aber dennoch relativ kohlenhydrat- und kalorienarm, sodass er für eine kohlenhydratarme und ketogene Ernährung geeignet ist. Er ist ein vielseitiges Gemüse, das roh, gekocht oder auch eingelegt gut schmeckt. Wenn er roh verzehrt wird, erinnert sein Geschmack an einen milden Kohlrabi. Er passt gut zu Salaten und Relish-Platten, und eingelegter Daikon-Rettich gibt Salaten und anderem Gemüse einen schönen würzigen Geschmack. Beim Kochen wird der Daikon weich, sein Geschmack wird milder und er nimmt das Aroma des Suds auf, sodass er für eine Vielzahl von warmen Gerichten geeignet ist. Der Daikon ist ein guter kohlenhydratarmer Ersatz für Kartoffeln in Gerichten wie Suppen, Eintöpfen und Curry-Eintöpfen.

Für die Zubereitung den Daikon wie eine Karotte schälen oder abschaben und so schneiden, wie das jeweilige Rezept es verlangt. Der Daikon-Rettich kann in Streifen oder Scheiben geschnitten, gewürfelt, geraspelt oder gerieben werden.

Daikon-Rettich ist in vielen Supermärkten und den meisten Asia-Shops erhältlich.

Selbst gemachte Daikon-Pickles

Eingelegter oder fermentierter Daikon-Rettich ist eine delikate Gemüsebeilage zu fast jeder Mahlzeit oder kann zum Aufpeppen eines ansonsten gewöhnlichen Salats verwendet werden. Wenn Sie Daikon-Pickles servieren wollen, müssen Sie mindestens 3 Tage für den Fermentierungsprozess einrechnen.

Ergibt: 6 Portionen
Pro Portion:
0 g Fett;
2 g Netto-Kohlenhydrate;
2,5 g Eiweiß;
18 Kalorien

680 g Daikon-Rettich, geraspelt
1 EL (18 g) Meersalz, nicht jodiert

Den geraspelten Daikon-Rettich mit dem Salz vermischen und in ein großes Einmachglas geben, dann 30 Minuten ruhen lassen, damit das Salz die Flüssigkeit aus dem Daikon ziehen kann. Den Daikon-Rettich mit einem Holzlöffel festpressen, um noch mehr Saft freizusetzen. Den Rettich so lange weiter pressen, bis der Saft den Daikon vollständig bedeckt. Sollte es nicht genug Saft geben, um den Daikon ganz zu bedecken, können Sie etwas destilliertes oder chlorfreies Wasser dazugeben. Bis zum Deckel 2 Zentimeter Luft lassen.

Daikon-Rettich, geraspelt

Den Deckel lose, nicht fest schließen, damit Staub und Insekten ferngehalten werden, und das Glas mindestens 3 Tage in einen warmen, dunklen Raum oder Schrank stellen. Wenn der Raum kühl ist, müssen Sie den Zeitraum um ein paar Tage verlängern, vielleicht sogar um 1 oder 2 Wochen. Wenn der Daikon fermentiert, entwickelt er einen würzigen Geschmack. Je länger er gärt, desto stärker wird der Geschmack. Sobald er den gewünschten Geschmack erreicht hat, den Deckel fest verschließen und das Glas im Kühlschrank aufbewahren. Durch die kalte Tem-

Geraspelter Daikon-Rettich im Glas

Daikon-Rettich im Glas mit Holzlöffel festdrücken.

peratur im Kühlschrank verlangsamt sich der Fermentierungsprozess erheblich.

Als Beilage zu einem fettreichen Hauptgericht servieren.

Daikon-Sauerkraut-Salat

Dieses Rezept ist fettarm, aber ideal als Ergänzung zu einem anderweitig fettreichen Gericht.

Ergibt: 2 Portionen
Pro Portion:
0 g Fett;
4,5 g Netto-Kohlenhydrate;
2,5 g Eiweiß;
28 Kalorien

1 Tasse Daikon-Rettich, geraspelt
1 Karotte, geraspelt
1 Tasse (140 g) Sauerkraut (S. 130–131)
¼ Tasse (60 ml) Sauerkrautsaft
¼ TL Selleriesalz

Daikon-Rettich, Karotte, Sauerkraut und Sauerkrautsaft miteinander verrühren. In einen Behälter mit einem fest verschließbaren Deckel geben und 6 bis 24 Stunden in den Kühlschrank stellen. Unterdessen den Behälter gelegentlich schütteln, um den Saft zu verteilen. Kurz vor dem Servieren die Flüssigkeit abgießen und das Selleriesalz unterrühren. Als Beilage zu Fleisch- oder anderen Gemüsegerichten servieren.

Izmir-Auberginen

Dies ist ein traditioneller türkischer Eintopf, benannt nach der an der Mittelmeerküste liegenden türkischen Stadt Izmir.

⅓ Tasse (80 ml) Olivenöl extra virgin
1 große Zwiebel, gehackt
1 mittelgroße Aubergine, geschält und gewürfelt
2 Knoblauchzehen, gehackt
2 Lorbeerblätter
1 Dose (225 g) Tomatensauce

Auberginen

½ TL (8 ml) Zitronensaft
¼ TL getrockneter Oregano
¼ TL Salz
⅛ TL schwarzer Pfeffer

Ergibt: 4 Portionen
Pro Portion:
19 g Fett;
7 g Netto-Kohlenhydrate;
2,5 g Eiweiß;
209 Kalorien

Das Öl in einem großen Topf bei mittlerer Temperatur erhitzen. Zwiebeln, Auberginen, Knoblauch und Lorbeerblätter 12 bis 15 Minuten sautieren, bis das Gemüse zart ist. Tomatensauce, Zitronensaft, Oregano, Salz und schwarzen Pfeffer dazugeben, die Temperatur auf mittlere bis niedrige Hitze reduzieren und ohne abzudecken etwa 10 bis 12 Minuten köcheln lassen, dabei gelegentlich umrühren. Vor dem Servieren die Lorbeerblätter herausnehmen und wegwerfen.

Ratatouille

Ratatouille ist ein traditionelles französisches Eintopfgericht, das an der ganzen Mittelmeerküste sehr beliebt ist. Es wird in der Regel als Eintopf aus sautiertem Gemüse zubereitet. Es gibt zwar viele Abwandlungsmöglichkeiten, die Hauptzutaten sind jedoch Auberginen, Zucchini, Zwiebeln, Paprika, Tomaten und Knoblauch. Dieses Gericht kann gut aufbewahrt werden, sodass es auch am nächsten Tag noch eine ausgezeichnete Mahlzeit abgibt. Kann als Beilage oder als Hauptgericht serviert werden.

¼ Tasse (60 ml) Olivenöl extra virgin
1½ Tassen (240 g) Zwiebeln, gehackt
2 Knoblauchzehen, gehackt
2 Tassen (160 g) Auberginen, geschält und zerkleinert
½ TL frische Thymianblätter oder ¼ TL getrockneter Thymian
1 Tasse (150 g) grüne Paprikaschoten, klein geschnitten
1 Tasse (150 g) rote Paprikaschoten, klein geschnitten
2 Tassen (240 g) Zucchini, klein geschnitten
1½ Tassen (270 g) Tomaten, klein geschnitten

Ergibt: 4 Portionen
Pro Portion:
15 g Fett;
12 g Netto-Kohlenhydrate;
3 g Eiweiß;
195 Kalorien

1 EL (3 g) frisches Basilikum, fein geschnitten, oder 1 TL getrocknetes Basilikum
1 EL (4 g) frische Petersilie, gehackt
¼ TL Salz
⅛ TL schwarzer Pfeffer

Das Öl in einer großen Pfanne bei mittlerer Temperatur erhitzen. Zwiebeln in die Pfanne geben und braten, bis sie zart sind, etwa 6 bis 7 Minuten, dabei gelegentlich umrühren. Knoblauch, Auberginen und Thymian dazugeben und bei gelegentlichem Umrühren etwa 5 Minuten weiter garen lassen, bis die Auberginen etwas gegart sind. Grüne Paprika, rote Paprika und Zucchini dazugeben und weitere 5 Minuten garen lassen. Tomaten, Basilikum, Petersilie, Salz und Pfeffer dazugeben und nochmals 5 Minuten garen lassen. Alles gut miteinander verrühren.

Variation

Für zusätzlichen Pep ¼ bis ½ Teelöffel rote Paprikaflocken zusammen mit den Paprikaschoten und Zucchini dazugeben.

Ratatouille

Auberginen mit Parmesan

Dieses Gericht kann anstelle von Auberginen auch mit Zucchini, gelbem Moschuskürbis oder Pattison zubereitet werden.

Ergibt: 6 Portionen (1 Tasse à 240 g)
Pro Portion: 12 g Fett; 6,5 g Netto-Kohlenhydrate; 10 g Eiweiß; 174 Kalorien

- Sauce Espagnole (S. 36–37)
- 1 mittelgroße Aubergine, geschält und klein geschnitten
- ½ Tasse (50 g) Parmesankäse, gerieben

Die Sauce Espagnole zubereiten, in einem Topf zum Köcheln bringen, Auberginen dazugeben und 5 bis 6 Minuten köcheln lassen, bis die Auberginen weich sind, dabei häufig umrühren. Von der Herdplatte nehmen und mit dem Parmesankäse bestreut heiß servieren.

Grüne Bohnen mit Bratwurst-/Hackfleischsauce

Grüne Bohnen

- 225 g grüne Bohnen, mundgerecht klein geschnitten
- Bratwurst-/Hackfleischsauce (S. 27–28) oder Fiesta-Sauce (S. 28)

Ergibt: 2 Portionen
Pro Portion mit ½ Tasse (120 ml) Bratwurst-/Hackfleischsauce: 29 g Fett; 8 g Netto-Kohlenhydrate; 16 g Eiweiß; 357 Kalorien

Die grünen Bohnen dünsten, sautieren oder kochen, bis sie zart sind. Die Bratwurst-/Hackfleischsauce nach der Anleitung zubereiten. Die Bratwurst-/Hackfleischsauce oder Fiesta-Sauce vor dem Servieren über die grünen Bohnen geben.

Variationen

Grüne Bohnen und Champignonsauce
Die grünen Bohnen dünsten oder kochen, bis sie zart sind. Vor dem Servieren die Champignonsauce darübergeben (S. 27).

Grüne Bohnen unter Saure-Sahne-Sauce

Dies ist eine gute Variante, um grüne Bohnen aufzupeppen. Die grünen Bohnen dünsten oder kochen, bis sie zart sind. Vor dem Servieren die Saure-Sahne-Sauce (S. 33) darübergeben.

Grüne Bohnen nach italienischer Art

Ergibt: 4 Portionen
Pro Portion:
12 g Fett;
7,5 g Netto-Kohlenhydrate;
5 g Eiweiß;
158 Kalorien

3 EL (45 ml) Olivenöl
450 g frische grüne Bohnen
½ Tasse (80 g) Zwiebeln, gehackt
1 Knoblauchzehe, gehackt
1 große Tomate, klein geschnitten
½ TL Salz
⅛ TL frisch gemahlener schwarzer Pfeffer
¼ TL getrockneter Dill
2 TL Petersilie, gehackt
¼ Tasse (25 g) Parmesankäse, gerieben

Das Öl in einem großen Topf bei mittlerer Temperatur erhitzen. Grüne Bohnen und Zwiebeln sautieren, etwa 6 bis 8 Minuten, bis sie zart und leicht braun sind. Knoblauch, Tomaten, Salz, schwarzen Pfeffer und Dill dazugeben und 4 bis 5 Minuten kochen, bis die Tomaten weich sind, dabei gelegentlich umrühren. Von der Herdplatte nehmen und die Petersilie unterrühren. Vor dem Servieren mit Parmesankäse bestreuen.

Grüne Bohnen mit karamellisierten Zwiebeln

Ergibt: 2 Portionen
Pro Portion:
23 g Fett;
8,5 g Netto-Kohlenhydrate;
16 g Eiweiß;
305 Kalorien

4 Streifen Speck, zuckerfrei und ohne Nitritpökelsalz, knusprig gebraten und zerbröselt
1 mittelgroße Zwiebel, grob gehackt
225 g frische grüne Bohnen, mundgerecht geschnitten
¼ TL Salz
⅛ TL frisch gemahlener schwarzer Pfeffer
½ TL Dill
½ TL Selleriesamen

Den Speck in einem mittelgroßen Topf braten, herausnehmen und beiseitestellen. Das Fett bei mittlerer Temperatur erhitzen, die Zwiebeln und grünen Bohnen dazugeben und etwa 12 bis 14 Minuten garen, ohne abzudecken, bis die Zwiebeln karamellisiert sind, dabei gelegentlich umrühren. Salz, schwarzen Pfeffer, Dill und Selleriesamen unterrühren und von der Herdplatte nehmen. Mit zerbröseltem Speck garniert servieren.

Grüne Bohnen mit gerösteten Mandeln

¼ Tasse (30 g) gehobelte Mandeln oder Mandelstifte, geröstet
¼ Tasse (56 g) Butter
½ mittelgroße Zwiebel, gehackt
225 g frische grüne Bohnen, mundgerecht geschnitten
¼ TL Salz
⅛ TL frisch gemahlener schwarzer Pfeffer

Ergibt: 2 Portionen
Pro Portion:
30 g Fett;
7,5 g Netto-Kohlenhydrate;
6 g Eiweiß;
324 Kalorien

Den Backofen auf 180 °C vorheizen. Die Mandeln auf ein Backblech geben und leicht rösten, etwa 6 bis 8 Minuten. Aus dem Backofen nehmen und beiseitestellen.

Die Butter in einem Topf bei mittlerer Hitze zum Schmelzen bringen. Zwiebeln und grüne Bohnen dazugeben und ohne abzudecken etwa 10 Minuten garen, bis das Gemüse zart ist, dabei gelegentlich umrühren. Salz und schwarzen Pfeffer unterrühren und mit gerösteten Mandeln garniert servieren.

Grüne Bohnen mit gerösteten Mandeln

Grüne Bohnen mit Champignons

2 Streifen Speck, zuckerfrei und ohne Nitritpökelsalz, knusprig gebraten und zerbröselt
½ kleine Zwiebel, gehackt
225 g frische grüne Bohnen, mundgerecht geschnitten
56 g Champignons, klein geschnitten
¼ TL Salz
⅛ TL frisch gemahlener schwarzer Pfeffer
2 EL (28 g) Butter

Ergibt: 2 Portionen
Pro Portion:
19,5 g Fett;
6 g Netto-Kohlenhydrate;
10 g Eiweiß;
239 Kalorien

Den Speck in einem mittelgroßen Topf braten und beiseitestellen. Das Fett bei mittlerer Temperatur erhitzen, die Zwiebeln und die grünen Bohnen dazugeben und etwa 5 bis 6 Minuten garen, ohne abzudecken, bis die Zwiebeln leicht zart sind, dabei gelegentlich umrühren. Champignons, Salz und schwarzen Pfeffer unterrühren und etwa 5 Minuten garen lassen, bis sie zart sind. Mit Butter und zerbröseltem Speck garniert servieren.

Grüne Bohnen mit Speck und Parmesankäse

Ketogene Rezepte müssen nicht kompliziert oder zeitaufwendig sein. Dieses Rezept ist ein gutes Beispiel für ein schmackhaftes Keto-Gemüsegericht, das schnell und einfach zuzubereiten ist.

4 Streifen Speck, zuckerfrei und ohne Nitritpökelsalz, knusprig gebraten und zerbröselt
225 g frische grüne Bohnen, mundgerecht geschnitten
2 EL (28 g) Butter
Salz, Schwarzer Pfeffer
2 EL (10 g) Parmesankäse, gerieben

Ergibt: 2 Portionen
Pro Portion:
17 g Fett;
4,5 g Netto-Kohlenhydrate;
17,5 g Eiweiß;
241 Kalorien

Den Speck in einem mittelgroßen Topf braten, bis er knusprig ist, dann den Speck herausnehmen. Die grünen Bohnen in den Topf geben und in dem Fett garen, bis sie zart sind. Mit Salz und schwarzem Pfeffer abschmecken. Mit zerbröseltem Speck und Parmesankäse bestreuen und servieren.

Grüne Bohnen mit Sofrito-Sauce

Ergibt: 6 Portionen
Pro Portion:
9 g Fett;
7,5 g Netto-Kohlenhydrate;
6 g Eiweiß;
135 Kalorien

680 g grüne Bohnen, gekocht und abgetropft
3 Streifen Speck, zuckerfrei und ohne Nitritpökelsalz, gewürfelt
2 EL (30 ml) Schmalz oder Butter
1 mittelgroße Zwiebel, fein gehackt
1 Knoblauchzehe, gehackt
1 rote Paprikaschote, fein gehackt
1 große Tomate, geschält, Kerngehäuse entfernt und grob gehackt
1 Prise gemahlener Koriander
4 grüne Oliven, entkernt, fein gehackt
¼ TL Kapern, fein gehackt
1 TL getrockneter Oregano
⅓ Tasse (80 ml) Wasser
½ TL Salz

Die grünen Bohnen kochen, bis sie zart sind, etwa 25 Minuten. Während die Bohnen kochen, die Sauce vorbereiten. In einem großen Topf den Speck bei moderater Temperatur 3 Minuten braten. Schmalz, Zwiebeln, Knoblauch und rote Paprika dazugeben und etwa 7 bis 8 Minuten sautieren, bis die Zwiebeln leicht goldgelb werden. Tomaten, Koriander, Oliven, Kapern, Oregano, Wasser und Salz dazugeben und 8 bis 10 Minuten köcheln lassen, dabei gelegentlich umrühren. Die Sauce über die grünen Bohnen geben und servieren.

Grüne Bohnen Espagnole

Ergibt: 2 Portionen
Pro Portion mit ½ Tasse (120 g) Sauce: 22 g Fett;
7,5 g Netto-Kohlenhydrate;
2 g Eiweiß;
236 Kalorien

Dies ist ein großartiges Rezept, um ansonsten gewöhnliche grüne Bohnen aufzupeppen. Selbst Kinder essen grüne Bohnen, die auf diese Weise zubereitet werden, gerne.

Sauce Espagnole (S. 36–37)
2 EL (30 g) Butter
225 g frische grüne Bohnen

Die Sauce Espagnole zubereiten. Die Butter in einem Topf bei mittlerer Hitze zum Schmelzen bringen. Die grünen Bohnen dazugeben und garen, etwa 8 bis 10 Minuten, bis sie zart sind, dabei gelegentlich umrühren. Die Sauce Espagnole über die grünen Bohnen geben und servieren.

Grüne Bohnen nach orientalischer Art

- 2 EL (28 g) Kokosöl
- 225 g grüne Bohnen, wenn möglich, grüne Schnittbohnen*
- 55 g Champignons, klein geschnitten
- 6 Frühlingszwiebeln, gehackt
- 55 g Bambussprossen, längs geschnitten, in streichholzdünne Streifen
- 1 EL (15 ml) Sojasauce

Ergibt: 2 Portionen
Pro Portion:
14,5 g Fett;
8 g Netto-Kohlenhydrate;
5 g Eiweiß;
182 Kalorien

Das Öl in einem Topf bei mittlerer Temperatur erhitzen. Die grünen Bohnen unter gelegentlichem Umrühren etwa 5 bis 7 Minuten sautieren, bis sie zart sind. Champignons, Frühlingszwiebeln und Bambussprossen dazugeben und kochen, bis die Champignons weich sind. Von der Herdplatte nehmen und Sojasauce unterrühren.

* Falls keine Schnittbohnen verfügbar sind, können Sie auch normale grüne Bohnen verwenden und sie längs in streichholzdicke Streifen schneiden.

Grüne Bohnen mit Sardellen

- 2 EL (28 g) Butter
- 450 g grüne Bohnen
- 2 Knoblauchzehen, gehackt
- 4 Sardellenfilets, zerkleinert, oder 1 EL (14 g) Sardellenpaste
- ⅛ TL frisch gemahlener schwarzer Pfeffer
- ⅛ TL rote Paprikaflocken
- 2 TL roter Weinessig

Ergibt: 4 Portionen
Pro Portion:
16 g Fett;
5,5 g Netto-Kohlenhydrate;
5 g Eiweiß;
186 Kalorien

¼ Tasse (28 g) Pinienkerne oder Mandelstifte, geröstet
3 EL (15 g) Parmesankäse, gerieben

Die Butter in einem großen Topf bei mittlerer Hitze zum Schmelzen bringen. Grüne Bohnen dazugeben und etwa 7 bis 8 Minuten sautieren, bis sie zart sind. Knoblauch, Sardellen, schwarzen Pfeffer und rote Paprikaflocken dazugeben und kochen, bis alles duftet, etwa 5 Minuten. Den Weinessig und die gerösteten Pinienkerne unterrühren, von der Herdplatte nehmen und in eine Schüssel umfüllen. Vor dem Servieren mit Parmesankäse bestreuen.

Grüne-Bohnen-Auflauf

Ergibt: 4 Portionen
Pro Portion:
50,5 g Fett;
9 g Netto-Kohlenhydrate;
15,5 g Eiweiß;
552 Kalorien

½ Tasse (225 g) Frischkäse (auf Zimmertemperatur bringen, nicht direkt aus dem Kühlschrank verarbeiten)
¼ Tasse (60 g) Mayonnaise (S. 49–51)
1 TL Salz
¼ TL schwarzer Pfeffer
¼ TL Knoblauchpulver
¼ Tasse (56 g) Butter
3 Tassen (300 g) grüne Bohnen, zerkleinert
2 mittelgroße Stangensellerie, zerkleinert
1 mittelgroße Zwiebel, gehackt
225 g Champignons, gehackt
110 g Cheddar-Käse, gerieben

Den Backofen auf 190 °C vorheizen. In einer kleinen Schüssel Frischkäse, Mayonnaise, Salz, schwarzen Pfeffer und Knoblauchpulver miteinander verrühren und beiseitestellen.

Die Butter in einem großen Topf bei mittlerer Hitze zum Schmelzen bringen. Grüne Bohnen, Sellerie und Zwiebeln etwa 6 bis 8 Minuten sautieren, bis sie zart sind. Die Champignons dazugeben und 3 bis 4 Minuten kochen. Die Frischkäse-Mischung in einer Schüssel unter das gekochte Gemüse heben und alles zusammen in eine Auflaufform füllen. Mit geriebenem Käse bestreuen. Etwa 20 Minuten backen, bis der Käse heiß ist und Blasen wirft.

Grüne Bohnen provenzalisch

3 EL (45 ml) Olivenöl extra virgin
450 g frische grüne Bohnen
1 Knoblauchzehe, gehackt
2 TL Petersilie, gehackt
¾ TL Salz
⅛ TL schwarzer Pfeffer

Ergibt: 4 Portionen
Pro Portion:
11 g Fett;
5,5 g Netto-Kohlenhydrate;
2 g Eiweiß;
129 Kalorien

Das Öl in einem großen Topf bei mittlerer Temperatur erhitzen. Grüne Bohnen sautieren, bis sie zart und leicht gebräunt sind. Knoblauch dazugeben und 1 Minute kochen. Von der Herdplatte nehmen und Petersilie, Salz und schwarzen Pfeffer dazugeben.

Sautierte Champignons

Dies ist eine einfache und leckere Beilage zu Fleisch, Geflügel, Fisch oder auch zu einem Gemüsegericht, das als Hauptgericht serviert wird.

3 EL (42 g) Butter
½ mittelgroße Zwiebel, dünn geschnitten
225 g Champignons, klein geschnitten
Salz
Schwarzer Pfeffer

Ergibt: 4 Portionen
Pro Portion:
8,5 g Fett;
2 g Netto-Kohlenhydrate;
2 g Eiweiß;
92 Kalorien

Die Butter in einem großen Topf bei mittlerer Hitze zum Schmelzen bringen. Die Zwiebeln etwa 8 bis 10 Minuten sautieren, bis sie anfangen, goldgelb zu werden. Die Champignons dazugeben und kochen, bis sie zart sind, etwa 5 Minuten. Mit Salz und Pfeffer abschmecken.

Gefüllte Paprikaschoten

4 große Paprikaschoten (rot, grün oder gelb)
2 EL (28 g) Kokosöl
340 g Rinder- oder Schweinehackfleisch
½ mittelgroße Zwiebel, gehackt

170 g Champignons, gehackt
1 Knoblauchzehe, fein gehackt
½ TL Salz
¼ TL frisch gemahlener schwarzer Pfeffer
225 g Tomatensauce
4 Eier, leicht geschlagen
1 Tasse (115 g) Cheddar-Käse, gerieben
4 EL (56 g) Butter

Ergibt: 4 Portionen
Pro Portion:
41 g Fett;
9,5 g Netto-Kohlenhydrate;
42 g Eiweiß;
575 Kalorien

Den Backofen auf 180 °C vorheizen. Den Deckel der Paprikaschoten abschneiden und das Kerngehäuse sorgfältig entfernen. So viel Wasser in einen großen Topf füllen, dass die Paprika bedeckt sind, wenn sie dazugegeben werden. Das Wasser zum Kochen bringen, die Paprika in den Topf geben und etwa 5 Minuten kochen. Die Paprika herausnehmen und beiseitestellen, das Wasser wegschütten. Dieser Schritt, die Paprika zum Teil vorzukochen, soll gewährleisten, dass sie nach dem Überbacken im Ofen zart sind.

Das Kokosöl in einem großen Topf erhitzen. Rinderhackfleisch und Zwiebeln dazugeben und braten, bis das Fleisch gebräunt ist und die Zwiebeln zart

Gefüllte Paprikaschoten

sind, dabei gelegentlich umrühren. Champignons und Knoblauch dazugeben und weiter braten, bis die Champignons weich sind. Von der Herdplatte nehmen. Salz, schwarzen Pfeffer, Tomatensauce, Eier und Käse unterrühren.

Die ausgehöhlten Paprika mit der Hackfleischmasse füllen und aufrecht in eine Auflaufform stellen. 40 Minuten backen. Aus dem Backofen nehmen, auf Tellern servieren und als Topping 1 Esslöffel (14 g) Butter auf jede gefüllte Paprika geben.

Spinat mit weißer Sauce

Ergibt: 4 Portionen
Pro Portion mit der Weißen Grundsauce: 35 g Fett; 3,5 g Netto-Kohlenhydrate; 3,5 g Eiweiß; 343 Kalorien

Dieses Gericht schmeckt großartig mit Spinat. Aber wenn Sie mögen, können Sie den Spinat auch durch anderes Blattgemüse wie Blattkohl, Rote-Bete-Blätter, Grünkohl oder Mangold ersetzen.

Weiße Grundsauce (S. 30–31)
340 g Spinat

Die weiße Grundsauce zubereiten. Wenn die Sauce eindickt, den Spinat dazugeben und unter ständigem Rühren 3 bis 4 Minuten weiter kochen, bis die Blätter schlaff werden und in die Sauce eintauchen.

Bei diesem Rezept können statt der weißen Grundsauce auch die Mornay-, Shrimps-, Cremige Champignon- und Schinkensauce (S. 32–33) verwendet werden. Jede Sauce verleiht dem Gemüse einen etwas anderen Geschmack.

Frischer Spinat

Spinat mit Curry

560 g Spinat
2 EL (28 g) Butter
2 EL (28 g) saure Sahne
2 TL Currypulver
⅛ TL Muskatnuss
½ TL Salz
1 Prise schwarzer Pfeffer

Ergibt: 4 Portionen
Pro Portion:
7,5 g Fett;
2,5 g Netto-Kohlenhydrate;
4,5 g Eiweiß;
95 Kalorien

Den Spinat in einem Dampfgarer dünsten, bis er zart ist. Die Butter in einem kleinen Topf bei niedriger Temperatur zum Schmelzen bringen. Saure Sahne, Currypulver, Muskatnuss, Salz und schwarzen Pfeffer darin verrühren. Die Masse unter den gedünsteten Spinat heben und servieren.

Spinat in Kokosmilch

2 EL (28 g) Butter
½ große Zwiebel, fein gehackt
½ TL gemahlener Kreuzkümmel
¼ TL gemahlener Kardamom
¼ TL gemahlener Kurkuma
¼ TL gemahlener Ingwer
¼ TL Salz
450 g Spinat
½ Tasse (120 ml) Kokosmilch

Ergibt: 2 Portionen
Pro Portion:
26,5 g Fett;
8 g Netto-Kohlenhydrate;
8,5 g Eiweiß;
304 Kalorien

Die Butter in einem großen Topf bei mittlerer Hitze zum Schmelzen bringen. Die Zwiebeln etwa 6 Minuten sautieren, bis sie weich sind. Alle Gewürze dazugeben und kochen, bis sie duften, 1 bis 2 Minuten. Den Spinat dazugeben, abdecken und kochen, bis die Blätter weich sind, 2 bis 3 Minuten. Die Kokosmilch dazugießen und etwa 2 bis 3 Minuten weiter kochen, ohne abzudecken, dabei gelegentlich umrühren.

Spinat mit Olivenöl und Essig

Dies ist wie ein gekochter Spinatsalat mit einem Dressing aus Öl und Essig.

¼ Tasse (60 ml) Olivenöl extra virgin
560 g Spinat
1 Knoblauchzehe, gehackt
3 EL (45 ml) Apfelessig
½ TL Salz
1 Prise schwarzer Pfeffer

Ergibt: 4 Portionen
Pro Portion:
15 g Fett;
2,5 g Netto-Kohlenhydrate;
4 g Eiweiß;
161 Kalorien

Das Öl in einem Topf bei mittlerer Temperatur erhitzen. Spinat und Knoblauch dazugeben und ohne abzudecken etwa 8 Minuten dünsten, bis der Spinat weich ist, dabei gelegentlich umrühren. Von der Herdplatte nehmen und Essig, Salz und schwarzen Pfeffer dazugeben. Gut miteinander vermischen und sortieren.

Gebratene Tomaten

Sie können reife oder grüne Tomaten nehmen. Am besten ist es, wenn sie reif, aber noch ein klein wenig grün und fest sind.

Tomaten

3 EL (42 g) Butter oder Speckfett
4 große feste Tomaten, in 1 cm dicke Scheiben geschnitten
½ TL Salz
⅛ TL schwarzer Pfeffer
¼ Tasse (60 g) saure Sahne

Ergibt: 4 Portionen
Pro Portion:
12 g Fett;
5 g Netto-Kohlenhydrate;
2 g Eiweiß;
136 Kalorien

Das Öl in einer Pfanne bei mittlerer Temperatur erhitzen. Die Tomatenscheiben dazugeben und 3 bis 4 Minuten von jeder Seite braten, bis sie leicht gebräunt sind. Mit Salz und schwarzem Pfeffer würzen und mit einem Klacks saurer Sahne garnieren.

Variation

Die gebratenen Tomaten wie vorstehend beschrieben zubereiten, aber die saure Sahne weglassen und stattdessen die obere Seite der Tomatenscheiben, nachdem sie einmal gedreht worden sind, mit geriebenem Parmesankäse bestreuen. Den Käse schmelzen lassen, bevor Sie die Tomaten aus der Pfanne nehmen.

Zucchini-Auflauf

Zucchini

900 g Zucchini, in Scheiben geschnitten
Salz
Schwarzer Pfeffer
½ Tasse (50 g) Parmesankäse, frisch gerieben
2 EL (28 g) Butter, geschmolzen
2 Streifen Speck, zuckerfrei und ohne Nitritpökelsalz, knusprig gebraten und zerbröselt

Ergibt: 4 Portionen
Pro Portion:
12,5 g Fett;
5,5 g Netto-Kohlenhydrate;
10 g Eiweiß;
174 Kalorien

Den Backofen auf 190 °C vorheizen. Einen Topf mit Wasser zum Kochen bringen, die Zucchini dazugeben und etwa 3 Minuten kochen. Das Wasser abschütten und die Zucchini soweit abkühlen lassen, dass man sie anfassen kann. Die Zucchini schichtweise in eine Kuchen- oder Auflaufform legen und jede Schicht mit etwas Salz und schwarzen Pfeffer bestreuen. Abschließend Parmesankäse und die geschmolzene Butter über die letzte Schicht geben. 30 Minuten backen. Dann den Backofen auf Grillen einstellen und etwa 12 Zentimeter von der Hitzequelle entfernt 3 bis 5 Minuten backen, bis sie goldbraun sind. Aus dem Backofen nehmen und vor dem Servieren mit zerbröseltem Speck bestreuen.

Gegrillte Tomaten

4 große feste, reife Tomaten, halbiert
½ TL Salz
1 Prise schwarzer Pfeffer
1 EL (3 g) frischer Kerbel, gehackt, oder 1 TL getrockneter Kerbel
1 EL (3 g) frisches Basilikum, gehackt, oder 1 TL getrocknetes Basilikum
¼ Tasse (56 g) Butter
Zitronensaft (optional)

Ergibt: 4 Portionen, je 2 Hälften
Pro Portion:
11,5 g Fett;
5 g Netto-Kohlenhydrate;
1,5 g Eiweiß;
129 Kalorien

Den Grill vorheizen. Die Tomaten mit der geschnittenen Seite nach oben in eine flache Auflaufform legen. Jede Hälfte mit Salz, Pfeffer und Kräutern bestreuen. Butterflocken daraufgeben. 12 bis 15 Zentimeter von der Hitzequelle entfernt 10 bis 12 Minuten grillen. Vor dem Servieren die geschmolzene Butter aus der Form über die Tomaten gießen. Nach Belieben ein paar Tropfen Zitronensaft über jede Tomate träufeln.

Zucchini mit Sesam

¼ Tasse (56 g) Kokosöl
2 EL (19 g) Sesamsamen
½ Zwiebel, gehackt
2 mittelgroße Zucchini, in Scheiben geschnitten
¼ TL Ingwer, zerkleinert
2 Knoblauchzehen, gehackt
½ TL Salz
2 EL (30 ml) Sojasauce

Ergibt: 2 Portionen
Pro Portion:
32 g Fett;
9,5 g Netto-Kohlenhydrate;
5,5 g Eiweiß;
348 Kalorien

Das Öl in einem großen Topf bei mittlerer Temperatur erhitzen. Den Sesamsamen dazugeben und rösten, bis er leicht gebräunt ist. Zwiebeln dazugeben und bei mittlerer Hitze etwa 5 Minuten rösten. Zucchini, Ingwer und Knoblauch dazugeben und unter gelegentlichem Rühren kochen, bis sie zart sind. Von der Herdplatte nehmen und Salz sowie Sojasauce unterrühren. Mit dem restlichen Bratenfett aus dem Topf servieren.

Zucchini mit karamellisierten Zwiebeln

4 Streifen Speck, zuckerfrei und ohne Nitritpökelsalz, knusprig gebraten und zerbröselt
1 mittelgroße Zwiebel, klein geschnitten
1 kleine oder mittelgroße Zucchini, klein geschnitten
¼ TL Salz
⅛ TL frisch gemahlener schwarzer Pfeffer
¼ TL Italienische Kräutermischung (Oregano, Basilikum, Majoran, Thymian)
8 Cherrytomaten, halbiert
2 EL (10 g) Parmesankäse, gerieben

Ergibt: 2 Portionen
Pro Portion:
24 g Fett;
7,5 g Netto-Kohlenhydrate;
17 g Eiweiß;
314 Kalorien

Den Speck in einem mittelgroßen Stielkopf bei mittlerer Hitze braten, den Speck herausnehmen und beiseitestellen. Das Fett auf mittlere Temperatur erhitzen, dann Zwiebeln und Zucchini dazugeben und ohne abzudecken etwa 10 bis 14 Minuten braten, bis die Zwiebeln karamellisieren, dabei gelegentlich rühren. Salz, schwarzen Pfeffer, Italienische Kräutermischung, Tomaten und Parmesankäse unterrühren und 1 bis 2 Minuten kochen, bis der Käse geschmolzen ist. Vor dem Servieren mit zerbröseltem Speck garnieren.

Schweinemett und Sommerkürbis

Dies ist eine sehr einfache, aber delikate Beilage, die aus einem gewöhnlichen Kürbis eine Köstlichkeit macht und begeistert. Sie können verschiedene Sommerkürbisse verwenden – Zucchini, gelber Moschuskürbis, Pattison und so weiter. Es ist eine großartige Beilage, kann aber auch als Hauptgericht serviert werden.

2 EL (28 g) Kokosöl
110 g Schweinemett
½ kleine Zwiebel, gehackt
340 g Sommerkürbis, klein geschnitten
½ TL Dill
Salz, Schwarzer Pfeffer

Ergibt: 2 Portionen
Pro Portion:
16 g Fett;
5 g Netto-Kohlenhydrate;
16,5 g Eiweiß;
348 Kalorien

Das Öl in einer großen Pfanne bei mittlerer Temperatur erhitzen. Das Schweinemett zerkleinern und zusammen mit den Zwiebeln braten, bis das Fleisch leicht gebräunt ist. Den Kürbis und Dill dazugeben und unter gelegentlichem Rühren kochen, bis der Kürbis anfängt, braun zu werden und zart wird. Mit Salz und Pfeffer abschmecken. Von der Herdplatte nehmen und servieren.

Lasagne

Diese Lasagne wird statt mit Pasta mit Sommerkürbis zubereitet. Jede Art von Sommerkürbis kann dazu verwendet werden, Zucchini, gelber Moschuskürbis usw. Der gegarte Kürbis produziert etwas zu viel Flüssigkeit, aber die Lasagne schmeckt großartig.

Ergibt: 4 Portionen
Pro Portion:
18 g Fett;
7,5 g Netto-Kohlenhydrate;
28 g Eiweiß;
304 Kalorien

1 EL (14 g) Kokosöl
225 g Rinderhackfleisch
½ mittelgroße Zwiebel, gehackt
2 Knoblauchzehen, gehackt
1 TL getrockneter Oregano
1 TL getrocknetes Basilikum
½ TL Salz
¼ TL schwarzer Pfeffer
110 g Tomatenpaste
2 mittelgroße Sommerkürbisse (etwa 425 g), dünn geschnitten
1½ Tassen (75 g) Ricotta
110 g scharfer Cheddar-Käse, gerieben

Den Backofen auf 180 °C vorheizen. Das Öl in einer Pfanne bei mittlerer Temperatur erhitzen. Das Rinderhackfleisch mit den Zwiebeln sautieren, bis das Hackfleisch gebräunt und die Zwiebeln zart sind. Knoblauch, Oregano, Basilikum, Salz, schwarzen Pfeffer und Tomatenpaste dazugeben und 3 bis 4 Minuten kochen. Die Hälfte des Kürbisses in einer Auflaufform (28 x 18 cm) in einer Schicht auf dem Boden verteilen. Die Hackfleischmischung über der Kürbisschicht verteilen. Dann eine Schicht Ricotta über der Hackfleischmischung verteilen. Schließlich den Rest des Kürbisses über dem Ricotta verteilen. Abschließend mit Cheddar-Käse bestreuen. 50 Minuten backen.

Zucchini mit Zitronen-Parmesan-Sauce

Bei diesem Rezept kann jede Art von Sommerkürbis verwendet werden. Versuchen Sie es mit Zucchini, gelbem Moschuskürbis, Pattison (Bischofsmütze) und anderen.

2 kleine oder 1 große Zucchini, klein geschnitten
¼ Tasse (56 g) Butter
¼ Tasse (60 ml) Sahne
¼ Tasse (20 g) Parmesankäse, gerieben
1 Prise Salz
⅛ TL frisch gemahlener schwarzer Pfeffer
½ TL frischer Zitronensaft

Ergibt: 2 Portionen
Pro Portion:
35 g Fett;
4 g Netto-Kohlenhydrate;
4,5 g Eiweiß;
349 Kalorien

Die Zucchini in einen Dampfgarer geben und dünsten, bis sie zart sind. Während die Zucchini dünsten, die Sauce vorbereiten. Butter und Sahne in einem kleinen Topf bei mittlerer Hitze erwärmen. Den Parmesankäse samt Salz und schwarzem Pfeffer unterrühren. Ständig rühren, bis der Käse schmilzt und die Sauce eindickt, etwa 5 bis 7 Minuten. Den Zitronensaft unterrühren und die Sauce großzügig über die heißen gedünsteten Zucchini geben und servieren.

Gemüse aus dem Backofen

Dieses ist eines meiner Lieblingsrezepte. Gemüse im Backofen zu rösten gibt dem Gemüse einen einzigartigen Geschmack, mit einer Textur, die leicht knusprig, aber dennoch zart ist. Sie können sowohl harte als auch weiche Gemüsesorten verwenden. Sie sollten aber nicht versuchen, sie alle gleichzeitig zuzubereiten. Härtere Gemüsesorten wie Blumenkohl und Kohlrabi müssen vor dem Rösten vorgekocht werden.

Festere Gemüsesorten sollten in etwa gleich große, etwa 4 bis 6 Zentimeter lange Stücke geschnitten werden. Dies gewährleistet, dass das ganze Gemüse gleichmäßig gegart wird. Nach dem Schneiden des Gemüses sollte darauf geachtet werden, dass es ganz in Fett oder Öl eingehüllt ist. Sie können die meisten Fett- oder Ölsorten verwenden – Butter, Kokosöl, Rotes Palmöl oder Schmalz.

Gemüse aus dem Backofen

Um das Gemüse richtig zu rösten, muss der Backofen auf 200 °C vorgeheizt sein. Das Gemüse in einer großen Auflaufform verteilen, sodass es nicht zu dick aufeinanderliegt. Das Gemüse gibt beim Rösten Dampf ab, und wenn es zu dicht aufeinanderliegt, wird es gedünstet statt geröstet.

Ergibt: 4 Portionen
Pro Portion:
17,5 g Fett;
11 g Netto-Kohlenhydrate;
5 g Eiweiß;
221 Kalorien

2 Tassen (80 g) Blumenkohl, in Röschen zerteilen und diese nochmals halbieren
2 Tassen (70 g) Brokkoli, in Röschen zerteilen und diese nochmals halbieren
1 Kohlrabi, geschält und geviertelt
2 Karotten, in 5 cm lange Streifen geschnitten
1 Tasse (100 g) ganze grüne Bohnen
12 Stangen Spargel, halbiert oder gedrittelt
2 rote Paprikaschoten, halbiert, Stiel und Kerngehäuse entfernen
8 Champignons
1 kleine Zwiebel, geviertelt
6 EL (84 g) Butter, geschmolzen
½ TL Salz
¼ TL frisch gemahlener schwarzer Pfeffer
½ bis 1 TL Kräuter oder Würzmittel (optional)*

Gemüse aus dem Backofen kann mit unterschiedlichsten Gemüsesorten zubereitet werden.

Den Backofen auf 230 °C vorheizen. Den Blumenkohl, Brokkoli, Kohlrabi und die Karotten im Dampfgarer etwa 6 Minuten dünsten, bis sie gerade zart sind. Aus dem Dampfgarer nehmen und etwas abkühlen lassen. Das gedünstete Gemüse in eine große Schüssel geben. Grüne Bohnen, Spargel, rote Paprika, Champignons und Zwiebeln dazugeben. Die geschmolzene Butter, Salz und schwarzen Pfeffer miteinander verrühren, darübergeben und unterheben, sodass das Gemüse gleichmäßig davon bedeckt ist. Das Gemüse eng zusammen, jedoch nicht übereinander auf ein Backblech mit Rand legen. 30 bis 40 Minuten backen, bis das Gemüse anfängt, braun zu werden. Um das Gemüse gleichmäßig zu rösten, sollte es nach der Hälfte der Backzeit gewendet werden. Kräuter verlieren bei hohen Temperaturen ihr Aroma und verbrennen leicht. Sofern Sie Kräuter oder Würzmittel dazugeben möchten, tun Sie dies am besten etwa 10 Minuten vor dem Ende der Backzeit.

* Salz und Pfeffer sind an sich die besten Gewürze für dieses Gericht. Wenn Sie möchten, können Sie zusätzlich noch eine Kombination von Kräutern und Gewürzen dazugeben, etwa Paprikapulver, Chilipulver, Cayennepfeffer, Rosmarin, Basilikum, Thymian, Salbei oder Knoblauch.

Kapitel 6

Wraps

Wraps sind eine kohlenhydratarme Alternative zu Sandwiches. Sandwiches sind wahnsinnig beliebt. Sie sind praktisch, einfach zuzubereiten, können in die Schule oder zur Arbeit mitgenommen werden und schmecken köstlich. Der Nachteil von Sandwiches für jemanden, der sich keto-bewusst ernähren möchte, ist, dass das Brot oder Brötchen sehr reich an Kohlenhydraten ist. Die Lösung ist: Sie lassen das Brot weg und wickeln stattdessen ein großes Blatt Salat um die Füllung. Der Salat kann die Füllung genauso gut halten wie das Brot – ohne die ganzen Kohlenhydrate.

Brot ist billig, in der Regel viel billiger als die Füllung. Folglich bestehen viele Sandwiches aus viel zu viel Brot und zu wenig guten Sachen, die in der leckeren Füllung enthalten sind. Salat hat einen milden Geschmack, sodass Sie die schmackhafte Füllung rundum genießen können.

Die meisten Blattsalate können für Wraps verwendet werden, doch der Eisbergsalat und der Kopfsalat sind am besten geeignet. Eisbergsalatblätter sind groß, gewölbt und fest genug, um die Füllung zu halten.

Um Salatblätter für Wraps vorzubereiten, entfernen Sie zuerst den Strunk. Mit einem scharfen Messer den Strunk rundherum freischneiden, herausziehen und wegwerfen. Ohne Strunk lassen sich die Blätter viel leichter lösen.

Eisbergsalat

Den Strunk freischneiden und aus dem Salatkopf entfernen, dann die Blätter lösen.

Den Salatkopf waschen und das Wasser abtropfen lassen. Der Salat sollte feucht gehalten werden, aber nicht nass sein, damit die Blätter nicht vertrocknen und schlaff werden. Die noch etwas feuchten Blätter in eine Plastiktüte oder einen anderen verschließbaren Behälter geben und im kältesten Bereich des Kühlschranks aufbewahren, am besten auf der Glasplatte über dem Gemüsefach.

Hähnchen-Salat-Wrap

Dies ist der beste Hähnchen-Salat-Wrap, den ich je gegessen habe. Wichtig ist, ein rohes Hähnchen zu verwenden und zu braten, bis es leicht knusprig ist, wie in der Anleitung beschrieben. Ich brate das Hähnchen am liebsten in aus Speck ausgelassenem Fett, weil es dadurch einen leichten Speckgeschmack bekommt – mit Speck schmeckt alles besser! Speckkrusten geben dem Wrap zusätzlich etwas Knuspriges, was eine schöne Ergänzung zu dem Hähnchen und Gemüse ist.

2 El (30 ml) Speckfett oder Kokosöl
170 g rohes Hähnchenfleisch, mundgerecht zerteilt
¼ Tasse (60 g) Sellerie, gewürfelt
½ Tasse (55 g) Karotten, gehobelt
2 Frühlingszwiebeln, gehackt
¼ Tasse (60 g) Mayonnaise (S. 49–51)
½ TL Senf
⅛ TL Selleriesamen
⅛ TL Salz
1 Prise schwarzer Pfeffer
½ TL Knoblauchpulver
2 EL (2 g) Koriander, gehackt
½ mittelgroße Tomate, gehackt
2 große Salatblätter
1 Prise Paprikapulver
10 Speckkrusten

Ergibt: 2 Portionen
Pro Wrap: 41 g Fett; 4 g Netto-Kohlenhydrate; 35 g Eiweiß; 525 Kalorien

Das Öl in einer Pfanne bei mittlerer Temperatur erhitzen. Das Hähnchenfleisch etwa 10 Minuten sautieren, bis es weiß wird und anfängt, knusprig und goldbraun zu werden. Von der Herdplatte nehmen und beiseitestellen.

In einer Schüssel das Hähnchenfleisch mit Sellerie, Karotten, Frühlingszwiebeln, Mayonnaise, Senf, Selleriesamen, Pfeffer, Knoblauchpulver, Koriander und Tomaten verrühren. Mit einem Löffel die Füllung auf die Salatblätter geben, mit 1 Prise Paprikapulver bestreuen, mit Speckkrusten garnieren und die Salatblätter zusammenrollen.

Burger-Wrap mit Speck

Dies ist ein schneller und leckerer, brötchenloser, kohlenhydratarmer „Hamburger“. Die Zutaten können Sie nach Ihren Vorlieben ergänzen oder reduzieren. Weitere mögliche Zutaten sind etwa Senf, Barbecue-Sauce, Jalapeno und sautierte Champignons. Ich liebe auf meinen Burgern ein Spiegelei mit flüssigem, aber dennoch leicht eingedicktem Eigelb.

4 Streifen Speck, zuckerfrei und ohne Nitritpökelsalz, knusprig gebraten
170 g Rinderhackfleisch

½ mittelgroße Zwiebel, gehackt
Salz, schwarzer Pfeffer
57 g Käse, gerieben
2 große Salatblätter
1 EL (14 g) Mayonnaise (S. 49–51)
½ kleine Tomate, in Scheiben geschnitten
¼ Tasse (28 g) saure Gurken, in Scheiben geschnitten

Ergibt: 2 Portionen
Pro Wrap:
35,5 g Fett;
3,5 g Netto-Kohlenhydrate;
47 g Eiweiß;
522 Kalorien

Den Speck in einer Pfanne braten, bis er knusprig ist, aus der Pfanne nehmen und beiseitestellen. Das Fett in der Pfanne lassen und Rinderhackfleisch und Zwiebeln dazugeben. Das Hackfleisch zerkleinern und während des Bratens gelegentlich umrühren. Braten, bis das Hackfleisch gebräunt ist und die Zwiebeln zart sind. Mit Salz und Pfeffer abschmecken. Hackfleisch und Zwiebeln in der Mitte der Pfanne zusammenschieben und mit Käse bestreuen. Abdecken, von der Herdplatte nehmen und beiseitestellen, damit der Käse schmelzen kann.

Auf den Salatblättern die Mayonnaise verteilen. Tomaten, saure Gurken und gebratenen Speck dazugeben und anschließend die gebratene Hackfleischmischung gleichmäßig darauf verteilen. Den Salat um die Füllung herum zusammenrollen und – genießen!

Fisch- oder Meeresfrüchte-Wrap

Bei diesem Rezept kann jede Art von Fisch verwendet werden. Sie können auch Reste von einem Fisch- oder Meeresfrüchtegericht wunderbar verwerten. Verwendet werden kann beispielsweise frischer Seebarsch, Seewolf, Flussbarsch oder Schellfisch oder auch Fisch aus der Dose wie Thunfisch oder Lachs. Ebenso geeignet sind Krabben und Shrimps.

170 g Fisch oder Krusten- oder Schalentiere
1 hart gekochtes Ei, gehackt
2 EL (28 g) Mayonnaise (S. 49–51)
¼ TL Currypulver
1 Frühlingszwiebel, gehackt
½ Tasse (60 g) Karotten, geraspelt

Ergibt: 2 Portionen
Pro Wrap:
19,5 g Fett;
4,5 g Netto-Kohlenhydrate;
25 g Eiweiß;
293,5 Kalorien

¼ TL Salz
⅛ TL schwarzer Pfeffer
2 große Salatblätter
10 Cherrytomaten, halbiert

Den Fisch samt hart gekochtem Ei, Mayonnaise, Currypulver, Frühlingszwiebeln, Karotten, Salz und Pfeffer verrühren. Die Füllung und anschließend die Cherrytomaten auf die großen Salatblätter verteilen, aufrollen.

Lachs-Wrap

Dieser Wrap erinnert mich an getoastete Thunfisch-Sandwiches, die ich als Kind so gerne aß. Was ich an den Sandwiches damals so liebte, war das Knacken des getoasteten Brotes. Die bei diesem Rezept verwendeten Speckkrusten geben diesem ansonsten weichen Salat-Wrap auch einen schönen knusprigen Touch. Wenn Sie diesen Wrap zum Mitnehmen in die Schule oder zur Arbeit vorbereiten, sollten Sie die Speckkrusten separat einpacken und diese erst kurz vor dem Essen dazugeben, damit sie knusprig bleiben.

170 g Lachs
¼ Tasse (60 g) Mayonnaise (S. 49–51)
2 EL (25 g) Dillgurken, gehackt
28 g Cheddar-Käse, gerieben
Salz, Pfeffer
2 große Salatblätter
10 Speckkrusten

Ergibt: 2 Portionen
Pro Wrap:
32 g Fett;
0,5 g Netto-Kohlenhydrate;
24,5 g Eiweiß;
388 Kalorien

Den Lachs mit Mayonnaise, Dillgurken und Käse verrühren, mit Salz und Pfeffer abschmecken. Die Füllung gleichmäßig auf die Salatblätter verteilen. Kurz vor dem Servieren mit Speckkrusten bestreuen.

Avocado-Wrap mit Speck

Speckkrusten

Dies ist einer meiner absoluten Lieblings-Salat-Wraps. Er wird mit Speck, Avocado und karamellisierten Zwiebeln gefüllt, also muss er gut sein.

4 Streifen Speck, zuckerfrei und ohne Nitritpökelsalz
½ mittelgroße Zwiebel, geschnitten
1 Avocado, geschält und entkernt
2 TL (28 g) Mayonnaise (S. 49–51)
¼ TL Chilipulver
⅛ TL Paprikapulver
Salz
2 große Salatblätter
2 EL (2 g) Koriander, gehackt

Ergibt: 2 Wraps
Pro Wrap: 46 g Fett; 4,6 g Netto-Kohlenhydrate; 16,5 g Eiweiß; 515 Kalorien

Den Speck in einer Pfanne knusprig braten, dann herausnehmen und beiseitestellen. Im Fett die Zwiebeln braten, bis sie weich sind und anfangen zu karamellisieren, dann von der Herdplatte nehmen und beiseitestellen. In einer kleinen Schüssel die Avocado, die Mayonnaise, das Chili- und das Paprikapulver zu einer Masse verrühren. Mit Salz abschmecken. Die Avocadomasse zu gleichen Teilen in der Mitte der beiden Salatblätter verteilen. Zwei Streifen Speck und die Hälfte der karamellisierten Zwiebeln darüber verteilen. Mit Koriander garnieren. Die Salatblätter um die Füllung herum zusammenrollen und wie einen Burrito essen.

Avocado-Füllung

Taco-Wrap

Wenn Sie die mexikanische Küche lieben, aber wegen des hohen Anteils an Mais, Bohnen und Reis meiden, haben Sie hier eine keto-freundliche Version, ohne die ganzen Kohlenhydrate, aber mit vollem Geschmack.

Ergibt: 2 Wraps
Pro Wrap: 34 g Fett; 4,5 g Netto-Kohlenhydrate; 43 g Eiweiß; 496 Kalorien

1 EL (14 g) Kokosöl
225 g Rinderhackfleisch
½ kleine Zwiebel, gehackt
1 EL (9 g) Jalapeno, gehackt
½ TL Chilipulver oder Taco-Gewürzmischung
¼ TL Salz
¼ Tasse (58 g) Cheddar-Käse, gerieben
2 große Salatblätter
½ Tasse (90 g) Tomaten, gehackt
½ Avocado, klein geschnitten
2 EL (30 g) saure Sahne

Das Öl in einer mittelgroßen Pfanne bei mittlerer Temperatur erhitzen. Das Rinderhackfleisch mit den Zwiebeln sautieren, bis das Fleisch gebräunt ist und die Zwiebeln weich sind, etwa 8 bis 9 Minuten. Jalapeno, Chilipulver und Salz dazugeben und 2 bis 3 Minuten braten. Den Käse dazugeben und die Pfanne von der Herdplatte nehmen. Einige Minuten abkühlen lassen. In dieser Zeit beginnt der Käse zu schmelzen. Die Füllung gleichmäßig auf beide Salatblätter verteilen und ebenso die gehackten Tomaten und die Avocado. Einen Klacks saure Sahne darübergeben, zusammenrollen und wie einen Burrito oder Taco essen.

Fajita-Wrap

Fajitas werden traditionell aus mariniertem und weich geklopftem, dünn geschnittenem Flank-Steak (aus dem Rinderlappen geschnitten) zubereitet. Sie können Flank-Steak (Rinderlappen) oder anderes Rindfleisch dazu verwenden. Festere Fleischstücke müssen vorher weich geklopft oder vorgebraten werden. Bei Fajitas können Reste von einem Fleischgericht gut verwertet werden. Sie können den Fajita-Wrap auch mit Hähnchenfleisch oder einer Kombination aus Hähnchen- und Rindfleisch zubereiten.

2 EL (28 g) Kokosöl
½ mittelgroße Zwiebel, klein geschnitten
½ grüne Paprikaschote, klein geschnitten
½ rote Paprikaschote, klein geschnitten
225 g Rindfleisch, dünn geschnitten
½ TL Chilipulver
½ TL Paprikapulver
¼ TL Zwiebelpulver
½ TL gemahlener Kreuzkümmel
½ TL Cayennepfeffer
1 TL Salz
2 große Salatblätter
½ Tasse (120 g) Salsa
½ Avocado, klein geschnitten
2 EL (30 g) saure Sahne

Ergibt: 2 Wraps
Pro Wrap: 32 g Fett; 9 g Netto-Kohlenhydrate; 37 g Eiweiß; 472 Kalorien

Das Öl in einer Pfanne bei mittlerer Temperatur erhitzen. Zwiebeln und Paprika dazugeben und etwa 10 Minuten sautieren, bis die Zwiebeln zu karamellisieren beginnen. Das Rindfleisch mit dem Chili-, Paprika- und Zwiebelpulver, dem Kreuzkümmel, Cayennepfeffer und Salz dazugeben und sautieren, bis das Fleisch so durch ist, wie Sie es mögen. Wenn Sie vorgebratenes Fleisch verwenden, brauchen Sie natürlich weniger Zeit als bei rohem Fleisch. Von der Herdplatte nehmen und etwas abkühlen lassen.

Die Fleischfüllung auf den Salatblättern verteilen. Salsa, Avocado und saure Sahne darübergeben. Zusammenrollen und genießen.

Keto-Burrito

Dies ist die ketogene Version einer typischen Burrito mit Fleisch und Bohnen, jedoch ohne die Tortilla aus Mehl und ohne Bohnen.

Ergibt: 2 Portionen
Pro Wrap: 27 g Fett; 4 g Netto-Kohlenhydrate; 19 g Eiweiß; 339 Kalorien

2 große Salatblätter
1½ Tassen (375 g) Chili ohne Bohnen (S. 103–104)
57 g Cheddar-Käse, gerieben
1 Avocado, klein geschnitten
2 EL (30 g) saure Sahne

Die Salatblätter auf Teller legen. Das Chili ohne Bohnen erhitzen, bis es heiß ist, und zu gleichen Teilen zusammen mit dem Käse, der Avocado und der sauren Sahne auf den Salatblättern verteilen. Den Salat um die Füllung herum zusammenrollen und wie einen Burrito essen.

Keto-Frühstücks-Burrito

1 EL (14 g) Kokosöl
108 g Bratwurst
4 Eier, leicht geschlagen
¼ TL Salz
57 g Cheddar-Käse, gerieben
2 große Salatblätter
2 EL (30 g) saure Sahne
4 EL (65 g) Salsa

Ergibt: 2 Burritos
Pro Portion:
43,5 g Fett;
3 g Netto-Kohlenhydrate;
29,5 g Eiweiß;
521,5 Kalorien

Das Öl in einer Pfanne erhitzen, die Bratwurst dazugeben und braten, bis sie braun ist. Eier und Salz unterrühren, den Käse darüberstreuen, abdecken und etwa 5 Minuten braten, bis die Eier stocken. Von der Herdplatte nehmen. Die gebratene Eiermischung gleichmäßig zusammen mit der sauren Sahne und der Salsa auf den Salatblättern verteilen. Die Salatblätter um die Füllung zusammenrollen, sodass ein Burrito entsteht.

Philadelphia-Cheesesteak-Wrap

Das Wichtigste für ein leckeres Cheesesteak ist ein hochwertiges Steak. Je besser die Qualität, desto besser die Ergebnisse. Ich empfehle ein Rib-Eye-Steak (ein hochwertiges Rinderfilet aus der Hochrippe), ein New-York-Strip-Steak vom Roastbeef, ein T-Bone-Steak und ähnliche hochwertige Steaks. Wählen Sie marmorierte Steaks, und schneiden Sie das Fett nicht ab. Das Fett gibt dem Fleisch Geschmack.

Das Fleisch in dünne, etwa 3 Millimeter dicke Streifen schneiden. Sie können das Fleisch bereits beim Einkauf vom Metzger passend für das Gericht zuschneiden lassen. Wenn Sie es selbst schneiden möchten, legen Sie es vorher etwa 45 Minuten in den Gefrierschrank, sodass es zum Teil gefriert und fest ist und sich leichter schneiden lässt.

2 EL (28 g) Kokosöl
½ mittelgroße Zwiebel, gehackt
½ grüne Paprikaschote, gehackt
227 g Rindersteak, dünn geschnitten
85 g Champignons, klein geschnitten
¼ TL Salz, ¼ TL schwarzer Pfeffer
57 g Monterey-Jack-Käse, Munsterkäse oder Provolone-Käse
2 große Salatblätter

Ergibt: 2 Portionen
Pro Portion:
30,5 g Fett;
4 g Netto-Kohlenhydrate;
43 g Eiweiß;
466 Kalorien

Philadelphia-Cheesesteak-Wrap

Das Öl in einer Pfanne bei mittlerer Temperatur erhitzen. Die Zwiebeln etwa 3 bis 4 Minuten sautieren, oder bis sie anfangen, glasig zu werden. Grüne Paprika dazugeben und weiter sautieren, 5 bis 8 Minuten, oder bis die Paprika weich ist. Das Steakfleisch samt Champignons, Salz und schwarzen Pfeffer dazugeben und weitere 4 bis 5 Minuten sautieren, bis das Fleisch leicht gebräunt ist und die Zwiebeln zu karamellisieren beginnen. Von der Herdplatte nehmen und den geriebenen Käse dazugeben, abdecken und etwa 2 Minuten warten, bis der Käse zu schmelzen beginnt. Die Mischung zu gleichen Teilen auf den Salatblättern verteilen. Zusammenrollen und genießen.

Reuben-Wrap

Ergibt: 2 Portionen
Pro Portion:
30,5 g Fett;
3,5 g Netto-Kohlenhydrate;
20,5 g Eiweiß;
370 Kalorien

1 TL Kokosöl
170 g Corned Beef oder Pastrami
56 g Schweizer Käse, geschnitten
2 große Salatblätter
1 TL Senf
½ Avocado, klein geschnitten
1 saure Gurke, längs halbiert
¼ Tasse (60 g) Sauerkraut (S. 130–131)

Das Öl in einer Pfanne bei mittlerer Temperatur erhitzen. Das Fleisch braten, bis es heiß ist. Die Herdplatte abstellen. Den Käse über das Fleisch verteilen, die Pfanne abdecken und etwa 2 Minuten ruhen lassen, bis der Käse zu schmelzen beginnt. Das Fleisch mit dem Käse auf die Salatblätter geben, Senf, Avocado, saure Gurke und Sauerkraut darüber verteilen. Zusammenrollen und essen.

Reuben-Wrap

Asiatischer Hähnchen-Wrap

¼ Tasse (30 g) Mandelstifte oder gehobelte Mandeln, geröstet
2 EL (28 g) Kokosöl
½ Tasse (80 g) Zwiebeln, gehackt
1 TL frischer Ingwer, gewürfelt
55 g Bambussprossen
110 g gebratenes Hähnchen, klein geschnitten
55 g Champignons, klein geschnitten
2 EL (30 ml) Reisessig
¼ TL Salz
⅛ TL schwarzer Pfeffer
2 große Salatblätter
28 g frische Alfalfasprossen
1 TL (15 ml) Sojasauce oder Coconut-Aminos-Sauce

Ergibt: 2 Portionen
Pro Portion:
23 g Fett;
6,5 g Netto-Kohlenhydrate;
22 g Eiweiß;
321 Kalorien

Den Backofen oder Grill auf 180 °C vorheizen. Die Mandeln in einer Backform verteilen und rösten, bis sie goldbraun sind, etwa 8 Minuten. Aus dem Backofen nehmen und beiseitestellen.

Das Öl in einer Pfanne bei mittlerer Temperatur erhitzen. Die Zwiebeln etwa 5 Minuten sautieren, oder bis sie anfangen, glasig zu werden. Ingwer, Bambussprossen, Hähnchenfleisch und Champignons dazugeben und 5 Minuten braten, dabei gelegentlich umrühren. Essig, Salz und schwarzen Pfeffer dazugeben und weitere 3 bis 4 Minuten garen lassen, bis das Gemüse zart und das Hähnchenfleisch durch ist. Von der Herdplatte nehmen. Die Füllung auf den Salatblättern verteilen. Abschließend die gerösteten Mandeln, Sprossen und Sojasauce darüber verteilen und einrollen.

Aufschnitt-Wrap

Sie können Ihre Lieblings-Sandwiches mit Aufschnitt ohne Kohlenhydrate genießen, indem Sie das Brot durch Salat ersetzen. Jede Form von Aufschnitt passt dazu: Putenbrust, Hähnchenbrust, Schinken, Pastrami, Rindfleisch etc. Achten Sie auf die Etiketten mit der Angabe der Inhaltsstoffe und darauf, dass der Aufschnitt zuckerfrei ist, kein Nitritpökelsalz und keine unerwünschten Zusatzstoffe enthält. Diese Sandwiches werden kalt gegessen, sodass sie auch zur Schule, zur Arbeit oder zu Familienausflügen mitgenommen werden können. Das nachstehende Rezept können Sie nach Belieben Ihren persönlichen Vorlieben anpassen, indem Sie Zutaten weglassen oder andere hinzufügen, wie beispielsweise grüne Paprikaschoten, Banana-Paprika, Jalapeno, Koriander, Zwiebeln, Avocado etc.

Ergibt: 2 Portionen
Pro Portion:
12 g Fett;
4,5 g Netto-Kohlenhydrate;
17 g Eiweiß;
194 Kalorien

110 g Aufschnitt
55 g Monterey-Jack-Käse, Munsterkäse oder Provolone-Käse, gerieben
2 große Salatblätter
1 EL (14 g) Mayonnaise (S. 49–51)
½ TL gelber Senf (optional)
55 g Mixed Pickles, klein geschnitten
½ mittelgroße Tomate, klein geschnitten
28 g frische Alfalfasprossen

Aufschnitt und den geriebenen Käse auf den Salatblättern aufschichten. Die Mayonnaise und den Senf darüber verteilen. Anschließend Mixed Pickles und Tomaten darauf verteilen und zuletzt die Sprossen. Den Salat um die Füllung herum falten und wie einen Burrito essen.

Asiatischer Rindfleisch-Wrap

Ergibt: 2 Portionen
Pro Portion:
21 g Fett;
6 g Netto-Kohlenhydrate;
36 g Eiweiß;
357 Kalorien

2 EL (28 g) Kokosöl
½ Tasse (80 g) Zwiebeln, gehackt
220 g Beefsteak, mundgerecht geschnitten
85 g Pak Choi (Senfkohl), klein geschnitten
55 g Champignons, gehackt
2 Knoblauchzehen, gehackt
¼ TL Salz
⅛ TL schwarzer Pfeffer
2 große Salatblätter
Sojasauce oder Coconut-Aminos-Sauce zum Abschmecken

Das Öl in einer Pfanne bei mittlerer Temperatur erhitzen. Zwiebeln und Rindfleisch etwa 6 Minuten sautieren, bis das Rindfleisch leicht gebräunt ist.

Pak Choi, Champignons, Knoblauch, Salz und Pfeffer dazugeben und etwa 6 bis 8 Minuten weiter garen lassen, bis das Gemüse zart ist. Von der Herdplatte nehmen. Die Füllung auf die Salatblätter verteilen. Sojasauce zum Abschmecken darüber geben, aufrollen.

Hähnchen-Wrap mit Speck

Ergibt: 2 Portionen
Pro Portion:
33 g Fett;
3 g Netto-Kohlenhydrate;
33 g Eiweiß;
441 Kalorien

4 Streifen Speck, zuckerfrei und ohne Nitritpökelsalz, knusprig gebraten
120 g Hähnchenfleisch (gebraten oder roh)
½ Avocado, klein geschnitten
½ mittelgroße Tomate, klein geschnitten
2 große Salatblätter
1 EL (14 g) Mayonnaise (S. 49–51)
1 Frühlingszwiebel, gehackt
Salz
Schwarzer Pfeffer

Den Speck in einer Pfanne braten, bis er knusprig ist, dann aus der Pfanne nehmen und beiseitestellen. Das Hähnchenfleisch in mundgerechte Stücke schneiden und in der Pfanne mit dem Fett braten. Sie können entweder rohes oder vorgebratenes Hähnchenfleisch verwenden. Durch das Braten in dem Fett bekommt das Hähnchenfleisch zusätzlich Geschmack. Sofern Sie rohes Hähnchenfleisch verwenden, wird dieses etwa 10 Minuten gebraten, bis das Fleisch weiß wird und beginnt, braun zu werden. Bei vorgebratenem Hähnchenfleisch wird dieses etwa 5 bis 8 Minuten gebraten, bis es an den Ecken beginnt, braun zu werden. Dann das Hähnchenfleisch in eine kleine Schüssel geben und zum Abkühlen beiseitestellen.

Die klein geschnittenen Avocado und Tomaten sowie den Speck zu gleichen Teilen auf den Salatblättern verteilen. Das Hähnchenfleisch mit Mayonnaise und gehackten Frühlingszwiebeln verrühren, mit Salz und Pfeffer abschmecken und ebenfalls zu gleichen Teilen auf den Salatblättern verteilen. Aufrollen und servieren.

Puten-Schinken-Wrap

2 große Salatblätter
110 g Putenfleisch, in Scheiben geschnitten
60 g Schinken, zuckerfrei und ohne Nitritpökelsalz, geschnitten
1 kleine Tomate, in Spalten geschnitten
½ Avocado, klein geschnitten
50 g frische Alfalfasprossen
2 TL frischer Limonensaft
¼ Tasse (60 ml) Ranch-Dressing (S. 54)

Ergibt: 2 Portionen
Pro Portion:
15 g Fett;
3 g Netto-Kohlenhydrate;
23,5 g Eiweiß;
241 Kalorien

Die Putenfleischscheiben mit Schinken, Tomaten, Avocado und Sprossen zu gleichen Teilen schichtweise auf den Salatblättern verteilen. Den Limonensaft mit dem Ranch-Dressing verrühren und über die Füllung geben. Zusammenrollen und genießen.

Chinesische Frühlingsrollen

2 EL (28 g) Kokosöl
½ Tasse (55 g) Karotten, geraspelt
½ Tasse (80 g) Zwiebeln, gehackt
1 Knoblauchzehe, gehackt
1 Tasse (70 g) gebratenes Hähnchenfleisch, zerkleinert
½ Tasse (45 g) Weißkohl, gehackt
1 TL frischer Ingwer, gehackt
1 EL (15 ml) Sojasauce oder Coconut-Aminos-Sauce
2 große Salatblätter

Ergibt: 2 Portionen
Pro Portion:
15 g Fett;
7 g Netto-Kohlenhydrate;
11,5 g Eiweiß;
209 Kalorien

Das Öl in einer Pfanne bei mittlerer Temperatur erhitzen. Karotten, Zwiebeln und Knoblauch etwa 5 Minuten sautieren, bis sie etwas weich sind. Das Hähnchenfleisch zusammen mit dem Weißkohl und dem Ingwer dazugeben und etwa 5 Minuten garen lassen, bis der Weißkohl weich ist. Von der Herdplatte nehmen und die Sojasauce unterrühren. Die Füllung zu gleichen Teilen auf den Salatblättern verteilen, zusammenrollen.

Schinken-Salat-Wrap

1½ Tassen (225 g) gekochter Schinken, zuckerfrei und ohne Nitritpökelsalz, zerkleinert
1 hart gekochtes Ei, gehackt
1 EL (8 g) Sellerie, fein gehackt
2 TL saure Gurken, gehackt, oder Gurken-Relish
1 Frühlingszwiebel, gehackt
½ Tasse (115 g) Mayonnaise (S. 49–51)
½ EL (5 g) Senf
2 große Salatblätter

Ergibt: 2 Portionen
Pro Portion:
31 g Fett;
1,5 g Netto-Kohlenhydrate;
22 g Eiweiß;
373 Kalorien

Schinken, Ei, Sellerie, saure Gurken und Frühlingszwiebeln in einer Schüssel miteinander vermischen. In einer separaten Schüssel die Mayonnaise und den Senf miteinander verrühren. Die Mayonnaisemischung unter die Schinkenmischung heben. Die Masse auf den Salatblättern verteilen und servieren.

Eiersalat-Wrap mit Speck

2 Streifen Speck, zuckerfrei und ohne Nitritpökelsalz, knusprig gebraten und zerbröselt
2 hart gekochte Eier, gehackt
2 EL (28 g) Mayonnaise (S. 49–51)
2 EL (7 g) Sellerie, fein gehackt
1 Frühlingszwiebel, gehackt
1 Prise Currypulver (optional)
Salz
Schwarzer Pfeffer
1 großes Salatblatt

Ergibt: 1 Portion
Pro Portion:
35 g Fett;
2 g Netto-Kohlenhydrate;
25 g Eiweiß;
423 Kalorien

Zerbröselten Speck, hart gekochte Eier, Mayonnaise, Sellerie und Frühlingszwiebeln miteinander verrühren. Mit Currypulver, Salz und schwarzem Pfeffer bestreuen und abschmecken. Auf das Salatblatt füllen und genießen.

Eiersalat-Sandwich

2 EL (14 g) Mandelsplitter oder gehobelte Mandeln, geröstet
2 hart gekochte Eier, gehackt
1½ EL (20 g) Mayonnaise (S. 49–51)
1 TL Senf
⅛ TL Salz
2 EL (25 g) saure Gurken, gehackt, oder Gurken-Relish
1 EL (2 g) Koriander, gehackt
1 großes Salatblatt
1 TL Schnittlauch, gehackt

Ergibt: 1 Portion
Pro Portion:
15,5 g Fett;
1,5 g Netto-Kohlenhydrate;
7,5 g Eiweiß;
175,5 Kalorien

Den Backofen oder Grill auf 180 °C vorheizen. Die Mandeln in einer Backform verteilen und rösten, bis sie goldbraun sind, etwa 7 Minuten. Die Mandeln können leicht verbrennen, sodass Sie zwischendurch oft nachsehen müssen. Die Mandeln aus dem Backofen nehmen und beiseitestellen.

Die gehackten Eier mit Mayonnaise, Senf, Salz, sauren Gurken und Koriander verrühren. Die Füllung auf dem Salatblatt verteilen. Mit Schnittlauch und gerösteten Mandeln garnieren.

Eiersalat-Sandwich

Shrimps

Shrimps-Salat-Wrap

170 g vorgebratene Shrimps
½ Tasse (65 g) Cocktailsauce (S. 43)
1 EL (15 ml) frischer Zitronensaft
2 TL Zitronenschale
1 Tasse (120 g) Gurke, gehackt
½ Tasse (50 g) Sellerie, gehackt
2 EL (6 g) Schnittlauch oder Frühlingszwiebeln, gehackt
2 EL (2 g) Koriander, gehackt
Salz und schwarzer Pfeffer zum Abschmecken
2 große Salatblätter

Ergibt: 2 Portionen
Pro Portion:
1,5 g Fett;
7 g Netto-Kohlenhydrate;
20 g Eiweiß;
121,5 Kalorien

In einer mittelgroßen Schüssel die Shrimps sowie Cocktailsauce, Zitronensaft, Zitronenschale, Gurke, Sellerie, Schnittlauch, Koriander, Salz und schwarzen Pfeffer miteinander verrühren. Die Mischung auf den Salatblättern verteilen. Den Salat um die Füllung herum zusammenrollen und genießen.

Shrimps-Avocado-Wrap

Ergibt: 2 Portionen
Pro Portion:
37 g Fett;
5 g Netto-Kohlenhydrate;
22 g Eiweiß;
441 Kalorien

170 g vorgebratene Shrimps
¼ Tasse (60 g) Mayonnaise (S. 49–51)
1 EL (9 g) Jalapeno, gehackt
½ mittelgroße Tomate, gehackt
1 Avocado, zerkleinert
2 EL (2 g) Koriander, gehackt
2 Frühlingszwiebeln, gehackt
⅛ TL Salz
2 große Salatblätter

In einer mittelgroßen Schüssel die gebratenen Shrimps mit Mayonnaise, Jalapeno, Tomaten, Avocado, Koriander, Frühlingszwiebeln und Salz gut miteinander vermischen. Die Mischung auf den Salatblättern verteilen, zusammenrollen und genießen.

Shrimps-Wrap mit Jakobsmuscheln

Ergibt: 4 Portionen
Pro Portion:
22 g Fett;
11 g Netto-Kohlenhydrate;
34 g Eiweiß;
378 Kalorien

3 Stangensellerie (1 geviertelt, 2 dünn geschnitten)
3 Knoblauchzehen (2 zerdrückt, 1 gehackt)
Saft von 1 Zitrone, geteilt
227 g Babykarotten, längs geviertelt
340 g kleine rohe Shrimps (geschält und geputzt, Darm entfernt)
227 g Jakobsmuscheln, quer halbiert
1 Avocado, geschält, entkernt und halbiert
3 TL Kapern, plus 1 EL (15 ml) Saft aus dem Glas
1 EL (14 g) Mayonnaise (S. 49–51)
½ TL Salz, ¼ TL schwarzer Pfeffer
½ Tasse (55 g) gehackte Mandeln, geröstet
4 große Salatblätter

In einem großen Topf 10 Tassen Wasser mit dem geviertelten Sellerie, zerdrückten Knoblauch und der Hälfte des Zitronensaftes verrühren, abdecken und zum Kochen bringen. Die Karotten dazugeben und ohne abzudecken

2 Minuten kochen. Die Shrimps dazugeben und etwa 4 Minuten kochen, bis die Shrimps weiß werden. Die Karotten und Shrimps herausnehmen, in ein Küchensieb geben und unter kaltem Wasser abspülen.

Das Wasser erneut zum Kochen bringen, die Jakobsmuscheln dazugeben und etwa 2 Minuten kochen, bis sie weiß sind. Herausnehmen und unter kaltem Wasser abspülen.

⅓ Tasse (80 ml) von der Brühe abschöpfen und zum Abkühlen beiseitestellen. Die restliche Brühe im Kühl- oder Gefrierschrank aufheben, um sie bei einem anderen Rezept als Grundlage für eine Suppe zu verwenden. Mit einer Küchenmaschine oder einem Mixer die abgeschöpfte Brühe mit dem restlichen Zitronensaft sowie Kapernsaft, gehacktem Knoblauch, Mayonnaise, Salz und schwarzem Pfeffer und einer Hälfte der Avocado pürieren. Das Püree beiseitestellen.

Gehackte Mandeln oder Mandelstifte in eine Backform geben und bei 180 °C im Backofen rösten, bis sie leicht goldbraun sind, etwa 7 Minuten. Da sie leicht verbrennen, müssen Sie zwischendurch oft nachsehen. Aus dem Backofen nehmen und beiseitestellen.

Die restliche Hälfte der Avocado klein schneiden und zusammen mit den gekochten Karotten, Shrimps und Jakobsmuscheln sowie dem geschnittenen Sellerie, den Kapern und den gerösteten Mandeln in eine Schüssel geben. Das Püree dazugeben und gut unterheben. Die Füllung zu gleichen Teilen auf den Salatblättern verteilen. Zusammenrollen und genießen.

Brathähnchen-Wrap

2 EL (30 ml) Speckfett oder Kokosöl
2 Hähnchenbrustfilets à 85 g, in fingergroße Streifen geschnitten
½ Tasse (55 g) Karotten, gehobelt
½ Tasse (65 g) Gurken, gehobelt
2 Frühlingszwiebeln, gehackt
½ Tasse (75 g) grüne Paprikaschoten, gehackt
½ mittelgroße Tomate, gehackt
¼ Tasse (60 ml) Asiatisches Mandel-Dressing (S. 53)
2 große Salatblätter
10 Speckkrusten

Ergibt: 2 Portionen
Pro Portion:
41 g Fett;
7 g Netto-Kohlenhydrate;
31 g Eiweiß;
521 Kalorien

Das Öl in einer Pfanne bei mittlerer Temperatur erhitzen. Die Hähnchenbruststreifen etwa 10 bis 15 Minuten braten, bis sie anfangen, goldbraun zu werden, dabei gelegentlich wenden. Das Hähnchenfleisch aus der Pfanne nehmen und zum Abkühlen beiseitestellen.

Karotten, Gurken, Frühlingszwiebeln, grüne Paprika und Tomaten in einer Schüssel miteinander vermischen. Das Asiatische Mandel-Dressing unterheben. Die Mischung auf den Salatblättern verteilen, zu gleichen Teilen die Hähnchenfleischstreifen darüber verteilen und abschließend mit den Speckkrusten abrunden. Zusammenrollen und genießen.

Brathähnchen-Wrap vor dem Zusammenrollen

Schinken-Käse-Salat-Wrap

Salat-Wraps bedeuten eigentlich nichts anderes, als Salat mit der Hand zu essen – ein Salat-Sandwich. Also wie in den vorherigen Rezepten: Alle Zutaten werden zusammen mit einem Lieblingsdressing auf ein Salatblatt gegeben und zusammengerollt.

2 große Salatblätter
110 g Schinken, zuckerfrei und ohne Nitritpökelsalz, geschnitten
55 g Cheddar-Käse, geschnitten
1 mittelgroße Tomate, gehackt
½ Avocado, geschnitten
28 g Alfalfasprossen
2 EL (30 ml) Vinaigrette (S. 54)

Ergibt: 2 Portionen
Pro Portion:
21 g Fett;
3,5 g Netto-Kohlenhydrate;
17 g Eiweiß;
432 Kalorien

Schinken, Käse, Tomaten, Avocado und Sprossen schichtweise auf den Salatblättern verteilen. Die Vinaigrette darübergeben, zusammenrollen und essen.

Garten-Salat-Wrap

Dieses Rezept sieht als Dressing Ranch-Dressing vor, Sie können aber auch jedes Salat-Dressing verwenden.

2 große Salatblätter
1 mittelgroße Tomate, gehackt
¼ Tasse (35 g) Paprika, gehackt
¼ Tasse (30 g) Karotten, gehobelt
½ Tasse (35 g) Weißkohl, gehobelt
½ Tasse (55 g) Gurken, klein geschnitten
2 Frühlingszwiebeln, gehackt
4 Streifen Speck, zuckerfrei und ohne Nitritpökelsalz, knusprig gebraten und zerbröselt
55 g Fetakäse, zerbröselt
¼ Tasse (56 g) Ranch-Dressing (S. 54)

Ergibt: 2 Portionen
Pro Portion:
28 g Fett;
7,5 g Netto-Kohlenhydrate;
20 g Eiweiß;
362 Kalorien

Tomaten, Paprika, Karotten, Weißkohl, Gurken, Frühlingszwiebeln, Speck und Fetakäse zu gleichen Teilen auf den Salatblättern verteilen. Das Ranch-Dressing darübergeben, zusammenrollen und genießen.

Hähnchen-Wrap mit Mandeln

¼ Tasse (30 g) gehackte Mandeln, geröstet
2 EL (28 g) Kokosöl
170 g rohes Hähnchenfleisch, in mundgerechte Stücke geschnitten
1 mittelgroße Karotte, in feine Streifen, Julienne, geschnitten
2 TL frischer Ingwer, gehackt
55 g Bambussprossen
½ Tasse (40 g) Weißkohl, gehobelt
¼ TL Salz

Ergibt: 2 Portionen
Pro Portion:
24 g Fett;
7 g Netto-Kohlenhydrate;
30 g Eiweiß;
364 Kalorien

2 EL (30 ml) Reisessig
2 Frühlingszwiebeln, gehackt
2 EL (30 ml) Sojasauce oder Coconut-Aminos-Sauce
2 große Salatblätter

Den Backofen oder Grill auf 180 °C vorheizen. Die gehackten Mandeln in eine Backform geben und etwa 7 Minuten rösten, bis sie goldbraun sind. Aus dem Backofen nehmen und beiseitestellen.

Das Öl in einer Pfanne bei mittlerer Temperatur erhitzen. Das Hähnchenfleisch und die Karotten etwa 8 Minuten sautieren, bis das Hähnchenfleisch weiß wird. Ingwer, Bambussprossen und Weißkohl dazugeben und etwa 5 Minuten garen lassen, bis der Weißkohl gar ist. Salz, Essig und Frühlingszwiebeln unterrühren und etwa 1 Minute weiter garen lassen. Von der Herdplatte nehmen und die gerösteten Mandeln sowie die Sojasauce dazugeben. Etwas abkühlen lassen und auf die Salatblätter verteilen. Zusammenrollen und servieren.

Hähnchen-Mango-Wrap

Ergibt: 2 Portionen
Pro Portion:
23 g Fett;
11 g Netto-Kohlenhydrate;
28 g Eiweiß;
363 Kalorien

2 EL (30 ml) Speckfett oder Kokosöl
170 g rohes Hähnchenfleisch, in Streifen geschnitten
½ Tasse (90 g) frische Mango, gewürfelt
2 Frühlingszwiebeln, gehackt
¼ Tasse (75 g) rote Paprikaschote, klein geschnitten
½ Tasse (60 g) Gurken, klein geschnitten
¼ Tasse (25 g) gehackte Mandeln, geröstet
¼ Tasse (60 ml) Koriander-Limonen-Dressing (S. 57)
2 große Salatblätter

Das Öl in einer Pfanne bei mittlerer Temperatur erhitzen. Die Hähnchenfleischstreifen etwa 10 Minuten sautieren, bis das Fleisch weiß wird und anfängt, braun zu werden. Von der Herdplatte nehmen und abkühlen lassen. In einer Schüssel Mango, Frühlingszwiebeln, Paprika, Gurken, Mandeln und das Dressing miteinander verrühren. Die Füllung auf die Salatblätter verteilen und mit den Hähnchenfleischstreifen belegen. Zusammenrollen und genießen.

Kapitel 7

Rindfleisch

Rindfleisch ist das Fleisch von voll ausgewachsenen, etwa zwei Jahre alten Rindern. Ein junger Ochse bringt es auf ein Lebendgewicht von rund 540 Kilogramm, was in etwa 220 Kilogramm essbares Fleisch ergibt. In den USA gibt es mindestens 50 verschiedene Rinderrassen, aber weniger als zehn davon machen den Großteil der Fleischproduktion aus.

Im Idealfall werden Kälber, Kühe und Rinder auf der Weide gehalten, wo sie sich von Gras ernähren können. Die große Mehrzahl wird jedoch in Stallhaltung mit Mastanlagen gehalten, wo sie mit speziellem Futter auf der Grundlage von Mais, Weizen und anderem Getreide marktreif gemästet werden. Rindfleisch, das als von „grasgefütterten" Tieren deklariert wird, stammt von Rindern aus Weidehaltung, im Idealfall aus Bio-Betrieben, wo den Tieren keine Hormone oder Antibiotika verabreicht werden, was dem Rindfleisch aus Mastanlagen allemal vorzuziehen ist.

Bei der Schlachtung wird das Rind in Teilstücke zerlegt, wie Nacken, Roastbeef, Filet, Hochrippe und Hüfte samt Oberschale und Unterschale. Auf der Verpackung von frischem Rindfleisch, das im Supermarkt erhältlich ist, werden statt der Teilstücke oft die jeweiligen Produkte genannt, beispielsweise „Nackenbraten" oder „Hüftsteak". Diese Bezeichnungen helfen den Verbrauchern bei der Auswahl, da sie damit einen Hinweis bekommen, wie das Produkt am besten zuzubereiten ist. Nacken sowie Hüfte samt Oberschale und Unterschale sind im Allgemeinen weniger zart und müssen mit Flüssigkeit zubereitet, also beispielsweise geschmort werden; Roastbeef und Hochrippe können hingegen auch trocken, ohne Flüssigkeit zubereitet werden, zum Beispiel durch Grillen.

Leider sind die Bezeichnungen, die für die verschiedenen Teilstücke verwendet werden, regional wie international oft sehr unterschiedlich, was dann bei der Wahl der Zubereitungsmethode zu Verwirrung führen kann. Ein knochenloses Top-Loin-Steak, das aus dem Vorderlappen oder Roastbeef geschnitten wird, kann zum Beispiel als Strip-Steak, Kansas-City-Steak, New-York-Strip-Steak, Hotel-Cut-Strip-Steak, Ambassador-Steak oder Club-Sirloin-Steak bezeichnet werden. Im Falle von Zweifeln sollten Sie den Metzger nach der Bezeichnung des Teilstücks fragen oder ihn um Zubereitungsvorschläge bitten.

Sofern bei dem Produkt ein „Verfallsdatum" angegeben ist, halten Sie sich daran. Ist ein Mindesthaltbarkeitsdatum oder kein Datum angegeben, halten Sie sich bei der Zubereitung oder dem Einfrieren des Produktes an die Zeitangaben in der nachstehenden Tabelle.

KLEINE FLEISCHKUNDE

Was ist der Unterschied zwischen Saumfleisch, einem Hüftsteak und einem Nackensteak? Die meisten Menschen wissen es nicht und meinen, dass der Preis einen Hinweis auf die Zartheit und den Geschmack eines Fleischstückes gibt. Doch das ist nicht immer der Fall. Zähere Fleischstücke sind in der Regel preiswerter als andere Stücke, jedoch nicht immer; aber jedes Fleischstück führt zu guten Ergebnissen, wenn Sie wissen, wie es richtig zuzubereiten ist. Wenn Sie versuchen würden, ein Steak aus dem Rinderlappen wie ein Steak aus dem hinteren Teil des flachen Roastbeefs zuzubereiten, wären Sie sehr enttäuscht. Damit Sie leckere zarte Steaks, Braten oder Koteletts bekommen, ist es wichtig, dass Sie etwas über die verschiedenen Fleischstücke wissen und ebenso, wie sie am besten zubereitet werden.

Ein halber Schlachtkörper vom Rind wird beim Zerlegen in große sogenannte Teilstücke unterteilt. Das Gleiche gilt bei dem Zerlegen von Schweinen und Schafen. Jedes Teilstück wird dann in einem weiteren Schritt jeweils in die einzelnen Stücke geschnitten, die man an der Fleischtheke sieht. Das Fleisch von jedem Teilstück ist von ähnlicher Qualität. Fleisch von der Hochrippe, vom Roastbeef und Filet eines Rindes oder Ochsen sind zum Beispiel die besten und die teuersten Stücke. Stücke von der Rinderbrust, Rinderbein-

Haltbarkeitsfristen für Rindfleischprodukte		
Produkt	**Kühlschrank 4 °C**	**Gefrierschrank –18 °C**
Frischer Rinderbraten, Steaks, Koteletts oder Rippen	3 bis 5 Tage	6 bis 12 Monate
Frische Rinderleber oder Innereien	1 oder 2 Tage	3 bis 4 Monate
Selbst gekochte Rindfleischgerichte, Suppen, Eintöpfe oder Aufläufe	3 bis 4 Tage	2 bis 3 Monate
Fertiggerichte	1 bis 2 Tage	2 bis 3 Monate
Selbst gekochte Rindfleischsauce oder Rinderbrühe	1 oder 2 Tage	2 bis 3 Monate
Rinderwürstchen oder Aufschnitt, luftdicht eingeschweißt verpackt	2 Wochen (oder 1 Woche nach dem „Mindesthaltbarkeitsdatum")	1 bis 2 Monate
Rinderwürstchen, geöffnete Verpackung	7 Tage	1 bis 2 Monate
Aufschnitt, geöffnete Verpackung	3 bis 5 Tage	1 bis 2 Monate
Fertiggerichte, Tiefkühl-Aufläufe	Tiefgefroren halten	3 bis 4 Monate
Rindfleischprodukte in Dosen	2 bis 5 Jahre in der Vorratskammer; 3 bis 4 Tage nach dem Öffnen im Kühlschrank	Nach dem Öffnen 2 bis 3 Monate
Dörrfleisch, vakuumverpackt	1 Jahr in der Vorratskammer, im Kühlschrank 2 bis 3 Monate	Nicht einfrieren

scheibe, Querrippe, vom Rinderlappen und der Hüfte samt Oberschale oder Unterschale sind im Allgemeinen am zähesten und preiswertesten.

Auch wenn die Bezeichnungen für die verschiedenen Fleischstücke regional oder im internationalen Vergleich unterschiedlich sein können, so sind die Stücke, die nach der Zerlegung angeboten werden, doch relativ vergleichbar. Ob man eine ganze Rinderhälfte oder einzelne Stücke auf dem Markt kauft: Die Fleischstücke, die man wählen kann, sind im Grunde gleich. Stücke von der Schulter sind von der Textur und Qualität her alle gleich. Ebenso sind die verschiedenen Stücke aus der Hochrippe, dem Rumpf (Hüfte samt Oberschale und Unterschale), der Beinscheibe (Bein), der Brust (Querrippe) und dem Bauch (Rinderlappen) alle von ähnlicher Qualität. Wenn Sie ein Sirloin-Steak (aus dem hinteren Teil des flachen Roastbeefs – zart und fetthaltig) oder ein Flank-Steak (Rinderlappen – mager und zäh) bestellen, wissen Sie genau, was Sie bekommen. Manche Stücke mögen dicker oder größer sein, mit oder ohne Knochen angeboten werden und etwas mehr oder weniger Fett haben, aber die Qualität der Stücke ist bei jedem Teilstück vergleichbar.

Muskelfleisch ist im Allgemeinen zäher, weil es durch die Bewegung des Tieres stärker beansprucht worden ist oder weil es mehr Sehnen und Bindegewebe enthält. Stücke von den Beinen (Beinscheiben) oder vom Rumpf (Hüfte samt Oberschale und Unterschale) sind Stücke von Körperteilen, die stark beansprucht wurden und in der Regel zäher sind. Fleischstücke aus dem Roastbeef (Rücken) und der Hochrippe sind demgegenüber Stücke von Körperteilen, die weitaus weniger beansprucht wurden und somit zarter und im Allgemeinen marmoriert sind. Fetthaltige, marmorierte Fleischstücke sind zarter und schmackhafter als magere Stücke. Auch Knochen geben dem umliegenden Fleisch mehr Geschmack. Das ist der Grund, warum ein Rib-Eye-Roast oder Prime-Rib-Roast aus der Hochrippe, das sehr wenig Bindegewebe enthält, stark marmoriert und mit mehreren Rippenknochen verbunden ist, zu den zartesten und delikatesten Fleischstücken gehört.

Hackfleisch wird im Allgemeinen von den weniger zarten und weniger beliebten Teilstücken des Rindes hergestellt. Fleischreste von anderen Teilstücken können dazu auch verwendet werden. Durch das Zerkleinern wird das Fleisch zarter, und das Fett sorgt außerdem dafür, dass es nicht so trocken ist und besser schmeckt.

Nacken (Kamm)

Der Nacken ist quasi die Schulter des Rindes oder Ochsen und macht etwa 26 Prozent des Schlachtkörpergewichtes aus. Dieses Teilstück bezieht sich auf den oberen Teil der Wirbelsäule, fünf Rippenknochen und Teile der Schulter.

Da diese Muskeln stark beansprucht werden, enthält der Nacken einen hohen Anteil an Bindegewebe. Ein Großteil des Rinderhackfleischs kommt vom Nacken, der Rest von Fleisch und Fett, das von den anderen Teilstücken abgeschnitten wurde. Das typischste Fleischstück ist der Schmorbraten (dessen amerikanische Namen 7-Bone-Steak oder 7-Bone-Pot-Roast auf die Form des Knochens bei diesem Stück verweisen).

Gängige Stücke sind: Schmorbraten, Nackensteak, Fleisch für Eintopfgerichte und Rinderrückenstücke.

Rinderbrust und Rinderbeinscheiben

Die Rinderbrust wird aus der Brust des Tieres geschnitten, und die Beinscheiben kommen von den Vorderbeinen. Rinderbrust und Beinscheiben machen etwa 10 Prozent des Schlachtkörpergewichtes aus. Die knochenlose Rinderbrust gehört zu den zähesten Fleischstücken, ergibt jedoch, wenn sie richtig zubereitet wird, ein fantastisches Barbecue, Corned Beef und Pastrami. Rinderbrust und Beinscheiben sind eine ausgezeichnete Suppengrundlage.

Gängige Stücke sind: Rinderbrust und Rinderbeinscheibe (Vorderhaxe).

Hochrippe

Die Hochrippenstücke machen etwa 10 Prozent des Schlachtkörpergewichtes aus und gehören zu den zartesten Fleischstücken, die am begehrtesten sind. Prime-Rib-Roast (Rib-Eye-Roast) oder Rib-Eye-Steak (Delmonico-Steak) werden aus der Hochrippe geschnitten. Das Rib-Roast wird oft mit den Rippen verkauft, kann aber auch davon abgetrennt und separat verkauft werden.

Gängige Stücke sind: Prime-Rib, Rib-Eye-Steak und Rinderrippen.

Querrippe und Rinderlappen

Querrippe und Rinderlappen befinden sich im Brust- und Bauchbereich des Rindes oder Ochsens. Beide zusammen machen etwa 10 Prozent des Schlachtkörpergewichtes insgesamt aus. Die Muskeln in diesem Bereich werden viel beansprucht, sodass die Stücke viel Bindegewebe enthalten und sehr zäh sind. Deshalb müssen diese Stücke geschmort oder mariniert werden, um genießbar zu sein. Steaks werden für gewöhnlich sehr dünn und quer zur Faser geschnitten. Sie werden oft in Fajitas und asiatischen Pfannengerichten verwendet. Vieles davon wird auch zu Rinderhackfleisch verarbeitet.

Gängige Stücke sind: Rinderlappen (Flank-Steak), Saumfleisch (Skirt-Steak) und Rinderhackfleisch.

Roastbeef oder Lende

Roastbeef oder Lende besteht aus den auf beiden Seiten der Wirbelsäule den Rücken entlang laufenden Muskeln zwischen den kürzesten Rippen und dem Hüftknochen. Es macht etwa 8 Prozent des Schlachtkörpergewichtes aus. Aus diesem Teilstück werden die zartesten, am stärksten marmorierten und teuersten Rindfleischstücke geschnitten, wozu auch das wertvolle und hoch geschätzte Filet (Filet Mignon) gehört. Porterhouse-Steaks und T-Bone-Steaks enthalten auch einen Filetanteil. Wenn ein Schlachtkörper beim Metzger zerlegt wird, können entweder Filet Mignon oder Porterhouse-Steaks und T-Bone-Steaks daraus geschnitten werden, nicht beides. Ein T-Bone-Steak kann jedoch am Knochen entlang geschnitten werden, sodass sich ein Filet Mignon und ein New-York-Strip-Steak ergibt. Wenn Sie ein T-Bone-Steak essen, können Sie den Unterschied in der Zartheit zwischen dem Filet Mignon und dem New-York-Strip-Steak feststellen. Ein Porterhouse-Steak ist ähnlich wie ein T-Bone-Steak, außer dass es weiter unten aus dem Rücken geschnitten wird und einen größeren Anteil an Filet enthält.

Gängige Stücke sind: T-Bone-Steak, Porterhouse-Steak, Filetbraten, Filetsteaks, Top-Loin-Steak und New-York-Strip-Steak.

Sirloin, der hintere Teil des flachen Roastbeefs

Der hintere Teil des flachen Roastbeefs (Sirloin) befindet sich zwischen dem hohen Roastbeef und der Hüfte und enthält einen Teil der Wirbelsäule und einen Teil des Hüftknochens. Er macht etwa 9 Prozent des Schlachtkörpergewichtes aus. Sirloin stellt nach hohem Roastbeef und Filet das zweitzarteste Fleisch dar. Für Sirloin-Steaks (Rumpsteaks) und Sirloin-Braten gibt es verschiedene Bezeichnungen, etwa Sirloin-Tip, Round-Tip oder einfach Tip-

Steak oder Tip-Roast. Sirloin-Stücke sind ausgezeichnet, um mit trockener Hitze zubereitet zu werden, etwa durch Braten, Schmoren und Grillen.

Gängige Stücke sind: Sirloin-Steak (Rumpsteak), Sirloin-Tip-Roast und Tri-Tip-Roast.

Hüfte samt Oberschale und Unterschale

Hüftstücke werden aus Rumpf und Hinterbeinen eines Rindes oder Ochsen geschnitten und machen etwa 27 Prozent des Schlachtkörpergewichtes aus. Das Fleisch ist mager und wird aus einem Teilstück geschnitten, das ziemlich beansprucht wurde, sodass es viel zäher ist als Sirloin, der hintere Teil des flachen Roastbeefs. Die Steaks können mariniert werden und sollten nicht zu lange gebraten werden – „medium rare“ ist am besten. Diese Stücke werden oft verwendet, um panierte Beefsteaks und Dörrfleisch herzustellen.

Gängige Stücke sind: Hüftsteak, Top-Round-Steak (Steak aus der Oberschale), Bottom-Round-Steak (Steak aus der Unterschale), Round-Rump-Roast, Tip-Roast oder -Steak und Eye-Round-Roast.

FLEISCH ZART MACHEN

Wahrscheinlich ist es Ihnen auch schon mal passiert, dass Sie auf ein Stück Fleisch bissen, das so zäh wie eine Schuhsohle war. Durch unsachgemäße Zubereitung können zähe Fleischstücke noch zäher werden. Aber kein Fleisch, egal aus welchem Teilstück es kommt, sollte so zäh sein, dass man es nicht genießen kann. Mit der richtigen Zubereitung können selbst die zähesten Fleischstücke zart und delikat werden.

Mit zunehmendem Alter der Tiere wird das Fleisch in der Regel zäher; je älter das Tier, desto zäher das Fleisch. Stark beanspruchte Muskeln werden im Allgemeinen stärker, sodass die entsprechenden Fleischstücke von Sehnen und Bindegewebe durchsetzt sind. Die am häufigsten beanspruchten Muskeln – Beine, Nacken, Schulter, Rumpf und Schenkel – sind zäher als die weniger beanspruchte Muskulatur im Bereich der Hochrippe und Lende.

Es lohnt sich, sich mit den verschiedenen Fleischstücken vertraut zu machen, damit Sie das Fleisch richtig zubereiten und so beste Ergebnisse erzielen können. Sie brauchen für einen Eintopf zum Beispiel kein teures Stück aus der Oberschale zu kaufen, wenn ein kostengünstigeres Stück vom Nacken (Kamm) oder von den Beinscheiben sogar einen noch herzhafteren Geschmack und insgesamt bessere Ergebnisse erzielt. Heben Sie sich die zarteren Stücke zum Braten und Grillen auf.

Zähe Fleischstücke können weich gemacht werden, damit sie schmackhafter werden und besser zu verarbeiten sind. Dies kann mechanisch oder chemisch geschehen. Bei der mechanischen Vorgehensweise werden die zähen Fleischfasern durch Klopfen, Würfeln, Einschneiden und Zerkleinern mit dem Fleischwolf zerlegt. Bei dem chemischen Prozess werden die Fasern mittels Enzymen, sauren Marinaden oder Garen mit Flüssigkeit weich gemacht. Die Verwendung von Enzymen ist keine moderne Entwicklung, sondern wird seit Generationen genutzt. Bestimmte Früchte enthalten eiweißspaltende Enzyme, die die Eiweißverdauung fördern und somit hilfreich sind, um Fleisch zart zu machen. Papayasaft enthält das Enzym Papain und Ananas das sogenannte Bromelain, die beide zähe Fleischfasern sehr wirksam spalten. Bei vielen handelsüblichen Produkten handelt es sich einfach um kristalline Formen dieser Enzyme. Essig, Zitronensaft und Wein sind säurehaltig. Diese Säuren spalten die Fasern.

Marinieren allein ist keine wirksame Methode, um Fleisch weich zu machen, weil der Saft der Marinade kaum in die Oberfläche des Fleisches eindringt. Wird Marinieren jedoch mit einer mechanischen Bearbeitung kombiniert, wie beispielsweise dem Einschneiden des Fleisches, so verbessern sich die Ergebnisse erheblich, da die Marinade so tiefer in das Fleisch eindringen kann.

Das Fleisch sollte mindestens 4 Stunden oder sogar über Nacht mariniert werden. Es länger als 24 Stunden zu marinieren ist jedoch nicht empfehlenswert, da dadurch die Fleischfasern an der Oberfläche zu sehr gespalten werden, was zu einer zu weichen, matschigen Textur führt.

Zum Marinieren können sowohl ein strapazierfähiger, verschließbarer Plastikbeutel als auch eine Auflaufform aus Glas verwendet werden. Wählen Sie eine Form, in die das Fleisch gut hineinpasst und flach liegen kann. Während des Marinierens das Fleisch gelegentlich wenden, damit es von allen Seiten gleichmäßig mariniert wird.

Schnelle, trockene Garprozesse (Kurzbraten, Braten, Grillen) trocknen das Fleisch aus und machen es zäh. Für beste Ergebnisse sollten billigere, zähere Fleischstücke weich geklopft und/oder mariniert werden und nicht mehr als „medium rare“ gebraten oder gegrillt werden. Sehr zähes Fleisch, wie Rinderbrust und Pot-Roast können durch langsames Garen mit Flüssigkeit, das heißt durch Kochen, wunderbar zart werden. Beim langsamen Garen mit Flüssigkeit wird das zähe Bindegewebe gespalten, sodass das Fleisch auf der Zunge zergeht. Es ist die wirksamste Methode, zähes Fleisch weich zu machen.

STEAKS

Steaks richtig braten

Erstklassige Rindfleischstücke wie Filet, T-Bone-Steak, Porterhouse-Steak, Roastbeef-Steak, Top-Loin-Steak, das aus dem Vorderlappen oder Roastbeef geschnitten wird, und Rib-Eye-Steak, das aus der Hochrippe geschnitten wird, führen alle zu großartigen Ergebnissen, wenn sie gebraten werden. Wenn das Steak am äußeren Rand etwas Fett aufweist, sollten Sie das Fett im Abstand von jeweils 2 Zentimetern diagonal einschneiden, ohne ins Fleisch zu schneiden. Dies verhindert, dass sich das Steak beim Braten wölbt.

Die Temperatur des Backofens auf Grillen oder auf 280 °C einstellen. Die Steaks auf den Rost in der Grillpfanne legen. Wenn die mitteldicken Steaks (1,5–2 cm) in den Ofen kommen, sollten sie 5 bis 7 Zentimeter von der Hitzequelle entfernt sein. Dicke Steaks (2–5 cm) sollten 7 bis 12 Zentimeter von der Hitzequelle entfernt sein.

Grillen, bis die Oberfläche der Steaks braun ist, dann wenden und die andere Seite grillen, bis sie braun ist. Die folgende Tabelle zeigt die verschiedenen Garzeiten.

Die Kerntemperatur für „rare“, also nicht durchgebratene (blutige) Steaks, beträgt 60 °C, für „medium rare“ Steaks 63 °C und für „medium“ Steaks 70 °C. Steaks mehr als „medium“ zuzubereiten ist generell nicht empfehlenswert.

Rinderbraten

Gartabelle Rindfleisch

Produkt	Größe	Garmethode	Garzeit	Mindest-Kerntemperatur
Rib Roast aus der Hochrippe mit Knochen	1,8–2,7 kg	Braten 170 °C	25–27 Min./0,5 kg	
Rib-Roast aus der Hochrippe ohne Knochen, gerollt	1,3–1,8 kg	Braten 170 °C	31–33 Min./0,5 kg	
Nackenbraten, Rinderbrust	1,1–1,8 kg	Schmoren 170 °C	2–3 Std.	Medium rare 63 °C
Hüftbraten oder Rump-Roast aus dem Hüftdeckel (Hinterkeule)	1,8–2,7 kg	Braten 170 °C	33–39 Min./0,5 kg	Medium 70 °C
Filet, ganz	1,9 cm dick	Braten 220 °C	45–60 Min. insgesamt	
Steaks	2,5–3,8 cm dick	Braten/Grillen	4–5 mm pro Seite	Well done 76 °C
Eintopf oder Rinderbeinscheiben	10 cm lang, 5 cm dick	Mit Flüssigkeit bedecken, köcheln lassen	2–3 Std.	
Short-Ribs aus der Quer- oder Spannrippe	10 cm lang, 5 cm dick	Schmoren* 180 °C	1,5–2,5 Std.	
Hamburger Patties, Frisch	110 g	Grillen, braten oder frittieren	3–5 Min. pro Seite	70 °C

* Schmoren heißt, weniger zartes Fleisch mit etwas Flüssigkeit in einem gut abgedeckten Topf braten oder köcheln lassen.

Das perfekte Steak in der Pfanne braten

Erstklassige Steaks in der Pfanne zu braten ist eine großartige Zubereitung, insbesondere bei gut durchwachsenen. Fett verbessert den Geschmack des Fleisches. In der Pfanne kann das Steak in seinem eigenen Saft braten; er geht nicht durch den Gitterrost des Grills oder den Rost in der Grillpfanne loren. Ein Steak in einer Pfanne zu braten ist einfach, wenn Sie jedoch ein paar einfache Schritte nicht beachten, können Sie ein Fleischstück erster Wahl verderben.

Das Geheimnis eines in der Pfanne gebratenen, fantastisch schmeckenden Steaks ist, das Steak von außen scharf anzubraten, während es innen leicht rot bleibt. Das scharfe Anbraten gibt dem Steak einen schönen Geschmack und schließt die Oberfläche des Fleisches, sodass der Saft drinbleibt und es ein delikat saftiges Steak wird. Und nicht zu lange braten, „medium rare" bis „medium" ist ideal. Je weniger das Steak gegart ist, desto zarter und saftiger ist es.

Beginnen wir mit einem erstklassigen Steak aus der Hochrippe, dem Roastbeef oder einem Sirloin-Steak aus dem hinteren Teil des flachen Roastbeefs (siehe S. 194–195). Die besten Stücke sind gut durchwachsen und haben eine schöne Rosafärbung. Dunkelrot weist hingegen darauf hin, dass das Fleisch alt sein kann.

Das Steak aus dem Kühlschrank nehmen und Zimmertemperatur annehmen lassen. Man sollte kein Fleisch braten, das in der Mitte noch kalt oder gefroren ist. Zuvor eingefrorenes Fleisch sollte vor dem Garen durch und durch aufgetaut werden und Zimmertemperatur haben. Um ein gekühltes Steak auf Zimmertemperatur zu bringen, lassen Sie es abgedeckt 20 bis 30 Minuten bei Zimmertemperatur ruhen. Das Fleisch nicht mit Wasser abspülen. Wenn es nass wird, sollten Sie es mit einem Papiertuch vor dem Braten abtrocknen. Ist es nass, wird es gedünstet statt scharf angebraten.

Eine Pfanne auf mittlere Temperatur erhitzen. Es wichtig, eine ziemlich hohe Temperatur zu wählen, um das Steak von außen scharf anzubraten. 1 Esslöffel (14 g) Kokosöl oder Schmalz in die Pfanne geben sowie 1 Esslöffel (14) Butter. Das Öl oder Schmalz soll verhindern, dass das Fleisch am Boden kleben bleibt, die Butter wird ausschließlich zur Verbesserung des Geschmacks hinzugefügt. Das Steak auf beiden Seiten mit Salz und Pfeffer

Garzeiten für Steaks (in Minuten)			
Fleischstück	**Rare**	**Medium rare**	**Medium**
T-Bone-Steak			
2,5 cm	20	22	25
3,8 cm	30	32	35
Porterhouse-Steak			
2,5 cm	20	22	25
3,8 cm	30	32	35
Filet (Filet Mignon)			
113 g	10	12	15
226 g	15	17	20
Top-Loin-Steak (aus dem Vorderlappen oder Roastbeef)			
2,5 cm	15	17	20
2,8 cm	25	27	30
5 cm	35	40	45
Sirloin-Steak (aus dem hinteren Teil des flachen Roastbeefs)			
1,5 cm	20	22	25
2,8 cm	30	32	35
Rib-Eye-Steak (aus der Hochrippe)			
1,5 cm	15	17	20
2,8 cm	25	27	30
5 cm	35	40	45

Ein perfektes Steak

würzen und in die heiße Pfanne legen. Das Salz ist in dieser Phase hilfreich, weil es den Saft aus der Oberfläche des Steaks zieht, sodass die Oberfläche des Steaks scharf angebraten und geschlossen werden kann und der Saft drinbleibt.

Das Fleisch ungestört etwa 5 bis 7 Minuten braten lassen, bis es schön scharf angebraten ist. Das Steak nicht bewegen oder von einer Seite auf die andere wenden. Das Steak ruhen und garen lassen. Nicht abdecken. Wenn die erste Seite fertig gebraten ist, das Steak wenden und von der anderen Seite 5 bis 7 Minuten braten. Einer der Tricks, ein großartiges Steak zu braten, ist, es nur einmal zu wenden.

Keine anderen Produkte zusammen mit dem Steak in derselben Pfanne braten. Das Steak sollte separat gebraten werden. Gemüse sollte in einer anderen Pfanne gedünstet werden oder, noch besser, nachdem das Steak herausgenommen wurde in derselben Pfanne in dem Bratensaft.

Das Steak aus der Pfanne nehmen und vor dem Servieren einige Minuten ruhen lassen. Wenn Fleisch in eine heiße Pfanne kommt, zieht es sich in der Regel zusammen. Wenn es anschließend einige Minuten ruhen kann, entspannt es sich, wird weicher und sein Geschmack entfaltet sich. Falls gewünscht, mit etwas Butter servieren.

Die Garzeit ist unterschiedlich und hängt von der Dicke des Fleisches ab und davon, wie stark Sie es garen möchten. Es liegt auf der Hand, dass ein 2,5 Zentimeter dickes Steak weniger Garzeit braucht als ein 5 Zentimeter dickes Steak, und dass ein „rares“ (blutiges) Steak weniger lange braucht als ein „medium“ gegartes Steak. Mit etwas Erfahrung werden Sie ganz genau beurteilen können, wie lange ein Steak braten muss.

Eine hilfreiche Stütze, um die Garstufe eines Steaks festzustellen, ist der Fingertest.

Wie Sie feststellen, wann Ihr Steak fertig ist

Der Fingertest

Es gibt verschiedene Methoden, wie Köche feststellen, ob der gewünschte Gargrad erreicht ist. Unerfahrene Köche werden einfach ein Messer nehmen, um das Steak in der Mitte durchzuschneiden und zu sehen, wie es innen aussieht. Dies ist nicht empfehlenswert. Wenn das Steak geschnitten wird, läuft der Saft heraus, den Sie doch im Steak behalten möchten.

Ein anderer Ansatz ist, die Temperatur in der Mitte des Steaks zu messen. Dazu wird ein Fleischthermometer in das Steak gesteckt, aber auch hierdurch tritt wiederum Saft aus.

Erfahrene Köche verlassen sich auf den Fingertest. Der Test ist eine Druckprobe, bei der Sie die Festigkeit Ihres Daumenmuskels mit der eines Steaks bei den verschiedenen Garstufen vergleichen. Man braucht etwas Übung, aber sobald Sie ein Gefühl dafür entwickelt haben, ist es eine gute Methode, um den Gargrad festzustellen.

Roh

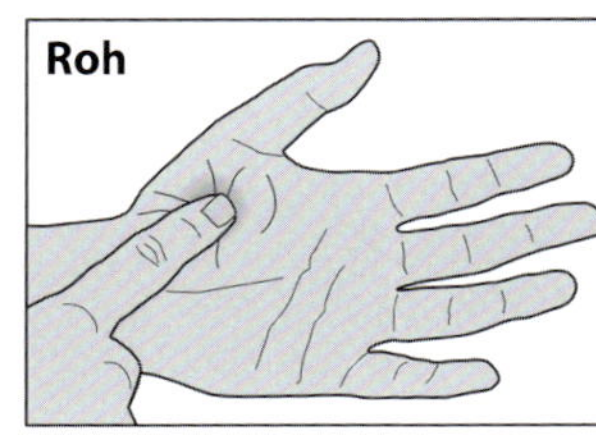

Bei offener und entspannter Hand drücken Sie mit dem Zeigefinger der anderen Hand auf den Handballen. Er fühlt sich weich und fleischig an. Die Festigkeit des Handballens entspricht in etwa der, wenn Sie auf ein rohes Steak drücken.

Rare (Blutig)

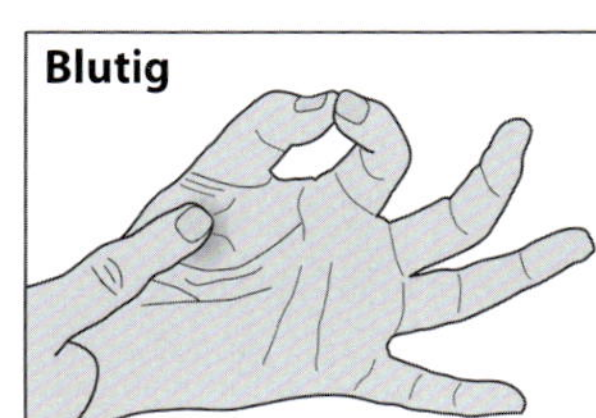

Die Zeigefingerspitze und Daumenspitze so zusammendrücken, dass sie einen Kreis bilden. Jetzt mit dem Zeigefinger der anderen Hand auf den Handballen drücken, der nun etwas fester ist. Die Festigkeit des Handballens entspricht in etwa der eines Steaks, das „rare“ gebraten ist.

Medium rare (Medium blutig)

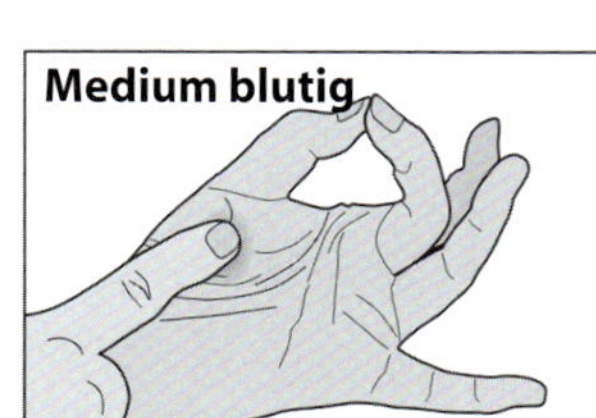

Die Spitze des Mittelfingers und die Daumenspitze zusammendrücken. Jetzt ist der Muskel im Handballen stärker angespannt. Er fühlt sich immer noch weich an, gibt aber nicht mehr so viel nach. In dieser Stellung fühlt sich der Handballen wie ein „medium rare“ gebratenes Steak an.

Medium

Die Spitze des Ringfingers und die Daumenspitze zusammendrücken, ohne sich dabei anzustrengen. Wenn Sie nun auf Ihren Handballen drücken, so entspricht seine Festigkeit der eines „medium" gegarten Steaks.

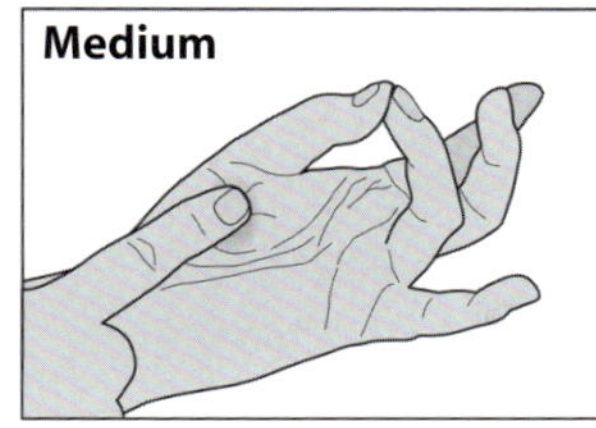

Well done (Durch)

Die Spitze des kleinen Fingers und die Daumenspitze zusammendrücken. Wenn Sie nun auf den Handballen drücken, fühlt er sich fest an. Der Druck, der erforderlich ist, um den Handballen etwas einzudrücken, ist in etwa genauso wie bei einem durchgebratenen („well done") Steak.

Das perfekte Steak grillen

Voraussetzung für ein großartiges Steak ist ein hochwertiges Stück Rindfleisch. Billiges Fleisch führt zu suboptimalen Ergebnissen. Die besten Steaks für den Grill werden aus hochwertigen Teilstücken geschnitten – Rib-Eye-Steak aus der Hochrippe, T-Bone-Steak und Porterhouse-Steak aus dem Roastbeef mit einem Filetanteil, Filet, New-York-Strip vom Roastbeef, Top-Loin-Steak aus dem Vorderlappen oder Roastbeef und Sirloin-Steak aus dem hinteren Teil des flachen Roastbeefs. Diese Stücke ergeben die schmackhaftesten und zartesten Steaks. Sie können mit oder ohne Knochen sein, wobei der Knochen dem Fleisch in der Regel mehr Geschmack gibt.

Am besten ist ein 4 bis 5 Zentimeter dickes Steak. Dabei geht es nicht nur um die Menge, sondern auch um den Geschmack. Ist das Steak zu dünn, so ist es sehr schwierig, den Kontrast zwischen einem von außen perfekt scharf angebratenen und innen saftigen Steak hinzubekommen. Sobald das Steak außen genau richtig scharf angebraten ist, ist ein dünnes Steak innen zu stark gegart, es sei denn, Sie möchten Ihr Steak durchgebraten („well done") haben – andernfalls ist das bei einem hochwertigen Steak extrem bedauerlich. Ein 4 bis 5 Zentimeter dickes Steak kann 340 Gramm oder mehr wiegen. Das ist viel Fleisch. Es ist jedoch besser, zwei Personen teilen sich ein großes Steak, als zwei kleinere Steaks zu grillen.

Vor der Zubereitung nehmen Sie das Steak aus dem Kühlschrank und lassen es 20 bis 30 Minuten ruhen, um es auf Zimmertemperatur zu bringen. Ist das Steak in der Mitte kalt, so verzögert dies den Garprozess und erhöht die Wahrscheinlichkeit, dass es in der Mitte noch roh ist, wenn es von außen fertig angebraten ist.

Den Grill auf eine hohe Temperatur einstellen. Das Steak von beiden Seiten mit Öl bestreichen und großzügig mit Salz und schwarzem Pfeffer würzen. Das Öl verhindert, dass das Steak auf dem Grill festklebt, und das Salz hilft, die Feuchtigkeit aus der Oberfläche zu ziehen, um den Saft im Steak einzuschließen. Das Steak auf den Grill legen und garen, bis es scharf angebraten ist, 5 bis 6 Minuten. Durch das scharfe Anbraten werden die Steaks delikat, weil der Saft im Steak eingeschlossen und der Geschmack verbessert wird. Das perfekte Steak sollte von außen kross, leicht angekohlt und innen leicht rosa, saftig und zart sein.

Das Steak stets mit einer Zange auf den Grill legen, wenden und vom Grill nehmen (die Zange spülen, nachdem sie mit rohem Fleisch in Kontakt gekommen ist). Keine Gabel verwenden. Durch Gabelstiche würde der Saft herauslaufen und das Fleisch austrocknen. Wenn zudem das Steak gut marmoriert ist, wird der Saft voller Fett sein, das dann in die Glut oder auf die Heizstäbe tropfen würde, was zu Stichflammen führt, die Ihr wertvolles Steak binnen Sekunden stark verkohlen könnten.

Manche mögen ihre Steaks zwar „medium well" oder „well done" (durch), aber je länger ein Steak gegart wird, desto weniger zart wird es, und es schmeckt dann auch weniger gut. „Medium rare" bis „medium" ist genug, um das Fleisch richtig zu garen – so bleibt es zart und delikat. Da die Temperatur auf einem Grill schwierig einzuschätzen ist, kann die Garzeit unterschiedlich sein. Nutzen Sie den Fingertest, um den Gargrad zu prüfen.

Schließlich das Fleisch vom Grill nehmen und vor dem Verzehr mindestens 5 Minuten ruhen lassen. Bei hohen Temperaturen zieht das Fleisch sich in der Regel zusammen. Wenn es einige Minuten ruhen kann, kann es sich entspannen und weicher werden und seinen vollen Geschmack entfalten.

STEAK-SAUCEN

Für hochwertige Steaks benötigen Sie im Allgemeinen an Gewürzen nur Salz und schwarzen Pfeffer. Hochwertige Steaks schmecken von sich aus fantastisch, wenn sie richtig zubereitet werden. Aber vielleicht wünschen Sie sich manchmal ja noch etwas anderes dazu. Nachstehend finden Sie einige Steak-Saucen, die Sie ausprobieren können. Diese Saucen können Sie auch gut bei preiswerterem Fleisch verwenden, um den Geschmack verbessern.

Barbecue-Sauce

1 EL (15 ml) Olivenöl extra virgin
1 kleine Zwiebel, fein gehackt
2 EL (32 g) Tomatenpaste
1 TL Chilipulver
1 TL gemahlener Kreuzkümmel
¾ TL Knoblauchpulver
¾ TL Senfmehl
¼ TL Muskatnuss
⅛ TL Cayennepfeffer
1½ Tassen (350 ml) Tomatensauce
1½ Tassen (23 ml) Apfelessig
2 TL Worcestershire-Sauce

Ergibt: etwa 2 Tassen (448 g)
Pro Portion (2 Esslöffel/28 g): 1 g Fett; 1,5 g Netto-Kohlenhydrate; 0,5 g Eiweiß; 17 Kalorien

Das Öl in einem kleinen Topf bei mittlerer Temperatur erhitzen. Die Zwiebeln etwa 8 Minuten sautieren, bis sie anfangen, goldbraun zu werden. Alle übrigen Zutaten unterrühren und bei gelegentlichem Umrühren köcheln lassen, etwa 8 Minuten. Sofort verwenden oder in einem luftdicht verschlossenen Behälter im Kühlschrank aufbewahren.

Meerrettich-Senf-Sauce

- 1 EL (14 g) fertiger Meerrettich
- 1 EL (11 g) Dijon-Senf
- ¼ Tasse (60 ml) Buttermilch
- 2 EL (28 g) saure Sahne
- 1 TL frisch gemahlener schwarzer Pfeffer
- ½ TL Salz

Ergibt: etwa 8 Esslöffel (112 g)
Pro Portion (2 Esslöffel/28 g): 1,5 g Fett; 1,5 g Netto-Kohlenhydrate; 1 g Eiweiß; 23 Kalorien

Alle Zutaten in einer kleinen Schüssel gründlich miteinander verrühren. Das Rezept reicht für 2 bis 4 Steaks.

Chimichurri-Sauce

Dies ist eine traditionelle argentinische Sauce. Es ist eine sehr würzige, farbenstarke Sauce mit Kräutern, Knoblauch und Essig. In Argentinien wird gegrilltes Fleisch immer mit Chimichurri-Sauce serviert.

- 1 Tasse (60 g) frische Italienische Petersilie
- 2 mittelgroße Knoblauchzehen, zerdrückt oder gehackt
- ¼ Tasse (4 g) frischer Koriander
- 2 EL (8 g) frische Oreganoblätter, gehackt, oder 2 TL getrockneter Oregano
- ¼ Tasse (60 ml) roter Weinessig
- ¼ TL rote Paprikaflocken
- ¼ TL Salz
- ½ Tasse (120 ml) Olivenöl extra virgin

Ergibt: etwa 1 Tasse (224 g)
Pro Portion (2 Esslöffel/28 g): 14,5 g Fett; 1 g Netto-Kohlenhydrate; 0,5 g Eiweiß; 136 Kalorien

Petersilie, Knoblauch, Koriander, Oregano, Essig, rote Paprikaflocken und Salz in einer Küchenmaschine miteinander verrühren und zerkleinern, bis sie fein gehackt sind. Die Maschine stoppen und gegebenenfalls an den Seiten Haftendes mit einem Gummispatel entfernen und wieder zu der Masse dazugeben. Bei laufender Küchenmaschine das Öl in einem dünnen Strahl unterrühren. An den Seiten Haftendes wiederum entfernen und zu der Masse dazugeben. Die Küchenmaschine einige Male kurz laufen lassen, um alles gut miteinander zu verbinden. Die Sauce in einen luftdicht verschlossenen Behälter füllen und mindestens 2, besser bis zu 24 Stunden vor dem Essen im Kühlschrank lassen, damit die Aromen sich miteinander verbinden können. Vor dem Servieren nochmals umrühren. Hält im Kühlschrank bis zu 1 Woche.

Senf-Schalotten-Sauce

Ergibt: etwa 1 Tasse (224 g)
Pro Portion (2 Esslöffel/28 g): 7 g Fett; 1 g Netto-Kohlenhydrate; 0,5 g Eiweiß; 69 Kalorien

¼ Tasse (60 ml) Olivenöl extra virgin
¼ Tasse (44 g) Dijon-Senf
¼ Tasse (60 ml) roter Weinessig
2 mittelgroße Schalotten, gehackt
¾ TL Salz

Alle Zutaten in einen Mixer geben und mixen, bis eine glatte Masse entstanden ist. Zu Steaks und warmem heißen Gemüse servieren.

Schalotten-Steak-Sauce

Dies ist eine dünne Sauce, die in dem Saft eines in der Pfanne gebratenen Steaks hergestellt wird.

Ergibt: etwa 3 Portionen von je ¼ Tasse (60 g)
Pro Portion: 8 g Fett; 2 g Netto-Kohlenhydrate; 0,5 g Eiweiß; 82 Kalorien

3 EL (30 g) Schalotten, gehackt
2 EL (30 ml) Bratenfett von einem gebratenen Steak
½ Tasse (120 ml) Rinderbrühe (S. 91–92)
2 EL (30 ml) roter Weinessig
1 EL (4 g) frische Petersilie, gehackt (optional)

Die Schalotten im Bratenfett von einem Steak bei moderater Hitze 3 bis 5 Minuten sautieren, bis sie weich sind. Sofern Sie nicht genug Bratenfett für 2 Esslöffel (30 ml) haben, fügen Sie Butter dazu. Dann Rinderbrühe, Essig und Petersilie dazugeben und leicht köcheln lassen, etwa 5 Minuten.

Provolone-Sauce

Ergibt: etwa 4 Portionen
Pro Portion: 15,5 g Fett; 1,5 g Netto-Kohlenhydrate; 11 g Eiweiß; 189 Kalorien

2 EL (28 g) Butter
½ Tasse (120 ml) Schlagsahne
2 Tassen (225 g) Provolone-Käse, gerieben
¼ Tasse (20 g) Parmesankäse, gerieben
½ TL Salz, ¼ TL frisch gemahlener Pfeffer

Die Butter in einem kleinen Topf bei mittlerer Hitze zum Schmelzen bringen. Die Sahne unterrühren. Die Temperatur auf eine niedrige Stufe stellen und den Käse samt Salz und schwarzem Pfeffer dazugeben. 4 bis 5 Minuten ständig weiter rühren, bis der Käse geschmolzen und die Sauce eingedickt ist.

STEAK-GEWÜRZMISCHUNGEN

Anstelle von Steak-Saucen können auch Gewürzmischungen verwendet werden. Das Fleisch wird unmittelbar vor der Zubereitung von außen mit der Gewürzmischung eingerieben; die Gewürzmischung kann dann sofort verarbeitet werden und muss nicht ruhen. Aus Zeitgründen kann die Gewürzmischung jedoch auch bereits mehrere Stunden vorher aufgetragen werden; in dem Fall sollte das Fleisch dann bis zum Garen in den Kühlschrank gestellt werden. Das Aroma wird umso prägnanter, je länger die Gewürzmischung auf dem Fleisch ist. Sie können für diese Zwecke Ihre eigenen Gewürzmischungen kreieren oder eines der nachstehenden Rezepte verwenden.

Steak-Gewürzmischung à la Emeril Lagasse

Ergibt: genug für 2 Steaks
Pro Portion: 0 g Fett; 0,5 g (oder weniger) Netto-Kohlenhydrate; 0 g Eiweiß; 0 Kalorien

Der US-amerikanische Starkoch Emeril Lagasse sagt, dies sei seine Lieblings-Steak-Gewürzmischung.

2 EL Salz, ½ TL frisch gemahlener schwarzer Pfeffer
1 TL Paprikapulver
1 TL Kreuzkümmel
1 TL Chilipulver

Zitrone-Rosmarin-Gewürzmischung

1½ TL geriebene Zitronenschale
1 TL gemahlene, getrocknete Rosmarinblätter
¼ TL getrockneter Thymian
¼ TL Salz
¼ TL frisch gemahlener schwarzer Pfeffer
2 große Knoblauchzehen, gehackt

Southwestern-Gewürzmischung

1½ TL Chilipulver
1 TL Knoblauchpulver
½ TL getrockneter Oregano
¼ TL gemahlener Kreuzkümmel

Alle Zutaten miteinander verrühren und das Fleisch vor dem Garen gleichmäßig damit einreiben. Die Gewürzmischung reicht, um 900 Gramm Fleisch damit zu würzen.

RINDFLEISCH-REZEPTE

Steak und karamellisierte Zwiebeln mit Provolone-Sauce

Ergibt: 2 Portionen
Pro Portion (mit Provolone-Sauce): 45 g Fett; 9,5 g Netto-Kohlenhydrate; 67 g Eiweiß; 711 Kalorien

Steak-Gewürzmischung (siehe unten)
2 EL (28 g) Butter
1 große spanische Zwiebel, dünn geschnitten
225 g Champignons, in Scheiben geschnitten
1 TL Salz
1 EL (14 g) Kokosöl oder rotes Palmöl
340 g Beefsteak
Provolone-Sauce (S. 208)

Steak-Gewürzmischung:
½ EL Paprikapulver
½ TL Chilipulver

¼ TL gemahlener Kreuzkümmel
¼ TL gemahlener Koriander
¼ TL Senfmehl
¼ TL getrockneter Oregano
¼ TL Salz
¼ TL schwarzer Pfeffer

Für die Gewürzmischung alle Zutaten miteinander vermischen und die fertige Mischung beiseitestellen.

Für die Zubereitung des Gemüses die Butter in einer großen Pfanne bei mittlerer Hitze zum Schmelzen bringen. Die Zwiebeln sautieren, bis sie anfangen, leicht braun zu werden, etwa 10 bis 12 Minuten. Die Champignons dazugeben und weiter garen, bis sie weich sind, etwa 5 Minuten. Salz dazugeben und alles zusammen auf einem warmen Teller anrichten. Die Zwiebeln und Champignons können kurz bevor die Steaks aus der Pfanne genommen werden nochmals zum Aufwärmen in die Pfanne gegeben werden (siehe Abbildung unten).

Zum Braten des Steaks das Kokosöl in die Pfanne geben und auf mittlere Temperatur erhitzen. Die Steak-Gewürzmischung gleichmäßig auf dem Fleisch verteilen. Das Steak in die heiße Pfanne geben und von beiden Seiten etwa je 5 Minuten braten, bis es gebräunt ist. Vor dem Servieren die karamellisierten Zwiebeln und die Provolone-Sauce auf das Steak geben.

Beefsteaks aus Hackfleisch mit karamellisierten Zwiebeln

Beefsteak-Streifen mit Champignon-Sauce

Bei diesem Rezept wird ein Rinderfilet oder ein Rib-Eye-Steak (aus der Hochrippe geschnitten) in schmale Streifen geschnitten.

½ Tasse (35 g) Champignons, dünn geschnitten
2 EL (20 g) Zwiebeln, gehackt
1 TL Zitronensaft
1 TL Worcestershire-Sauce
⅛ TL Salz
1 Knoblauchzehe, geschält und zerdrückt
¼ Tasse (56 g) Butter
2 EL (2 g) frische Petersilie oder Koriander, gehackt
2 EL (28 g) Butter
450 g Rinderfilet oder Rib-Eye-Steak, in 8 schmale Streifen geschnitten

Ergibt: 4 Portionen (mit jeweils 2 Streifen)
Pro Portion: 27 g Fett; 0,5 g Netto-Kohlenhydrate; 33 g Eiweiß; 377 Kalorien

In einem kleinen Topf bei mittlerer Hitze ¼ Tasse (56 g) Butter zum Schmelzen bringen und Champignons, Zwiebeln, Zitronensaft, Worcestershire-Sauce, Salz und Knoblauch dazugeben und garen, bis die Champignons zart sind. Von der Herdplatte nehmen und die Petersilie unterrühren; die Sauce warm halten, während Sie das Fleisch zubereiten.

2 Esslöffel (28 g) Butter in einer Pfanne bei mittlerer Hitze zum Schmelzen bringen. Die Steak-Streifen braten, bis der gewünschte Gargrad erreicht ist, etwa 5 bis 7 Minuten von jeder Seite, dabei nur einmal wenden (siehe S. 200). Mit der Champignon-Sauce garniert und mit dem Gemüse als Beilage servieren.

Gebratenes Steak mit Champignons, Zwiebeln und grünen Paprikaschoten

225 g Steak
3 EL (42 g) Kokosöl oder Butter
½ mittelgroße Zwiebel, gehackt
1 grüne Paprikaschote, klein geschnitten
225 g Champignons, in Scheiben geschnitten
2 TL Sojasauce oder Coconut-Aminos-Sauce
Salz, Schwarzer Pfeffer (zum Abschmecken)

Ergibt: 2 Portionen
Pro Portion: 27 g Fett; 7 g Netto-Kohlenhydrate; 45 g Eiweiß; 451 Kalorien

Das Steak braten, wie auf S. 199–203 beschrieben. Für das Gemüse das Öl in einer großen Pfanne auf mittlere Temperatur erhitzen. Zwiebeln und grüne Paprika etwa 8 bis 10 Minuten sautieren, bis die Zwiebeln anfangen, goldgelb zu werden. Die Champignons dazugeben und garen lassen, bis sie zart sind. Die Sojasauce dazugeben und mit Salz und Pfeffer abschmecken. Zu dem gebratenen Steak servieren.

Aufgeschnittenes Steak

New-England-Pot-Roast – Schmorbraten

Dieser Schmorbraten kann in einem Feuertopf (Dutch Oven) oder in einem Schongarer zubereitet werden. Der Saft und das Gemüse werden zusammen püriert, um eine köstliche Sauce herzustellen.

Ergibt: 4 Portionen
Pro Portion: 59,5 g Fett; 13 g Netto-Kohlenhydrate; 52 g Eiweiß; 795 Kalorien

2 EL (28 g) Kokosöl oder Schmalz
680 g Rinderbraten, aus der Schulter geschnitten, Nackenbraten oder 7-Bone-Pot-Roast
1½ Tassen (350 ml) Wasser
2 TL Salz
1 TL frisch gemahlener schwarzer Pfeffer

1 Lorbeerblatt
¼ Tasse (60 g) Tomatenpaste oder 1 große Tomate, gehackt
2 mittelgroße Karotten, in 2,5 cm lange Stücke geschnitten
4 mittelgroße Stangensellerie, in 2,5 cm lange Stücke geschnitten
2 mittelgroße rote Paprikaschoten, grob gehackt
1 große Zwiebel, geviertelt
2 Knoblauchzehen
2 TL getrockneter Majoran
2 TL getrocknetes Basilikum
450 g Champignons, ganz
¼ Tasse (56 g) Butter, weich

Das Öl bei mittlerer Temperatur in einem Feuertopf (Dutch Oven) erhitzen. Den Schmorbraten in den Topf geben und von beiden Seiten anbraten. Wasser, Salz, schwarzen Pfeffer, Lorbeerblatt, Tomatenpaste, Karotten, Sellerie, rote Paprika, Zwiebeln, Knoblauch, Majoran und Basilikum dazugeben. Die Temperatur reduzieren, abdecken und 2 Stunden köcheln lassen (wenn Sie einen Schongarer verwenden, die Champignons hinzufügen und auf einer hohen Stufe 4 Stunden garen lassen). Zwischendurch prüfen, ob noch genug Flüssigkeit im Topf ist, und gegebenenfalls mehr Wasser hinzufügen, aber nicht zu viel, sonst wird die Sauce zu dünn. Die ganzen Champignons dazugeben und etwa 20 Minuten köcheln lassen, bis die Champignons zart sind.

Das Fleisch und die Champignons herausnehmen, sodass nur noch die Brühe und das Gemüse in dem Topf sind. Das Lorbeerblatt herausnehmen und wegwerfen. Die Brühe mit dem Gemüse und der Butter in eine Küchenmaschine oder einen Mixer geben und pürieren, bis eine glatte Masse für die Sauce entstanden ist. Abschmecken und gegebenenfalls mehr Salz und schwarzen Pfeffer dazugeben. Vor dem Servieren die Sauce über das Fleisch und die Champignons geben.

Corned Beef und Weißkohl

Das handelsübliche Corned Beef, das Sie im Supermarkt bekommen, enthält immer Zucker und Natriumnitrit, das beim Pökeln eingesetzt wird. Bei diesem Rezept stellen Sie Ihr eigenes zucker- und chemiefreies Corned Beef her – eine viel gesündere Option. Zur Herstellung von Corned Beef wird normalerweise Rinderbrust verwendet, das zäheste Fleischstück beim Rind. Bei diesem Rezept nehmen wir ein Stück Nackenfleisch (Pot-Roast), Sie können aber auch Rinderbrust oder ein anderes zäheres Fleischstück verwenden.

Ergibt: 8 Portionen
Pro Portion:
39 g Fett;
10,5 g Netto-Kohlenhydrate;
33,5 g Eiweiß;
527 Kalorien

Marinade (siehe unten)
900 g Nackenfleisch oder Rinderbrust
1 Zwiebel, geviertelt
1 große Karotte, grob gehackt
1 Stangensellerie, grob gehackt
4 Kohlrabi, geviertelt
½ TL Selleriesamen
1 TL Koriandersamen
½ TL Senfmehl
½ TL Dill
1 kleiner Kopf Weißkohl, in dicke Spalten geschnitten
½ Tasse (120 g) Butter

Marinade:
1 bis 2 l Wasser
½ Tasse (150 g) kosheres Salz
1 Zimtstange, in mehrere Teile zerbrochen
1 TL Senfkörner
1 TL schwarze Pfefferkörner
8 ganze Gewürznelken
8 ganze Pimentbeeren
12 ganze Wacholderbeeren
2 Lorbeerblätter, zerbröselt
½ TL gemahlener Ingwer
Eis

Für die Marinade: Das Wasser in einen 6 bis 8 Liter großen Suppentopf füllen, Salz, Zimtstange, Senfkörnern, Pfefferkörnern, Gewürznelken, Pimentbeeren, Wacholderbeeren, Lorbeerblättern und Ingwer hineingeben. Bei hoher Temperatur kochen, bis sich das Salz auflöst. Von der Herdplatte nehmen und das Eis dazugeben. Umrühren, bis das Eis geschmolzen und die Marinade abgekühlt ist.

Sobald sie abgekühlt ist, das Fleisch und die Marinade in einen 4 Liter-Gefrierbeutel mit Reißverschluss geben. Den Beutel verschließen und flach in eine Auflaufform oder einen anderen Behälter legen und 7 bis 10 Tage in den Kühlschrank stellen. Täglich danach sehen und den Beutel drehen, um sicherzugehen, dass beide Seiten des Fleisches gleichermaßen von der Marinade durchtränkt werden.

Für die Zubereitung des Fleisches und des Gemüses: Nach 7 bis 10 Tagen das Fleisch aus der Marinade nehmen und unter kaltem Wasser gut abspülen. Die Marinade wegschütten. Das Fleisch in einen Topf legen, der gerade groß genug ist, dass es hineinpasst. Zwiebeln, Karotten, Sellerie, Kohlrabi, Selleriesamen und Koriandersamen dazugeben und mit 2,5 Zentimetern Wasser bedecken. Bei hoher Temperatur zum Kochen bringen, dann auf eine niedrige Temperatur reduzieren, abdecken und 2 Stunden leicht köcheln lassen. Das Senfmehl und den Dill in die Brühe rühren. Den Weißkohl auf das Fleisch legen und 30 bis 60 Minuten weiter köcheln lassen, bis das Fleisch zart ist. Das Fleisch aus dem Topf nehmen und quer zum Faserverlauf in Scheiben schneiden. Das Corned Beef mit dem Gemüse servieren, über das abschließend Butter gegeben wird.

Die Brühe aufbewahren, um sie bei einem anderen Gericht oder für eine Suppe zu verwenden.

Corned Beef und Weißkohl

Flank-Steak-Rollbraten

Ein flach und weich geklopftes Flank-Steak, das mit Gemüse und Speck gefüllt und zu einem „Rollbraten" zusammengerollt wird, ist delikat und erstaunlich zart. Der Rollbraten wird mit Küchengarn (Küchenkordel) zusammengebunden. Küchengarn besteht aus gedrehten Baumwollfäden und ist lebensmittelecht. Es ist in vielen Supermärkten und Drogeriemärkten oder online erhältlich.

Ergibt: 4 Portionen
Pro Portion:
31,5 g Fett;
6 g Netto-Kohlenhydrate;
52 g Eiweiß;
515 Kalorien

- 450 g Flank-Steak (Rinderlappen), flach geklopft
- ½ Tasse (120 ml) Sojasauce oder Coconut-Aminos-Sauce
- 2 EL (30 ml) Apfelessig oder Reisessig
- 2 Streifen Speck, zuckerfrei und ohne Nitritpökelsalz
- 1 rote Paprikaschote, in dünne Streifen geschnitten
- ½ Tasse (80 g) Zwiebeln, gehackt
- 1 Tasse (70 g) Champignons, in Scheiben geschnitten
- 1 EL (14 g) Butter
- 2 TL Salz
- ¼ TL schwarzer Pfeffer
- 110 g Provolone-Käse, dünn geschnitten (optional)
- 1 Tasse (30 g) frische Spinatblätter

Das Steak zunächst vorbereiten, um es dünner und größer zu machen. Dazu das Steak zunächst von einer Ecke aus horizontal auf 1,5 Zentimeter zur gegenüberliegenden Ecke hin aufschneiden. Wenn es dann aufgeklappt wird, sieht es wie ein Schmetterling aus, der seine Flügel ausbreitet. Der Metzger kann das Steak auch für Sie zuschneiden (sehr zu empfehlen), so sparen Sie Zeit und ersparen sich vielleicht auch Probleme.

Das Steak nun auf ein Schneidebrett legen und mit einem Fleischklopfer flach und weich klopfen. Erst auf einer Seite klopfen und das Steak dabei leicht ziehen, um es größer zu machen; dann das Steak umdrehen und von der anderen Seite ebenso bearbeiten. Das Steak in eine große Auflaufform oder einen anderen Behälter legen. Sojasauce und Essig verrühren und die Mischung über das Steak gießen, sodass die Fleischoberfläche mit der Marinade bedeckt ist. 4 bis 12 Stunden oder über Nacht in den Kühlschrank stellen.

Das Steak aufschneiden und aufklappen.

Das aufgeklappte Steak mit den Zutaten füllen.

Der fertige „Rollbraten"

Wenn Sie schließlich so weit sind, dass Sie den „Rollbraten" fertig zubereiten wollen: Den Speck in einer großen Pfanne bei mittlerer Hitze braten, bis er fast knusprig ist; aus der Pfanne nehmen und beiseitestellen. Paprika und Zwiebeln in dem Fett etwa 6 Minuten sautieren, bis sie zart sind. Champignons, Butter, Salz und schwarzen Pfeffer dazugeben und weitere 2 Minuten braten. Das Gemüse muss an diesem Punkt noch nicht gar werden – fertig gegart wird es anschließend im Backofen.

Das Steak aus der Marinade nehmen und eine halbe Minute lang hochhalten, damit überschüssige Marinade abtropfen kann, aber nicht mit Wasser abspülen. Das Steak flach auf ein Schneidebrett legen. Den Provolone in einer Schicht auf dem ganzen Steak verteilen, dabei am Rand allerdings jeweils 2,5 Zentimeter frei lassen. Den Speck und das gegarte Gemüse gleichmäßig auf dem Steak verteilen. Das restliche Bratenfett von dem Speck über dem Gemüse verteilen. Zuletzt die frischen Spinatblätter in einer Schicht darüber verteilen.

Das Steak fest zu einem „Rollbraten“ zusammenrollen und mit Küchengarn zusammenbinden, alle 7 bis 12 Zentimeter mit einem Faden zusammenbinden. Dies ist der schwierigste Schritt. Es erleichtert die Aufgabe, wenn Ihnen dabei jemand zur Hand gehen und Ihnen helfen kann.

Den Backofen auf 180 °C vorheizen. Den „Rollbraten“ in eine Backform legen und 1 Stunde braten. Aus dem Backofen nehmen und vor dem Schneiden 5 bis 10 Minuten ruhen lassen. Vor dem Servieren das Bratenfett aus der Backform über dem Fleisch verteilen. Passt gut zu einem Beilagensalat.

Mariniertes Flank-Steak mit Spinat

Ergibt: 4 Portionen
Pro Portion:
25 g Fett;
4 g Netto-Kohlenhydrate;
38 g Eiweiß;
393 Kalorien

2 Knoblauchzehen, gehackt, geteilt
2 EL (30 ml) Olivenöl extra virgin
1 EL (15 ml) roter Weinessig
1 TL Salz
½ TL schwarzer Pfeffer
⅛ TL rote Paprikaflocken
1 EL (14 g) Kokosöl
450 g Flank-Steak (Rinderlappen)
¼ Tasse (56 g) Butter
900 g frischer Babyspinat
Zitronensaft
Pecorino-Romano-Käse, gerieben

In einer Schüssel die Hälfte der Knoblauchzehen mit dem Olivenöl, Essig, 1 Teelöffel Salz, ½ Teelöffel schwarzen Pfeffer und den roten Paprikaflocken verrühren. Das Steak von beiden Seiten mit der Marinade bedecken, in eine Schüssel legen, abdecken und mindestens 4 Stunden oder über Nacht in den Kühlschrank stellen.

Wenn Sie das Steak fertig zubereiten wollen: Das Kokosöl in einer großen Pfanne bei mittlerer Temperatur erhitzen. Das Steak zunächst mit Papiertüchern trocken tupfen, dann in die heiße Pfanne legen und etwa 5 Minuten von jeder Seite braten, um es „medium rare“ zu garen, oder entsprechend länger, falls gewünscht. Das Steak aus der Pfanne nehmen und beiseitestellen.

Die Butter in der Pfanne bei mittlerer Hitze zum Schmelzen bringen. Den restlichen Knoblauch dazugeben und 1 Minute garen lassen. Den Spinat dazugeben und dünsten, bis er schlaff wird, etwa 3 bis 4 Minuten. Von der Herdplatte nehmen und mit Salz, schwarzem Pfeffer und Zitronensaft abschmecken. Das Steak quer zum Faserverlauf dünn schneiden und mit Spinat belegt und Pecorino-Romano-Käse garniert servieren.

Steak mit Brokkoli und Gemüsesauce

Bei diesem Rezept werden preiswertere Fleischstücke für das Steak verwendet, wie ein Steak aus der Oberschale oder aus der Schulterkuppe oder ein Kurzrippensteak aus dem unteren Rippenbereich, das aus dem zartesten Teil der Schulter geschnitten wird. Dazu wird eine reichhaltige, stückige Gemüsesauce zubereitet, die vor dem Servieren über den Brokkoli gegeben wird.

Ergibt: 4 Portionen
Pro Portion:
21,5 g Fett;
12,5 g Netto-Kohlenhydrate;
39,5 g Eiweiß;
401 Kalorien

450 g Rindersteak, ohne Knochen
¼ Tasse (56 g) Kokosöl, Schmalz oder rotes Palmöl
1 Tasse (230 g) Tomaten, zerdrückt oder gedünstet
1 große Zwiebel, grob gehackt
2 Knoblauchzehen, ganz
1 grüne Paprikaschote, grob gehackt
1 rote Paprikaschote, grob gehackt
2 Stangensellerie, grob gehackt
1 TL getrockneter Oregano
1 TL Thymian
½ TL Selleriesamen
1 TL Salz, ½ TL schwarzer Pfeffer
450 g Brokkoli, in Röschen zerteilt und gedünstet

Das Fleisch von beiden Seiten mit einem Fleischklopfer klopfen oder auf beiden Seiten kreuzweise 0,5 Zentimeter tief einschneiden. Das Öl in einer großen Pfanne bei mittlerer Temperatur erhitzen. Das Steak von beiden Seiten etwa je 5 Minuten in dem heißen Öl bräunen. Tomaten, Zwiebeln, Knoblauch, grüne und rote Paprika, Sellerie, Oregano, Thymian, Selleriesamen, Salz und schwarzen Pfeffer dazugeben. Die Temperatur reduzieren, abdecken und 45 Minuten köcheln lassen, bis das Rindfleisch zart ist. Die stückige Gemüsesauce über den gedünsteten Brokkoli geben und zusammen mit den Steaks servieren. Mit Salz und Butter abschmecken.

Short-Ribs mit Barbecue-Sauce

Short-Ribs sind Rinderrückenstücke aus der Quer- oder Spannrippe. Eine Barbecue-Sauce ist normalerweise zuckerhaltig und somit für eine ketogene Ernährung nicht geeignet. Bei diesem Rezept wird eine selbstgemachte, kohlenhydratreduzierte Barbecue-Sauce verwendet, die auch zu kohlenhydratarmen und ketogenen Ernährungsprogrammen passt. Rindfleischstücke aus der Quer- oder Spannrippe sind im Allgemeinen zäh und müssen zart gemacht oder lange gekocht werden, bevor sie auf den Grill oder in den Backofen kommen können, um fertig gegrillt oder gebraten zu werden.

900 g Short-Ribs aus der Quer- oder Spannrippe
2 EL (28 g) Kokosöl oder rotes Palmöl
2 EL (30 ml) Apfelessig
1 TL Salz, ¼ TL schwarzer Pfeffer
1 TL Senfmehl
1 EL (6 g) granulierte Zwiebeln
2 Knoblauchzehen, gehackt
110 g Tomatensauce
220 g Ananas, zerdrückt, mit Saft
1 EL (15 ml) Worcestershire-Sauce

Ergibt: 6 Portionen
Pro Portion:
18,5 g Fett;
6 g Netto-Kohlenhydrate;
43,5 g Eiweiß;
364 Kalorien

Die Short Ribs in einen großen Topf geben und mit etwa 2,5 Zentimetern Wasser bedecken. Zum Kochen bringen, die Temperatur reduzieren, abdecken und 1 Stunde köcheln lassen, bis das Fleisch gabelzart ist. Die Brühe für ein anderes Gericht aufheben oder als Grundlage für eine Suppe verwenden.

In einem mittelgroßen Topf Öl, Essig, Salz, schwarzen Pfeffer, Senf, Zwiebeln, Knoblauch, Tomatensauce, Ananas und Worcestershire-Sauce miteinander verrühren. Bei mittlerer Temperatur erhitzen und bei gelegentlichem Rühren etwa 15 Minuten köcheln lassen, bis die Sauce eingedickt ist. Die Short-Ribs in die Sauce eintauchen.

Die Short-Ribs auf einen heißen Grill im Freien legen, zuerst mit der Fleischseite nach unten, und 8 bis 10 Minuten von jeder Seite grillen. Alternativ können Sie die Short-Ribs in eine Auflaufform legen, mit der Fleischseite nach oben, und sie im Backofen bei 200 °C etwa 20 bis 30 Minuten braten. Mit der restlichen Sauce und einer ketogenen Gemüsebeilage servieren.

Knusprig gebratene Short Ribs

Roastbeef mit geröstetem Gemüse

Roastbeef (Sirloin-Rip-Roast) ist ein Braten, der aus dem hinteren Teil des flachen Roastbeefs gemacht wird. Dieses Rezept reicht für viele Gäste oder mehrere Tage.

6 mittelgroße Karotten, in 2,5 cm lange Stücke geschnitten
1 Fenchelknolle, gehackt
340 g Blumenkohl, in 2,5 cm große Stücke zerkleinert
2 mittelgroße Zwiebeln, in Spalten geschnitten
½ TL Rosmarin
½ TL Salz
¼ TL frisch gemahlener schwarzer Pfeffer
900 g Roastbeef-Fleisch (aus dem hinteren Teil des flachen Roastbeefs)
½ Tasse (112 g) Butter, weich

Ergibt: 10 Portionen
Pro Portion:
20 g Fett;
6 g Netto-Kohlenhydrate;
26 g Eiweiß;
308 Kalorien

Den Backofen auf 230 °C vorheizen. Karotten, Fenchel, Blumenkohl und Zwiebeln in eine Backform geben. Mit Rosmarin, Salz und Pfeffer bestreuen.

Das Roastbeef auf das Gemüse legen. Die Butter flockenweise auf dem Braten verteilen. Das Fleischthermometer einstechen, den Braten in den Backofen schieben und 15 Minuten garen lassen. Die Temperatur auf 180 °C reduzieren und garen lassen, bis das Thermometer 63 °C anzeigt, etwa 60 Minuten, für einen Braten, der „medium rare" werden soll. Den Braten aufschneiden und mit dem Gemüse und Bratenfett servieren.

Sirloin mit Sauce Espagnole

Sirloin wird aus dem hinteren Teil des flachen Roastbeefs geschnitten. Dies ist ein exzellentes Rezept, um Reste von einem Sirloin-Braten oder -Steak zu verwerten. Sie können für dieses Rezept aber auch ein preiswerteres Fleischstück wie Rinderbrust verwenden, dieses muss dann nur über mehrere Stunden gegart werden, sodass es zart ist, bevor es für dieses Rezept verwendet wird.

Ergibt: 4 Portionen
Pro Portion:
33,5 g Fett;
10 g Netto-Kohlenhydrate;
38,5 g Eiweiß;
495 Kalorien

- Sauce Espagnole (S. 36–38)
- 1 EL (14 g) Kokosöl oder rotes Palmöl
- 340 g Sirloin (aus dem hinteren Teil des flachen Roastbeefs), in mundgerechte Stücke geschnitten
- 1 grüne Paprikaschote, in Streifen geschnitten
- 110 g Champignons, in Scheiben geschnitten
- 2 EL (30 ml) Worcestershire-Sauce
- ¾ Tasse (175 g) saure Sahne

Die Sauce Espagnole zubereiten. Da dies die meiste Zeit in Anspruch nimmt, sollte die Sauce zuerst hergestellt werden.

Dann das Öl in einer großen Pfanne bei mittlerer Temperatur erhitzen. Fleisch und Paprika sautieren, bis das Fleisch gebräunt ist. Champignons dazugeben und etwa 5 Minuten garen lassen, bis sie zart sind. Sauce Espagnole und Worcestershire-Sauce zu dem Fleisch geben. Zum Köcheln bringen und etwa 5 Minuten köcheln lassen. Von der Herdplatte nehmen und die saure Sahne unterrühren.

Zucchini-Hackfleisch-Auflauf

¼ Tasse (56 g) Butter
170 g Rinderhackfleisch
½ TL Salz
¼ TL frisch gemahlener schwarzer Pfeffer
½ TL Oregano
½ TL Knoblauchpulver
¼ Tasse (20 g) Parmesankäse, gerieben
2 mittelgroße Zucchini (etwa 340 g), klein geschnitten
¼ Tasse (110 g) Tomatensauce
85 g Monterey-Jack-Käse, gerieben
12 Schweinekrusten (Speckkrusten), mundgerecht zerkleinert (optional)

Ergibt: 2 Portionen
Pro Portion:
43 g Fett;
10 g Netto-Kohlenhydrate;
43 g Eiweiß;
599 Kalorien

Den Backofen auf 180 °C vorheizen. Die Butter in einer Pfanne bei mittlerer Hitze zum Schmelzen bringen. Hackfleisch, Zwiebeln und Paprika etwa 5 Minuten sautieren, bis das Fleisch gebräunt ist und das Gemüse bissfest ist. Salz, schwarzen Pfeffer, Oregano und Knoblauchpulver unterrühren und von der Herdplatte nehmen. Den Parmesankäse und die klein geschnittenen Zucchini unterheben. Die Zucchini-Hackfleisch-Mischung gleichmäßig in einer Back- oder Auflaufform (28 x 14 x 4 cm) verteilen. Die Tomatensauce darüberträufeln und anschließend den Monterey-Jack-Käse darüber verteilen. 45 Minuten im Backofen überbacken. Vor dem Servieren mit den Schweinekrusten bestreuen.

Frikadellen mit Käsesauce

Käsesauce (S. 34–35)
2 EL (28 g) Kokosöl
215 g Rinderhackfleisch
¼ TL Salz
⅛ TL schwarzer Pfeffer
1 mittelgroße Zwiebel, in dünne Scheiben geschnitten
110 g Champignons, in Scheiben geschnitten

Ergibt: 2 Portionen
Pro Portion mit ½ Tasse (120 ml) Käsesauce:
62 g Fett;
8 g Netto-Kohlenhydrate;
43 g Eiweiß;
762 Kalorien

Die Käsesauce zubereiten. Dann das Öl in einer Pfanne bei mittlerer Temperatur erhitzen. Das Hackfleisch mit Salz und schwarzem Pfeffer verkneten und 2 Frikadellen daraus formen. Die Frikadellen in die Pfanne geben. Die Zwiebelscheiben in der Pfanne neben den Frikadellen verteilen. Die Frikadellen braten, bis sie braun sind, dann wenden und von der anderen Seite bräunen. Die Zwiebelscheiben während des Bratens gelegentlich umrühren, bis sie zart sind. Die Champignons dazugeben und garen, bis sie weich sind.

Die Frikadellen aus der Pfanne nehmen und auf Tellern anrichten, Champignons und Zwiebeln darüber verteilen und abschließend die Käsesauce. Passt gut zu gedünstetem Brokkoli, der ebenfalls mit Käsesauce serviert wird.

Rindergulasch mit Blumenkohl

340 g Kurzrippensteak (Chuck-Steak – aus dem unteren Rippenbereich, der Schulter), ohne Knochen
2 EL (28 g) Kokosöl oder rotes Palmöl
1 mittelgroße Zwiebel, gehackt
2 mittelgroße Karotten, klein geschnitten
2 Knoblauchzehen, fein gehackt
4 Tassen (400 g) Blumenkohl, klein geschnitten
2 EL (14 g) Paprikapulver
4 Tassen (950 ml) Rinderbrühe (S. 91–92) oder Wasser
1 grüne Paprikaschote, kleingeschnitten
½ TL Kümmelkörner
Salz, schwarzer Pfeffer

Ergibt: 4 Portionen
Pro Portion:
21,5 g Fett;
10,5 g Netto-Kohlenhydrate;
25,5 g Eiweiß;
337 Kalorien

Das Fleisch in mundgerechte Stücke schneiden. Das Öl in einem großen Topf oder einer großen Pfanne bei mittlerer Temperatur erhitzen. Das Fleisch dazugeben und von allen Seiten bräunen. Das Fleisch herausnehmen und beiseitestellen.

Zwiebeln, Karotten und Knoblauch in die Pfanne geben und etwa 5 Minuten garen, bis die Zwiebeln zart sind. Das Rindfleisch wieder in die Pfanne geben und Blumenkohl, Paprikapulver, Brühe, Paprikaschote und Kümmelkörner dazugeben. Zum Köcheln bringen, abdecken und bei niedriger Temperatur 1 Stunde köcheln lassen. Mit Salz und Pfeffer würzen und abschmecken und servieren.

Fajita-Flank-Steak

Bei dieser Fajita gibt es keine Tortilla, sie wird stattdessen als Steak mit gekochtem Gemüse serviert.

Ergibt: 2 Portionen
Pro Portion:
30 g Fett;
8,5 g Netto-Kohlenhydrate;
49 g Eiweiß;
500 Kalorien

340 g Flank-Steak (Rinderlappen) oder Skirt-Steak (Saumfleisch)
Marinade (siehe unten)
2 EL (28 g) Kokosöl
1 kleine Zwiebel, in Scheiben geschnitten
1 grüne Paprikaschote, dünn geschnitten
1 rote Paprikaschote, dünn geschnitten
Salz
Schwarzer Pfeffer

Marinade:
¼ Tasse (45 ml) roter Weinessig
Saft von 2 Limetten
2 EL (30 ml) Olivenöl extra virgin
2 TL Koriander
1 TL Chilipulver
2 Knoblauchzehen, gehackt
1 TL Oregano
½ TL gemahlener Kreuzkümmel
½ TL schwarzer Pfeffer

Das Steak auf ein Schneidebrett legen und mit einem Fleischklopfer von beiden Seiten klopfen, um es zart zu machen. Das Steak in eine Auflaufform aus Glas legen, die so groß ist, dass das Steak darin flach liegen kann. Die Zutaten für die Marinade alle miteinander verrühren, dann die Marinade über das Steak gießen, sodass beide Seiten des Steaks von der Marinade bedeckt sind. Die Auflaufform mit einer Plastikfolie abdecken und mindestens 4 Stunden oder über Nacht in den Kühlschrank stellen. Während des Marinierens das Steak einige Male wenden, um sicherzugehen, dass es gleichmäßig mariniert wird.

Wenn das Steak schließlich fertig zubereitet werden soll: Das Öl in einer großen Pfanne bei mittlerer Temperatur erhitzen. Das Steak aus der Marinade nehmen, abtropfen lassen, anschließend in die heiße Pfanne geben und etwa 4 bis 5 Minuten von jeder Seite braten, bis es gebräunt ist. Das Steak aus der Pfanne nehmen und warm halten.

Zwiebeln und Paprika in die Pfanne geben und sautieren, bis sie zart sind. Mit Salz und schwarzem Pfeffer abschmecken. Das Steak mit dem gegarten Gemüse servieren. Etwas Koriander, saure Sahne und Guacamole (ein Avocado-Dip) passen gut dazu.

Hamburger-Haschee

Ein „Haschee" ist in der Regel ein Pfannengericht mit Fleisch (oftmals Corned Beef) und Kartoffeln. Bei dieser Version verwenden wir Rinderhackfleisch und ersetzen die Kartoffeln durch klein geschnittenen Daikon-Rettich. Daikon-Rettich hat gekocht einen milden Geschmack, wodurch er als kohlenhydratarmer Ersatz für Kartoffeln geeignet ist. Alternativ können Sie auch Kohlrabi verwenden, allerdings hat Daikon-Rettich einen etwas geringeren Kohlenhydratgehalt.

2 EL (28 g) Kokosöl oder Speckfett
226 g Rinderhackfleisch
250 g Daikon-Rettich, in 0,5 cm große Würfel geschnitten
½ mittelgroße Zwiebel, gehackt
1 grüne Paprikaschote, klein geschnitten
142 g Champignons
1 TL Thymian
¼ TL schwarzer Pfeffer
½ TL Salz
2 EL Worcestershire-Sauce (optional)

Ergibt: 2 Portionen
Pro Portion:
21 g Fett;
11,5 g Netto-Kohlenhydrate;
39,8 g Eiweiß;
413 Kalorien

Das Öl in einer großen Pfanne erhitzen. Das Hackfleisch samt Daikon-Rettich, Zwiebeln und Paprika dazugeben, abdecken und etwa 12 bis 14 Minuten braten, dabei gelegentlich umrühren. Champignons, Thymian, schwarzen Pfeffer und Salz dazugeben und ohne abzudecken weitere 5 bis 7 Minuten braten, bis die Champignons gar sind und das Gemüse weich ist. Die Worcestershire-Sauce unterrühren und die Pfanne von der Herdplatte nehmen.

Süßkartoffel-Haschee

„Haschee" bedeutet einfach eine Mischung aus gehacktem oder klein geschnittenem Fleisch und sonstigen klein geschnittenen Produkten. Traditionell werden dazu klein geschnittenes Rindfleisch und Kartoffeln verwendet. Bei diesem Rezept verwenden wir Rinderhackfleisch mit einer klein geschnittenen Süßkartoffel und sonstigem Gemüse. Da Süßkartoffeln relativ reich an Kohlenhydraten sind, wird bei diesem Rezept nur eine kleine Menge Süßkartoffeln verwendet, gerade so viel, dass das Gericht einen Kartoffelgeschmack bekommt, aber dennoch ketogen ist.

Süßkartoffel-Haschee

2 EL (28 g) Speiseöl
85 g Süßkartoffeln, klein geschnitten
85 g Zwiebeln, grob gehackt
113 g grüne Bohnen, in 2,5 cm lange Stücke geschnitten
113 g Paprika, klein geschnitten
170 g Rinderhackfleisch
57 g Champignons, gehackt
Salz und schwarzer Pfeffer zum Abschmecken
Sojasauce oder Coconut-Aminos-Sauce zum Abschmecken (optional)

Ergibt: 2 Portionen
Pro Portion:
19,5 g Fett;
15 g Netto-Kohlenhydrate;
40 g Eiweiß;
396 Kalorien

Das Öl in einer Pfanne bei mittlerer Temperatur erhitzen. Die Süßkartoffeln in 1 Zentimeter große Würfel schneiden. Süßkartoffeln, Zwiebeln, grüne Bohnen und Paprika in die Pfanne geben, abdecken und etwa 12 Minuten garen lassen, bis das Gemüse knackig zart ist. Das Hackfleisch samt Champignons, Salz und Pfeffer unterrühren und ohne abzudecken 4 bis 5 Minuten braten, bis das Hackfleisch gar und das Gemüse weich, aber nicht zerkocht ist. Gelegentlich umrühren. Von der Herdplatte nehmen, mit Sojasauce abschmecken und servieren.

Kapitel 8

Schweinefleisch

Schweinefleisch ist das am häufigsten verzehrte Fleisch der Welt. Seit Anfang der 1970er-Jahre ist der Konsum in manchen Ländern wegen des hohen Fettgehalts von Schweinefleisch allerdings etwas zurückgegangen. Viele Verbraucher bevorzugen inzwischen magereres Fleisch. Die Nahrungsmittelindustrie hat darauf reagiert, sodass Schweine heutzutage dank moderner Zucht- und Fütterungspraktiken höhere Magerfleischanteile und weniger Fett haben.

Die Domestizierung von Schweinen als Nahrungsmittel geht im Mittleren Osten mindestens bis 7000 v. Chr. zurück. Es ist geschichtlich belegt, dass der Steinzeitmensch Wildschweine, die Vorfahren des Hausschweins, jagte und aß. Das früheste bekannte Rezept für ein Schweinefleischgericht stammt aus einem 2000 Jahre alten chinesischen Text. Seit Generationen dient Schweinefleisch auf der ganzen Welt als Grundnahrungsmittel.

Schweinefleisch stammt im Allgemeinen von jungen Schweinen (6 bis 7 Monate alt), die dann zwischen 79 und 108 Kilogramm wiegen. Vieles vom Schwein wird gepökelt oder geräuchert und zu Schinken, Speck und Wurst verarbeitet. Nicht gepökeltes oder geräuchertes Fleisch wird als „frisches Schweinefleisch“ bezeichnet.

Rohes Schweinefleisch braucht vor dem Braten oder Kochen nicht mit Wasser abgespült zu werden. Würde es Bakterien auf der Oberfläche geben, würden sie beim Kochen oder Braten vernichtet werden.

Schweinefleisch darf nie nur angebraten oder teilweise gegart, dann kühlgestellt und später fertig gebraten werden, weil gegebenenfalls vorhandene Bakterien dabei nicht vernichtet werden. Es spricht jedoch nichts dagegen, Schweinefleisch bis zu einem gewissen Grad vorzubraten, allerdings erst unmittelbar bevor es auf den heißen Grill kommt, um fertig gegrillt zu werden.

Sie haben wahrscheinlich schon gehört, dass Schweinefleisch durchgebraten oder gekocht werden sollte, damit es für den Verzehr unbedenklich ist. Die meisten von uns haben es durch Warnungen von unseren Müttern, den Gesundheitsbehörden und Autoren von Kochbüchern gelernt, Angst vor halb garem Schweinefleisch zu haben, da sie seit Jahren predigen, dass Schweinefleisch immer gut durchgebraten oder gekocht sein muss. Infolgedessen ist Schweinefleisch für gewöhnlich trocken und übermäßig gebraten oder gekocht serviert worden.

Die neuen Richtlinien für die Zubereitung von Schweinefleisch legen auf die Behandlung von Schweinefleisch nicht mehr dieses besondere Augenmerk wie in der Vergangenheit. Schweinefleisch ist den gleichen Bakterien

Haltbarkeitsfristen für Schweinefleischprodukte

Produkt	Kühlschrank 4 °C	Gefrierschrank –18 °C
Frischer Schweinebraten, Steaks, Koteletts oder Rippchen	3 bis 5 Tage	4 bis 6 Monate
Frische Schweineleber oder Innereien	1 bis 2 Tage	3 bis 4 Monate
Selbst gekochte Schweinefleischgerichte, Suppen, Eintöpfe oder Aufläufe	3 bis 4 Tage	2 bis 3 Monate
Fertiggerichte	1 bis 2 Tage	2 bis 3 Monate
Tiefkühlgerichte	Vor der Zubereitung tiefgefroren lassen	3 bis 4 Monate
Schweinefleischkonserven	2 bis 5 Jahre in der Vorratskammer, 3 bis 4 Tage nach dem Öffnen im Kühlschrank	Nach dem Öffnen 2 bis 3 Monate

Mithilfe dieser Übersicht über die Haltbarkeitsgrenzen können Sie vermeiden, dass Schweinefleisch im Kühlschrank verdirbt. Da Produkte im Gefrierschrank unbegrenzt haltbar sind, beziehen sich die empfohlenen Haltbarkeitsfristen nur auf die Erhaltung der Qualität.

ausgesetzt, die auch andere Fleischsorten belasten, und für alle gelten die gleichen Regeln bei der Zubereitung.

Warum war das früher anders? Wegen der potenziellen Gefahr eines Befalls mit dem Rundwurm *Trichinella spiralis*, dem bedeutendsten Vertreter der Trichinen. *Trichinella* ist gefürchtet, weil sich der Rundwurm in das Muskelfleisch von Schweinen und anderem Vieh eingräbt und Menschen infiziert, die nicht durchgegartes, belastetes Fleisch essen. Diese Furcht war seinerzeit berechtigt. Früher war dieser Parasit eine viel größere Gefahr als heutzutage. Durch Verbesserungen in der Schweinehaltung und in der Verarbeitung von Schweinefleisch ist der Befall durch den Parasit bei kommerziell verarbeitetem Schweinefleisch in den Industrieländern praktisch eliminiert worden.

Heute ist es weitaus unwahrscheinlicher, dass kommerziell verarbeitetes Schweinefleisch mit *Trichinella* belastet ist. Aber selbst wenn das Fleisch belastet ist, ist keine übermäßige Hitze erforderlich, um den Parasiten abzutöten – dazu genügen gewöhnliche Gartemperaturen. Es reicht, Fleisch 30 Minuten lang einer Temperatur von 60 °C auszusetzen oder nur 1 Minute lang einer Temperatur von 65 °C. Bei einer Temperatur von über 60 °C wird der Parasit innerhalb von Sekunden abgetötet. Eine Kerntemperatur von 70 °C, was „medium rare" entspricht, genügt vollends, um die Unbedenklichkeit des Fleisches zu garantieren. Gebratenes oder gekochtes Muskelfleisch kann immer noch rosa sein, selbst wenn es eine sichere Kerntemperatur erreicht hat. Wenn frisches Schweinefleisch durch und durch eine Temperatur von 70 °C erreicht hat, sollte es für den Verzehr unbedenklich sein, auch wenn es in der Mitte immer noch rosa ist. Die rosa Farbe kann auf die Garmethode oder die Zutaten zurückzuführen sein.

Darüber hinaus werden Parasiten, die im Schweinefleisch vorhanden sein mögen, auch durch Einfrieren des Fleisches abgetötet – ein Vorteil, den unsere Vorfahren noch nicht hatten. Aus diesem Grund gilt für sämtliches Schweinefleisch und sämtliche Schweineprodukte, die in den USA verkauft werden, dass das Fleisch vorübergehend tiefgefroren wurde, auch wenn es als „frisch" angeboten wird. Wenn Sie Zweifel haben, legen Sie Ihr eingekauftes Schweinefleisch ein oder zwei Tage in den Gefrierschrank, bevor Sie es auftauen und zubereiten.

Die US-amerikanische Behörde für Lebensmittel- und Arzneimittelsicherheit macht keine speziellen Vorgaben für die Zubereitung von Schweinefleisch.

Sie empfiehlt vielmehr die gleichen Garzeiten und -temperaturen, die für alle Fleischsorten gelten. Die Zeitangaben beziehen sich auf Schweinefleisch bei einer Kühlschranktemperatur von 4 °C. Denken Sie daran, dass die Temperaturen bei Kochstellen und Grills im Freien unterschiedlich sein können. Verwenden Sie ein Fleischthermometer, um die Gartemperatur für einen unbedenklichen Verzehr und den Gargrad zu kontrollieren.

KLEINE FLEISCHKUNDE

Schulter (Bug)

Die Schulterstücke werden aus den Schultern und den Vorderbeinen geschnitten und machen etwa 25 Prozent des Schlachtkörpergewichtes aus. Diese Fleischstücke werden meist für Braten und Steaks sowie für Haxen verwendet. Die Haxen enthalten für gewöhnlich den Knochen und sind ausgezeichnet für Eintöpfe und Suppe geeignet. Diese Fleischstücke enthalten beim Schwein den höchsten Anteil an Bindegewebe, da die Vorderbeine und Schultern durch die Bewegung sehr beansprucht worden sind. Für die Herstellung von Schweinehackfleisch und Wurst werden meist Teile der Schulter verwendet.

Gängige Stücke sind: Schulterbraten, Schultersteak, Wurst und Haxen.

Kotelettreihe und Filet (Lende)

Die Lende (Kotelettreihe und Filet) liefert die wertvollsten Fleischstücke, wobei Filet am zartesten ist. Sie besteht aus den Rückenmuskeln und einem Teil der Rippchen und macht etwa 22 Prozent des Schlachtkörpergewichtes aus. Die Babyback-Ribs werden aus den mittleren Teilen der Lende geschnitten, wenn Koteletts ohne Knochen und ausgelöste ganze Lenden hergestellt werden. Schweinekoteletts können mit und ohne Rippenknochen geschnitten werden.

Gängige Stücke sind: ganze Lende, Babyback-Ribs, Filet und Schweinekoteletts.

Schweinebauch

Aus dem Schweinebauch werden die Spare-Ribs und der Schinken geschnitten; er macht etwa 23 Prozent des Schlachtkörpergewichtes aus. Der Schweinebauch ist mit Fett durchzogen. Er kann frisch zubereitet oder gepökelt werden, um Schinken herzustellen.

Gängige Stücke sind: Spare-Ribs und Schinken.

Bein

Dieses Teilstück besteht aus Hinterbein und macht etwa 30 Prozent des Schlachtkörpergewichtes aus. Daraus werden – gepökelt und geräuchert – Schinken und – frisch – Schinkenbraten und Steaks geschnitten. Der Schinken kann ohne oder mit Knochen sein und wird in der Regel ganz gegart. Aus den unteren Teilen der Beine werden Haxen geschnitten.

Gängige Stücke sind: Schinken und Schinkenbraten.

Gartabelle frisches Schweinefleisch

Produkt	**Dicke oder Gewicht**	**Garzeit**	**Mindest-Kerntemperatur**
BRATEN: Den Backofen auf 180 °C stellen. In einer flachen, ofenfesten Form braten, ohne abzudecken.			
Schweinelendenbraten, mit oder ohne Knochen	0,9–2,3 kg	20 Min./0,45 kg	70 °C
Crown Roast aus der Kotelettreihe	4,5 kg	12 Min./0,45 kg	70 °C
Bein (frischer Schinken), ganz, mit Knochen	8–9 kg	15 Min./0,45 kg	70 °C
Bein (frischer Schinken). halb, mit Knochen	2,3–3,6 kg	22–25 Min./0,45 kg	70 °C
Schweinenacken	1,3–2,7 kg	45 Min./0,45 kg	70 °C
Filet, Braten bei 220 °C	0,23–0,68 kg	20–27 Min.	70 °C
Rippchen (Rücken, Ribs Country-Style oder Spare-Ribs)	0,9–1,8 kg	1½–2 Stunden	70 °C

Gartabelle frisches Schweinefleisch

Produkt	Dicke oder Gewicht	Garzeit	Mindest-Kerntemperatur
BRATEN (10 cm von der Hitzequelle entfernt; einmal wenden) oder GRILLEN (über direkter mittlerer Hitze; nach der Hälfte der Grillzeit einmal wenden).			
Koteletts aus der Lende (Kotelettreihe und Filet), mit oder ohne Knochen	0,6–3,8 cm	8–9 Min. oder 12–16 Min.	70 °C
Schweinelendenspieße (Loin Kabobs)	in Würfel von 2,5 cm geschnitten	10–15 Min.	70 °C
Filet	0,23–0,68 kg	20 Min.	70 °C
Rippchen (indirekte Hitze)	0,9–1,8 kg	1½–2 Std.	70 °C
Schweinefrikadellen (Patties)	1,3 cm	8–10 Min.	70 °C
IN EINER PFANNE AUF DEM HERD			
Lendenkoteletts oder Schnitzel	0,6–1,9 cm	3–4 Min. oder 7–8 Min.	70 °C
Filetmedaillons	0,6–1,3 cm	4–8 Min.	70 °C
Schweinefrikadellen (Patties)	1,3 cm	8–10 Min.	70 °C
SCHMOREN: Abdecken und mit einer Flüssigkeit köcheln lassen.			
Koteletts aus der Lende (Kotelettreihe und Filet), mit oder ohne Knochen	0,6–1,9 cm	6–8 Min.	70 °C
Lendenwürfel und Filetmedaillons	1,3–2,5 cm	8–10 Min.	70 °C
Schweineschulter, ohne Knochen	1,3–2,7 kg	2–2½ Std.	70 °C
Rippchen, aller Art	0,9–1,8 kg	1½–2 Std.	70 °C
DÜNSTEN: Pfanne abdecken, mit Flüssigkeit bedeckt köcheln lassen.			
Lenden- oder Schulterwürfel	2,5 cm	45–60 Min.	70 °C

Schweinebraten

Rechnen Sie pro Person etwa 225 Gramm. Den Braten mit der fetten Seite nach oben in einen flachen Bräter legen. In manchen Rezepten wird vorgeschlagen, den Braten auf einen Rost zu legen, um das austretende Bratenfett von ihm fernzuhalten, das müssen Sie aber nicht tun. Denn das Bratenfett hält das Fleisch feucht und gibt ihm zusätzlichen Geschmack. Stecken Sie ein Fleischthermometer in den dicksten Teil des Bratens, vermeiden Sie es dabei aber, den Knochen zu berühren. Das Fleischthermometer so positionieren, dass es leicht abzulesen ist, während es im Backofen ist. Kein Wasser hinzufügen und nicht abdecken.

Das Fleisch bei 180 °C nach der vorstehenden Gartabelle braten. Bei einem Braten muss der Backofen nicht vorgeheizt werden, da die Garstufe durch die Temperatur des Fleisches bestimmt wird und nicht durch die Garzeit.

Braten lassen sich einfacher schneiden, wenn man sie 10 bis 15 Minuten ruhen lässt, nachdem sie aus dem Backofen genommen wurden. Das Fleisch behält die Hitze noch mehrere Minuten, nachdem es aus dem Backofen kam, wobei der Garprozess während des Ruhens noch fortgesetzt wird. Somit kann der

Schweinebraten

Braten bereits aus dem Backofen genommen werden, wenn das Thermometer eine um 2 °C niedrigere Temperatur als die gewünschte Temperatur anzeigt.

Schweinebauch-„Rollbraten" mit Champignon-Füllung

Ein Schweinebauchbraten ist das Beste, was man aus einem saftigen größeren Stück Schweinefleisch machen kann. Beim Braten entwickelt sich die äußere Fettschicht zu einer knusprigen Kruste, die den ganzen Braten umhüllt. Wenn Sie den Braten aufschneiden, kommt die leckere Champignon-Füllung in der Mitte zum Vorschein. Da Schweinebauch sehr viel Fett enthält, landet viel davon in der Auflaufform, bis zu 470 Milliliter. Sie können das Bratenfett im Kühlschrank aufbewahren und für ein anderes Gericht verwenden.

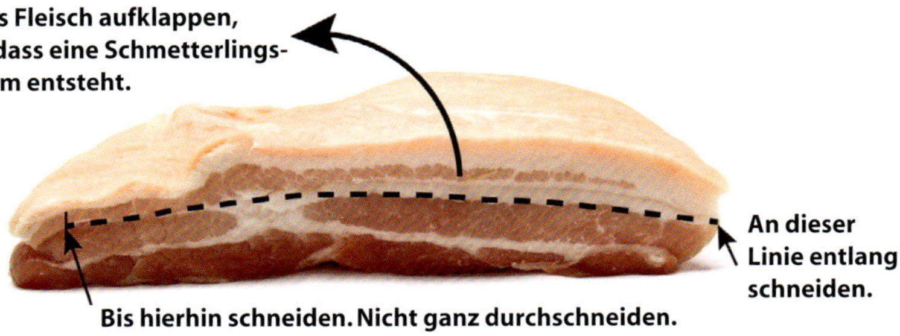

1360 bis 1800 g Schweinebauch am Stück
4 Knoblauchzehen, gehackt
½ mittelgroße rote Zwiebel
110 g Champignons, gehackt
1 kleine Karotte, fein gehackt
1 EL (2 g) frisch gehackte Rosmarinblätter
½ TL Salz
¼ TL frisch gemahlener schwarzer Pfeffer

Ergibt: etwa 6 Portionen
Pro Portion: 48 g Fett; 2 g Netto-Kohlenhydrate; 40 g Eiweiß; 600 Kalorien

Den Backofen auf 190 °C vorheizen. Den Schweinebauch flach auf die Arbeitsplatte legen, mit der Fettseite nach unten. Er sollte mindestens 40 Zentimeter lang sein, damit er ganz aufgerollt werden kann. Wenn er nicht lang genug ist (was oft der Fall ist), nehmen Sie ein scharfes Messer, um ihn längs aufzuschneiden, dann aufklappen, sodass eine Schmetterlingsform entsteht.

Auf der Fleischseite dann den Knoblauch sowie Zwiebeln, Champignons, Karotten, Rosmarin, Salz und schwarzen Pfeffer verteilen. An den Rändern jeweils 5 Zentimeter frei lassen. Dann das Fleisch so zusammenrollen, dass die dickste Fettschicht außen ist. Den Rollbraten an den beiden Enden und einmal in der Mitte mit Küchengarn zusammenbinden.

Den Braten in eine Auflaufform oder einen Bräter mit einem Rand von mindestens 5 Zentimeter legen, damit das ausgelaufene Fett aufgefangen wird. Das Fleischthermometer in die Mitte des Bratens stecken. Braten, bis das Thermometer 70 °C anzeigt und die äußere Fettschicht dunkelgoldbraun und knusprig ist. Aus dem Backofen nehmen und 10 Minuten ruhen lassen. Mit einer Keto-Beilage servieren.

Schweinefilet mit Zitrone und Pfeffer

Dies ist ein „keto-freundliches" Rezept. Es enthält zwar nicht genug Fett, um ketogen zu sein, kann aber mit anderen ketogenen Beilagen kombiniert werden, die dies wettmachen.

2 Zitronenschalen, gerieben
1½ TL Salz
1 TL getrockneter Thymian
1 TL Knoblauchpulver
½ TL schwarzer Pfeffer
1 EL (14 g) Kokosöl, geschmolzen
450 g Schweinefilet

Ergibt: 4 Portionen
Pro Portion:
7,5 g Fett;
0 g Netto-Kohlenhydrate;
29,5 g Eiweiß;
185 Kalorien

Den Backofen auf 220 °C vorheizen. In einer kleinen Schüssel die geriebene Zitronenschale mit dem Salz, Thymian, Knoblauchpulver und schwarzen Pfeffer verrühren. Das geschmolzene Kokosöl auf die Schweinelende träufeln und gleichmäßig verteilen, sodass das Fleisch ganz damit beschichtet ist. Anschließend die Zitronenschalen-Mischung gleichmäßig über das ganze Schweinefilet verteilen. Das Schweinefilet in eine gefettete Auflaufform legen und 15 Minuten braten, bis das Thermometer 70 °C anzeigt. Aus dem Backofen nehmen und mindestens 5 Minuten ruhen lassen, bevor das Filet in 0,5 Zentimeter dicke Scheiben geschnitten wird. Mit einen Spritzer Zitronensaft und einer ketogenen Beilage servieren.

Schweinekotelett à la Provence

1 Knoblauchzehe, gehackt
½ TL getrocknetes Basilikum
¼ TL schwarzer Pfeffer
2 Schweinekoteletts
2 EL (28 g) Kokosöl
1 EL (15 ml) Olivenöl extra virgin
¼ Tasse (40 g) Zwiebeln, gewürfelt
2 Zucchini, dünn geschnitten
2 Cherrytomaten, halbiert
¼ TL Dill
2 EL (10 g) Parmesankäse, gerieben
¼ TL Salz

Ergibt: 2 Portionen
Pro Portion:
42,5 g Fett;
7 g Netto-Kohlenhydrate;
22,5 g Eiweiß;
500 Kalorien

Knoblauch, Basilikum und schwarzen Pfeffer miteinander verrühren, dann die Gewürzmischung in zwei Hälften teilen. Jeweils eine Hälfte der Mischung gleichmäßig auf beiden Seiten der Koteletts verteilen und fest andrücken. Das Kokosöl in einer großen Pfanne bei mittlerer Temperatur erhitzen. Die Schweinekoteletts dazugeben und von jeder Seite 4 bis 5 Minuten braten, bis sie gebräunt ist. Von der Herdplatte nehmen und auf einen vorgewärmten Teller legen, um sie warm zu halten.

Das Olivenöl und die zweite Hälfte der Gewürzmischung in die Pfanne geben. Zwiebeln und Zucchini dazugeben und 3 bis 4 Minuten braten, dabei gelegentlich umrühren. Tomaten und Dill dazugeben und 1 bis 2 Minuten garen lassen, bis die Zucchini zart sind. Das Gemüse aus der Pfanne nehmen, mit Käse bestreuen und zusammen mit den Koteletts servieren. Mit Salz abschmecken.

Schinken mit Spinatfüllung und Meerrettichsauce

½ Tasse (80 ml) gekühlte Schlagsahne
3 EL (45 g) fertiger Meerrettich
½ TL Salz
2 EL (28 g) Kokosöl
1 mittelgroßer Stangensellerie, klein geschnitten

¼ Tasse (120 g) Zwiebeln, gehackt
110 g Champignons, geschnitten
220 g frischer Spinat
4 TL Salz
⅛ TL schwarzer Pfeffer
2 Scheiben geräucherter Schinken, 5 cm dick
1 EL (14 g) Butter, geschmolzen

Ergibt: 4 Portionen
Pro Portion:
26 g Fett;
8 g Netto-Kohlenhydrate; 22 g Eiweiß;
354 Kalorien

Den Backofen auf 170 °C vorheizen. Während der Backofen vorgeheizt wird, bereiten Sie die Meerrettichsauce zu. Dazu die Schlagsahne steif schlagen. Dann den gut abgetropften Meerrettich zusammen mit dem Salz unterheben. Beiseitestellen.

Für die Füllung das Öl in der Pfanne bei mittlerer Temperatur erhitzen und Sellerie und Zwiebeln sautieren, bis das Gemüse zart ist. Die Champignons mit dem Spinat sowie Salz und schwarzem Pfeffer unterrühren und braten, bis die Champignons zart sind.

1 Scheibe Schinken in einen nicht gefetteten flachen Bräter legen. Die Gemüsefüllung darauf verteilen. Die zweite Schinkenscheibe darüberlegen und mit der geschmolzenen Butter bepinseln. Den Bräter abdecken und 15 Minuten im Backofen garen lassen. Den Deckel entfernen und weitere 15 Minuten garen lassen. Mit der Meerrettichsauce servieren.

Schweinekoteletts und grüne Bohnen

2 EL (28 g) Kokosöl
2 Schweinekoteletts
½ mittelgroße Zwiebel, gehackt
300 g grüne Bohnen
110 g Champignons, geschnitten
Salz
Schwarzer Pfeffer

Ergibt: 2 Portionen
Pro Portion:
34 g Fett;
9 g Netto-Kohlenhydrate;
22,5 g Eiweiß;
337 Kalorien

Das Öl in einer großen Pfanne bei mittlerer Temperatur erhitzen. Die Schweinekoteletts dazugeben und braten, bis sie auf einer Seite gebräunt sind. Die Koteletts wenden und die Zwiebeln sowie die grünen Bohnen dazugeben. Braten, bis die Koteletts von der zweiten Seite gebräunt sind und das Gemüse zart ist, unterdessen das Gemüse gelegentlich umrühren. Die Champignons dazugeben und garen lassen, bis sie zart sind, etwa 2 bis 3 Minuten. Von der Herdplatte nehmen. Mit Salz und schwarzem Pfeffer abschmecken. Den Bratensaft über dem Gemüse verteilen und mit den Koteletts servieren.

Schweinekoteletts mit Gemüse

Ergibt: 2 Portionen
Pro Portion:
55,5 g Fett;
8 g Netto-Kohlenhydrate;
30 g Eiweiß;
651 Kalorien

150 g Blumenkohl, in Röschen zerteilt
150 g Brokkoli, in Röschen zerteilt
2 EL (830 ml) Olivenöl extra virgin
3 EL (42 g) Butter, geschmolzen
5 Knoblauchzehen, gehackt
½ TL getrockneter Thymian
¼ TL schwarzer Pfeffer
½ TL Salz
2 Schweinekoteletts
⅔ Tasse (50 g) Parmesankäse, gerieben
2 EL (8 g) frische Petersilie, gehackt

Den Backofen auf 200 °C vorheizen. Den Blumenkohl und den Brokkoli etwa 10 Minuten dünsten, bis das Gemüse zart ist, aber nicht übermäßig garen. Dann beiseitestellen. In einem großen verschließbaren Plastikbeutel das Olivenöl mit der geschmolzenen Butter, dem Knoblauch, Thymian, schwarzen Pfeffer und Salz vermischen. Die gegarten Blumenkohl- und Brokkoli-Röschen dazugeben, den Beutel verschließen und das Gemüse gründlich mit der Ölmischung ummanteln. Das Gemüse in eine Auflaufform geben.

Die Schweinekoteletts in den Plastikbeutel geben und mit der restlichen Ölmischung ummanteln. Die Koteletts in die Auflaufform geben, nebeneinander mit dem Gemüse. Die restliche Ölmischung über das Fleisch und Gemüse geben und dann gleichmäßig den Parmesankäse darüber verteilen. 35 bis 40 Minuten backen, bis das Fleisch gegart ist und das Gemüse anfängt, braun zu werden. Vor dem Servieren das Bratenfett aus der Auflaufform über die Koteletts und das Gemüse geben und abschließend mit Petersilie garnieren.

Schweinekoteletts mit Rosmarin und Zitrone

¼ Tasse (60 ml) Olivenöl extra virgin
Saft von ½ Zitrone
½ TL getrockneter Rosmarin
4 Knoblauchzehen, gehackt
1½ TL getrockneter Salbei
¼ TL Salz
¼ TL schwarzer Pfeffer
2 Schweinekoteletts
1 EL (14 g) Kokosöl
½ mittelgroße Zwiebel, gehackt
2 Zucchini, geschnitten

Ergibt: 2 Portionen
Pro Portion:
49 g Fett;
8,5 g Netto-Kohlenhydrate;
21 g Eiweiß;
559 Kalorien

Schweinekotelett gebraten

In einer kleinen Schüssel das Olivenöl mit dem Zitronensaft, Rosmarin, Knoblauch, Salbei, Salz und schwarzen Pfeffer verrühren. Die Koteletts in eine flache Auflaufform legen und die Olivenölmischung darübergießen, sodass sie von beiden Seiten davon umhüllt werden. Für 30 bis 60 Minuten beiseitestellen.

Das Kokosöl in einer großen Pfanne bei mittlerer Temperatur erhitzen. Die Schweinekoteletts aus der Marinade heben und in die heiße Pfanne geben. Die Marinade aufbewahren. Die Koteletts etwa 6 Minuten von jeder Seite braten, bis sie gut gebräunt sind. Aus der Pfanne nehmen und auf einen warmen Teller legen. Die restliche Marinade in die Pfanne geben und die Zwiebeln mit den Zucchini unter gelegentlichem Umrühren sautieren, bis das Gemüse zart ist. Die Koteletts zusammen mit dem Gemüse servieren.

Schweinekoteletts oder -steaks mit Sahne und Champignons

2 EL (28 g) Kokosöl
2 Schweinekoteletts oder -steaks
½ mittelgroße Zwiebel, klein geschnitten
1 rote Paprikaschote, klein geschnitten
1 grüne Paprikaschote, klein geschnitten
2 Knoblauchzehen, gehackt
225 g Champignons, geschnitten
½ Tasse (120 ml) Schlagsahne
1 TL Geflügelgewürz
½ TL Salz
¼ TL schwarzer Pfeffer
¼ Tasse (60 g) saure Sahne

Ergibt: 2 Portionen
Pro Portion:
51,5 g Fett;
12 g Netto-Kohlenhydrate;
24,5 g Eiweiß;
609 Kalorien

Das Öl in einer großen Pfanne bei mittlerer Temperatur erhitzen. Die Koteletts oder Steaks braten, bis sie von beiden Seiten gebräunt sind, etwa 5 Minuten von jeder Seite. Aus der Pfanne nehmen und beiseitestellen.

Die Zwiebeln und Paprika in die Pfanne geben und etwa 6 bis 8 Minuten sautieren, bis sie zart sind. Knoblauch und Champignons dazugeben und braten, bis die Champignons weich sind. Die Steaks oder Koteletts wieder in die Pfanne geben und die Schlagsahne samt Geflügelgewürz, Salz und schwarzem Pfeffer dazugeben. Etwa 4 Minuten garen lassen, dabei häufig umrühren. Von der Herdplatte nehmen und die saure Sahne unterrühren. Das Gemüse und den Bratensaft über die Koteletts oder Steaks geben und servieren.

Überbackener Spargel mit Schinken

Ergibt: 4 Portionen
Pro Portion:
28,5 g Fett;
5 g Netto-Kohlenhydrate;
22 g Eiweiß;
364 Kalorien

450 g gekochter Spargel
4 Scheiben (etwa 85 g pro Scheibe) Schinken, zuckerfrei und ohne Nitritpökelsalz
1 Tasse heiße Käsesauce (S. 34–35)
¼ Tasse (20 g) Parmesankäse, gerieben

Den Backofen oder Grill vorheizen. Den heißen Spargel auf den Schinkenscheiben in einem flachen Bräter verteilen. Die Käsesauce über dem Spargel verteilen und anschließend mit dem Parmesankäse bestreuen. 10 Zentimeter von der Hitzequelle entfernt 3 bis 4 Minuten grillen, bis die Sauce braun gefleckt ist und Blasen wirft.

Variation

Ergibt: 4 Portionen
Pro Portion:
33 g Fett;
6 g Netto-Kohlenhydrate;
27,5 g Eiweiß;
330 Kalorien

Überbackener Spargel mit Schinken und Ei

Den Spargel, wie vorstehend beschrieben, auf dem Schinken verteilen, und zusätzlich jeweils 1 sehr weich pochiertes Ei auf den Spargel geben, dann die Käsesauce darübergießen, mit dem Parmesankäse bestreuen und grillen, wie vorstehend angegeben.

Schweinekoteletts oder -steaks mit Parmesan

Ergibt: 2 Portionen
Pro Portion:
35 g Fett;
12,5 g Netto-Kohlenhydrate;
23 g Eiweiß;
457 Kalorien

2 EL (28 g) Kokosöl oder rotes Palmöl
2 Schweinekoteletts oder -steaks
½ mittelgroße Zwiebel, klein geschnitten
1 grüne Paprikaschote, klein geschnitten
1 mittelgroße Karotte, klein geschnitten
2 Knoblauchzehen, gehackt
2 Tassen (170 g) Auberginen, geschält und klein geschnitten
½ Tasse (120 g) Tomaten, zerdrückt
½ TL getrockneter Oregano
½ TL getrocknetes Basilikum
½ TL Salz, ¼ TL schwarzer Pfeffer
2 EL (10 g) Parmesankäse, gerieben

Das Öl in einer großen Pfanne bei mittlerer Temperatur erhitzen. Die Koteletts oder Steaks etwa 5 Minuten von jeder Seite braten, bis sie von beiden Seiten gebräunt sind. Aus der Pfanne nehmen und beiseitestellen.

Zwiebeln, Paprika und Karotten in die Pfanne geben und in dem Bratenfett sautieren, bis sie zart sind. Knoblauch und Auberginen dazugeben und 4 Minuten unter gelegentlichem Umrühren garen lassen. Die zerdrückten Tomaten sowie Oregano, Basilikum, Salz und schwarzen Pfeffer dazugeben und unter gelegentlichem Umrühren weitere 4 Minuten garen lassen, bis alles heiß ist. Die Koteletts oder Steaks wieder in die Pfanne geben, um sie nochmals aufzuwärmen. Auf Tellern anrichten, das Gemüse und die Sauce darübergeben und abschließend den Parmesankäse darüber verteilen.

Gebratener Schweinebauch mit Gemüse

Gebratener Schweinebauch ist etwas Delikates, und durch das Bratenfett mit den Gewürzen wird das Gemüse zu etwas Besonderem. Wie bei allen Rezepten in diesem Buch gilt auch hier, dass die Nährwertangaben sich auf die Produkte beziehen, nachdem sie gebraten oder gegart worden sind. Schweinebauch, der hauptsächlich aus Fett besteht, schrumpft beim Braten mehr als die Hälfte zusammen, sodass ein Stück Schweinebauch von 280 Gramm schließlich weniger als 140 Gramm wiegt.

Ergibt: 2 Portionen
Pro Portion:
38 g Fett;
8 g Netto-Kohlenhydrate;
41 g Eiweiß;
538 Kalorien

280 g Schweinebauch, frisch
110 g Blumenkohl, in Röschen zerteilt
110 g Brokkoli, in Röschen zerteilt
110 g Spargelstangen
½ mittelgroße Zwiebel, geviertelt
110 g ganze Champignons
½ TL gemahlener Rosmarin
¼ TL Salz
⅛ TL frisch gemahlener schwarzer Pfeffer

Den Backofen auf 220 °C vorheizen. Den Schweinebauch in eine Auflaufform (2 l) legen und etwa 20 Minuten braten. Das Fleisch aus dem Backofen und aus der Auflaufform nehmen und beiseitestellen.

Blumenkohl, Brokkoli, Spargel und Zwiebeln in die Auflaufform geben und das Bratenfett mit einem Löffel über das Gemüse verteilen, bis es vollständig davon umhüllt ist.

Das Fleisch mit dem Gemüse wieder in den Backofen geben und weitere 20 Minuten garen lassen. Dann die Champignons dazugeben und etwa 10 Minuten weiter garen lassen, bis die Champignons zart sind und das Fett auf dem Schweinebauch goldbraun wird und anfängt, knusprig zu werden. Mit Salz und schwarzem Pfeffer abschmecken und servieren.

Gebratener Schweinebauch

Frühlingsrolle in der Schüssel

Dieses Gericht ist wie eine Frühlingsrolle ohne Teigmantel; sie wird statt im Teigmantel in einer Schüssel serviert. Sie kann mit Schweinefleisch, Schinken, Bratwurst oder Hähnchenfleisch zubereitet werden.

Ergibt: 2 Portionen
Pro Portion:
31 g Fett;
10,5 g Netto-Kohlenhydrate;
25 g Eiweiß;
421 Kalorien

¼ Tasse (56 g) Speckfett oder rotes Palmöl
170 g Schweinefleisch, Schinken, Bratwurst oder Hähnchenfleisch
1 mittelgroße Zwiebel, gehackt
1 mittelgroße Karotte, in feine Streifen, Julienne, geschnitten
1 Stangensellerie, in 5 cm lange feine Streifen, Julienne, geschnitten
3 Tassen (210 g) Weißkohl, gehobelt
1½ EL (22 ml) Sojasauce oder Coconut-Aminos-Sauce
1 TL Reisessig
Salz, Pfeffer

Das Öl in einer großen Pfanne bei mittlerer Temperatur erhitzen. Das Fleisch samt Zwiebeln, Karotten und Sellerie 5 Minuten braten, bis es zart ist. Den Weißkohl dazugeben und weitere 5 Minuten garen lassen, bis der Weißkohl zart ist. Von der Herdplatte nehmen und die Sojasauce sowie den Reisessig dazugeben und mit Salz und Pfeffer abschmecken.

Bratwurst und Weißkohl

2 EL (28 g) Kokosöl
2 Bratwürste oder Krakauer
1 kleine Zwiebel, gehackt
1 grüne Paprikaschote, gehackt
4 Tassen (360 g) Weißkohl, gehobelt
Salz
Schwarzer Pfeffer

Ergibt: 2 Portionen
Pro Portion:
39 g Fett;
11 g Netto-Kohlenhydrate;
15 g Eiweiß;
455 Kalorien

Das Öl in einer Pfanne bei mittlerer Temperatur erhitzen. Die Wurst sowie Zwiebeln und Paprika dazugeben und sautieren, bis das Gemüse zart und die

Bratwurst und gekochter Weißkohl

Wurst gebräunt ist. Den Weißkohl unterrühren, abdecken und bei gelegentlichem Umrühren garen, bis der Weißkohl zart ist. Mit Salz und schwarzem Pfeffer abschmecken.

Gekochter Schinken mit Weißkohl und Sauerkraut

Bei diesem Rezept werden frisch gekochter Weißkohl mit Sauerkraut, gekochtem Schinken und anderem Gemüse zu einem sehr schmackhaften Gericht kombiniert.

Ergibt: 2 Portionen
Pro Portion:
19,5 g Fett;
10 g Netto-Kohlenhydrate;
13 g Eiweiß;
267 Kalorien

- 2 EL (28 g) Kokosöl
- ½ Tasse (50 g) Fenchel, gehackt, oder Sellerie, klein geschnitten
- ½ mittelgroße Zwiebel, klein geschnitten
- ¼ grüne Paprikaschote, gehackt
- 1 Tasse (116 g) gekochter Schinken, klein geschnitten
- 3 Tassen (270 g) Weißkohl, gehobelt
- ½ TL Senfmehl
- ¼ TL Salz
- 1 Tasse (142 g) Sauerkraut

Das Öl in einer Pfanne bei mittlerer Temperatur erhitzen. Den Fenchel mit Zwiebeln und Paprika etwa 6 bis 8 Minuten sautieren, bis das Gemüse etwas weich ist. Den Schinken zusammen mit dem Weißkohl, Senfmehl und Salz unterrühren und etwa 5 bis 6 Minuten garen lassen, bis der Weißkohl weich ist, dabei gelegentlich umrühren. Den Herd ausschalten. Das Sauerkraut über dem Weißkohl verteilen, abdecken und 1 bis 2 Minuten ziehen lassen. Auf diese Weise wird das Sauerkraut nicht gekocht, sondern nur aufgewärmt. Dann das Sauerkraut unter das übrige Gemüse unterheben und servieren.

Kapitel 9

Lammfleisch

Das Fleisch von Schafen wird, abhängig vom Alter der Tiere, als Lammfleisch, Hammelfleisch oder Schaffleisch bezeichnet. Lammfleisch ist zarter und milder im Geschmack als Hammelfleisch. Lammfleisch stammt von Tieren, die weniger als ein Jahr alt sind, während Hammelfleisch von älteren Tieren stammt, die aber nicht älter als zwei Jahre sind. Das meiste Lammfleisch, das auf den Markt kommt, stammt von Tieren, die im Alter von etwa sechs bis acht Monaten geschlachtet werden. Ein Lamm wiegt dann etwa 63 Kilogramm und liefert etwa 20 bis 22 Kilogramm essbares, mageres Fleisch.

Ist Lammfleisch als „Frühlingslamm" gekennzeichnet, bedeutet dies, dass das Lamm zwischen März und Oktober aufgezogen wurde. Der Begriff ist aus Zeiten überliefert worden, als Lämmer, die bei bitterkalten Wintertemperaturen geboren wurden, kaum eine Chance hatten, bis zum nächsten Jahr zu überleben.

Lämmer werden im Allgemeinen mit Gras und grob gemahlenem Körnerfutter großgezogen. Sie werden mit Heu und einer Futtermischung aus Mais, Gerste, Milo (einer Art von Hirse) und/oder Weizen, ergänzt mit Vitaminen und Mineralstoffen, gefüttert. Viele Lämmer „enden" auch in Mastanlagen, wo sie mit speziellen Futterrezepturen gemästet werden. Während in den USA die meisten Lämmer mit Körnerfutter gemästet werden, werden manche auch auf Weiden gehalten, wo sie sich von Gras statt von Körnern ernähren können. Grasgefütterte Lämmer werden als solche in der Regel im Handel gekennzeichnet. In Europa werden Schafe hingegen meist in einer Kombination aus Stallhaltung im Winter und Weidehaltung während des restlichen Jahres gehalten.

Der Schlachtkörper des Lammes wird in verschiedene Teilstücke zerlegt: Schulter, Lammkoteletts, Brust/Lammbeinscheiben, Lammrücken und Lammkeulen (Haxen). Bei den frischen Lammfleischstücken, die im Supermarkt erhältlich sind, sollte vorzugsweise an der Fleischtheke und auf Etiketten nicht nur das Produkt genannt werden, sondern auch, aus welchem Teilstück sie geschnitten wurden, zum Beispiel „Schulterbraten“ oder „Lammrückenkotelett“.

Der Begriff „Lammkoteletts“ ist sehr geläufig. Bei „Koteletts“ handelt es sich um das Teilstück, aus dem Stielkoteletts aus dem vorderen Teil des Rückens mit den Rippenenden und Lendenkoteletts mit Filetanteil aus dem hinteren Teil des Rückens geschnitten werden. Eine „Lammkrone“ ist ein Kotelettstück, das so zusammengebunden wird, dass es einen Ring oder eine Krone bildet.

Koteletts können aus verschiedenen Teilstücken geschnitten werden. Rückenkoteletts stammen vom Lammrücken und Stielkoteletts vom Teilstück Lammkoteletts, dies sind die zartesten und teuersten Koteletts. Schulterkoteletts aus Blatt oder Bug und „Sirloin“-Koteletts aus der Hüfte sind preiswerter, können aber genauso zart sein.

Lammfleisch lässt man einige Zeit reifen, damit es zarter wird und zusätzlichen Geschmack entwickelt. Hochwertige, teurere Teilstücke wie Lammrücken und Lammkoteletts werden gereift und vorrangig an Restaurants verkauft. Die Fleischreifung erfolgt kommerziell unter kontrollierten Temperatur- und Feuchtigkeitsbedingungen.

Lammfrikadellen und Lammhackgerichte wie beispielsweise Hackbraten sollten bis zu einer sicheren Kerntemperatur von mindestens 70 °C gebraten werden, die von einem Fleischthermometer angezeigt wird. Ebenso sollten sämtliche Innereien wie Herz, Nieren, Leber und Zunge bis zu einer Temperatur von 70 °C gebraten werden. Bei allen Lammsteaks, Koteletts und Braten genügt es hingegen, sie bis zu einer Kerntemperatur von mindestens 63 °C zu braten, die vom Fleischthermometer angezeigt wird, bevor das Fleisch aus dem Backofen oder vom Herd genommen wird. Aus Sicherheits- und Qualitätsgründen sollten Sie das Fleisch mindestens 5 Minuten ruhen lassen, bis es geschnitten oder verzehrt wird. Sie können das Fleisch auch bis zu höheren Temperaturen garen, wenn Ihnen dies lieber ist. Auf der Tabelle auf S. 252 sind die ungefähren Garzeiten aufgeführt, die bei der Zubereitung von Lammfleisch zu berücksichtigen sind.

Die in der Tabelle angegebenen Zeiten beziehen sich auf Lammfleisch, das bei einer Kühlschranktemperatur von 4 °C aufbewahrt wurde. Berücksichtigen Sie bitte, dass die Temperaturen bei Herden und Grills im Freien schwanken können. Nutzen Sie ein Fleischthermometer, um ein sicheres Garen und den jeweiligen Gargrad des Lammfleisches zu kontrollieren.

Nach dem Braten einer Lammhaxe oder eines Lammbratens mit Knochen bleiben von einem ursprünglichen Rohgewicht von 500 Gramm nur 225 bis 255 Gramm essbares Fleisch über, das Sie servieren können. Bei Lammhackfleisch oder knochenlosen Stücken bleiben von 500 Gramm nach dem Braten etwa 300 Gramm essbares Fleisch über.

KLEINE FLEISCHKUNDE

Schulter

Zur Schulter gehören neben der Schulter auch der obere Teil der Vorderkeulen sowie der obere Teil des Nackens. Diese Muskeln werden sehr viel beansprucht und sind voller Bindegewebe, sodass dieses Fleisch zäher ist als die meisten anderen Fleischstücke.

Gängige Stücke sind: Lammschulter mit Knochen, Lammbraten (aus dem Schulterblatt), Lammkotelett (aus Blatt und Bug), Fleischstücke für Eintöpfe, Lammhackfleisch und Lammwurst.

Brust und Beinscheiben (Vorderkeule)

Die Brust gehört zu den preiswertesten Fleischstücken beim Lamm. Sie hat einen hohen Fettgehalt und viel Geschmack. Lammbrust wird in dünne Streifen geschnitten und für gewöhnlich gefüllt, gerollt und langsam geschmort. Die Vorderkeule (Beinscheibe) ist das magerste Stück beim Lamm. Sie ist ein starker Muskel mit viel Bindegewebe, das langsam geschmort werden muss.

Gängige Stücke sind: Rollbraten, Lammrippchen und Lammbeinscheiben.

Lammkoteletts

Die Rippen ergeben sehr zartes Fleisch, das mild im Geschmack ist. Die im Teilstück „Koteletts“ enthaltenen Rippen können entweder einzeln als Koteletts oder am Stück als Rippenbraten geschnitten und zubereitet werden. Dies sind sehr begehrte Fleischstücke. Eine „Lammkrone“ besteht aus zwei oder drei Kotelettstücken, die so zusammengebunden werden, dass sie eine Krone bilden.

Gängige Stücke sind: Lammkotelett, Lammkrone und Stielkoteletts.

Gartabelle Lammfleisch

Produkt	Größe	Garmethode	Garzeit
Keule, mit Knochen	2,3–3,2 kg 3,2–4 kg	Braten 170 °C	20–25 Min./0,45 kg
Keule, ohne Knochen, gerollt	1,8–3,2 kg	Braten 170 °C	15–20 Min./0,45 kg
Schulterbraten oder Lammbeinscheiben, halb	1,4–1,8 kg	Braten 170 °C	25–30 Min./0,45 kg
Lammwürfel für Kebabs	2,5–3,8 kg	Braten 170 °C	30–35 Min./0,45 kg
Lammfrikadellen	5 cm	Braten/Grillen	8–12 Min./0,45 kg
Koteletts, Rippchen oder Lammrücken	2,5–3,8 cm	Braten/Grillen	5–8 Min./0,45 kg
Lammkeulensteaks	2 cm	Braten/Grillen	7–11 Min./0,45 kg
Fleischstücke für Eintöpfe	2,5–3,8 cm	Braten/Grillen	14–18 Min./0,45 kg
Lammbrust, gerollt, Rollbraten	3,8–5 cm	Schmoren* 170 °C	1½–2 Std.
Lammbeinscheiben	2–2,5 cm	mit Flüssigkeit	1½ Std. bedecken, köcheln lassen

Die Kerntemperatur bei allen Fleischstücken sollte mindestens 63 °C erreichen, außer bei Lammhackfleisch bzw. bei Frikadellen, hier sollte sie 70 °C erreichen.

* Schmoren heißt, nicht so zartes Fleisch mit etwas Flüssigkeit in einer abgedeckten Pfanne oder einem abgedeckten Topf braten oder köcheln lassen.

Lammrücken

Der Lammrücken besteht aus den an der Wirbelsäule entlang laufenden Muskeln und erstreckt sich von den unteren Rippen bis zum Hüftknochen. Dies sind die begehrtesten und teuersten Fleischstücke. Genau wie beim Rind und Schwein ist das Filet das zarteste Fleischstück.

Gängige Stücke sind: Lammrückenbraten, Lammkoteletts, Filet und Medaillons.

Keulen (Haxen)

Die Hinterbeine des Lamms werden traditionell als Lammkeulen oder Lammhaxen verkauft. Sie werden im ganzen Stück von 2 bis 4 Kilogramm verkauft oder in Lamm-Sirloin und Beinscheiben geschnitten. Das Fleisch ist mager und zart und kann auf unterschiedliche Weise zubereitet werden.

Gängige Stücke sind: Lammhaxe, Lamm-Sirloin, Lammkeulenbraten, Lammsteaks oder Lammwürfel für Kebabs.

LAMMFLEISCH-REZEPTE

Lammkeulenbraten

Ergibt: unterschiedlich viele Portionen, abhängig von der Größe des Bratens

Pro Portion von 85 g: 18 g Fett; 0 g Netto-Kohlenhydrate; 14 g Eiweiß; 218 Kalorien

2250–3150 g Lammkeule, mit Knochen
3 EL (42 g) Kokosöl oder rotes Palmöl, geschmolzen
Salz, frisch gemahlener schwarzer Pfeffer
6 Knoblauchzehen, geschält
3 Stängel frischer Rosmarin

Das Lammfleisch 1 Stunde vor der Zubereitung aus dem Kühlschrank nehmen und auf Zimmertemperatur bringen. Dies sorgt dafür, dass der Braten schneller und gleichmäßiger gegart wird.

Das Lammfleisch von außen ganz mit Kokosöl oder rotem Palmöl einreiben. Das Fleisch in einen Bräter legen. Reichlich mit Salz und schwarzem Pfeffer würzen. Den Backofen auf Grillen einstellen. Den Braten so einschie-

Lammkeulenbraten

ben, dass das Fleisch oben nur 7 bis 10 Zentimeter von der Hitzequelle entfernt ist. 5 Minuten grillen, bis die Lammkeule oben scharf angebraten aussieht und gebräunt ist. Die Keule umdrehen und von der anderen Seite grillen, bis sie gebräunt ist.

Den Braten aus dem Backofen nehmen. Den Backofen auf 170 °C einstellen und den Bratenrost jetzt in der Mitte des Backofens einschieben. Die Knoblauchzehen und die Rosmarinblätter hacken. Die Lammkeule nochmals drehen und die Keule dann von oben mit dem gehackten Knoblauch und Rosmarin einreiben. Das Fleischthermometer in die Mitte der Keule stechen. Die Keule lose mit Alufolie abdecken. Das Lamm wieder in den Backofen schieben und 1 Stunde braten.

Die Alufolie wegnehmen und die Temperatur kontrollieren. Wenn die Keule noch nicht durch ist, den Braten nochmals ohne Alufolie in den Backofen schieben und weiter braten lassen. Soll der Braten „medium rare" bis „medium" sein, nehmen Sie das Lamm aus dem Backofen, wenn eine Temperatur von 60 °C bis 63 °C erreicht ist. Orientieren Sie sich dabei an den Garzeiten in der Gartabelle auf Seite 252. Wenn Sie den Braten aus dem Backofen genommen haben, sollte er einige Minuten ruhen, bevor er geschnitten wird. Auch wenn er nicht mehr im Ofen ist, wird das Fleisch durch die Hitze im Innern noch mehrere Minuten weiter gegart.

Um das Fleisch zu schneiden, legen Sie den Braten so hin, dass der Knochen parallel zum Schneidebrett liegt. Senkrecht zum Knochen schneiden und angewinkelt gerade nach unten, bis das Messer auf den Knochen trifft. Das Fleisch vom Knochen lösen, indem Sie unten an den Bratenscheiben rund um den Knochen herum schneiden.

Zusammen mit einer Keto-Beilage Ihrer Wahl servieren.

Lammkeulenbraten mit Knoblauch

Ergibt: 8 Portionen
Pro Portion:
48 g Fett;
0,5 g Netto-Kohlenhydrate;
38 g Eiweiß;
586 Kalorien

Rosmarinzweige
1800 g Lammkeule, ohne Knochen
40 bis 50 Knoblauchzehen, ungeschält
¼ Tasse (60 ml) Butter oder Kokosöl, geschmolzen
1 TL Salz
¼ TL frisch gemahlener schwarzer Pfeffer

Den Backofen auf 220 °C vorheizen. Die Rosmarinzweige in einem Bräter verteilen. Die Lammkeule darauflegen und die Knoblauchzehen um die Keule herum feststecken. Die Lammkeule mit der Butter beträufeln, dann mit Salz und Pfeffer bestreuen. In die Mitte der Keule ein Fleischthermometer stechen.

Die Lammkeule 10 Minuten braten, dann die Temperatur auf 170 °C zurückdrehen und den Braten lose mit einer Alufolie abdecken. Die Keule weiter braten, bis das Thermometer 54 °C anzeigt, etwa 1½ bis 2 Stunden. Die Alufolie entfernen und etwa 15 Minuten weiter braten, bis das Thermometer 63 °C anzeigt. Den Braten etwa 10 bis 15 Minuten ruhen lassen, bevor Sie ihn schneiden. Den gebratenen Knoblauch aus der Schale herausdrücken und mit dem Bratensaft servieren, der über die geschnittene Lammkeule geträufelt wird.

Lamm-Rollbraten von der Lammkeule

Ergibt: 8 Portionen
Pro Portion:
52 g Fett;
1 g Netto-Kohlenhydrate;
38 g Eiweiß;
606 Kalorien

2 EL (28 g) Kokosöl
3 mittelgroße Knoblauchzehen, gehackt
3 mittelgroße Schalotten, gehackt
2 EL (4 g) frische Rosmarinblätter, fein gehackt
1 EL (6 g) Zitronenschale
½ TL rote Paprikaflocken
1 EL (18 g) Salz
½ TL frisch gemahlener schwarzer Pfeffer
1 ganze Schmetterlings-Lammkeule, ohne Knochen (etwa 1800 g)

Den Backofenrost auf die untere mittlere Schiene schieben, und den Backofen auf 140 °C vorheizen. Das Öl in einem kleinen Topf bei mittlerer Temperatur erhitzen. Knoblauch, Schalotten, Rosmarin, Zitronenschale und rote Paprikaflocken dazugeben und etwa 5 Minuten unter gelegentlichem Umrühren braten, bis die Schalotten und der Knoblauch weich sind. In eine kleine Schüssel umfüllen. Salz und schwarzen Pfeffer dazugeben und mit einer Gabel schlagen, um alles gut miteinander zu vermischen.

Die Hälfte der Mischung in die Innenflächen der Schmetterlings-Lammkeule einreiben. Die Lammkeule zusammenrollen und im Abstand von jeweils 2,5 bis 5 Zentimetern mit Küchengarn zusammenbinden. Die restliche Mischung außen auf dem Rollbraten verteilen und einreiben.

Den Rollbraten in eine Backform legen. In den Backofen schieben und braten, bis das in der Mitte des Rollbratens eingesteckte Thermometer 51 °C bis 54 °C anzeigt, sofern Sie den Rollbraten „medium rare" haben möchten, oder bis das Thermometer 54 °C bis 57 °C anzeigt, wenn Sie ihn „medium" haben möchten. Den Rollbraten aus dem Backofen nehmen und 30 Minuten ruhen lassen; während er ruht, wird er durch die innere Hitze noch weiter gegart.

Während der Lamm-Rollbraten ruht, die Backofentemperatur auf 260 °C erhöhen. Den Rollbraten nochmals in den Backofen schieben und etwa 15 Minuten weiter braten, bis er von außen dunkelbraun und knusprig ist.

Aus dem Backofen nehmen und 5 Minuten ruhen lassen. Das Küchengarn mit einer Küchenschere entfernen. Den Rollbraten auf ein Schneidebrett legen und in 0,6 Zentimeter dicke Scheiben schneiden. Mit Bratenfett und einer Keto-Beilage servieren.

Lammbraten mit Sardellen

Sardellen und Lammfleisch mag sich wie eine ziemlich seltsame Kombination anhören, bei diesem Rezept passt beides aber ausgezeichnet zusammen. Da eine Senf-Mayonnaise-Mischung auf dem Braten verteilt wird, entsteht eine wunderbare Kruste, die ihn saftig und lecker macht.

Ergibt: 10 Portionen
Pro Portion:
18,5 g Fett;
0,5 g Netto-Kohlenhydrate;
53 g Eiweiß;
380 Kalorien

1,8 kg Lammkeule, ohne Knochen
1 Glas (94 g) Sardellen in Olivenöl
3 Knoblauchzehen, zerdrückt
1 TL Rosmarinpulver
¼ Tasse (44 g) Dijon-Senf
¼ Tasse (60 g) Mayonnaise (S. 49–51)

Den Backofen auf 220 °C vorheizen. Gegebenenfalls das Netz um die Lammkeule entfernen. Die Oberfläche der Keule mehrfach 1 Zentimeter tief einschneiden. Die Sardellenfilets vierteln und die Stücke in die Einschnitte in der Keule stecken. Die Keule auf den Rost auf einem Bräter legen. In einer kleinen Schüssel den Knoblauch mit Rosmarin, Senf und Mayonnaise verrühren und die Mischung auf dem Braten verteilen. Die Lammkeule 30 Minuten braten, dann die Temperatur auf 180 °C zurückstellen und etwa 90 Minuten weiter braten, bis eine Kerntemperatur von 63 °C erreicht ist. Für eine volle Mahlzeit mit Keto-Gemüse oder Salat servieren.

Lammkoteletts mit Spargel

Ergibt: 2 Portionen
Pro Portion:
27,5 g Fett;
4 g Netto-Kohlenhydrate;
29 g Eiweiß;
379 Kalorien

3 EL (42 g) Kokosöl
2 Lammkoteletts (à 85 g)
450 g Spargel, in mundgerechte Stücke geschnitten
Salz
Schwarzer Pfeffer

Das Öl in einer großen Pfanne bei mittlerer Temperatur erhitzen. Die Lammkoteletts in die Pfanne geben, abdecken und braten, bis sie von einer Seite gebräunt sind. Dann die Koteletts wenden und den Spargel dazugeben. Den Spargel sautieren, bis er zart ist, und die Koteletts braten, bis sie die von Ihnen gewünschte Garstufe haben. Von der Herdplatte nehmen und mit Salz und schwarzem Pfeffer würzen und abschmecken. Das Bratenfett über dem Spargel verteilen und zusammen mit den Koteletts servieren.

Lammfrikadellen mit Champignonsauce

1 EL (15 g) Kokosöl oder Speckfett
170 g Lammhackfleisch
2 TL Zwiebeln, getrocknet und granuliert
½ TL Salz

Champignonsauce:
2 EL (28 g) Butter
28 g fein gehackte Zwiebeln
110 g Champignons, gehackt
⅓ TL gemahlener Rosmarin
⅓ TL frisch gemahlener schwarzer Pfeffer
¼ Tasse (60 ml) Schlagsahne

Ergibt: 2 Frikadellen
Pro Portion:
26 g Fett;
3 g Netto-Kohlenhydrate;
26 g Eiweiß;
350 Kalorien

Das Öl in einer Pfanne bei mittlerer Temperatur erhitzen. Das Lammhackfleisch mit den granulierten Zwiebeln und dem Salz verkneten und 2 Frikadellen daraus formen. In der Pfanne etwa 5 Minuten von jeder Seite braten, ohne abzudecken, bis die Frikadellen gebräunt und durchgebraten sind. Die Frikadellen aus der Pfanne nehmen und beiseitestellen.

Die Sauce in derselben Pfanne zubereiten. Die Butter sowie Zwiebeln, Champignons, Rosmarin, Salz und Pfeffer in die Pfanne geben und 5 Minuten garen lassen, bis die Champignons weich sind. Die Schlagsahne unterrühren und unter gelegentlichem Umrühren etwa 3 bis 4 Minuten weiter garen lassen, bis die Sauce leicht eindickt. Die Sauce über die Frikadellen verteilen und zusammen mit einer Keto-Gemüsebeilage servieren.

Lammhackfleisch mit Ei

Ergibt: 2 Portionen
Pro Portion:
24,5 g Fett;
9 g Netto-Kohlenhydrate;
33 g Eiweiß;
338 Kalorien

2 EL (28 g) Kokosöl oder rotes Palmöl
1 mittelgroße Karotte, gehackt
110 g Daikon-Rettich, gehackt
½ rote Zwiebel, gehackt
½ rote Paprikaschote, gehackt
2 Knoblauchzehen, fein gehackt
170 g Lammhackfleisch
110 g Champignons, gehackt
½ TL Salz, ¼ TL schwarzer Pfeffer
¼ TL Chilipulver
¼ Tasse (4 g) Koriander, gehackt
2 Eier, pochiert oder gebraten

Das Öl bei mittlerer Temperatur in einer Pfanne erhitzen. Die Karotten mit dem Daikon-Rettich 5 Minuten sautieren. Zwiebeln, Paprika, Knoblauch und das Lammfleisch dazugeben und braten, bis das Gemüse knackig zart ist, etwa 8 Minuten. Die Champignons sowie Salz, schwarzen Pfeffer und Chilipulver dazugeben und etwa 4 bis 5 Minuten weiter garen lassen, bis das Gemüse zart ist. Von der Herdplatte nehmen. Auf zwei Tellern anrichten, mit Koriander garnieren und jeweils ein pochiertes oder gebratenes Ei darübergeben.

Gegrillte Lammfrikadellen

Diese Lammfrikadellen können Sie sich sowohl als Ergänzung zu Eiern schmecken lassen als auch als Haupteiweißquelle zusammen mit einem Gemüse Ihrer Wahl servieren.

Ergibt: 4 Frikadellen
Pro Portion:
12 g Fett;
0,5 g Netto-Kohlenhydrate;
23 g Eiweiß;
202 Kalorien

225 g Lammhackfleisch
1 EL (6 g) Zwiebeln, getrocknet und granuliert
1 EL (1 g) Petersilie, klein geschnitten
½ TL Salz
¼ TL getrockneter Dill
1 Prise Knoblauchpulver
2 Streifen Speck, zuckerfrei und ohne Nitritpökelsalz

Das Lammhackfleisch mit Zwiebeln, Petersilie, Salz, Dill und Knoblauchpulver verkneten. Aus der Mischung 4 Frikadellen formen, jeweils etwa 2,5 Zentimeter dick. Bei jeder Frikadelle 1 Streifen Speck um den Rand wickeln und mit einem Zahnstocher aus Holz befestigen. Die Backofentemperatur auf Grillen (250 °C) einstellen. Die Frikadellen so in den Backofen schieben, dass die Oberflächen etwa 7 Zentimeter von der Hitzequelle entfernt sind. Die Frikadellen etwa 6 bis 8 Minuten grillen, einmal wenden, und von der anderen Seite wiederum etwa 6 bis 8 Minuten grillen, bis sie durch sind.

Lammkoteletts mit Senfsauce

Ergibt: 4 Koteletts
Pro Portion:
16 g Fett;
2 g Netto-Kohlenhydrate;
31 g Eiweiß;
276 Kalorien

4 Lammkoteletts, 1 cm dick
1 EL (15 ml) Dijon-Senf
1 TL Salz
½ TL schwarzer Pfeffer
4 Streifen roher Speck, zuckerfrei und ohne Nitritpökelsalz, fein gehackt
¾ Tasse (175 ml) Schlagsahne
2 EL (18 g) Kapern

Den Backofen auf 180 °C vorheizen. Während der Backofen vorgeheizt wird, die Lammkoteletts jeweils von beiden Seiten leicht mit Senf bestreichen und in eine ungefettete Pfanne geben. Die Koteletts mit Salz und schwarzem Pfeffer würzen. Den Speck über und um die Koteletts herum verteilen. Die Koteletts ohne abzudecken 60 Minuten backen, bis die Koteletts die von Ihnen gewünschte Garstufe erreicht haben.

Die Koteletts herausnehmen, auf eine warme Servierplatte legen und beiseitestellen. Das Bratenfett und die Speckstückchen in der Pfanne lassen. Schlagsahne und Kapern unterrühren. Unter ständigem Umrühren auf der Herdplatte zum Kochen bringen, dann die Temperatur senken und ohne abzudecken etwa 8 Minuten köcheln lassen, bis die Sauce gedickt ist, dabei häufig umrühren. Die Sauce über die Koteletts geben. Die Sauce passt auch gut zu heißem gedünsteten Gemüse.

Lammschulter mit Saurer-Sahne-Sauce

2 EL (30 g) Speckfett oder Kokosöl
1 mittelgroße Zwiebel, gehackt
450 g Lammschulter Steaks oder Koteletts
120 g Champignons, gehackt
⅓ Tasse (80 ml) Hühner- oder Rinderbrühe (S. 90–92)
½ TL Paprikapulver
¼ TL Salz
¼ TL getrockneter Dill
⅓ TL schwarzer Pfeffer
½ Tasse (115 g) saure Sahne

Ergibt: 4 Portionen
Pro Portion:
21 g Fett;
4 g Netto-Kohlenhydrate;
33,5 g Eiweiß;
339 Kalorien

Das Öl in einer großen Pfanne bei mittlerer Temperatur erhitzen. Die Zwiebeln dazugeben und garen, bis sie zart sind, dann die Zwiebeln herausnehmen und beiseitestellen. In derselben Pfanne das Lammfleisch braten, bis es von jeder Seite goldbraun ist, dabei einmal wenden. Die Zwiebeln wieder in die Pfanne geben, dann die Champignons mit der Brühe sowie Paprikapulver, Salz, Dill und schwarzem Pfeffer dazugeben. Abdecken und etwa 40 Minuten köcheln lassen, bis das Lammfleisch zart ist. Gelegentlich nachsehen, ob noch genug Flüssigkeit vorhanden ist, und gegebenenfalls mehr Brühe oder etwas Wasser dazugeben. Von der Herdplatte nehmen und die saure Sahne unterrühren, bis alles gut vermischt ist. Das Lammfleisch anrichten und die Saure-Sahne-Sauce dazu reichen.

Hackfleischauflauf mit „Kartoffelhaube" – Shepherd's Pie

Shepherd's Pie stammt ursprünglich aus England und wird traditionell mit Lammfleisch zubereitet. Sie können jedoch auch eine preiswertere Version mit Rinder- oder Schweinehackfleisch herstellen. In den Vereinigten Staaten wird das Gericht für gewöhnlich mit Lammhackfleisch zubereitet. In England und Australien wird das Rindfleischgericht als „Cottage Pie" bezeichnet. Aber egal, wie es heißt, Shepherd's Pie ist im Grunde ein Auflauf mit einer Schicht Fleisch und Gemüse sowie einer „Haube" aus Kartoffelpüree, der im Backofen gebacken wird. Bei unserer Version verwenden wir anstelle von Kartoffeln natürlich Blumenkohl.

2 EL (28 g) Kokosöl oder Speckfett
340 g Lammhackfleisch
1 Tasse (160 g) Zwiebeln, gehackt
2 Karotten, dünn geschnitten
1 Tasse (100 g) grüne Bohnen, klein geschnitten
1 Tasse (100 g) Sellerie, klein geschnitten
3 Knoblauchzehen, gehackt
½ TL Salz
¼ TL frisch gemahlener schwarzer Pfeffer
½ TL getrockneter Rosmarin
½ TL getrockneter Thymian
¼ Tasse (60 ml) Tomatensauce
1 TL Worcestershire-Sauce
2 Tassen (200 g) Blumenkohl, klein geschnitten
6 EL (84 g) Butter
½ TL Salz
¼ TL Zwiebelpulver
225 g scharfer Cheddar-Käse, gerieben

Ergibt: 4 Portionen
Pro Portion:
45,5 g Fett;
10 g Netto-Kohlenhydrate;
40,5 g Eiweiß;
611 Kalorien

Hackfleischauflauf mit „Kartoffelhaube" – Shepherd's Pie

Den Backofen auf 190 °C vorheizen. Das Öl in einer Pfanne bei mittlerer Temperatur erhitzen. Das Hackfleisch mit Zwiebeln, Karotten, grünen Bohnen und Sellerie dazugeben und sautieren, bis das Fleisch gebräunt und das Gemüse etwas zart ist, etwa 5 bis 8 Minuten. Von der Herdplatte nehmen und Salz, schwarzen Pfeffer, Rosmarin, Thymian, Tomatensauce und Worcestershire-Sauce unterrühren. Das Ganze in eine Auflaufform füllen.

Den Blumenkohl in eine Küchenmaschine geben und auf Reiskörnergröße zerkleinern. Den Blumenkohl mit der Butter sowie ½ Teelöffel Salz, Zwiebelpulver und geriebenem Käse verrühren. Die Blumenkohl-Mischung auf der Fleischfüllung in der Auflaufform verteilen. 30 Minuten backen.

Lammcurry

Sie können rohes oder gebratenes Lammfleisch bei diesem Rezept verwenden. Auch Reste von einem Lammbraten können gut verwertet werden. Das Gericht besteht aus einer Currysauce, die zu sautiertem Lammfleisch und sautierten Zucchini serviert wird.

Ergibt: 4 Portionen
Pro Portion:
32,5 g Fett;
11 g Netto-Kohlenhydrate;
29,5 g Eiweiß;
454 Kalorien

2 EL (28 g) Butter
1 mittelgroße Zwiebel, gehackt
1 EL (6 g) frischer Ingwer, gehackt
2 Knoblauchzehen, gehackt
¼ bis ½ TL rote Paprikaflocken
2 mittelgroße Tomaten, gewürfelt
1 TL gemahlener Zimt
½ TL Salz, ¼ TL schwarzer Pfeffer
2 EL (12 g) gemahlener Koriander
2 EL (14 g) gemahlener Kreuzkümmel
½ TL gemahlener Kurkuma
1 Tasse (240 ml) Lamm-, Rinder- oder Hühnerbrühe (S. 90–92)
½ Tasse (8 g) frischer Koriander, gehackt
2 EL (28 g) Kokosöl
340 g Lammfleisch, in mundgerechte Stücke geschnitten
2 mittelgroße Zucchini, in Scheiben geschnitten
1 Tasse (230 g) saure Sahne

Die Butter in einer großen Pfanne bei mittlerer Hitze zum Schmelzen bringen. Die Zwiebeln dazugeben und sautieren, bis sie goldgelb sind, etwa 10 bis 15 Minuten. Ingwer und Knoblauch dazugeben und weitere 2 Minuten garen lassen. Rote Paprikaflocken, Tomaten, Zimt, Salz, schwarzen Pfeffer, Kreuzkümmel, Kurkuma und die Brühe dazugeben und 6 bis 8 Minuten köcheln lassen, bis sich die Aromen miteinander vermischt haben.

Von der Herdplatte nehmen und etwas abkühlen lassen. Dann den Koriander dazugeben und alles zusammen in einer Küchenmaschine pürieren, bis eine glatte Masse entstanden ist. Beiseitestellen.

Das Kokosöl in einer Pfanne bei mittlerer Temperatur erhitzen. Das Lammfleisch (roh oder gebraten) und die Zucchini sautieren, bis das Fleisch gebräunt ist und die Zucchini zart sind. Die Temperatur auf eine niedrigere Stufe zurückstellen, das Currypüree unterrühren und 3 bis 4 Minuten köcheln lassen, bis alles heiß ist. Die saure Sahne unterrühren. Von der Herdplatte nehmen und servieren.

Rogan Josh

Rogan Josh ist ein aromatisches Lammcurry, das ursprünglich aus Persien stammt. Die asiatischen Gewürze wie Kardamom und Koriander geben diesem Gericht sein charakteristisches Aroma und seinen typischen Geschmack.

2 EL (28 g) Kokosöl oder rotes Palmöl
450 g Lammfleisch, in mundgerechte Stücke geschnitten
1 große Zwiebel, gehackt
2 Stangensellerie, klein geschnitten
2 Karotten, klein geschnitten
¼ Tasse (56 g) Butter
1 Stück frischer Ingwer, 5 cm, geschält und gehackt
8 Knoblauchzehen, gehackt
¼ TL gemahlene Gewürznelken
¼ TL schwarzer Pfeffer
¼ TL gemahlener Zimt
3 TL gemahlener Kardamom
1 TL gemahlener Koriander

Ergibt: 4 Portionen
Pro Portion:
28 g Fett;
11 g Netto-Kohlenhydrate;
37 g Eiweiß;
426 Kalorien

Rogan Josh

- 2 TL gemahlener Kreuzkümmel
- 4 TL Paprikapulver
- ½ TL Cayennepfeffer
- 1 TL Salz
- ¾ Tasse (175 ml) Wasser
- ½ Tasse (115 g) Naturjoghurt oder saure Sahne
- 4 Tassen (480 g) Blumenkohlreis (S. 131–132)
- 2 EL (28 g) Kokosöl

Das Öl in einer großen Pfanne bei mittlerer Temperatur erhitzen. Das Lammfleisch mit Zwiebeln, Sellerie und Karotten etwa 12 bis 15 Minuten sautieren, bis das Fleisch gebräunt und das Gemüse zart ist. Die Butter mit Zwiebeln, Ingwer, Knoblauch, Gewürznelken, schwarzem Pfeffer, Zimt, Kardamom, Koriander, Kreuzkümmel, Paprikapulver, Cayennepfeffer und Salz dazugeben und unter häufigem Umrühren etwa 2 Minuten weiter garen lassen. Das Wasser dazugeben, die Temperatur senken, abdecken und 10 bis 15 Minuten köcheln lassen, damit die Aromen sich miteinander vermischen können. Von der Herdplatte nehmen und den Joghurt unterrühren.

Den Blumenkohlreis nach der Anleitung auf S. 131–132 zubereiten. In einer separaten Pfanne das Öl bei mittlerer Temperatur erhitzen. Den Blumenkohlreis dazugeben und unter häufigem Umrühren etwa 5 Minuten garen lassen, bis er zart ist.

Das Lammcurry zum Blumenkohlreis servieren.

Lammragout mit Blumenkohl

Ergibt: 4 Portionen
Pro Portion:
23 g Fett;
12,5 g Netto-Kohlenhydrate;
39 g Eiweiß;
413 Kalorien

1 Lammbeinscheibe (etwa 450 g)
1 kleiner Kopf Blumenkohl (etwa 560 g), in Röschen zerteilt
¼ Tasse (56 g) Kokosöl oder rotes Palmöl
2 Stangensellerie, klein geschnitten
1 Karotte, klein geschnitten
1 mittelgroße Zwiebel, gehackt
1 rote Paprikaschote, klein geschnitten
4 Knoblauchzehen, gehackt
1 Tasse (240 ml) zerdrückte Tomaten
1 EL (2 g) frischer Rosmarin, fein gehackt, oder ½ TL Rosmarinpulver
½ TL Italienische Kräutermischung
2 TL Salz
½ TL schwarzer Pfeffer

Die Lammbeinscheibe in einen Kochtopf legen und so viel Wasser dazugeben, dass sie etwa 2,5 Zentimeter bedeckt ist. Das Wasser zum Kochen bringen, die Temperatur zurückstellen, abdecken und 3 bis 6 Stunden köcheln lassen, bis das Fleisch zart ist. Zwischendurch gelegentlich nachsehen, um sicherzugehen, dass nicht weniger als etwa 2 Tassen (470 ml) Wasser im Topf sind. Wenn das Fleisch durchgegart ist, das Fleisch vom Knochen lösen, in mundgerechte Stücke schneiden und beiseitestellen, aber warm halten. 2 Tassen (470 ml) der Brühe aufheben.

Den Blumenkohl in einen Dampfgarer geben und garen, bis der Blumenkohl zart ist. Von der Herdplatte nehmen, aber warm halten.

Das Öl in einer großen Pfanne bei mittlerer Temperatur erhitzen. Den Sellerie samt Karotten, Zwiebeln und Paprika etwa 10 Minuten sautieren, bis das

Gemüse zart ist. Den Knoblauch dazugeben und etwa 3 bis 4 Minuten weiter garen lassen. Die aufbewahrte Brühe, die zerdrückten Tomaten mit Rosmarin, Italienischer Kräutermischung, Salz und schwarzem Pfeffer unterrühren und 15 Minuten köcheln lassen. Von der Herdplatte nehmen. Das Gemüse in einem Mixer oder in einer Küchenmaschine pürieren, bis eine glatte Masse entstanden ist. Das Lammfleisch unter die heiße Gemüsesauce heben. Die Sauce gegebenenfalls nochmals in der Pfanne aufwärmen. Die Sauce über den gedämpften Blumenkohl verteilen. Mit Petersilie garnieren und servieren.

Kapitel 10

Geflügel

Als Geflügel werden alle domestizierten Vogelarten bezeichnet, die wegen ihrer Eier und ihres Fleisches als Nutztiere gehalten werden und zum menschlichen Verzehr geeignet sind, wie Hühner, Puten, Enten und Gänse. Hühner sind wegen ihrer Eier und ihres Fleisches mit Abstand die beliebteste Geflügelart.

Unser Haushuhn stammt vom südostasiatischen Roten Kammhuhn (Bankivahuhn) ab, das erstmals in Indien um 2000 v. Chr. domestiziert wurde. Hähnchen, Poularden, Suppenhühner, Kapaune und Stubenküken sind alles Hühner. Sie werden wie folgt unterschieden:

- *Stubenküken:* Dies sind junge, 3 bis 5 Wochen alte Hühner mit einem Schlachtgewicht von weniger als 650 Gramm. Sie werden in der Regel gefüllt und ganz gebraten.
- *Hähnchen:* Als Hähnchen oder Broiler werden, anders als der Name sagt, Hühner beiderlei Geschlechts bezeichnet. Sie erreichen ihr Schlachtgewicht von 800 bis 1200 Gramm nach vier bis fünf Wochen. Sie können nach jeder beliebigen Methode zubereitet werden – Grillen, Braten, Schmoren oder Kochen.
- *Poularden:* Dies sind junge Masthühner, die ihr Schlachtgewicht von 1200 bis über 3500 Gramm mit 7 bis 12 Wochen erreichen. Sie haben mehr Fleisch als Hähnchen und werden in der Regel ganz gebraten.
- *Kapaune:* Junge, kastrierte Hähne, die nach 16 Wochen bis 8 Monaten ein Schlachtgewicht von 1,5 bis 2 Kilogramm erreichen. Sie zeichnen sich durch große Mengen an zartem leichtem Fleisch aus, das meist gebraten wird.

- *Suppenhühner:* Dies sind 12 bis 15 Monate alte Legehennen mit einem Gewicht von 1 bis 2 Kilogramm. Da das Fleisch nicht so zart wie bei jüngeren Hähnchen ist, sollte es am besten mit Flüssigkeit zubereitet und zum Beispiel gekocht werden.
- *Hähne:* Dies sind geschlechtsreife männliche Tiere mit einer zähen Haut und zähem, dunklem Fleisch. Dieses Fleisch muss lange und mit Flüssigkeit gekocht werden.

Eine *Pute* ist die domestizierte Form des Truthuhns mit meist weißem oder schwarzem Gefieder und mit nacktem, federlosem Kopf und Hals. In England und in den USA wird die Pute als *Turkey* bezeichnet, also nach der „Türkei" benannt. Die einst im Deutschen geläufige Bezeichnung „Türkisches Huhn" wird heute hingegen nur noch sehr selten verwendet. Der Name *Turkey* wurde ursprünglich als Bezeichnung für einen afrikanischen Hühnervogel verwendet, inzwischen als Perlhuhn bekannt, von dem angenommen wurde, dass er aus der Türkei käme. Man ging davon aus, dass es sich um den gleichen Hühnervogel wie bei dem afrikanischen Perlhuhn handeln würde, obwohl die beiden Spezies sich sehr voneinander unterscheiden.

Als *Pute* oder *Truthuhn* werden die weiblichen Tiere bezeichnet und als *Puter* oder *Truthahn* die männlichen Tiere. Die Angabe des Geschlechts auf dem Etikett, also Pute oder Puter, ist optional; sie gibt nur einen Hinweis auf die Größe. Puter sind größer, beide sollten aber gleich zart sein. Als Baby-Puten werden Jungtiere von 2 bis 3 Kilogramm bezeichnet. Als junge Puten werden Tiere bezeichnet, die etwa 10 Wochen alt sind und ein Gewicht von 3 bis 4 Kilogramm haben. Puten oder Truthähne sind in der Regel 15 bis 20 Wochen alt, wenn sie mit einem Gewicht zwischen 12 bis 20 Kilogramm geschlachtet werden. Puten oder Truthähne sind viel größer als Hühner oder Hähnchen und anderes Geflügel und wiegen wesentlich mehr.

In diesem Buch werden die Tiere beiderlei Geschlechts nur als *Puten* bezeichnet, sofern zwischen beiden nicht unterschieden werden muss. Puten können ganz, halbiert oder geviertelt oder in Einzelteilen gekauft werden – Brust, Schenkel usw.

Andere Geflügelarten, die auf Geflügelfarmen gezüchtet werden, sind beispielsweise Enten, Gänse, Wachteln, Fasane und Perlhühner. Abgesehen von Enten und Gänsen sind die übrigen Hühnervögel seltener in Supermärkten

Haltbarkeitsfristen für Geflügel	
Produkt	**Im Kühlschrank**
Frisches ganzes Geflügel	1 bis 2 Tage
Frische Geflügelteile	1 bis 2 Tage
Geflügelhackfleisch, Geflügelklein	1 bis 2 Tage
Gekochtes oder gebratenes Geflügel	3 bis 4 Tage
Gekochte oder gebratene Geflügelgerichte	3 bis 4 Tage
Geflügelbrühe, Geflügelsauce	3 bis 4 Tage
Geflügelaufschnitt	ungeöffnet 2 Wochen, geöffnet 3 bis 5 Tage

zu finden und im Allgemeinen auch wesentlich teurer. Sehr junge Enten wiegen etwa 1,3 Kilogramm, wenn sie geschlachtet werden. Junge Enten sind hingegen etwas älter, wenn sie nach 8 bis 16 Wochen geschlachtet werden und 1,3 bis 2,3 Kilogramm wiegen. Junge Gänse, die 1,8 bis 6,3 Kilogramm wiegen, werden am besten gebraten. Das meiste Geflügel hat selbst genug Fett, sodass das Fleisch nach dem Braten saftig ist. Bei Perlhühnern, Fasanen und einigen anderen Hühnervögeln trifft dies nicht unbedingt zu. Um sie saftiger zu machen, sollten sie vor dem Braten mit Rückenspeck, Speck oder dünn geschnittenem frischen Schweinespeck eingewickelt oder abgedeckt werden, um das Fleisch feucht und saftig zu halten.

ZUM SICHEREN UMGANG MIT GEFLÜGEL

Lagerung

Geflügelprodukte müssen im Kühlschrank bei einer beständigen Temperatur von mindestens 4 °C oder im Gefrierschrank bei einer Temperatur von mindestens –18 °C gelagert werden. Geflügelprodukte sind, wenn sie ständig tiefgefroren bleiben, unbegrenzt haltbar.

Auftauen

Bei Geflügel muss beim Auftauen eine sichere Temperatur gewährleistet bleiben. Tiefgefroren ist Geflügel unbegrenzt haltbar. Aber sobald es aufzutauen beginnt, können sich Bakterien erneut vermehren, die vorher vielleicht schon vorhanden waren.

Bei einem Paket tiefgefrorenen Geflügelfleischs, das über zwei Stunden zum Auftauen auf der Arbeitsplatte liegt, ist eine sichere Temperatur nicht gewährleistet. In der Mitte mag das Fleisch zwar noch gefroren sein, aber die äußere Schicht ist bei einer Temperatur zwischen 4 °C und 60 °C gefährdet, da sich bei diesen Temperaturen etwaige im Fleisch vorhandene Bakterien schnell vermehren.

Der sicherste Weg, Geflügel aufzutauen, ist entweder im Kühlschrank oder in einem kalten Wasserbad. Beim Auftauen von Geflügel im Kühlschrank müssen Sie etwa 24 Stunden je 1,8 bis 2,3 Kilogramm einrechnen. Dabei sollte das Geflügel zum Auftauen in eine Schüssel gelegt werden, um zu verhindern, dass die Flüssigkeit vom Auftauen auf andere Lebensmittel tropft.

Aufgetautes Geflügel kann ein oder zwei Tage im Kühlschrank aufbewahrt werden, bevor es zubereitet wird. Im Kühlschrank aufgetaute Lebensmittel können, auch ohne sie vorher zu kochen oder zu braten, wieder eingefroren werden, dies führt allerdings möglicherweise zu einem Qualitätsverlust. Beim Auftauen von Geflügel in einem kalten Wasserbad sollten etwa 30 Minuten pro Pfund (0,5 kg) eingerechnet werden. Das Fleisch sollte sich dabei unbedingt in einem wasserundurchlässigen Plastikbeutel befinden, um eine Kreuzkontamination zu verhindern und damit kein Wasser absorbiert wird.

Tabelle zum Auftauen von Geflügel

Größe	Im Kühlschrank	In kaltem Wasser
2–5,5 kg	1–3 Tage	2–6 Std.
5,5–7 kg	3–4 Tage	6–8 Std.
7–9 kg	4–5 Tage	8–10 Std.
9–11 kg	5–6 Tage	10–12 Std.

Zum Auftauen im Kühlschrank etwa 24 Stunden pro 1,8–2,3 Kilogramm einrechnen.
Zum Auftauen in kaltem Wasser etwa 30 Minuten pro Pfund (0,5 kg) einrechnen.

Das eingepackte Fleisch in kaltes Leitungswasser legen, sodass es ganz bedeckt ist. Nach dem Auftauen muss das Fleisch sofort zubereitet werden. Nach dem Kochen oder Braten kann das Geflügel wieder eingefroren werden.

WIE GEFLÜGEL RICHTIG GEBRATEN WIRD

Anleitung zum Braten von ganzem Geflügel

Wenn Sie eine Gans, Ente, Pute, ein Huhn oder anderes Geflügel im Ganzen braten, stellen Sie die Backofentemperatur auf nicht weniger als 170 °C ein. Der Backofen sollte vorgeheizt werden, damit die Garzeit genau abgeschätzt werden kann.

Das Geflügel muss unbedingt ganz aufgetaut sein. Die Garzeiten in der Tabelle zum Braten von Geflügel basieren auf frischem oder vollständig aufgetautem Geflügel bei Kühlschranktemperatur.

Das separat eingewickelte Geflügelklein gegebenenfalls aus der Bauchhöhle entfernen. Dieses wird separat zubereitet.

Das Geflügel mit der Brustseite nach oben in einen flachen, 5 bis 6,5 Zentimeter tiefen Bräter legen.

Wenn Sie das Geflügel füllen möchten (natürlich kohlenhydratarm), dann geben Sie die Füllung in die Bauchhöhle, bevor es in den Backofen kommt. Die Schenkel mit einem Bindfaden zusammenbinden oder mit einem Metallspieß zusammenstecken.

Mit geschmolzener Butter, Kokosöl oder einem anderen Öl einpinseln.

Ein Fleischthermometer in den dicksten Teil des Schenkels oder in die Füllung stecken, ohne einen Knochen zu berühren.

Bei großem Geflügel von 3,6 Kilogramm oder mehr kann eine Alufolie lose über die Brust gelegt werden, um zu verhindern, dass zu viel Flüssigkeit verlorengeht und das Fleisch austrocknet. Die Alufolie 1 bis 2 Stunden vor dem Ablauf der Garzeit entfernen, damit die Haut goldbraun werden kann. Um das Fleisch feucht zu halten und um ihm zusätzlichen Geschmack zu geben, können Sie in den letzten 1 bis 2 Stunden etwa alle 30 Minuten etwas Bratenfett oder Öl über den Braten gießen.

Geflügelbraten

In vielen alten Kochbüchern und Rezepten, aber auch auf Internetseiten wird empfohlen, Geflügel zu braten, bis es eine Kerntemperatur von 77 °C bis 88 °C erreicht, was oft dazu führt, dass das Fleisch am Ende trocken und geschmacklos ist. Das US-Landwirtschaftsministerium hat jetzt eine neue Richtlinie bezüglich einer sicheren Temperatur bei der Zubereitung von Geflügel herausgegeben und empfiehlt eine Kerntemperatur von 74 °C als ausreichend, um Geflügel durchzugaren und es unbedenklich verzehren zu können. Durch die reduzierte Garzeit ist das Fleisch saftiger und schmackhafter.

Orientieren Sie sich an die in der nachstehenden Tabelle zum Braten von Geflügel angegebenen Garzeiten und Temperaturen. Behalten Sie während des Bratens die Kerntemperatur im Auge, die durch das Fleischthermometer angezeigt wird. Wenn das Fleisch und die Füllung die Temperatur von mindestens 74 °C erreicht haben, ist beides durchgegart, unabhängig von der Garzeit. Wenn Sie möchten, können Sie das Geflügel natürlich länger im Ofen lassen.

Tabelle zum Braten von Geflügel

Geflügelart	Backofentemperatur	Garzeit in Stunden
Huhn oder Hähnchen		
0,7–0,9 kg	190 °C	¾–1
1–1,8 kg	190 °C	1¼–1¾
2–3,2 kg	180 °C	2–2½
Pute (ganz, ohne Füllung)		
1,8–3,6 kg	170 °C	1¾–2¾
3,6–5,5 kg	170 °C	2¾–3
5,5–7,3 kg	170 °C	3–4
7,3–9 kg	170 °C	4–4½
9–11 kg	170 °C	4½–5
Pute (Hälften oder Viertel)		
2,3–3,6 kg	170 °C	2–2¾
3,6–4,5 kg	170 °C	2¾–3¼
4–5,5 kg	170 °C	3¼–3½
Putenrollbraten und Putenbraten (ohne Füllung), ohne Knochen		
1,3–2,3 kg	170 °C	1½–2
2,3–3,2 kg	170 °C	2–2½
3,2–4 kg	170 °C	2½–3
Putenbrust (ohne Füllung)		
1,3–2,7 kg	170 °C	1½–2¼
2,7–3,6 kg	170 °C	2¼–2¾
3,6–4,5 kg	170 °C	2¾–3¼
4,5–5,5 kg	170 °C	3¼–3½
5,5–6,3 kg	170 °C	3½–4
Stubenküken		
0,5–0,7 kg	190 °C	¾–1
Perlhuhn und Fasan		
0,9–2,7 kg	180 °C	1–2
Ente		
1,3–2,7 kg	190 °C	1–2
Gans		
1,8–2,7 kg	170 °C	1¾–2¼
2,7–3,6 kg	170 °C	2¼–2¾
3,6–5,5 kg	170 °C	2¾–3¼
5,5–6,3 kg	170 °C	3½–3¾

Anleitung zum Braten von Geflügelhälften, Geflügelvierteln und Geflügelbrust

Den Backofen auf die in der Tabelle zum Braten von Geflügel für das jeweilige Gewicht angegebene Temperatur vorheizen, das Sie zubereiten möchten. Das Fleisch mit der Hautseite nach oben in einen leicht gefetteten flachen Bräter legen. Mit geschmolzener Butter oder Kokosöl bepinseln und mit Salz und Pfeffer würzen. Das Fleisch braten, ohne abzudecken, bis es zart und gebräunt ist, und zwischendurch gegebenenfalls mit zusätzlicher Butter oder Kokosöl bepinseln, um das Fleisch feucht zu halten. Nutzen Sie als Orientierungshilfe die in der Tabelle zum Braten von Geflügel angegebenen Garzeiten.

MARINIEREN, IN SALZLAKE LEGEN UND BEGIESSEN ODER BETRÄUFELN

Köche suchen immer wieder neue und interessante Wege, um alte Standardgerichte wie Hähnchen und Pute zuzubereiten. In den letzten Jahren sind verschiedene Methoden populär geworden. Dabei wird Flüssigkeit verwendet, um den Geschmack, die Zartheit oder die Textur von Geflügel zu verändern oder zu verbessern. Dazu eignen sich bei Geflügel verschiedene Flüssigkeiten und Methoden, etwa Injektion, Marinieren, Begießen oder Beträufeln oder auch das Einlegen des Fleischs in einer Salzlake. Rohe Geflügelprodukte, die bereits mariniert, begossen oder in Salzlake gelegt wurden, sind im Handel erhältlich.

Marinieren

„Marinieren“ bedeutet, ein Produkt in eine Marinade einzulegen. Eine Marinade ist eine gewürzte saure Sauce, in die ein Produkt gelegt wird, um seinen Geschmack zu verbessern oder um es zart zu machen.

In der *Woman's Day Encyclopedia of Cookery* heißt es: „Marinaden waren ursprünglich einfache Salzlaken zum Konservieren von Fisch. Das Wort Marinade hat seinen Ursprung im Lateinischen *marinus*, ‚zum Meer gehörig‘. Im modernen Sprachgebrauch besteht eine Marinade aus einem Speiseöl, einer Säure (Essig, Zitronensaft, Wein) und Gewürzen. Während das Produkt in der Mischung liegt, werden durch die Säure und das Öl die würzigen Aromen der Gewürze auf das Produkt übertragen. Die Säure hat überdies eine zart machende Wirkung."

Durch die Säure in Marinaden wird das Bindegewebe im Geflügel aufgespalten. Dadurch wird das Fleisch zarter. Die Aufspaltung des Bindegewebes führt auch dazu, dass das Geflügel mehr Flüssigkeit hält, sodass es saftiger wird. Zu viel Essig oder scharfe Sauce in einer Marinade kann jedoch den gegenteiligen Effekt haben und bewirken, dass das Fleisch sehnig und zäh wird.

Ganzes Geflügel oder Geflügelteile können mariniert werden, indem man das Geflügel in die Marinade legt, sodass es ganz davon bedeckt ist. Um dafür zu sorgen, dass die Marinade besser in das Geflügel eindringt, können Sie auch einige Male mit einer Gabel in das Fleisch stechen. Sie können die Marinade auch mit einer Spritze in das Fleisch injizieren.

Geflügel kann bis zu 24 Stunden im Kühlschrank in einer Marinade liegen. Zum Marinieren von Nahrungsmitteln sollten vorzugsweise Gefäße aus rostfreiem Edelstahl oder Glas verwendet werden. Das Geflügel während des Marinierens im Kühlschrank abdecken. Marinaden von rohem Geflügel nicht als Saucen verwenden, wenn sie nicht vorher gekocht wurden, um sicherzugehen, dass alle etwaig vorhandenen Bakterien vernichtet werden. Falls Sie Geflügel füllen möchten, zuerst das Geflügel marinieren und es, nachdem es gefüllt wurde, sofort braten.

In Salzlake einlegen

Eine Salzlake ist eine Salz-Wasser-Lösung. Das in dem Wasser aufgelöste Salz hat auf das Geflügel zwei Effekte: Es spaltet das Eiweiß im Muskelgewebe auf, und es reduziert den Flüssigkeitsverlust beim Braten. Dadurch wird das Fleisch saftiger und zarter, und es verbessert seinen Geschmack.

Trockensalzen ist eine einfache Alternative zu den traditionellen Methoden mit Salzlaken. Dabei wird das Fleisch mit Salz und Gewürzen ohne eine flüssige Salzlösung gewürzt.

Beim Trockensalzen wird dem Geflügel Feuchtigkeit entzogen, sodass eine aromatische Lake entsteht, die dann vom Fleisch wiederaufgenommen wird, ohne dass zusätzlich Wasser hinzugefügt wird. Dies vollzieht sich im Rahmen eines zweitägigen Prozesses im Kühlschrank, das heißt, das trockengesalzene Geflügel muss vor der eigentlichen Zubereitung durch Braten zwei Tage im Kühlschrank aufbewahrt werden.

Um eine Salzlake für Geflügel vorzubereiten, geben Sie eine ¾ Tasse (205 g) Salz auf 4 Liter Wasser beziehungsweise 3 Esslöffel (52 g) Salz pro 1 Liter Wasser. Die Salzlösung in einen Behälter füllen, der vorzugsweise aus rostfreiem Edelstahl oder Glas ist. Das Geflügel ganz in die Lösung eintauchen und abgedeckt in den Kühlschrank stellen und im Kühlschrank stehen lassen. Für beste Ergebnisse mindestens über Nacht im Kühlschrank lassen. Geflügel kann bis zu 2 Tage im Kühlschrank aufbewahrt werden, nachdem es aufgetaut oder frisch gekauft wurde. Dann das Geflügel aus der Salzlake nehmen und die Lake wegschütten. Wenn Sie Geflügel füllen möchten, zuerst das Geflügel in der Salzlake einlegen, danach füllen. Und nachdem es gefüllt wurde, sofort braten.

Um Trockensalzen vorzubereiten, messen Sie 1 Esslöffel (17 g) Kosher Salz (koscheres Salz) oder Gewürzsalz pro 2,3 Kilogramm Geflügel ab. Salz zum Trockensalzen kann zusätzlich mit aromatischen Zutaten angereichert werden, wie Kräutern, Gewürzen, geriebenen oder gemahlenen Schalen von Zitrusfrüchten oder Knoblauch. Die ganze Oberfläche des Geflügels mit der trockenen Salzmischung einreiben, das Geflügel in einen lebensmittelechten Plastikbeutel tun, die Luft herausdrücken und luftdicht verschließen. Für beste Ergebnisse bis zu 2 Tage im Kühlschrank liegen lassen und alle 8 bis 12 Stunden die Mischung in die Haut einmassieren. Das Geflügel aus dem Beutel nehmen, mit einem Papiertuch trocken tupfen und dann braten.

Begießen oder Beträufeln

Durch Begießen oder Beträufeln wird dem Fleisch während des Bratens Feuchtigkeit zugeführt. Geschmolzene Butter oder sonstiges Fett oder Öl, Bratenfett oder Flüssigkeit wie beispielsweise Brühe wird während des Bratens immer wieder mit einem Löffel über das Fleisch gegeben oder das Fleisch wird damit bepinselt, um ihm zusätzliche Feuchtigkeit zuzuführen. Ebenso kann eine Bratenspritze verwendet werden, um die Flüssigkeit über das Fleisch zu träufeln. Das Fleisch zu begießen oder zu beträufeln gibt ihm zusätzlich Geschmack und Farbe und verhindert, dass das Geflügel trocken wird.

Beachten Sie bitte, dass jedes Mal, wenn die Ofentür geöffnet wird, um das Geflügel zu begießen oder zu beträufeln, die Temperatur gesenkt wird, sodass möglicherweise zusätzliche Garzeit zu berücksichtigen ist. Und achten Sie bitte darauf, immer saubere Küchenutensilien zu verwenden, um eine Kreuzkontamination zu vermeiden.

Man kann rohe Geflügelprodukte kaufen, die bereits fertig zum Braten vorbereitet sind. Bei diesen Produkten ist entweder eine Lösung eingespritzt worden oder sie sind mit einer Lösung mariniert worden, die Butter oder andere Speisefette enthält sowie Brühe oder Wasser und Gewürze, Geschmacksverstärker, Farbstoffe oder andere zulässige Zusatzstoffe. Wenn auf dem Etikett von rohem Geflügel steht, dass es „vorbereitet", „fertig zum Braten vorbereitet", „mariniert" oder „zur Geschmacksverbesserung" vorbereitet oder mariniert worden ist, dann ist bei der Verarbeitung eine Lösung injiziert worden, was bis zu 3 Prozent des Gewichtes bei Geflügel mit Knochen und bis zu 8 Prozent bei Geflügel ohne Knochen ausmacht. Auf dem Etikett müssen die Gesamtmenge und die allgemeine Bezeichnung aller Zusatzstoffe in der Lösung angegeben sein.

GEFLÜGEL-REZEPTE

Keto-Gemüse-Füllung

Die Begriffe *Füllung* und *Beilage* werden oft verwendet, um im Grunde das Gleiche zu beschreiben – eine Mischung aus Brotwürfeln, Gemüse und Gewürzen, die mit gebratenem oder gegrilltem Geflügel serviert wird. Bei den Zutaten für eine Füllung oder eine Geflügel-Beilage gibt es keinen Unterschied. Der einzige Unterschied besteht darin, dass die Füllung in der Bauchhöhle mit gegart wird, während die Beilage separat zubereitet wird.

Bei diesem Rezept für eine Füllung wird das Brot weggelassen und durch Gemüse ersetzt, das dann im Geflügel mit gegart wird. Sie können dazu eine Vielzahl von Gemüsesorten verwenden und die bei diesem Rezept genannten Gemüsesorten reduzieren oder andere zusätzlich mit dazunehmen. Das Rezept reicht für eine Füllung von einer mittelgroßen Pute.

2 EL (28 g) Butter
85 g Schweinhackfleisch oder Salami
1 mittelgroße Zwiebel, gehackt

1 Karotte, gehackt
2 Stangensellerie, klein geschnitten
1 Tasse (110 g) grüne Bohnen, in 0,5 cm lange
Stücke geschnitten
1 rote Paprikaschote, klein geschnitten
110 g Champignons, grob geschnitten
½ TL Salz
¼ TL frisch gemahlener schwarzer Pfeffer
½ TL getrockneter Salbei
½ TL getrockneter Thymian
1 EL (1,5 g) frischer Rosmarin oder ½ TL getrockneter Rosmarin

Ergibt: 6 Portionen
Pro Portion:
4,5 g Fett;
4 g Netto-Kohlenhydrate;
5 g Eiweiß;
76 Kalorien

Die Butter in einer Pfanne bei mittlerer Hitze zum Schmelzen bringen. Das Schweinehackfleisch mit Zwiebeln, Karotten und Sellerie etwa 4 Minuten leicht sautieren, bis das Fleisch anfängt, braun zu werden. Von der Herdplatte nehmen und das Ganze in eine Rührschüssel geben. Die grünen Bohnen sowie Paprika, Champignons, Salz, schwarzen Pfeffer, Salbei, Thymian und Rosmarin dazugeben und alles miteinander verrühren. Die Gemüsefüllung in die Bauchhöhle einer Pute geben und die Pute nach den Angaben in der Tabelle zum Braten von Geflügel auf Seite 275 braten, bis die Füllung in der Mitte 74 °C erreicht.

Kohlenhydratarme Puten-Füllung

Füllungen sind bei Puten immer sehr beliebt, aber auch Hähnchen und anderes Geflügel können mit Füllungen zubereitet und serviert werden. Traditionell besteht eine Füllung aus Brotstückchen oder -würfeln, die dann in der Bauchhöhle mit gegart wird. Eine Füllung muss jedoch weder mit Brot hergestellt noch in Geflügel hineingestopft werden.

Stattdessen kann eine kohlenhydratarme und glutenfreie Beilage separat zubereitet und zu gebratenem oder gegrilltem Geflügel gereicht oder auch als Hauptgericht serviert werden. Eine solche Beilage ist auch ideal, um Reste von Puten oder Hähnchen zu verwerten.

4 Eier
⅓ Tasse (75 g) Butter, geschmolzen

½ Tasse (32 g) Kokosmehl, gesiebt
2 Tassen (280 g) Pute oder Hähnchen, gebraten und gewürfelt
½ Tasse (80 g) Zwiebeln, fein gehackt
½ Tasse (120 g) Sellerie, gewürfelt
1½ Tassen (120 g) Champignons, gehackt
1 TL Salz
2 TL gemahlener Salbei
1 TL Thymian
¼ TL schwarzer Pfeffer

Ergibt: 8 Portionen
Pro Portion:
12 g Fett;
2 g Netto-Kohlenhydrate;
14,5 g Eiweiß;
174 Kalorien

Den Backofen auf 190 °C vorheizen. Die Eier mit der Butter in einer Schüssel mit einem Schneebesen schlagen, bis beides gut miteinander vermischt ist. Das Kokosmehl unterrühren und schlagen, bis ein glatter Teig entstanden ist. Die restlichen Zutaten unterrühren und den Teig gleichmäßig über dem Fleisch und dem Gemüse verteilen. Alles zusammen in eine gefettete Backform (28 x 18 x 4 cm) füllen. 40 Minuten backen. Zum Servieren großzügig Puten- oder Hühnerfleisch-Sauce dazu geben.

Gegrillte Hähnchenbrust mit Koriander-Butter

2 EL (28 g) Butter (auf Zimmertemperatur bringen)
1 EL (1 g) frischer Koriander, fein gehackt
½ TL Limonenschale, fein gerieben
¼ TL Tabasco oder Chilisauce
¼ TL Salz
2 x Hähnchenbrust, ohne Knochen
2 EL (30 ml) frischer Limonensaft
1 EL (14 g) Kokosöl, geschmolzen

Ergibt: 2 Portionen
Pro Portion:
27 g Fett;
5 g Netto-Kohlenhydrate;
33 g Eiweiß;
377 Kalorien

In einer kleinen Schüssel mit einem Holzlöffel oder Gummispatel die Butter mit dem Koriander, der Limonenschale, der Chilisauce und ¼ Teelöffel Salz verrühren. Die Buttermasse auf eine Frischhaltefolie streichen, dann die Folie von außen zusammenrollen und so formen, dass eine kurze Rolle entsteht. Anschließend 10 Minuten in den Gefrierschrank legen.

Die Hähnchenbrust jeweils längs in der Mitte durchschneiden und auseinanderklappen, sodass sie wie ein Schmetterling aussieht. Mit ¼ Teelöffel Salz würzen und mit Limonensaft und Kokosöl beträufeln. Die Hähnchenbrust dann 15 Minuten ruhen lassen.

Die Hähnchenbrust auf einen heißen Grill legen. Um sie gleichmäßig zu grillen, gegebenenfalls zwischendurch wenden. Sobald sie durchgegart ist, auf zwei vorgewärmten Tellern anrichten. Dann schnell die gekühlte Koriander-Butter dünn schneiden und auf der Hähnchenbrust verteilen. Mit Korianderzweigen garnieren und mit einer Keto-Beilage servieren.

Gegrillter Puten-Burger

Diese Burger ohne Brötchen werden mit Käse überbacken und dabei wird das Käse-Topping gegrillt, bis es fast knusprig ist, sodass es einen Grill-Geschmack erhält. Bei diesem Rezept ist zwar Putenhackfleisch vorgesehen, Sie können aber jede andere Art von Hackfleisch dafür verwenden. Zusammen mit einer Gemüsebeilage servieren.

225 g Putenhackfleisch
1 Ei, geschlagen
30 g frischer Spinat, fein gehackt
¼ TL Salz
⅛ TL schwarzer Pfeffer
1 TL gehackte, getrocknete Zwiebeln
2 TL frischer Limonensaft
60 g Cheddar-Käse, gerieben

Ergibt: 2 Portionen
Pro Portion:
24 g Fett;
4 g Netto-Kohlenhydrate;
41 g Eiweiß;
396 Kalorien

Den Backofen auf 220°C vorheizen. In einer mittelgroßen Schüssel das Putenhackfleisch mit dem Ei und mit Spinat, Salz, Pfeffer, Zwiebeln, Limonensaft sowie der Hälfte des Käses gut verkneten. Zwei große Frikadellen daraus formen und in eine Backform legen. Die Frikadellen mit dem restlichen Käse bestreuen. 30 Minuten backen, bis die Frikadellen durchgegart sind und der Käse anfängt, knusprig braun zu werden.

Hähnchen-Auflauf

Ergibt: 2 Portionen
Pro Portion: 46,5 g Fett; 12 g Netto-Kohlenhydrate; 48 g Eiweiß; 658 Kalorien

170 g Hähnchenfleisch, roh, mundgerecht geschnitten
½ mittelgroße Zwiebel, gehackt
340 g Blumenkohl, klein geschnitten
1 mittelgroßer Stangensellerie, klein geschnitten
2 Knoblauchzehen, gehackt
2 EL (18 g) Jalapeno, gehackt
110 g Frischkäse (auf Zimmertemperatur gebracht)
110 g scharfer Cheddar-Käse, gerieben
½ TL Salz, ⅛ TL schwarzer Pfeffer
¼ Tasse (60 g) saure Sahne

Den Backofen auf 180 °C vorheizen. In einer großen Schüssel das Hähnchenfleisch mit Zwiebeln, Blumenkohl, Sellerie, Knoblauch, Jalapeno, Frischkäse, Cheddar-Käse, Salz und Pfeffer verrühren. Die Mischung in eine ungefettete Backform (22 cm Durchmesser) oder Auflaufform füllen. 1 Stunde backen. Vor dem Servieren die saure Sahne darübergeben.

Hähnchen-Brokkoli-Auflauf

Ergibt: 2 Portionen
Pro Portion: 73 g Fett; 10 g Netto-Kohlenhydrate; 45 g Eiweiß; 877 Kalorien

170 g Hähnchenfleisch, roh, mundgerecht geschnitten
170 g Brokkoli, klein geschnitten
2 Stangensellerie, klein geschnitten
½ mittelgroße Zwiebel, gehackt
55 g Champignons, geschnitten
½ Tasse (115 g) Mayonnaise (S. 49–51)
½ Tasse (115 g) saure Sahne
½ TL Salz
⅛ TL frisch gemahlener schwarzer Pfeffer
110 g Monterey-Jack-Käse, gerieben

Den Backofen auf 180 °C vorheizen. In einer großen Schüssel das Hähnchenfleisch mit Brokkoli und Sellerie, Zwiebeln, Champignons, Mayonnaise, sau-

Hähnchen-Brokkoli-Auflauf

rer Sahne, Salz, Pfeffer sowie der Hälfte (55 g) des Käses gut verrühren. Die Mischung in eine ungefettete Backform (22 cm Durchmesser) oder Auflaufform füllen. Den restlichen Käse darüberstreuen. 1 Stunde backen.

Hähnchen Chow mein

Chow mein ist ein Nudelgericht aus der chinesisch-amerikanischen Küche, das sowohl mit knusprigen als auch mit weichen Nudeln angeboten wird. Bei dieser Version werden die Nudeln durch geröstete Mandeln ersetzt.

Ergibt: 2 Portionen
Pro Portion:
36,5 g Fett;
142 g Netto-Kohlenhydrate;
47 g Eiweiß;
574 Kalorien

½ Tasse (75 g) ganze Mandeln, geröstet
2 EL (28 g) Kokosöl
½ mittelgroße Zwiebel, gehackt
1 mittelgroßer Stangensellerie, klein geschnitten
½ grüne Paprikaschote, klein geschnitten
225 g Hähnchenfleisch, roh, mundgerecht geschnitten
2 Knoblauchzehen, fein gehackt
85 g Bambussprossen

60 g Champignons, geschnitten
120 g Bohnensprossen
½ TL Salz
Sojasauce oder Coconut-Aminos-Sauce zum Abschmecken

Den Backofen oder Grill auf 180 °C vorheizen. Die Mandeln in einer ofenfesten Form in den Backofen schieben und etwa 7 Minuten rösten, bis die Mandeln leicht goldbraun werden. Nicht übermäßig stark rösten. Sie verbrennen leicht, also sollten Sie sie im Auge behalten. Aus dem Ofen nehmen und beiseitestellen.

Das Öl in einer großen Pfanne bei mittlerer Temperatur erhitzen. Zwiebeln, Sellerie und Paprika dazugeben und etwa 5 Minuten sautieren, bis das Gemüse knusprig zart ist. Das Hähnchenfleisch mit Knoblauch und Bambussprossen dazugeben und sautieren, bis das Fleisch weiß wird. Champignons und Bohnensprossen dazugeben und etwa 4 bis 5 Minuten garen lassen, bis die Champignons weich werden. Die gerösteten Mandeln mit dem Salz unterrühren und von der Herdplatte nehmen. Mit Sojasauce abschmecken.

Knusprige Hähnchenflügel

Man benötigt keinen kohlenhydratreichen Teig, um knusprige Hähnchenflügel zu zaubern. Das Geheimnis, wie man knusprige kohlenhydratarme Hähnchenflügel hinbekommt, ist, die Haut nicht zu entfernen und die Flügel doppelt zu frittieren. Beim ersten Frittieren bei einer niedrigen Temperatur werden die Flügel durchgegart. Durch das zweite Frittieren bei höherer Temperatur werden sie knusprig. Es ist die frittierte Hähnchenhaut, die die Flügel so knusprig macht.

Kokosöl zum Frittieren
10 Hähnchenflügel, mit Haut
Salz zum Abschmecken
Ranch-Dressing (S. 54) oder Scharfe Sauce zum Dippen (siehe nachstehend)

Scharfe Sauce zum Dippen:
¼ Tasse (112 g) Butter, geschmolzen
2 EL (30 ml) Chilisauce

Ergibt:
10 Hähnchenflügel
Pro Hähnchenflügel:
2 g Fett;
0 g Netto-Kohlenhydrate;
4 g Eiweiß;
34 Kalorien

Das Kokosöl in einer Fritteuse bei 140 °C erhitzen. Die Hähnchenflügel in die Fritteuse geben und etwa 12 bis 15 Minuten frittieren, bis sie durchgegart sind. Die Flügel aus dem heißen Öl nehmen und beiseitestellen.

Knusprige Hähnchenflügel

Das Öl auf 180 °C erhitzen. Die Flügel wieder in das heiße Öl geben und frittieren, bis sie knusprig sind, etwa 8 bis 9 Minuten. Aus dem Öl nehmen und abkühlen lassen. Die Flügel mit etwas Salz würzen und so, wie sie sind, essen, oder mit Ranch-Dressing oder Scharfer Sauce zum Dippen servieren.

Für die Zubereitung der Sauce zum Dippen die Butter zum Schmelzen bringen und die Chilisauce unterrühren.

Hähnchenbrust, knusprig gebraten und gebacken

Dieses Hähnchenfleisch wird gebraten und zusätzlich gebacken, damit es besonders knusprig wird. Es ist wichtig, die Haut daran zu lassen, weil es gerade dadurch so knusprig und delikat wird.

Ergibt: etwa 4 Portionen
Pro Portion (nur das Fleisch): 17 g Fett; 0 g Netto-Kohlenhydrate; 24,5 g Eiweiß; 251 Kalorien

1 EL (14 g) Kokosöl
2 EL (28 g) rotes Palmöl
Salz, schwarzer Pfeffer
450 g Hähnchenschenkel oder Hähnchenbrust, mit Haut
Spinat, Champignons und Zwiebeln (für Beilage, Menge nach Belieben)

Den Backofen auf 230 °C vorheizen. Die Öle in einer großen backofenfesten Pfanne bei mittlerer Temperatur erhitzen. Die Hähnchenbrust mit Salz und Pfeffer würzen und in die Pfanne legen, mit der Hautseite nach unten, und darauf achten, dass jedes Stück flach liegt. Das Fleisch braten, bis die Haut goldbraun wird, etwa 5 bis 7 Minuten. Die Pfanne in den heißen Backofen stellen und etwa 25 Minuten backen, bis der Saft aus den dicksten Teilen des Fleisches herausläuft, wenn man mit einem Messer hineinsticht. Die Hähnchenbrust mit der knusprigen Hautseite nach oben auf einem Bett aus gekochtem Spinat und mit einer Beilage aus sautierten Champignons und Zwiebeln servieren. Dazu den Bratensaft reichen.

Hähnchenbrust mit Gemüse und saurer Sahne

Ergibt: 2 Portionen
Pro Portion:
54 g Fett;
9 g Netto-Kohlenhydrate;
30 g Eiweiß;
642 Kalorien

2 x Hähnchenbrust
225 g Frischkäse, in Stücke geschnitten
2 EL (28 g) Butter
1 Tasse (235 ml) Hühnerbrühe (S. 90–91)
¾ Tasse (175 ml) Schlagsahne
¼ TL Currypulver
⅛ TL gemahlener Rosmarin
¼ TL Salz
2 Knoblauchzehen, gehackt
1 Stangensellerie, klein geschnitten
1 Tasse (100 g) frische oder tiefgefrorene grüne Bohnen, klein geschnitten
1 Tasse (70 g) Champignons, geschnitten
½ Tasse (50 g) Zwiebeln, gehackt

Den Backofen auf Grillen einstellen. Die Hähnchenbrüste mit der Hautseite nach oben in eine Pfanne legen und so in den Backofen schieben, dass sie etwa 15 Zentimeter von der Hitzequelle entfernt sind. Etwa 6 bis 8 Minuten grillen, bis die Haut gebräunt ist. Dabei sollte die Haut nur gebräunt und das Fleisch noch nicht ganz gegart werden. Die Hähnchenbrust aus dem Backofen nehmen und beiseitestellen.

Die Backofentemperatur auf 190 °C zurückstellen. In einem Topf bei mittlerer Hitze den Frischkäse mit Butter, Hühnerbrühe und Sahne mit einem Schneebesen gut verrühren. Dann Currypulver, Rosmarin, Salz und Knoblauch unterrühren. Von der Herdplatte nehmen und beiseitestellen.

Den Sellerie mit grünen Bohnen, Champignons und Zwiebeln in eine Auflaufform geben. Die Frischkäse-Mischung über das Gemüse verteilen, sodass es ganz bedeckt ist. Die Hähnchenbrust darauflegen. Die Auflaufform abdecken und 45 Minuten backen. Den Deckel abnehmen und weitere

15 Minuten backen. Aus dem Backofen nehmen und 5 bis 7 Minuten ruhen lassen, damit die Sauce eindicken kann.

Die Frischkäse-Mischung zum Hähnchen und Gemüse servieren.

Blumenkohl-Hähnchen-Auflauf mit Käse

Ergibt: 4 Portionen
Pro Portion:
38 g Fett;
12 g Netto-Kohlenhydrate;
55 g Eiweiß;
610 Kalorien

2 Köpfe Blumenkohl (etwa 1360 g), mundgerecht geschnitten
280 g Hähnchenfleisch, gebraten, mundgerecht geschnitten
110 g Cheddar-Käse, gerieben
225 g Monterey-Jack-Käse, gerieben
2 EL (30 g) Jalapeno, gehackt (optional)
1 kleine Zwiebel, gehackt
4 Streifen Speck, zuckerfrei und ohne Nitritpökelsalz, knusprig gebraten und zerbröselt
2 Knoblauchzehen, gehackt
½ TL Salz, ¼ TL schwarzer Pfeffer

Den Backofen auf 180 °C vorheizen. Den Blumenkohl dünsten, bis er zart ist. In einer großen Schüssel den gedünsteten Blumenkohl mit dem Hähnchenfleisch, der Hälfte des Cheddar-Käses, der Hälfte des Monterey-Jack-Käses und Jalapeno, Zwiebeln, Speck, Knoblauch, Salz und Pfeffer verrühren. Das Ganze in eine Auflaufform aus Glas (22 x 33 cm) füllen. Den restlichen Käse darüber verteilen. 30 Minuten backen, bis der Käse oben heiß ist und Blasen wirft. Servieren.

Hähnchenstreifen mit Parmesan

Ergibt: 4 Portionen
Pro Portion:
26 g Fett;
1,5 g Netto-Kohlenhydrate;
42,5 g Eiweiß;
410 Kalorien

¼ Tasse (56 g) Kokosöl
1 Tasse (80 g) Parmesankäse, gerieben
2 TL (16 g) Kokosmehl
¾ TL Salz, ½ TL schwarzer Pfeffer
1 TL Zwiebelpulver
450 g Hähnchenbrust, längs in 2,5 cm breite Streifen geschnitten
2 Eier, leicht geschlagen

Das Öl in einer großen Pfanne bei mittlerer Temperatur erhitzen. Während die Pfanne heiß wird, den Parmesankäse mit Kokosmehl, Salz, schwarzem Pfeffer und Zwiebelpulver verrühren und beiseitestellen. Die Hähnchenstreifen in die geschlagenen Eier tauchen und gleichmäßig mit Ei bedecken. Die Hähnchenstreifen in die heiße Pfanne geben und von jeder Seite braten, bis sie gebräunt und knusprig ist. Mit ein oder zwei Keto-Gemüsebeilagen servieren.

Hähnchenschenkel und Blumenkohl in Velouté-Sauce

2 EL (28 g) Kokosöl
6 Hähnchenschenkel
6 Tassen (600 g) Blumenkohl, mundgerecht geschnitten
1 Karotte, geschnitten
Velouté-Sauce (S. 29–30)

Ergibt: 6 Portionen
Pro Portion:
20 g Fett;
6 g Netto-Kohlenhydrate;
29 g Eiweiß;
320 Kalorien

Das Öl in einer großen Pfanne bei mittlerer Temperatur erhitzen. Die Hähnchenschenkel in die Pfanne geben, abdecken und etwa 12 bis 15 Minuten braten, bis sie von einer Seite gebräunt sind. Dann wenden und von der anderen Seite braten, bis sie gebräunt sind. Die Hähnchenschenkel aus der Pfanne nehmen, in eine Schüssel oder auf eine Platte legen und im Backofen warm halten.

Den Blumenkohl und die Karotten in die Pfanne geben und unter gelegentlichem Umrühren etwa 12 Minuten sautieren, bis das Gemüse leicht gebräunt und zart ist. Aus der Pfanne nehmen, zu den Hähnchenschenkeln geben und im Backofen warm halten.

In derselben Pfanne die Velouté-Sauce mit Hühnerbrühe und ½ Teelöffel gemahlenen Rosmarin sowie ½ Teelöffel Thymian zubereiten. Wenn die Sauce eindickt, die Hähnchenschenkel und das Gemüse wieder in die Pfanne geben und unter gelegentlichem Umrühren 3 bis 5 Minuten garen lassen, bis das Fleisch und das Gemüse heiß sind. Servieren.

Hähnchencurry

Ergibt: 2 Portionen
Pro Portion:
39,5 g Fett;
12,5 g Netto-Kohlenhydrate;
31 g Eiweiß;
529 Kalorien

1 EL (14 g) Kokosöl
2 EL (28 g) Butter
170 g Hähnchenfleisch, roh, mundgerecht geschnitten
½ mittelgroßer Kopf Blumenkohl, in Röschen zerteilt
1 mittelgroße Zwiebel, gehackt
1 grüne Paprikaschote, gehackt
3 Knoblauchzehen, gehackt
3 TL Currypulver
1 TL gemahlener Koriander
⅛ TL gemahlene Muskatnuss
¼ TL rote Paprikaflocken
½ TL Salz
1 TL Tapiokastärke oder Pfeilwurzmehl
1 Tasse (240 ml) Hühnerbrühe (S. 90–91)
1 Tasse (240 ml) saure Sahne

Hähnchencurry

Das Kokosöl und die Butter in einer großen Pfanne bei mittlerer Temperatur erhitzen. Das Hähnchenfleisch und den Blumenkohl, die Zwiebeln und die Paprika dazugeben und unter gelegentlichem Umrühren etwa 15 Minuten braten, bis das Fleisch gar und das Gemüse zart ist.

Knoblauch, Currypulver, Koriander, Muskatnuss, rote Paprikaflocken und Salz dazugeben und etwa 3 bis 4 Minuten garen lassen. Die Tapiokastärke mit der Brühe verrühren und unter das Fleisch und Gemüse heben. Etwa 10 Minuten köcheln lassen, bis sich die Aromen miteinander vermischt haben. Von der Herdplatte nehmen und die saure Sahne unterrühren.

Das Gericht schmeckt lecker, wie es jetzt ist, aber Sie können es auch auf einem Bett von gedünstetem Blumenkohlreis (S. 131–132) servieren.

Hähnchenschenkel mit Zitrone

Dieses Gericht können Sie wunderbar im Voraus vorbereiten. Wenn Sie dann von der Arbeit nach Hause kommen, brauchen Sie es nur noch in den Backofen zu schieben, und Ihr Abendessen ist in weniger als 1 Stunde fertig.

Ergibt: 4 Portionen
Pro Portion:
41 g Fett;
9,5 g Netto-Kohlenhydrate;
52,5 g Eiweiß;
617 Kalorien

½ Tasse (120 ml) Zitronensaft (Saft von etwa 2 Zitronen)
½ Tasse (120 ml) Olivenöl extra virgin
3 Knoblauchzehen, gehackt
2 TL getrockneter Thymian
1 TL rote Paprikaflocken (optional)
½ TL Salz
1 TL Zitronenpfeffer
8 Hähnchenschenkel mit Knochen
1 große Zwiebel, in 8 Spalten geschnitten
2 mittelgroße Karotten, in 0,5 cm dicke Scheiben geschnitten
450 g Blumenkohl, in mundgerechte Röschen zerteilt

In einem großen verschließbaren Plastikbeutel den Zitronensaft mit Olivenöl, Knoblauch, Thymian, roten Paprikaflocken, Salz und Zitronenpfeffer vermischen. Die Hähnchenschenkel mit Zwiebeln, Karotten und Blumenkohl dazugeben, dann den Beutel verschließen und vorsichtig mehrmals umdrehen, damit alles gleichmäßig mit der Marinade bedeckt wird. Mindestens

30 Minuten oder bis zu 12 Stunden in den Kühlschrank legen; nach Möglichkeit unterdessen den Beutel gelegentlich umdrehen.

Um später das Gericht fertig zuzubereiten, den Backofen auf 200 °C vorheizen. Den Inhalt aus dem Beutel in ein großes Backblech schütten, gleichmäßig verteilen, dann 45 bis 60 Minuten backen, ohne abzudecken, bis das Fleisch gar und das Gemüse zart ist. Wird das Gemüse auf einer Seite zu schnell braun, das Blech umdrehen, damit alles gleichmäßig gegart wird. Beim Servieren auch das Bratenfett zu dem Fleisch und Gemüse geben.

Gedeckte Pastete mit Hühnerfleisch – Chicken Pot Pie

Diese gedeckte Pastete kennt keine Teigkruste, sondern wird durch ein Topping aus Blumenkohl mit Käse und Sahne abgerundet.

Ergibt: 4 Portionen
Pro Portion:
65 g Fett;
12 g Netto-Kohlenhydrate;
39,5 g Eiweiß;
791 Kalorien

Topping:
1 Kopf Blumenkohl (etwa 510 g)
3 Eier
1 TL Salz
2 EL (28 g) Butter (auf Zimmertemperatur gebracht)
110 g Monterey-Jack-Käse oder Goudakäse, gerieben
110 g Colby- oder Cheddar-Käse, gerieben

Füllung:
2 EL (28 g) Kokosöl oder rotes Palmöl
170 g Hühnerfleisch, roh, in mundgerechte Stücke geschnitten
½ mittelgroße Zwiebel, gehackt
2 Stangen Sellerie, klein geschnitten
2 mittelgroße Karotten, klein geschnitten
100 g grüne Bohnen
170 g Champignons, geschnitten
1 TL Salz, ½ TL schwarzer Pfeffer
1 TL getrockneter Thymian
1 TL getrockneter Salbei
2 Tassen (470 ml) Hühnerbrühe (S. 90–91)
1½ Tassen (350 ml) Schlagsahne

Für das Topping den Blumenkohl in Röschen zerteilen und dünsten, bis sie zart sind. Den Blumenkohl mit den Eiern sowie Salz und Butter in einen Mixer geben und pürieren, bis eine glatte Masse entstanden ist. Den Monterey-Jack-Käse unterrühren und beiseitestellen.

Für die Füllung das Öl in einer Pfanne bei mittlerer Temperatur erhitzen. Das Hühnerfleisch mit Zwiebeln, Sellerie, Karotten und grünen Bohnen etwa 5 Minuten sautieren, bis das Gemüse zart ist. Die Champignons und Salz, schwarzen Pfeffer, Thymian, Salbei, Hühnerbrühe und Sahne dazugeben und 5 Minuten köcheln lassen. Dann eine ¾ Tasse von dem Blumenkohl-Topping unterrühren, um die Füllung zu dicken.

Den Backofen auf 200 °C vorheizen. Die Füllung in eine Auflaufform (20 x 20 cm) geben. Das Topping über der Füllung verteilen und abschließend den Colby-Käse darüberstreuen. 30 Minuten backen.

Pollo Cacciatore (Huhn nach Jägerart)

Ergibt: 4 Portionen
Pro Portion:
22,5 g Fett;
14,5 g Netto-Kohlenhydrate;
37,5 g Eiweiß;
410 Kalorien

¼ Tasse (56 g) Kokosöl
4 x Hühnerbrust oder 8 Hühnerschenkel
4 Knoblauchzehen, gehackt
2 mittelgroße Zwiebeln, geschnitten
110 g Daikon-Rettich oder Kohlrabi, mundgerecht geschnitten
1 mittelgroße Karotte, geschnitten
2 Paprikaschoten, mundgerecht geschnitten
3 Stangensellerie, mundgerecht geschnitten
2 Tassen (450 g) Tomaten, zerdrückt oder gedünstet
1 TL Salz
¼ TL schwarzer Pfeffer
1 TL getrockneter Oregano
1 TL getrocknetes Basilikum
½ TL Selleriesamen

Das Öl in einer großen Pfanne bei mittlerer Temperatur erhitzen, dann das Hühnerfleisch 6 bis 8 Minuten von jeder Seite braten, bis es von beiden Seiten leicht braun ist. Das Fleisch aus der Pfanne nehmen und beiseitestellen.

Pollo Cacciatore (Huhn nach Jägerart)

Den Knoblauch mit Zwiebeln, Daikon-Rettich, Karotten, Paprika und Sellerie sautieren, bis das Gemüse zart ist. Das Fleisch erneut in die Pfanne geben, dann die zerdrückten Tomaten mit Salz und Kräutern dazugeben, abdecken und 30 Minuten köcheln lassen, bis das Fleisch durchgegart ist. Das Hühnerfleisch mit dem Gemüse und der Sauce servieren.

Hühnerfrikassee

¼ Tasse (56 g) Kokosöl
2 x Hühnerbrust
1 Tasse Hühnerbrühe (S. 90–91) oder Wasser
1 mittelgroße Zwiebel, geschnitten
113 g Champignons, geschnitten
2 Zucchini oder Moschuskürbisse
½ Tasse (40) Parmesankäse, gerieben
½ Tasse (120 ml) Schlagsahne
½ TL Salz
¼ TL schwarzer Pfeffer
½ TL Selleriesamen

Ergibt: 2 Portionen
Pro Portion:
54 g Fett;
11 g Netto-Kohlenhydrate;
37 g Eiweiß;
678 Kalorien

Das Öl in einer großen Pfanne bei mittlerer Temperatur erhitzen und darin die Hühnerbrust von beiden Seiten bräunen. Die Hühnerbrühe dazugeben, die Temperatur zurückstellen und etwa 30 Minuten köcheln lassen, bis die Hühnerbrust durchgegart ist. Die Zwiebeln dazugeben und 5 Minuten köcheln lassen. Dann Champignons, Zucchini, Parmesankäse, Schlagsahne, Salz, Pfeffer und Selleriesamen dazugeben. Weitere 8 bis 10 Minuten köcheln lassen, bis die Sauce eindickt.

Die Hühnerbrust anrichten, das Gemüse und die Sauce dazu servieren.

Kapitel 11

Fisch und Meeresfrüchte

Wie erkenne ich, ob der Fisch frisch ist?

Nichts ist schlimmer, als alter oder unsachgemäß behandelter Fisch. Er schmeckt nicht nur schlecht, sondern kann auch Krankheiten hervorrufen. Wenn Sie Fisch oder Meeresfrüchte kaufen, sollten Sie stets die frischesten Produkte auswählen und alte oder potenziell schädliche Angebote meiden.

Bei manchen Tiefkühlprodukten lassen Haltbarkeits- und Temperaturangaben auf der Verpackung erkennen, ob das Produkt bei der richtigen Temperatur gelagert wird. Prüfen Sie diese Angaben immer, und kaufen Sie nur Fisch oder Meeresfrüchte, wenn aus den Angaben hervorgeht, dass das Produkt unbedenklich verzehrt werden kann.

Einige Hinweise zum Kauf von rohem Fisch:

- Kaufen Sie nur Fisch, der gekühlt ist oder auf einem dicken Bett von frischem Eis ausgelegt ist, das nicht bereits schmilzt (vorzugsweise in einer Kiste oder unter irgendeiner Art von Abdeckung).
- Fisch sollte frisch und mild riechen, nicht nach Fisch, nicht sauer und nicht nach Ammoniak.
- Die Augen eines Fisches sollten klar und nach außen gewölbt sein.
- Ein ganzer Fisch oder Fischfilets sollten sich durch festes, glänzendes Fleisch und leuchtend rote Kiemen ohne milchigen Schleim auszeichnen.
- Das Fleisch sollte zurückschnellen, wenn man darauf drückt.
- Fischfilets sollten keine Verfärbungen, dunkle oder trockene Stellen um den Rand herum aufweisen.

Frischer Fisch und frische Meeresfrüchte auf Eisbett

Schalentiere und Krustentiere auswählen

Halten Sie sich für eine sichere Auswahl von Schalentieren und Krustentieren an folgende Richtlinien:

- Das Fleisch von Garnelen (Shrimps) sollte leicht durchsichtig und glänzend sein und kaum oder überhaupt nicht riechen.
- Venusmuscheln, Austern und Miesmuscheln wegwerfen, wenn ihre Schalen rissig oder zerbrochen sind.
- Lebende Venusmuscheln, Austern und Miesmuscheln sollten die Schale schließen, wenn sie berührt werden. Tun sie das nicht, kaufen Sie sie nicht.
- Lebende Krabben und Hummern sollten irgendwelche Bewegungen mit den Beinen zeigen. Sie verderben schnell, wenn sie tot sind. Deshalb sollten lebende Krabben und Hummer ausgewählt und zubereitet werden.

Frischer Fisch

Tiefgekühlter Fisch und tiefgekühlte Meeresfrüchte

Tiefgekühlter Fisch und tiefgekühlte Meeresfrüchte können verderben, wenn sie beim Transport auftauen und zu lange warmen Temperaturen ausgesetzt sind. Halten Sie sich an folgende Richtlinien:

- Kaufen Sie keinen tiefgekühlten Fisch oder tiefgekühlte Meeresfrüchte, wenn die Verpackung offen, angerissen oder an den Rändern zerdrückt ist.
- Meiden Sie Packungen, die oberhalb der „Tiefkühlgrenze“ oder in der Tiefkühltruhe ganz oben liegen.
- Meiden Sie Packungen, die Anzeichen von Frost- oder Eiskristallen zeigen, was ein Zeichen dafür sein kann, dass der Fisch zu lange gelagert oder zwischendurch aufgetaut und wieder eingefroren wurde.

Fisch richtig behandeln, lagern und zubereiten

Legen Sie den Fisch oder die Meeresfrüchte unmittelbar, nachdem Sie sie gekauft haben, auf Eis oder in den Kühl- oder Gefrierschrank. Wenn Fisch oder Meeresfrüchte innerhalb von 2 Tagen nach dem Kauf zubereitet werden, können sie bis dahin im Kühlschrank aufbewahrt werden. Sonst wickeln Sie sie fest in Plastik, Folie oder feuchtigkeitsbeständiges Papier ein und bewahren sie im Gefrierschrank auf.

Tiefgefrorener Fisch oder tiefgefrorene Schalen- oder Krustentiere sind unbegrenzt haltbar, allerdings beeinträchtigt eine lange Lagerung den Geschmack und die Textur. Für beste Qualität kann gebratener Fisch bis zu 3 Monate bei −18 °C tiefgefroren gelagert werden. Tiefgefrorener roher Fisch sollte am besten innerhalb von 3 bis 8 Monaten aufgebraucht werden, und Schalen- oder Krustentiere sollten innerhalb von 3 bis 12 Monaten aufgebraucht werden. Fischprodukte in Dosen wie beispielsweise Thunfisch können bis zu 5 Jahre in der Vorratskammer aufbewahrt werden.

Fisch oder Meeresfrüchte sollten sich nie über 2 Stunden außerhalb des Kühlschranks oder Gefrierschranks befinden. Um Fisch oder Meeresfrüchte sicher aufzutauen, sollten sie über Nacht in den Kühlschrank gestellt werden. Wenn sie schnell aufgetaut werden müssen, legen Sie sie in einen fest verschlossenen Plastikbeutel, den Sie 1 oder 2 Stunden in kaltes Wasser legen, sodass er ganz von kaltem Wasser bedeckt ist.

Der meiste Fisch und die meisten Meeresfrüchte sollten gegart werden, bis sie eine Kerntemperatur von 63 °C erreichen. Sollten Sie kein Fleischthermometer haben, so gibt es auch andere Möglichkeiten, wie Sie feststellen können, ob der Fisch oder die Meeresfrüchte durchgegart sind:

Fisch: Das Fleisch sollte undurchsichtig sein und sich leicht mit einer Gabel lösen lassen.

Garnelen (Shrimps) und Hummer: Das Fleisch wird perlweiß und undurchsichtig.

Jakobsmuscheln: Das Fleisch wird undurchsichtig und fest.

Venusmuscheln, Miesmuscheln und Austern: Die Schalen öffnen sich beim Kochen. Schalen, die sich nicht öffnen, wegwerfen.

Roher, verdorbener Fisch oder rohe, verdorbene Meeresfrüchte können nach Ammoniak riechen. Dieser Ammoniakgeruch wird nach dem Garen stärker. Sofern Sie bei rohem oder gegartem Fisch oder bei rohen oder gegarten Meeresfrüchten einen Ammoniakgeruch wahrnehmen, essen Sie sie nicht.

Nach dem Garen können Sie übrig gebliebenen Fisch und übrig gebliebene Meeresfrüchte bis zu 3 oder 4 Tage im Kühlschrank aufbewahren.

Rohen Fisch und rohe Meeresfrüchte essen: Was Sie wissen müssen

Es ist immer am besten, Fisch und Meeresfrüchte durchzugaren, um das Risiko einer Fischvergiftung auf ein Minimum zu beschränken. Möchten Sie jedoch unbedingt rohen Fisch essen, halten Sie sich an die Faustregel, nur Fisch zu essen, der vorher schon einmal eingefroren war. Manche Fischarten können Parasiten enthalten, und durch das Einfrieren werden eventuell vorhandene Parasiten abgetötet.

Ihnen sollte bei dem Verzehr von rohem Fisch jedoch bewusst sein, dass nicht alle schädlichen Mikroorganismen durch das Einfrieren getötet werden. Bakterien können überleben und sich bei Temperaturen von 4 °C bis 60 °C schnell vermehren. Deshalb ist es am sichersten, Fisch und Meeresfrüchte zu kochen oder zu braten.

Austern werden oft roh gegessen. Manche werden aus Sicherheitsgründen behandelt, nachdem sie geerntet wurden. Die Information kann auf dem Etikett stehen oder auch nicht. Austern sollten jedoch in keinem Fall roh von Personen gegessen werden, die ein beeinträchtigtes Immunsystem oder sonstige Gesundheitsprobleme haben oder die schwanger sind oder stillen. Durch die Behandlung nach der Ernte werden manche natürlich vorkommenden Krankheitserreger eliminiert, aber nicht alle, die Krankheiten hervorrufen können.

Haltbarkeitsfristen für Fisch und Meeresfrüchte im Gefrierschrank (–18 °C)

4 bis 6 Monate*	7 bis 9 Monate	9 Monate oder mehr
Katzenfisch, Amerikanischer Wels	Seebarsch	Kabeljau
Seewolf	Blauer Sonnenbarsch	Blauer Glasaugenbarsch
Seehering	Schwarzflecken-Sonnenbarsch	Schellfisch
Amerikanische Seeforelle	Flunder	Seehecht
Makrele	Heilbutt	Lengdorsch (Lingcod)
Europäischer Hecht	Schalen- und Krustentiere	Lutefisk (gelaugter Kabeljau)
Alaska-Seelachs	Rotbarsch	Wittling
Regenbogenforelle	Blaumäulchen	Amerikanischer Flussbarsch
Ketalachs	Der meiste Lachs	Glasaugenbarsch
Garnelen (Shrimps)	Sonnenbarsch	
Goldlachs	Weißfisch	
Thunfisch		

* Amerikanische Kleine Maräne, Krabbenfleisch oder gekochte, gebratene und geschälte Garnelen (Shrimps) nicht länger als 3 oder 4 Monate lagern.

Ungefähre Auftauzeiten für Fisch

Den Fisch immer in der ungeöffneten Verpackung aus dem Gefrierschrank auftauen, anschließend sofort zubereiten und nicht wieder einfrieren.

Fisch	Im Kühlschrank	In kaltem Wasser
Ganzer Fisch (2 kg)	20 Std.	1¼ Std.
Fischsteaks, -filets (450 g)	8 Std.	½ Std.
Schalen- und Krustentiere (450 g)	8 Std.	½ Std.

Lagerung von Fisch

Fisch, der gesäubert und tiefgefroren wird, wenn er sehr frisch ist, hält sich am besten. Es ist ratsam, Fisch so zu portionieren, dass er jeweils für eine Mahlzeit reicht, und einen großen Fisch in familiengerechte Steaks oder Filets aufzuteilen. Tauchen Sie die abgeschnittenen Stücke (außer die Amerikanische Kleine Maräne und den Buckellachs) jeweils mindestens 20 Sekunden in eine Salzlake, wobei 1 Tasse (288 g) Salz auf 4 Liter Wasser kommt. Dies festigt den Fisch und reduziert den Flüssigkeitsverlust beim Auftauen. Den Fisch bei der tiefstmöglichen Temperatur lagern, entweder in einer Gefriertruhe in Bodennähe oder im untersten Fach im Gefrierschrank.

FISCH-REZEPTE

Gegrillter Fisch mit Kräutern

Ergibt: 4 Portionen
Pro Portion:
7,5 g Fett;
0 g Netto-Kohlenhydrate;
27 g Eiweiß;
175,5 Kalorien

450 g Fischfilets
¼ Tasse (56 g) Butter (auf Zimmertemperatur gebracht)
½ TL Salz
¼ TL getrockneter Dill
⅛ TL getrockneter Thymian
⅛ TL Zwiebelpulver

Den Backofen auf Grillen oder auf 280 °C einstellen und vorheizen. Sofern der Fisch nicht enthäutet worden ist, die Filets mit der Hautseite nach oben auf den Rost in der Grillpfanne legen. Die Butter mit Salz, Dill, Thymian und Zwiebelpulver verrühren. Den Fisch mit der Hälfte der Kräuter-Butter-Mischung auf der nach oben liegenden Seite einpinseln. Den Fisch etwa 5 Minuten 5 bis 8 Zentimeter von der Hitzequelle entfernt grillen, bis er leicht braun wird. Vorsichtig wenden und von der anderen Seite mit der Kräuter-Butter-Mischung einpinseln. Den Fisch noch weitere 5 bis 6 Minuten grillen, bis er sich leicht mit einer Gabel zerteilen lässt.

Gegrillter Lachs

Gegrillter Lachs

Ergibt: 4 Portionen
Pro Portion:
14 g Fett;
0 g Netto-Kohlenhydrate;
22 g Eiweiß;
214 Kalorien

4 Lachsfilets (à 110 g), mit Haut
1 TL Salz
1 TL Paprikapulver
1 TL gemahlener Ingwer
2 EL (28 g) Butter

Den Backofen auf Grillen stellen und vorheizen. Die Lachsfilets unter kaltem Wasser abspülen und trocken tupfen. Mit der Hautseite nach unten auf ein Backblech legen. Die Filets mit den Gewürzen bestreuen. 8 Minuten grillen, bis sie durchgegart sind. Aus dem Backofen nehmen und 5 Minuten ruhen lassen. Mit etwas Butter und einer Keto-Beilage servieren.

Gebackener Fisch

Dies ist ein Grundrezept für jede Art von Weißfisch.

Ergibt: 4 Portionen
Pro Portion:
7,5 g Fett;
0 g Netto-Kohlenhydrate;
27 g Eiweiß;
175 Kalorien

2 EL (28 g) Butter, geschmolzen
½ TL Salz
⅛ TL weißer Pfeffer
1 EL (15 ml) Zitronensaft
1 EL (10 g) geriebene Zwiebel
450 g Fischfilets

Den Backofen auf 180 °C vorheizen. Die Butter mit Salz, Pfeffer, Zitronensaft und geriebener Zwiebel verrühren. Die Filets von beiden Seiten mit der Buttermischung „panieren". Die Filets in eine ungefettete Backform legen. Die restliche Buttermischung über den Fisch verteilen. Ohne abzudecken 25 bis 30 Minuten backen, bis der Fisch sich leicht mit einer Gabel zerteilen lässt. Mit Keto-Gemüse oder einem Keto-Salat servieren, um den Fettgehalt der Mahlzeit zu erhöhen.

Gebackener Fisch mit Tomatensauce

Ergibt: 4 Portionen
Pro Portion:
14,5 g Fett;
7 g Netto-Kohlenhydrate;
28 g Eiweiß;
270 Kalorien

450 g Fischfilets
220 g Tomatensauce
1 mittelgroßer Stangensellerie, gehackt
½ TL getrockneter Oregano
½ TL Salz
1 mittelgroße Zwiebel, geschnitten
½ rote Paprikaschote, geschnitten
2 EL (30 ml) Zitronensaft
¼ Tasse (56 g) Olivenöl extra virgin
2 Zucchini, in Scheiben geschnitten und gedünstet

Den Backofen auf 180 °C vorheizen. Die Fischfilets in eine ungefettete Backform legen. Die Tomatensauce mit Sellerie, Oregano, Salz, Zwiebeln, Paprika, Zitronensaft und Olivenöl verrühren. Einen Teil der Mischung auf den Filets verteilen. Ohne abzudecken etwa 25 bis 30 Minuten backen, bis sich der Fisch mit einer Gabel leicht zerteilen lässt. Die Filets zusammen mit den gedünsteten Zucchini servieren und vor dem Servieren noch den Rest der Sauce darüber verteilen.

Gebackener Seebarsch auf asiatische Art

Ergibt: 4 Portionen
Pro Portion:
9,5 g Fett;
2,5 g Netto-Kohlenhydrate;
22 g Eiweiß;
183 Kalorien

2 ganze Seebarsche oder Forellen (à 280 g)
4 Knoblauchzehen, fein gehackt
1 Stück frischer Ingwer, 5 cm groß, geschält und in streichholzgroße Stücke geschnitten
3 EL (45 ml) Sojasauce oder Coconut-Aminos-Sauce
2 EL (30 ml) Reisessig oder Kokosessig
2 EL (28 g) Kokosöl, geschmolzen, oder Speckfett
1 EL (9 g) Jalapeno, gehackt
4 Schalotten, in dünne Streifen geschnitten
1 Tasse (16 g) frischer Koriander, gehackt

Den Backofen auf 200 °C vorheizen. Den Fisch auf beiden Seiten alle 2,5 bis 5 Zentimeter senkrecht zur Wirbelsäule etwas einschneiden. Den Fisch in eine gefettete Auflaufform legen.

In einer kleinen Schüssel den Knoblauch mit Ingwer, Sojasauce, Essig, Öl, Jalapeno, Schalotten und Koriander verrühren. Einen Teil der Mischung in jeden Einschnitt auf dem Fisch stopfen. Mit einer Plastikfolie oder mit Wachspapier abdecken und den Fisch bei Zimmertemperatur 20 Minuten ruhen lassen, dann in den Backofen stellen und 20 bis 25 Minuten backen, bis der Fisch gerade durchgegart ist (wenn man mit einem Messer leicht hineinstechen kann).

Aus dem Backofen nehmen und mit einem kleinen Messer vorsichtig die Haut abkratzen. Etwas von dem Bratensaft aus der Auflaufform über dem Fisch verteilen und mit einer Keto-Gemüsebeilage servieren.

Knusprig gebackener Fisch

Dies ist ein einfaches Rezept für knusprig gebackenen Fisch. Die Kruste kommt von den zerbröselten Speckkrusten, mit denen der Fisch „paniert" wird.

- ¼ Tasse (28 g) Mandelmehl
- 28 g Schweinekrusten (Speckkrusten), in erbsengroße Stücke zerbröselt
- ¼ TL Salz
- ¼ TL Zwiebelpulver
- ⅛ TL frisch gemahlener schwarzer Pfeffer
- 450 g Fischfilets
- 2 EL (28 g) Kokosöl oder Butter, geschmolzen

Ergibt: 4 Portionen
Pro Portion:
11,5 g Fett;
0 g Netto-Kohlenhydrate;
27 g Eiweiß;
211 Kalorien

Den Backofen auf 180 °C vorheizen. In einer Schüssel das Mandelmehl mit den zerbröselten Speckkrusten sowie Salz, Zwiebelpulver und Pfeffer verrühren. Die Fischfilets in das geschmolzene Kokosöl oder die geschmolzene Butter tauchen, um sie von allen Seiten anzufeuchten. Dann die Filets in die Mandelmehl-Mischung drücken, um sie zu panieren. Die Filets in eine Auflaufform legen. Die restliche Mandelmehl-Mischung auf den Filets verteilen. 30 Minuten backen.

Fisch mit Parmesan

- 450 g Fischfilets
- ½ TL Salz
- ⅛ TL schwarzer Pfeffer
- ½ Tasse (115 g) saure Sahne
- 2 EL (10 g) Parmesankäse, gerieben
- ¼ TL Paprikapulver
- ⅛ TL getrocknete Estragonblätter
- 3 Schalotten, gehackt
- 1 mittelgroße Tomate, geschnitten

Ergibt: 4 Portionen
Pro Portion:
8,5 g Fett;
2,5 g Netto-Kohlenhydrate;
29 g Eiweiß;
202 Kalorien

Den Backofen auf 180 °C vorheizen. Die Fischfilets zusammenrollen und mit der „Nahtseite" nach unten in eine ungefettete quadratische Auflaufform (20 x 20 x 5 cm) legen. Mit Salz und Pfeffer würzen. Die saure Sahne mit Parmesankäse, Paprikapulver und Estragon verrühren und über dem Fisch verteilen. Ohne abzudecken 25 bis 30 Minuten backen, bis sich der Fisch leicht mit einer Gabel zerteilen lässt. Aus dem Backofen nehmen und mit den gehackten Schalotten und den Tomatenscheiben garniert servieren.

Gebackener Fisch mit Käsekruste

450 g Fischfilets
1 Ei, leicht geschlagen
½ Tasse (50 g) Parmesankäse, gerieben
¼ Tasse (30 g) scharfer Cheddar-Käse, gerieben
2 EL (14 g) Mandelmehl
¼ TL Salz
⅛ TL Cayennepfeffer (oder zum Abschmecken)
2 EL (30 g) saure Sahne

Ergibt: 4 Portionen
Pro Portion:
9 g Fett;
1 g Netto-Kohlenhydrate;
28 g Eiweiß;
197 Kalorien

Den Backofen auf 180 °C vorheizen. Die Filets in eine gefettete quadratische Auflaufform (20 x 20 x 5 cm) legen. Das Ei mit dem Parmesankäse, Cheddar-Käse, Mandelmehl, Salz und Cayennepfeffer verrühren. Die Mischung zu gleichen Teilen auf den Filets verteilen. 25 bis 30 Minuten backen, bis der Fisch sich mit einer Gabel leicht zerteilen lässt. Mit einem Klacks saurer Sahne und einer Keto-Beilage servieren.

Gebackener Fisch mit Käsekruste

Fisch auf kreolische Art

Ergibt: 4 Portionen
Pro Portion:
9 g Fett;
2 g Netto-Kohlenhydrate;
27 g Eiweiß;
197 Kalorien

450 g Fischfilets
1 mittelgroße Tomate, gehackt
½ grüne Paprikaschote, gehackt
3 EL (45 ml) Zitronensaft
2 EL (28 g) Kokosöl
1 TL Salz
1 El (10 g) Zwiebeln, fein gehackt
½ TL getrocknete Basilikumblätter
¼ TL grob gemahlener schwarzer Pfeffer
1 TL Chilisauce

Den Backofen auf 200 °C vorheizen. Die Filets in eine ungefettete Auflaufform legen. Die Tomaten mit grünen Paprika und Zitronensaft, Öl, Salz, Zwiebeln, Basilikum, schwarzem Pfeffer und Chilisauce verrühren. Die Mischung über die Filets verteilen. Etwa 15 Minuten backen, bis der Fisch sich mit einer Gabel leicht zerteilen lässt.

Garnelen auf kreolische Art

Ergibt: 2 Portionen
Pro Portion:
30,5 g Fett;
9,5 g Netto-Kohlenhydrate;
27 g Eiweiß;
420 Kalorien

2 EL (28 g) Kokosöl oder rotes Palmöl
110 g Bratwurst
½ mittelgroße Zwiebel, gehackt
1 mittelgroßer Stangensellerie, gehackt
½ grüne Paprikaschote, gehackt
110 g Garnelen
2 Knoblauchzehen, fein gehackt
2 Tassen (240 g) Blumenkohlreis (S. 131–132)
¼ Tasse (60 ml) Tomatensauce
2 TL Fischsauce
½ TL Paprikapulver
½ TL Salz
½ TL Chilisauce
1 TL fertiger Meerrettich

Das Öl in einer großen Pfanne bei mittlerer Temperatur erhitzen. Die Wurst mit Zwiebeln, Sellerie und Paprika etwa 6 bis 7 Minuten sautieren, bis das Gemüse zart ist. Die Garnelen und den Knoblauch dazugeben und 4 bis 5 Minuten braten, bis die Garnelen gar sind. Den Blumenkohlreis mit Tomatensauce, Fischsauce, Paprika, Salz, Chilisauce und Meerrettich unterrühren und unter häufigem Rühren garen lassen, bis der Blumenkohl zart ist, etwa 5 Minuten.

Garnelen mit Spargel

2 EL (28 g) Butter
225 g Spargel
1 Knoblauchzehe, gehackt
1 TL Ingwer, fein gehackt
170 g Garnelen
2 EL (30 ml) frischer Zitronensaft
2 EL (2 g) Koriander, gehackt
Salz, schwarzer Pfeffer

Ergibt: 2 Portionen
Pro Portion:
13 g Fett;
3,5 g Netto-Kohlenhydrate;
22 g Eiweiß;
219 Kalorien

Die Butter in einer Pfanne bei mittlerer Temperatur erhitzen. Den Spargel mit Knoblauch und Ingwer etwa 5 Minuten sautieren. Die Garnelen dazugeben und sautieren, bis sie gar sind, etwa 5 Minuten.

Von der Herdplatte nehmen und den Zitronensaft sowie den Koriander unterrühren. Mit Salz und Pfeffer abschmecken. Mit einer Keto-Gemüsebeilage servieren.

Garnelen mit Spargel

Heilbutt in Kokossauce

2 EL (28 g) Kokosöl
½ kleine Zwiebel, geschnitten
2 mittelgroße Zucchini, in Scheiben geschnitten
2 Heilbuttfilets (à 110 g)
½ Tasse (120 ml) Kokosmilch
½ TL Salz
½ TL Currypulver
2 EL (2 g) Koriander, gehackt

Ergibt: 2 Portionen
Pro Portion:
20,5 g Fett;
6,5 g Netto-Kohlenhydrate;
23,5 g Eiweiß;
304 Kalorien

Das Öl in einer großen Pfanne bei mittlerer Temperatur erhitzen. Die Zwiebeln und die Zucchini etwa 6 Minuten sautieren, bis sie zart sind. Den Fisch dazugeben, abdecken und etwa 5 Minuten braten, bis der Fisch weiß wird. Die Kokosmilch mit Salz und Currypulver unterrühren. 3 bis 4 Minuten köcheln lassen, damit sich die Aromen miteinander vermischen. Den Fisch und das Gemüse mit der Kokossauce und mit Koriander garniert servieren.

Würzige Riesengarnelen

3 EL (42 g) Kokosöl
5 Knoblauchzehen, geschält und zerdrückt
1 TL Jalapeno, gehackt
1 TL Kreuzkümmel
½ TL schwarzer Pfeffer
½ TL Salz
2 EL (30 ml) Tomatensauce
2 EL (30 ml) Sojasauce oder Coconut-Aminos-Sauce
1 Stück frischer Ingwer, 5 cm groß, in streichholzgroße Stücke geschnitten
8 Schalotten, fein gehackt
680 g rohe Riesengarnelen, ohne Schale

Ergibt: 4 Portionen
Pro Portion:
10,5 g Fett;
3,5 g Netto-Kohlenhydrate;
32 g Eiweiß;
236 Kalorien

Das Öl in einer großen Pfanne bei mittlerer Temperatur erhitzen. Knoblauch, Jalapeno, Kreuzkümmel, schwarzen Pfeffer und Salz dazugeben. 2 Minuten garen lassen, dann Tomatensauce, Sojasauce, Ingwer und etwa ¾ der Schalotten dazugeben und weitere 2 Minuten garen lassen. Die Garnelen dazugeben

Würzige Riesengarnelen

und unter gelegentlichem Umrühren etwa 3 bis 4 Minuten braten, bis die Garnelen rosa werden. Von der Herdplatte nehmen und mit den restlichen Schalotten garniert servieren, zusammen mit einer Keto-Beilage.

Fischfilets mit Pekannuss-Kruste und Dijon-Senfsauce

Ergibt: 4 Portionen
Pro Portion:
19 g Fett;
2 g Netto-Kohlenhydrate;
28 g Eiweiß;
291 Kalorien

2 EL (28 g) und 2 TL Dijon-Senf
⅔ Tasse (150 g) saure Sahne
¼ TL Salz
¼ TL frisch gemahlener schwarzer Pfeffer
1 Ei
½ Tasse (56 g) Pekannuss-Mehl oder Mandelmehl
¼ Tasse (60 g) Butter, geschmolzen
450 g Fischfilets

Für die Zubereitung der Sauce in einem kleinen Topf 2 Teelöffel Dijon-Senf mit der sauren Sahne und mit Salz und schwarzem Pfeffer verrühren und bei mittlerer Temperatur unter ständigem Rühren erhitzen, bis alles warm und gut miteinander vermischt ist, aber nicht zum Kochen bringen. Von der Herdplatte nehmen und beiseitestellen.

In einer kleinen Schüssel das Ei und 2 Esslöffel Dijon-Senf mit dem Schneebesen schlagen, bis sie gut miteinander vermischt sind. Das Pekannuss-Mehl in eine flache Schale geben.

Die Butter in einer großen Pfanne bei mittlerer Temperatur erhitzen. Die Fischfilets in vier gleich große Stücke schneiden. Ein Filet nach dem anderen zuerst in die Eiermischung tauchen und dann in das Pekannuss-Mehl drücken, um es zu panieren. Die Filets in die heiße Pfanne geben und etwa 4 Minuten braten, bis sie leicht gebräunt sind. Die Filets wenden und von der anderen Seite braten.

Die Senfsauce über den Fisch geben und das Ganze mit ein oder zwei Keto-Gemüsebeilagen servieren.

Fischfilets mit Brokkoli und Kokosnuss-Kruste

Ergibt: 4 Portionen
Pro Portion (mit Seebarsch zubereitet): 30,5 g Fett; 9,5 g Netto-Kohlenhydrate; 36,5 g Eiweiß; 458 Kalorien

¾ Tasse (84 g) Mandelmehl
¼ Tasse (20 g) Kokosnuss (ungesüßt), fein gerieben
¾ TL Salz
½ TL schwarzer Pfeffer
¼ Tasse (56 g) Kokosöl
½ mittelgroße Zwiebel, gehackt
570 g Brokkoli (etwa 8 Tassen), klein geschnitten
2 kleine Knoblauchzehen, gehackt
450 g Fischfilets
1 Ei, leicht geschlagen

Das Mandelmehl mit der Kokosnuss und mit Salz und Pfeffer vermischen und beiseitestellen. Das Öl in einer großen Pfanne bei mittlerer Temperatur erhitzen. Die Zwiebeln und den Brokkoli sautieren, bis das Gemüse anfängt zu karamellisieren, etwa 10 bis 12 Minuten. Den Knoblauch unterrühren und weitere 3 oder 4 Minuten garen lassen. Das Gemüse aus der Pfanne nehmen, in eine vorgewärmte Schüssel füllen und beiseitestellen.

Die Fischfilets in das geschlagene Ei tauchen und dann in der Mandelmehl-Mischung wenden, sodass sie von beiden Seiten gleichmäßig paniert werden. In die heiße Pfanne geben und braten, bis sie goldbraun sind, etwa 5 Minuten, dann wenden, um sie von der anderen Seite zu braten. Das Gemüse wieder in die Pfanne geben, um es nochmals aufzuwärmen. Das heiße Gemüse mit dem Fisch servieren.

Lachsküchlein

Dies sind köstlich schmeckende Fischfrikadellen, die ein großartiges Hauptgericht darstellen. Komplettieren Sie das Gericht mit einer Gemüsebeilage Ihrer Wahl. Für das Rezept können Sie frischen Lachs oder Lachs aus der Dose verwenden. Es schmeckt unglaublich gut mit geräuchertem Lachs. Dieses Rezept kann auch mit anderen Fischarten zubereitet werden.

¼ Tasse (56 g) Speiseöl
2 Eier, leicht geschlagen
1 EL (8 g) Kokosmehl
¼ TL Fischsauce (optional)
¼ Tasse (40 g) rote Zwiebeln, fein gehackt
170 g gegarter Lachs
¼ TL Salz
⅛ TL schwarzer Pfeffer
¼ TL Selleriesamen
¼ TL Dill
¼ TL Zwiebelpulver
¼ TL getrocknete Petersilie

Ergibt:
12 Fischküchlein (2 Portionen)
Pro Portion:
40 g Fett;
2 g Netto-Kohlenhydrate;
22,5 g Eiweiß;
458 Kalorien

Das Öl in einer Pfanne bei mittlerer Temperatur erhitzen. Die Eier in eine Schüssel geben und das Kokosmehl mit einem Schneebesen unterschlagen. Die Fischsauce samt Zwiebeln, Lachs, Salz, schwarzem Pfeffer, Selleriesamen, Dill, Zwiebelpulver und Petersilie dazugeben und alles miteinander zu einem Teig verrühren. Den Teig löffelweise in die heiße Pfanne geben, sodass 12 gleich große Frikadellen entstehen. Die Pfanne abdecken und etwa 4 bis 5 Minuten braten, bis die Unterseite der Frikadellen gebräunt ist. Die Frikadellen wenden und ohne abzudecken weitere 4 bis 5 Minuten braten, bis die andere Seite auch gebräunt ist. Von der Herdplatte nehmen und mit Tomatenscheiben oder Avocado-Scheiben servieren.

Lachsküchlein

Variation

Zusätzlich noch 55 Gramm geriebenen scharfen Cheddar-Käse in den Teig rühren. Den Dill und die Petersilie weglassen und stattdessen 1 Teelöffel gehackten Koriander dazugeben.

Kapitel 12

Frühstück und Eier

UMGANG MIT EIERN UND LAGERUNG

Wie erkenne ich frische Eier?

Eier gehören wegen ihres hohen Nährwertes zu den nahrhaftesten Lebensmitteln auf diesem Planeten und können ein wichtiger Teil einer gesunden Ernährung sein. Sie sind jedoch ebenso wie frisches Fleisch, frisches Geflügel oder frischer Fisch verderblich. Bei verpackten Eiern ist das Mindesthaltbarkeitsdatum auf dem Karton angegeben, das ab dem Datum des Legens mit +28 Tagen errechnet wird. Wenn Sie Eier kaufen, achten Sie auf das Datum, um sicherzugehen, dass es nicht abgelaufen ist. Wählen Sie darüber hinaus Eier mit sauberer, einwandfreier Schale. Außerdem sollten sie auch im Geschäft gekühlt gelagert worden sein. Durch eine angebrochene Schale können Bakterien in das Ei gelangen. Kaufen Sie nie beschädigte Eier. Falls Eier jedoch auf dem Weg vom Geschäft nach Hause beschädigt werden, können Sie sie in ein sauberes Behältnis aufschlagen, das Sie luftdicht verschließen und im Kühlschrank aufbewahren. Diese Eier sollten dann jedoch innerhalb von 2 Tagen verbraucht werden.

Sie mögen zwar Eier kaufen, bei denen das Mindesthaltbarkeitsdatum noch nicht überschritten ist, Sie können jedoch nicht sicher sein, wie frisch die Eier tatsächlich sind. Ältere Eier kann man aber erkennen. Nach dem Legen des Eies entwickelt sich zwischen der inneren und der äußeren Eierschalenmembran eine kleine Luftkammer. Diese Luftkammer befindet sich am stumpfen Ende des Eies, und sie wird mit zunehmendem Alter des Eies größer, weil im Innern des Eies Flüssigkeit durch die Poren in der Eierschale verdunstet. Bei einem befruchteten Ei dient diese Luftkammer dem Küken unmittelbar vor dem Schlüpfen als Atemluftvorrat. Aber ganz gleich, ob befruchtet oder nicht, alle Eier haben eine Luftkammer.

Dank dieser mit zunehmendem Alter des Eies immer größer werdenden Luftkammer kann man auch erkennen, ob ein Ei schon älter ist. Legt man Eier in einen Behälter mit Wasser, erhalten ältere Eier Auftrieb, sie richten sich auf oder schwimmen an der Oberfläche, während frische Eier am Boden liegen bleiben. Aber auch der Verzehr eines älteren Eies kann noch absolut unbedenklich sein. Ein Vorteil bei etwas älteren hart gekochten Eiern ist, dass sie sich leichter pellen lassen. Je frischer das Ei, desto schwieriger ist es zu pellen, wenn es hart gekocht wurde. Bei frischen Eiern konnte noch keine Luft zwischen die Schale und die Schalenmembrane gelangen, die das Eiklar (Eiweiß) umgibt.

Wenn Sie ein hart oder ein weich gekochtes Ei haben möchten, verwenden Sie dazu am besten ein älteres Ei. Um ältere Eier zu erkennen, können Sie den vorstehend bereits beschriebenen Schwimmtest machen, indem Sie die Eier in Wasser legen. Frische Eier bleiben am Boden liegen, während sich ältere Eier aufrichten und sehr alte Eier an der Oberfläche schwimmen.

Mit zunehmendem Alter des Eies verlieren das Eiklar und das Eigelb an Qualität. Das Eigelb nimmt Flüssigkeit aus dem Eiklar auf. Flüssigkeit und Kohlendioxid aus dem Eiklar entweichen durch die Poren und durch die Schale, sodass die Luftkammer größer wird. Wenn ältere Eier aufgeschlagen werden, ist das Eiweiß (Eiklar) dünnflüssiger und läuft breiter auseinander. Da das Eiweiß dünnflüssiger wird, verliert es etwas von seiner Verdickungs- und Treibkraft. Das Eigelb wird flacher, größer und löst sich leichter auf. Die Hagelschnüre (Chalazene), die gewundenen Eiweißstränge, die das Eigelb in der Mitte des Eiklars fixieren, lassen nach und werden schwächer, sodass das Eigelb nicht mehr in der Mitte gehalten wird.

Ein trübes Eiweiß kann ein Zeichen sein, dass das Eiweiß verdorben ist. Ist ein Eiweiß rosa oder seine Farbe changierend, so kann dies ebenso ein Zeichen sein, dass es aufgrund von Bakterien verdorben ist. Einige dieser Mikroorganismen, die ein grünliches, fluoreszierendes wasserlösliches Pigment produzieren, sind für den Menschen schädlich. Kühle Lagerung, zum Beispiel im Kühlschrank, verlangsamt den Qualitätsverlust, der mit der Zeit eintritt. Schlagen Sie das Ei in eine Schüssel auf, um zu prüfen, ob es verdorben riecht oder ungewöhnlich aussieht, bevor Sie entscheiden, ob Sie es verwenden oder wegwerfen. Ein verdorbenes Ei riecht unangenehm, wenn Sie es aufschlagen. Der Geruch bleibt, auch wenn Sie es gekocht oder gebraten haben.

Wenn man ein Ei aufschlägt, sieht man gelegentlich einen winzigen dunklen Fleck oder Blutfleck, den sogenannten Hahnentritt. Dieser Fleck entsteht durch winzige geplatzte Blutgefäße im Eigelb während des Eibildungsprozesses. Er ist kein Zeichen dafür, dass der Verzehr des Eies bedenklich ist.

Die Farbe des Eigelbs (Eidotters) ist sehr unterschiedlich, von einem blassen Gelb bis zu einem tiefen Orange-Rot, was vom Futter der Hühner abhängt. Wenn sie Futter mit vielen gelb-orangen Pflanzenpigmenten erhalten, wie beispielsweise Ringelblumen oder gelben Mais, hat das Eigelb ein dunkleres Gelb, als wenn sie farbloses Futter, wie beispielsweise weißes Maismehl, bekommen. Die Anreicherung des Futters mit künstlichen Farbstoffen ist bei der Bio-Haltung von Hühnern nicht erlaubt, ansonsten wohl.

Ein grüner Rand am Eigelb von hart gekochten Eiern kann auf zu langes Kochen zurückzuführen sein und wird dadurch verursacht, dass das im Eigelb enthaltene Eisen mit Schwefel im Eiweiß auf der Oberfläche des Eigelbs reagiert. Die grüne Farbe kann auch durch sehr eisenhaltiges Kochwasser hervorgerufen werden. Eier mit grünem Rand können unbedenklich verzehrt werden.

Tabelle zur Lagerung von Eiern

Produkt	**Im Kühlschrank**	**Im Gefrierschrank**
Rohe Eier in der Schale	3 bis 5 Wochen	nicht einfrieren
Rohes Eiweiß	2 bis 4 Tage	12 Monate
Rohes Eigelb	2 bis 4 Tage	Eigelb lässt sich nicht gut einfrieren
Hart gekochte Eier	1 Woche	nicht einfrieren
Rohes Ei, das versehentlich mit Schale eingefroren wurde	nach dem Auftauen sofort verbrauchen	gefroren halten; im Kühlschrank auftauen

Größe der Eier

Am häufigsten werden zwar große Eier verkauft, Eier sind jedoch in unterschiedlichen Größen erhältlich. Entscheidend sind das Gewicht und die Größe. Die Größenangaben und Gewichtsklassen von Eiern sind wie folgt definiert:

Größe	Gewicht	Durchmesser
XL – sehr groß	über 73 g	ca. 45,7–49 mm
L – groß	63 g–73 g	ca. 43,5–45,7 mm
M – mittel	53 g–63 g	ca. 41,1–43,5
S – klein	unter 53 g	ca. 41 mm

Haben Eier aus ökologischer Erzeugung oder Eier von freilaufenden Hühnern einen höheren Nährwert?

Eier aus ökologischer Erzeugung, kurz Bio-Eier, stammen von Hühnern, die nur gentechnikfreies, biologisch angebautes Futter erhalten, sich frei bewegen und Insekten und Würmer sowie Gras fressen dürfen.

Freilaufende Hühner können sich außer im Stall einen Teil der Zeit im Freien bewegen und sich natürlich ernähren, im Übrigen können sie als Futter jedoch das Gleiche erhalten, das auch bei der industriellen Käfighaltung verabreicht wird. Der Vorteil, sich wenigstens eine begrenzte Zeit frei bewegen zu können, ist, dass die Hühner Bewegung und so die Chance bekommen, ihre Ernährung mit Insekten, Würmern und Gras anzureichern. Das Ergebnis ist ein gesünderes Huhn und ein Ei mit einem höheren Nährwert. Die Eier werden mit Beta-Carotin, Lutein, Omega-3-Fettsäuren und anderen Nährstoffen angereichert, die in der Nahrung zu finden sind, die sich die Hühner selbst suchen. Dies spiegelt sich in der Farbe des Eigelbs wider. Ein dunkleres Gelb oder Orange des Eigelbs ist ein Zeichen für eine nährstoffreichere Nahrung.

Hühner sind von Natur aus keine Vegetarier. Sie lieben Fleisch und fressen lieber Würmer und Insekten als Gras oder Körnerfutter. Mitunter gibt es Angebote, bei denen für Eier von vegetarisch ernährten Hühnern geworben wird. Dies ist unnatürlich und ungesund. Würden sie wirklich nur vegetarisch gefüttert, hieße das, dass ihnen Futter auf reiner Körner- und pflanzlicher Basis verabreicht werden und sie in Käfigen eingesperrt sein würden, ohne Zugang zu Insekten, Würmern und Tageslicht zu haben.

Ein weiterer wichtiger Aspekt bei Eiern aus ökologischer Erzeugung oder von Hühnern aus Freilandhaltung ist, dass sie artgerechter und gesünder gehalten werden, sodass ihre Eier sowohl roh als auch gekocht für den menschlichen Verzehr absolut unbedenklich sind, solange die Schale unversehrt und nicht zerbrochen ist. In Großbetrieben mit Käfighaltung, wo die Tiere in beengten Käfigen gehalten werden, treten oft Krankheiten auf. Folglich können die Eier aus diesen Quellen potenzielle Krankheitserreger in sich bergen, vor allem Salmonellen. Ungesunde Hühner können sich mit Salmonellen infizieren und die Bakterien auf das sich entwickelnde Ei übertragen, sodass selbst ein Ei mit unversehrter Schale innen kontaminiert sein kann. Um dieses Problem einzuschränken, werden Hühnern in Großbetrieben mit Käfighaltung oft Antibiotika verabreicht.

Aus diesem Grund ist es generell nicht empfehlenswert, Eier aus industriellen Großbetrieben roh zu verzehren. Bei ihnen wird generell empfohlen, sie so lange zu kochen, bis das Eigelb fest ist. Bei Eiern aus ökologischer Erzeugung oder von freilaufenden Hühnern oder von kleinen Bauernhöfen ist dies hingegen nicht notwendig. Bei der richtigen Wahl der Quelle, aus der Ihre Eier stammen, können Eier sowohl roh als auch leicht gekocht oder gebraten unbedenklich verzehrt werden, etwa in Form von Eierflip, Mayonnaise, weich gekochten Eiern und gebratenen Eiern mit weichem Eigelb, wie Menschen dies seit Generationen getan haben.

Eiprodukte

Der Begriff „Eiprodukte“ bezieht sich auf Produkte aus Eiern oder auf Lebensmittel, die aus Eiern in Betrieben hergestellt werden, in denen Eier verarbeitet werden. Die Verarbeitung von Eiprodukten beinhaltet verschiedene Schritte – das Trennen von Ei-Inhalt und Schale, Zentrifugieren, Homogenisieren, Stabilisieren, Vermischen, Pasteurisieren, Kühlen, Gefrieren oder Trocknen und Abfüllen. Zu den Grundprodukten aus Ei gehören ganze Eier, Eiweiß, Eigelb und verschiedene Mischungen – mit anderen Zutaten oder ohne andere Zutaten. Sie können in flüssiger, gefrorener oder getrockneter Form angeboten werden. Sie werden schnell erhitzt und für eine bestimmte Zeit bei einer festgelegten Mindesttemperatur gelagert. Dadurch werden Bakterien abgetötet, ohne die Eier zu kochen oder ihre Farbe, ihren Geschmack, ihren Nährwert oder ihre Verwendung wesentlich zu beeinflussen. Es gibt jedoch gewisse Bedenken, dass sich bei der Verarbeitung die Oxidation von Fettsäuren und Cholesterin im Ei erhöhen könnte.

Einige dieser Produkte wie eiweiß- oder cholesterinfreie Ei-Ersatzprodukte sind in Supermärkten erhältlich. Die meisten werden jedoch in der Gastronomie und in der lebensmittelverarbeitenden Industrie eingesetzt, weil sie praktisch und einfach zu handhaben und zu lagern sind. Restaurants verwenden sie für die Zubereitung von Rühreiern, Omeletts, Quiches und anderen eierbasierten Produkten. Lebensmittelhersteller nutzen sie als Zutaten bei der Herstellung von Nudeln, Mayonnaise, Eiskrem und Backwaren.

Bei Eiweißpulver handelt es sich um getrocknetes Eiweiß. Durch Vermischen mit Wasser kann es wieder in flüssiges Eiweiß umgewandelt werden. Das aus Eiweißpulver hergestellte Eiweiß kann genau wie frisches Eiweiß zu festem Eischnee geschlagen werden. Das Eiweißpulver wird für gewöhnlich zum Kuchenbacken und Dekorieren verkauft.

Wenn Sie die Wahl haben, ist es jedoch am besten, frische Eier zu verwenden.

Eiweiß und Eigelb trennen und Eischnee schlagen

Bei vielen leckeren Eierrezepten ist es erforderlich, Eiweiß und Eigelb zu trennen und das Eiweiß zu Eischnee zu schlagen. Für beste Ergebnisse sollten die Eier Zimmertemperatur haben. Zuerst das Ei hart am Rand einer Schüssel oder Arbeitsplatte aufschlagen, sodass die Schale leicht eingedrückt wird, dann vorsichtig die beiden Hälften auseinanderziehen, sodass in etwa zwei gleich große Hälften entstehen. Das Eiweiß in eine Schüssel fließen lassen, während das Eigelb in einer Schalenhälfte aufgefangen wird. Dann das Eigelb von einer Schalenhälfte in die andere gleiten lassen, sodass das restliche Eiweiß in die Schüssel tropfen kann. Das Eigelb schließlich in eine andere Schüssel geben.

Beim Trennen von Eigelb und Eiweiß muss sehr darauf geachtet werden, dass von dem Eigelb nichts in das Eiweiß gelangt. Selbst winzigste Spuren von Eigelb im Eiweiß verhindern, dass es richtig zu Eischnee geschlagen werden kann.

Eiweiß und Eigelb trennen.

Gelangen Bruchstücke von der Eierschale ins Eiweiß, kann es schwierig sein, sie mit einem Löffel oder einem Messer wieder herauszuholen. Mit einem größeren Stück Schale gelingt dies viel besser.

Das Eiweiß sollte erst kurz vor dem Gebrauch zu Eischnee geschlagen werden, da es Volumen verliert, wenn es länger steht. Das Eiweiß mit einem Handmixer oder einem Schneebesen schlagen, bis es steif und fest wird. Wenn der Mixer oder Schneebesen herausgezogen wird, bleibt das Eiweiß stehen. Das Eiweiß wird geschlagen, um Volumen zu schaffen. Beim Schlagen wird Luft in das Eiweiß geschlagen, die dem fertigen Produkt eine weiche, lockere Textur gibt. Das ist es, was Biskuits so locker und Soufflés so fluffig und köstlich macht.

Es ist zwar nicht erforderlich, aber wenn Sie eine Prise Weinstein-Backpulver oder einen Tropfen Zitronensaft oder Zitronenessig zu dem Eiweiß geben, erhält es beim Schlagen mehr Volumen und Stabilität.

Das Eiweiß schlagen, bis es steif ist. Einen Teil des Eischnees unter das leicht geschlagene Eigelb heben.

Das Eigelb wird in der Regel mit dem Eischnee vermischt. Oft werden noch Gewürze und andere Zutaten in das Eigelb gerührt, bevor es unter den Eischnee gehoben wird.

Eischnee fällt schnell in sich zusammen, wenn er mit anderen Zutaten vermischt wird. Um das zu verhindern, ist es ratsam, zuerst etwa ein Viertel des Eischnees mit dem Eigelb zu vermischen. Sobald dies vermischt ist, kann die Eigelb-Eischnee-Mischung vorsichtig mit einem Gummispatel oder einem großen Löffel unter den restlichen Eischnee gehoben werden. Nur gerade so viel unterheben, dass beides marmoriert ist, die beiden Massen müssen nicht vollständig miteinander vermischt sein. Anschließend nach der Anleitung des Rezeptes sofort fertig zubereiten.

Den Eischnee gut mit dem Eigelb vermischen. Dann die Eischnee-Eigelb-Mischung zu dem Rest des Eischnees geben und vorsichtig unterheben.

Das perfekte weich gekochte Ei

Ein großes Ei:
5 g Fett;
0,5 g Netto-Kohlenhydrate;
6 g Eiweiß;
70 Kalorien

Die Meinungen, was unter einem perfekten weich gekochten Ei zu verstehen ist, gehen abhängig von den jeweiligen persönlichen Vorlieben auseinander. Manche mögen es, wenn das Eigelb noch flüssig und das Eiweiß perfekt fest ist, andere bevorzugen es hingegen, wenn auch das Eiweiß noch relativ weich und cremig ist, und wiederum andere haben es am liebsten, wenn das Eigelb teilweise fest ist. Was auch immer Ihnen am liebsten ist, ist für Sie „das perfekte weich gekochte Ei“. Mit der traditionellen Methode, Eier in Wasser zu kochen, kann dieses Ziel jedoch durchaus schwierig zu erreichen sein.

Eine der Schwierigkeiten ist der Unterschied bei den Temperaturen, die benötigt werden, um das Ei zu kochen, sodass das Eigelb und das Eiweiß fest werden. Bei Eiweiß muss eine Temperatur von 82 °C erreicht werden, damit es fest wird, während das Eigelb bereits bei einer niedrigeren Temperatur von 70 °C fest wird. Deshalb ist es am besten, gekühlte Eier direkt aus dem Kühlschrank zu verwenden, um weich gekochte Eier zu kochen, statt Eier, die Zimmertemperatur haben.

Es gibt einfach zu viele Variablen bei der traditionellen Methode, Eier zu kochen, die Einfluss auf Ihr Endergebnis haben können. Sollte man das Ei bereits ins Wasser legen, bevor es heiß ist, oder erst danach? Viele Köche bringen das Wasser zusammen mit den Eiern zum Kochen, um zu vermeiden, dass die Schalen platzen. Dies hat allerdings den Nachteil, dass man die reine Kochzeit nicht genau berechnen kann. Wenn Sie warten, bis das Wasser anfängt zu kochen, müssen Sie die Temperatur zurückstellen, bevor Sie die Eier ins Wasser geben. Stellen Sie die Temperatur zu viel zurück, brauchen die Eier allerdings länger. Stellen Sie sie aber nicht genug zurück, riskieren Sie, dass die Schale platzt. Kochen Sie mehrere Eier gleichzeitig, müssen Sie die Kochzeit für jedes zusätzliche Ei anteilig erhöhen. Es ist viel zu viel Spekulation im Spiel, um jedes Mal gleichbleibende Ergebnisse zu erzielen.

Es gibt jedoch eine Methode, die schneller und einfacher ist, das Risiko mindert, dass die Schale platzt, und jedes Mal perfekte Ergebnisse erzielt. Das

Geheimnis ist, Eier zu dämpfen. Statt das Ei zu kochen, dämpfen Sie es in einem Dampfgarer. Im Dampfgarer bleibt die Temperatur die ganze Zeit relativ konstant bei 100 °C. Die Temperatur bleibt auch unabhängig davon gleich, wie viele Eier Sie kochen, sodass Sie gleichzeitig ein halbes Dutzend Eier statt nur ein einziges kochen können.

Eier im Dampfgarer kochen.

Folgende Anleitungen gelten für normal große Eier. Bei extragroßen, Riesen-, mittelgroßen und kleinen Eiern müssen die Kochzeiten entsprechend etwas angepasst werden. Als Erstes 1 Zentimeter Wasser in einem Dampfgarer auf einer hohen Stufe zum Kochen bringen. Sobald das Wasser zu kochen beginnt, die Temperatur etwas zurückstellen, sodass es nur noch leicht kocht. Dann die gekühlten Eier direkt aus dem Kühlschrank in den Dampfgarer legen und abdecken. Ab jetzt läuft die Zeit. Abhängig von Ihrer Vorliebe, müssen Sie die Eier 5, 7 oder 9 Minuten dämpfen.

Wenn Sie möchten, dass Ihr Eigelb noch etwas flüssig und das Eiweiß nicht ganz fest, sondern noch etwas cremig ist, kochen Sie Ihre Eier 5 Minuten, dann nehmen Sie sie mit einem Schaumlöffel aus dem Dampfgarer.

Sofern Ihr Eigelb noch etwas flüssig, das Eiweiß aber fest sein soll, kochen Sie sie 7 Minuten, dann herausnehmen.

Möchten Sie, dass Ihr Eigelb teilweise fest, aber immer noch sehr weich ist, und das Eiweiß richtig fest ist, dann kochen Sie sie 9 Minuten, danach herausnehmen.

Die Eier anschließend sofort in kaltes Wasser legen und 3 bis 4 Minuten ruhen lassen. Dadurch wird der Kochprozess beendet, und die Eier kühlen schnell ab, sodass Sie sie gut anfassen können.

Weich gekochte Eier

In einem Eierbecher servieren. Wenn Sie keinen Eierbecher haben, können Sie improvisieren, indem Sie eine kleine Tasse oder Schale mit ungekochtem Reis oder Weizenkörnern füllen und das gekochte Ei leicht in die Körner hineindrücken, sodass es stehen bleibt.

Um das Ei zu essen, entfernen Sie den oberen Teil des Eies, indem Sie die Spitze mit einem Messer rundum aufschlagen und durchschneiden. Dann die Spitze abheben, sodass Eigelb und Eiweiß zum Vorschein kommen. Guten Appetit!

Das perfekte hart gekochte Ei

Ein großes Ei:
5 g Fett;
0,5 g Netto-Kohlenhydrate;
6 g Eiweiß;
70 Kalorien

Das perfekte hart gekochte Ei wird nicht auf traditionelle Art gekocht, sondern im Dampfgarer gedämpft. Halten Sie sich an die vorstehenden Anleitungen für das Kochen von weich gekochten Eiern, erhöhen Sie aber die Kochzeit auf 12 Minuten.

Vergessen Sie nicht, die Temperatur des Dampfgarers etwas zurückzustellen, damit das Wasser nur leicht kocht, bevor Sie die Eier hineingeben. Bei dieser Methode ist das Risiko geringer, dass die Schalen beim Kochen platzen. Dies kommt zwar hin und wieder dennoch vor, aber seltener.

Abgesehen davon, dass Sie auf diese Weise jedes Mal ein perfekt gekochtes Ei erhalten, lässt es sich überdies auch leichter pellen als bei der traditionellen Kochmethode. Ich habe schon frische Eier direkt vom Hühnerhof, die weni-

Hart gekochte Eier

ger als 1 Tag alt waren, nach dieser Methode gekocht, und sie ließen sich fast genauso gut pellen wie ansonsten ein älteres Ei.

Ein Ei lässt sich leichter pellen, wenn Sie die Schale rundum zerbrechen und das Ei kurz zwischen den Händen rollen, um die Schale zu lockern. Halten Sie das Ei überdies unter laufendes kaltes Wasser. Vor dem Servieren vorsichtig mit einem Papiertuch trocken tupfen.

Russische Eier

6 Eier, hart gekocht und gepellt
¼ Tasse (60 g) Mayonnaise (S. 49–51)
1 TL Apfelessig
1 TL Senf
⅛ TL Salz
Frisch gemahlener schwarzer Pfeffer
Paprikapulver

Ergibt:
12 Eierhälften
Pro Eierhälfte:
6 g Fett;
0 g Netto-Kohlenhydrate;
3 g Eiweiß;
66 Kalorien

Die Eier der Länge nach halbieren. Das Eigelb herausnehmen, in eine Schüssel geben und mit einer Gabel fein zerdrücken. Mayonnaise, Essig, Senf, Salz und Pfeffer dazugeben und miteinander verrühren, bis eine glatte Masse entstanden ist. Mit einem Löffel die Mischung zu gleichen Teilen in die Eiweißhälften füllen. Mit Paprikapulver garnieren und servieren.

Russische Eier

Russische Eier mit Rosmarin

6 Eier, hartgekocht, gepellt und gekühlt
2 EL (30 g) Mayonnaise (S. 49–51)
1 EL (15 ml) Sahne
1 TL weißer Weinessig
2 Schalotten, gehackt
½ TL frischer Rosmarin oder ¼ TL Rosmarinpulver
⅛ TL Senfmehl
½ TL Salz
1 Prise Pfeffer

Ergibt:
12 Eierhälften
Pro Eierhälfte:
9 g Fett;
1 g Netto-Kohlenhydrate;
5,5 g Eiweiß;
107 Kalorien

Die Eier der Länge nach halbieren. Das Eigelb herausnehmen, in eine kleine Rührschüssel geben und mit einer Gabel zerdrücken. Mayonnaise, Sahne, Essig, Schalotten, Rosmarin, Senf, Salz und Pfeffer dazugeben und mit einer Gabel cremig schlagen. Mit einem Löffel die Füllung in die Eiweißhälften verteilen. Vor dem Servieren mindestens 1 Stunde in den Kühlschrank stellen.

Russische Eier pikant

Ergibt:
12 Eierhälften
Pro Eierhälfte:
6 g Fett;
0 g Netto-Kohlenhydrate;
3 g Eiweiß;
66 Kalorien

6 Eier, hart gekocht und gepellt
¼ Tasse (60 g) Mayonnaise (S. 49–51)
1 TL Dijon-Senf
2 TL Zwiebeln, gehackt
⅛ TL Chilisauce
Salz und Pfeffer zum Abschmecken

Die Eier der Länge nach halbieren. Das Eigelb herausnehmen, in eine Schüssel geben und mit einer Gabel fein zerdrücken. Mayonnaise, Senf, Zwiebeln, Chilisauce, Salz und Pfeffer dazugeben und miteinander verrühren, bis eine glatte Masse entstanden ist. Mit einem Löffel die Mischung zu gleichen Teilen in die Eiweißhälften füllen. Mit Paprikapulver garnieren und vor dem Servieren 1 bis 2 Stunden in den Kühlschrank stellen.

Russische Eier mit Guacamole

Ergibt:
12 Eierhälften
Pro Eierhälfte:
9 g Fett;
1 g Netto-Kohlenhydrate;
3,5 g Eiweiß;
99 Kalorien

6 Eier, hart gekocht und gepellt
2 reife Avocados
1 EL (15 ml) Limo
1 EL (28 g) saure Sahne
¼ TL gemahlener Kreuzkümmel
½ TL Salz
1 EL 81 g) Koriander, gehackt
2 EL Jalapeno, gehackt
1 EL (3 g) Schnittlauch, gehackt

Russische Eier mit Guacamole

Die Eier der Länge nach halbieren. Das Eigelb herausnehmen, in eine Schüssel geben und mit einer Gabel fein zerdrücken. Die Kerne aus den Avocados entfernen, das Fruchtfleisch mit einem Löffel aus der Schale herausnehmen und in die Schüssel dazugeben. Limonensaft, saure Sahne, Kreuzkümmel und Salz dazugeben und die Zutaten mit der Gabel zu einer Masse zerdrücken und verrühren. Koriander und Jalapeno unterrühren. Die Füllung zu gleichen Teilen in die Eiweißhälften verteilen. Mit Schnittlauch garnieren und servieren.

Pochierte Eier

Ergibt:
1 Ei pro Portion
Ein großes Ei:
5 g Fett;
0,5 g Netto-Kohlenhydrate;
6 g Eiweiß;
70 Kalorien

Pochierte Eier zuzubereiten ist außergewöhnlich einfach, es ist aber dennoch erstaunlich schwierig, sie jedes Mal perfekt hinzubekommen. Wenn Sie sich jedoch an ein paar einfache Regeln halten, werden Ihre pochierten Eier stets perfekt sein.

Etwa 3,5 bis 5 Zentimeter Wasser (oder Brühe) in eine Pfanne geben. Das Wasser zum Kochen bringen, dann die Temperatur senken, sodass es nur noch

Eier pochieren.

köchelt. Ein Ei in einen kleinen Topf oder in eine Untertasse aufschlagen. Den Topf nahe an die Oberfläche des köchelnden Wassers halten und das Ei hineingleiten lassen. Falls Sie mehrere Eier pochieren möchten, pochieren Sie auf diese Weise jeweils ein Ei nach dem anderen. Köcheln lassen, bis das Ei die gewünschte Festigkeit erreicht hat, zwischen 3 und 5 Minuten. Mit einem Schaumlöffel herausnehmen.

Pochierte Eier Espagnole

Pochierte Eier mit der klassischen französischen Sauce Espagnole schmecken fantastisch.

Ergibt:
1 Ei pro Portion
Pro Portion:
15 g Fett;
4 g Netto-Kohlenhydrate;
13 g Eiweiß;
203 Kalorien

Sauce Espagnole (S. 36–38)
2 oder mehr pochierte Eier

Die Sauce Espagnole zubereiten. 2 oder mehr Eier nach der vorstehenden Anleitung pochieren. Vor dem Servieren ½ Tasse Sauce Espagnole auf jedem pochierten Ei verteilen.

Gebackene Eier

Eier zu backen ist ein einfacher Weg, um Eier für das Frühstück oder für eine andere Mahlzeit zuzubereiten. Das Rezept bezieht sich auf ein Ei, Sie können jedoch beliebig viele Eier mit der gleichen Backzeit und Temperatur zubereiten.

Ergibt: 1 Ei
Pro Portion:
29 g Fett;
0,5 g Netto-Kohlenhydrate;
7,5 g Eiweiß;
293 Kalorien

1 EL (28 g) Butter, weich
1 Ei
Salz und schwarzer Pfeffer zum Abschmecken
7 g Käse, gerieben (optional)
Paprikapulver (optional)

Den Backofen auf 170 °C vorheizen. Mit der Hälfte der Butter eine kleine ofenfeste Schale einfetten. 1 Ei aufschlagen und vorsichtig in die Schale gleiten lassen. Die restliche Butter darauf verteilen und mit Salz und Pfeffer

Schinken, Eier, Karotten und fermentierter Daikon-Rettich

bestreuen. Gegebenenfalls mit geriebenem Käse bestreuen. 16 bis 20 Minuten backen, bis das Ei die gewünschte Festigkeit erreicht hat. Das Eiweiß sollte fest, das Eigelb aber nach wie vor weich sein. Vor dem Servieren mit Paprikapulver garnieren.

Spiegeleier

Ergibt:
1 Ei pro Portion
Pro Portion:
5 g Fett;
0,5 g Netto-Kohlenhydrate;
6 g Eiweiß;
70 Kalorien

Ein gebratenes Ei mit intaktem Eigelb ist eine der beliebtesten Zubereitungsvarianten. Es gibt verschiedene Möglichkeiten, Eier zu braten. Manche mögen es, ihre Spiegeleier einmal zu wenden, um sie auch von der anderen Seite zu braten, was oft allerdings dazu führt, dass das Eigelb zerfließt oder übermäßig fest wird. Falls Sie Ihr Eigelb fest haben möchten, können Sie diese Methode nutzen, müssen es aber nicht. Sie können Ihr Spiegelei so braten, wie es Ihnen am liebsten ist, auch ohne es zu wenden.

Zum Braten können Sie Butter, Kokosöl, aus Speck ausgelassenes Fett oder rotes Palmöl verwenden. Jedes Öl gibt den Eiern einen etwas anderen Geschmack. Sie können auch zwei oder mehr Öle miteinander kombinieren. Ich kombiniere gerne aus Speck ausgelassenes Fett mit rotem Palmöl oder Kokosöl.

1 bis 2 Esslöffel Öl in einer Pfanne bei mittlerer Temperatur erhitzen. Das Ei erst in die Pfanne geben, wenn das Öl heiß genug ist. Mit ein paar Wassertropfen können Sie testen, ob es heiß genug ist, es fängt dann sofort an zu spritzen. Das Ei aufschlagen und vorsichtig in die heiße Pfanne gleiten lassen. Um zu vermeiden, dass Sie sich durch spritzendes Öl verbrennen, können Sie das Ei auch zuerst in einen kleinen Topf aufschlagen und es dann in das heiße Öl gleiten lassen. Wenn Sie mehrere Spiegeleier braten möchten, braten Sie eins nach dem anderen auf diese Weise.

Die Pfanne mit einem Deckel abdecken und das Ei so lange braten lassen, bis es die gewünschte Festigkeit erreicht hat, etwa 2 bis 4 Minuten, wobei Sie zwischendurch mehrmals kontrollieren sollten. Ich liebe Glasdeckel, bei denen man die Eier während des Bratens sehen kann, sodass man genau sieht, wann sie fertig sind. Wenn Sie möchten, dass das Eigelb oben schneller fest wird, können Sie mit einem Löffel etwas heißes Öl auf die Eier geben, während Sie sie braten, oder Sie können etwas Wasser in die Pfanne geben und sie dann abdecken, dadurch entsteht Dampf, der bewirkt, dass das Eigelb von oben schneller fest wird.

Eier mit Schinken und Käsesauce

Ergibt: 1 Ei und 1 Scheibe Schinken pro Portion
Pro Portion mit ½ Tasse (120 ml) Käsesauce: 67 g Fett; 4,5 g Netto-Kohlenhydrate; 28 g Eiweiß; 729 Kalorien

Käsesauce (S. 34–35)
1 EL (14 g) Kokosöl oder Speckfett
85 g Schinken, zuckerfrei und ohne Nitritpökelsalz, geschnitten
1 gebratenes oder pochiertes Ei

Die Käsesauce nach der Anleitung zubereiten. Das Kokosöl in einer Pfanne erhitzen und den Schinken neben dem Ei so weit braten, wie Sie möchten. Den Schinken auf einem Teller anrichten, das gebratene oder pochierte Ei daraufgeben und die Käsesauce darauf verteilen.

Rührei

Rührei ist ein klassischer Favorit zum Frühstück. Es ist unglaublich einfach zuzubereiten und schmeckt großartig. Die einzigen Zutaten, die man dazu braucht, sind Öl, Eier und Salz. Es steht Ihnen jedoch frei, auch noch andere Zutaten dazuzugeben. Der Geschmack des Rühreis wird stark durch das Öl beeinflusst, das Sie verwenden. Bevorzugt wird vielfach aus Speck ausgelassenes Fett verwendet, Sie können aber auch Kokosöl, rotes Palmöl, Butter, Rindertalk oder Entenfett versuchen. Vielleicht versuchen Sie sogar, zwei oder mehr Öle miteinander zu vermischen.

Ergibt: 1 Portion
Pro Portion:
36 g Fett;
1 g Netto-Kohlenhydrate;
11 g Eiweiß;
372 Kalorien

2 EL (28 g) Kokosöl oder Speckfett
2 Eier
Salz und schwarzer Pfeffer zum Abschmecken

Das Öl in einer Pfanne erhitzen, bis es heiß ist, die Eier aufschlagen und in die heiße Pfanne geben. Mit einer Gabel sofort kräftig miteinander verrühren, dann braten lassen, ohne abzudecken, etwa 4 bis 5 Minuten. Mit einem Küchenwender die Eiermasse wenden und von der anderen Seite so weit braten, wie Sie es haben möchten. Etwas Speck, Schinken oder ein anderes Frühstücksfleisch passt gut dazu. Kann auch mit Salsa oder einer geschnittenen, auf dem Rührei verteilten Avocado serviert werden.

Wie Sie die Eier braten, hat Einfluss auf den Geschmack und die Textur des fertigen Rühreis. Die Eier erst in der heißen Pfanne miteinander zu verrühren führt zu einem anderen Ergebnis, als wenn die rohen Eier schon geschlagen werden, bevor Sie sie in die Pfanne geben, wie etwa bei einem Omelett. Wenn die Eier erst in der Pfanne verrührt werden, können sie schon teilweise anbraten, bevor sie ganz miteinander vermischt werden, sodass die Mischung nicht so einheitlich aussieht, und man kann anschließend sowohl das Eiweiß als auch das Eigelb schmecken. Werden demgegenüber die Eier vorher miteinander verrührt, ist das Ergebnis ein Rührei, das von der Textur und vom Geschmack her einheitlicher ist.

Rührei-Variationen

Das Rührei, wie vorstehend beschrieben, zubereiten, aber zusätzlich zu den Eiern noch eine oder mehrere Zutaten dazugeben: Hühnerleber oder Hühnerpastete, klein geschnitten; Frühstücksfleisch, gebraten und klein geschnitten; Schinken, klein geschnitten; Fisch, Schalen- oder Krustentiere, Hühnerfleisch oder Putenfleisch, gebraten und klein geschnitten; Champignons, Zwiebeln, Knoblauch oder grüne Paprikaschoten, sautiert; Spargelspitzen, gedünstet; Blumenkohl oder Brokkoli, gekocht und klein geschnitten; Speck, knusprig und zerbröselt; Artischockenherzen, gekocht; Tomaten, klein geschnitten; frisch gehackte Kräuter (Basilikum, Petersilie, Schnittlauch, Dill, Estragon, Kerbel, Majoran, Koriander oder Salbei); gemahlene Gewürze (Chilipulver, Koriander, Kreuzkümmel, Currypulver, Senfmehl, Oregano, Paprikapulver, rote Paprikaflocken, Rosmarin, Thymian, Kurkuma) und Jalapeno oder andere Chilischoten, gehackt.

Rührei Fiesta

Ergibt: 1 Portion
Pro Portion:
43 g Fett; 2 g Netto-Kohlenhydrate;
12 g Eiweiß;
443 Kalorien

Mit diesem Rezept können Sie Ihr Rührei ganz einfach aufpeppen. Das Rührei nach dem vorstehenden Rezept zubereiten. Vor dem Servieren 1 Esslöffel (16 g) Salsa, ¼ Avocado (geschnitten) und 1 Esslöffel (1 g) Koriander, gehackt, auf dem Rührei verteilen.

Rührei mit saurer Sahne und Schnittlauch

Ergibt: 1 Portion
Pro Portion:
39 g Fett;
1,5 g Netto-Kohlenhydrate;
11,5 g Eiweiß;
403 Kalorien

Das Rührei nach dem Rezept auf S. 335 zubereiten und mit einem Klacks saurer Sahne und 1 Teelöffel gehacktem Schnittlauch garniert servieren.

Rührei mit Hüttenkäse

Dies ist eine großartige Variation vom gewöhnlichen Rührei. Der Hüttenkäse gibt den Eiern einen angenehmen, leicht sauren Geschmack, der durch das Hinzufügen von getrockneten Zwiebeln jedoch wiederum etwas gesüßt wird. Sofern Sie keine getrockneten Zwiebeln zur Hand haben, erfüllt auch Zwiebelpulver den Zweck.

Ergibt: 1 Portion
Pro Portion:
37 g Fett;
3,5 g Netto-Kohlenhydrate;
19 g Eiweiß;
423 Kalorien

2 EL (28 g) Kokosöl oder Speckfett
2 Eier, geschlagen
¼ Tasse (55 g) Hüttenkäse
1 TL getrocknete und gehackte oder granulierte Zwiebeln
¼ TL Salz

Das Öl in einer Pfanne bei mittlerer Temperatur erhitzen. Die Eier mit dem Hüttenkäse, den Zwiebeln und Salz zusammen schlagen. Die Mischung in die heiße Pfanne geben, abdecken und etwa 5 Minuten braten, bis die Eier fest werden.

Rührei mit Paprika

Bei diesem Gericht werden drei Paprikasorten verwendet, zwei milde (grüne und rote Paprikaschoten) und eine scharfe (Jalapeno).

Ergibt: 4 Portionen
Pro Portion:
20 g Fett;
5,5 g Netto-Kohlenhydrate;
10 g Eiweiß;
242 Kalorien

1 mittelgroße Zwiebel, sehr dünn geschnitten
1 grüne Paprikaschote, in 0,5 cm breite Streifen geschnitten
1 rote Paprikaschote, in 0,5 cm breite Streifen geschnitten
2 EL (28 g) Kokosöl oder Schmalz
1 Knoblauchzehe, gehackt
2 mittelgroße Tomaten, entkernt und grob gehackt
½ Tasse (75 g) gekochter Schinken, zuckerfrei und ohne Nitritpökelsalz, in 0,5 cm breite und 5 cm lange Streifen geschnitten
½ TL Salz
⅛ TL schwarzer Pfeffer

2 EL (28 g) Butter
1 EL (9 g) Jalapeno oder eine andere Chilischote, gehackt
4 Eier, leicht geschlagen

In einer großen Pfanne bei mittlerer Hitze die Zwiebeln mit den grünen und roten Paprikaschoten in dem Kokosöl etwa 10 Minuten sautieren, bis sie weich sind, aber nicht braun. Den Knoblauch mit Tomaten, Schinken, Salz und schwarzem Pfeffer dazugeben. Braten lassen, bis die meiste Flüssigkeit verdampft ist, etwa 6 Minuten. Das Gemüse in der Pfanne an den Rand schieben und in der Mitte der Pfanne die Butter dazugeben. Die gehackten Jalapeno mit den Eiern verrühren und in die Mitte der Pfanne gießen. Ohne umzurühren braten lassen, bis die Eier gerade im Ansatz fest sind. Dann die Eier mit dem Gemüse vermischen, von der Herdplatte nehmen und servieren.

Variation

Nach der vorstehenden Anleitung das Rührei mit Paprika zubereiten, aber kurz bevor Sie die Pfanne von der Herdplatte nehmen, noch zusätzlich ½ Tasse (75 g) Fetakäse unterrühren.

Rührei mit Frischkäse

1 EL (14 g) Kokosöl, Speckfett oder rotes Palmöl
56 g Kanadischer Speck oder Schinken, zuckerfrei und ohne Nitritpökelsalz
2 Eier, leicht geschlagen
2 TL getrocknete Zwiebeln
⅛ TL Salz
85 g Frischkäse (Zimmertemperatur)

Ergibt: 1 Portion
Pro Portion:
56,5 g Fett;
6 g Netto-Kohlenhydrate;
29,5 g Eiweiß;
650 Kalorien

Das Öl in einer Pfanne bei mittlerer Temperatur erhitzen. Den Kanadischen Speck in die Pfanne geben und von einer Seite etwa 2 Minuten braten. Während der Speck brät, die Eier mit getrockneten Zwiebeln, Salz und Frischkäse gut verrühren. Den Kanadischen Speck wenden und die Eiermischung auf dem Speck verteilen, abdecken und braten, bis die Eiermischung von oben im Ansatz fest ist. Nicht übermäßig lange braten, da das Ganze wegen des Frisch-

Die Eiermischung wird über den Kanadischen Speck gegossen, um zu verhindern, dass Frischkäse in den Eiern anbrennt.

käses leicht anbrennt. Die Eiermischung auf dem Kanadischen Speck zu braten hilft, ein Anbrennen zu verhindern.

Rührei mit Shrimps

Cocktailsauce (S. 43)
2 Eier, leicht geschlagen
56 g Babyshrimps
¼ TL Fischsauce
2 EL (28 g) Speckfett

Ergibt: 1 Portion
Pro Portion mit ¼ Tasse (60 ml) Cocktailsauce: 39,5 g Fett; 1,5 g Netto-Kohlenhydrate; 24 g Eiweiß; 457 Kalorien

Die Cocktailsauce zubereiten. In einer kleinen Schüssel die Eier mit den Shrimps und der Fischsauce verrühren. Das Fett in einer Pfanne erhitzen und die Eiermischung in die Pfanne geben, wenn das Fett heiß ist. Unter gelegentlichem Umrühren die Eiermischung braten, bis die Eier stocken. Das Rührei auf einem Teller anrichten und die Cocktailsauce dazugeben. Mit frischem Koriander oder frischer Petersilie garnieren, falls gewünscht.

Rührei mit Lachs und Spargel

Ergibt: 1 Portion
Pro Portion:
34 g Fett;
5 g Netto-Kohlenhydrate;
25,5 g Eiweiß;
428 Kalorien

1 EL (14 g) Kokosöl
3 große Spargelstangen, in mundgerechte Stücke geschnitten
2 Eier, geschlagen
2 TL getrocknete Zwiebeln
28 g geräucherter oder gebratener Lachs, mundgerecht zerteilt
28 g Asiago-Käse oder Parmesankäse, gerieben
Salz, schwarzer Pfeffer

Das Öl in einer Pfanne bei mittlerer Temperatur erhitzen. Den Spargel etwa 5 Minuten sautieren, bis er gerade zart ist. Die Eier und die Zwiebeln miteinander verrühren und zusammen mit dem Spargel in die Pfanne geben, abdecken und etwa 2 Minuten braten, bis die Eier teilweise stocken. Den Lachs und den Käse darüber verteilen und weiter braten, bis die Eier ganz stocken, etwa 5 Minuten. Von der Herdplatte nehmen, mit Salz und schwarzem Pfeffer abschmecken und servieren.

Rührei mit Roter Paprikasauce

Dies ist ein tolles Rezept, um Ihr Rührei aufzupeppen.

Ergibt: 1 Portion
Pro Portion mit ½ Tasse (120 ml) Rote Paprikasauce:
49 g Fett;
4,5 g Netto-Kohlenhydrate;
24 g Eiweiß;
555 Kalorien

Rote Paprikasauce (S. 39)
2 EL (28 g) Kokosöl oder Speckfett
2 Eier, leicht geschlagen
Salz

Die Rote Paprikasauce zubereiten. Das Öl in einer Pfanne erhitzen, dann die Eier braten, bis sie stocken. Das Rührei auf einem Teller anrichten und vor dem Servieren etwa ½ Tasse (120 ml) Rote Paprikasauce darüber verteilen.

Einfaches Omelett

Omeletts sind einfach zuzubereiten und können mit verschiedenen Zutaten in vielen Variationen serviert werden. Omeletts auf traditionell französische Art können etwas kompliziert sein. Bei diesem Rezept handelt es sich um eine vereinfachte Version, die genauso gut schmeckt und viele Variationen ermöglicht. Dieses ist ein Omelett-Grundrezept.

Ergibt: 2 Portionen
Pro Portion:
22,5 g Fett;
0,5 g Netto-Kohlenhydrate;
11 g Eiweiß;
248 Kalorien

2 EL (28 g) Kokosöl oder Speckfett
4 Eier
¼ TL Salz
⅛ TL schwarzer Pfeffer

Das Öl in einer Pfanne bei mittlerer Temperatur erhitzen. Die Eier mit Salz und Pfeffer in einer Schüssel leicht schaumig schlagen. Die Mischung in die heiße Pfanne geben, abdecken und ohne umzurühren etwa 5 Minuten braten, bis die Oberseite des Omeletts stockt. Das Omelett aus der Pfanne nehmen und heiß servieren.

Variationen

Mit verschiedenen Zutaten können unterschiedlichste Omeletts zubereitet werden. Dazu verwendet werden können Schinken, Speck, Hühnerfleisch, Wurst, Rinderhackfleisch, Lammhackfleisch, Garnelen, Krabben, Zwiebeln, Auberginen, Zucchini, Paprikaschoten oder Chilischoten, Tomaten, Avocados, Spargel, Brokkoli, Blumenkohl, Spinat und Champignons. Sowohl das Fleisch als auch die meisten Gemüsesorten müssen zubereitet werden, bevor sie mit der Eiermischung verrührt werden. Tomaten, Avocados und Kräuter zum Garnieren, wie Koriander und Schnittlauch, werden hingegen am besten roh verwendet und erst nach dem Braten dazugegeben. Zum Abschluss können Sie auch saure Sahne über das Omelett geben. Darüber hinaus kann Käse über die Eiermischung in der Pfanne verteilt werden, der dann während des Bratens schmilzt. Jede der vorgenannten Zutaten oder auch mehrere davon können mit Rührei kombiniert werden.

Festgehalten werden sollte jedoch die Menge jeder verwendeten Zutat, um die Netto-Kohlenhydrate und den Fettgehalt errechnen zu können.

Kräuter-Omelett

Ergibt: 2 Portionen
Pro Portion: 22,5 g Fett; 0,5 g Netto-Kohlenhydrate; 11 g Eiweiß; 248 Kalorien
Die Portionen und Nährwerte sind die gleichen wie bei dem einfachen Omelett.

Das einfache Omelett, wie vorstehend beschrieben, zubereiten, zusätzlich aber noch 1 Teelöffel gehackten Schnittlauch, ½ Teelöffel gehackten frischen Kerbel und ¼ Teelöffel frischen Estragon vor dem Verquirlen der Eier dazugeben.

Käse-Omelett

Ergibt: 2 Portionen
Pro Portion: 35,6 g Fett; 1,2 g Netto-Kohlenhydrate; 21,6 g Eiweiß; 414 Kalorien

Das Omelett nach der Anleitung für das einfache Omelett zubereiten, aber nachdem die Eiermischung in die heiße Pfanne gegeben wurde, zusätzlich noch eine ¾ Tasse (84 g) geriebenen Käse darüber verteilen. Dann abdecken und ohne zu rühren braten, bis das Omelett stockt und der Käse geschmolzen ist.

Omelett Lorraine

Ergibt: 2 Portionen
Pro Portion: 36,5 g Fett; 0,5 g Netto-Kohlenhydrate; 19,5 g Eiweiß; 408 Kalorien

Das Omelett nach der Anleitung für das einfache Omelett zubereiten. Nachdem die Eiermischung etwa 2,5 Minuten in der Pfanne ist, noch zusätzlich ¼ Tasse (30 g) geriebenen Gruyère-Käse darüber verteilen, dann abdecken und fertig braten. Wenn die Eiermischung stockt, den Herd ausstellen und 1 Esslöffel gehackte Petersilie und 2 Scheiben zerbröselten knusprigen Speck darüber verteilen. Mit einem Küchenwender eine Hälfte des Omeletts über die andere Hälfte falten und aus der Pfanne nehmen.

Spanisches Omelett

Ergibt: 2 Portionen
Pro Portion: 34 g Fett; 4,5 g Netto-Kohlenhydrate; 12,5 g Eiweiß; 374 Kalorien

2 EL (30 g) Butter
1 Pimiento, fein geschnitten
1 kleine Tomate, geschält, entkernt und grob gehackt
1 Knoblauchzehe, geschält und zerdrückt
1 EL (4 g) gehackte Petersilie

Die Butter in einer Pfanne bei mittlerer Hitze zum Schmelzen bringen. Unter Rühren Pimientos, Tomaten, Knoblauch und Petersilie dazugeben und etwa 3 Minuten braten, bis sie weich sind. Von der Herdplatte nehmen und beiseite stellen.

Das einfache Omelett nach der vorstehenden Anleitung zubereiten. Wenn die Eiermischung stockt, das Gemüse darüber verteilen. Mit einem Küchenwender eine Hälfte des Omeletts über die andere Hälfte falten und aus der Pfanne nehmen.

Griechisches Omelett

Ergibt: 2 Portionen
Pro Portion: 26 g Fett; 2 g Netto-Kohlenhydrate; 14 g Eiweiß; 298 Kalorien

2 EL (28 g) Olivenöl
2 Lorbeerblätter
1 Knoblauchzehe, gehackt
4 Eier
¼ TL Salz
⅛ TL schwarzer Pfeffer
1 EL (3 g) Schnittlauch, gehackt
¼ Tasse (40 g) Fetakäse, zerbröselt

Das Olivenöl in einer Pfanne bei mittlerer Temperatur erhitzen. Die Lorbeerblätter und den Knoblauch dazugeben und 3 bis 4 Minuten in dem heißen Öl ziehen lassen, damit die Aromen mit dem Olivenöl verschmelzen; dann die Lorbeerblätter herausnehmen. Die Eier mit Salz und Pfeffer in einer Schüssel leicht schaumig schlagen. Die Eier in die heiße Pfanne geben, abdecken und ohne umzurühren etwa 5 Minuten braten, bis die Oberseite des Omeletts stockt. Schnittlauch und Fetakäse darüberstreuen. Mit einem Küchenwender eine Hälfte des Omeletts über die andere Hälfte falten und aus der Pfanne nehmen. Heiß servieren.

Omelett mit Wurst, Champignons und Tomaten

Dies ist ein gutes Beispiel, wie ein Omelett zusammen mit Fleisch und Gemüse zubereitet werden kann. Siehe auch die vielen nachstehenden Variationen.

2 EL (28 g) Kokosöl oder Speckfett
120 g Wurst
2 Champignons, geschnitten
3 Eier
¼ TL Salz
½ Tasse (90 g) Tomaten, klein geschnitten

Ergibt: 2 Portionen
Pro Portion:
37,7 g Fett;
1,9 g Netto-Kohlenhydrate;
20,9 g Eiweiß;
429 Kalorien

Das Kokosöl in einer Pfanne erhitzen. Die Wurst mit den Champignons dazugeben und braten, bis die Wurst gebräunt ist. Eier und Salz in einer Schüssel mit dem Schneebesen schlagen. Die Mischung über die Wurst und die Champignons in die Pfanne geben, abdecken und etwa 5 Minuten ohne umzurühren braten, bis die Oberseite des Omeletts stockt. Die Tomaten dazugeben, abdecken und 1 Minute garen lassen. Das Omelett aus der Pfanne nehmen und heiß servieren.

Omelett mit Speck und Zucchini

4 Scheiben Speck, zuckerfrei, ohne Nitritpökelsalz
1 kleine Zucchini (etwa 170 g), gehackt
3 Eier
2 TL Jalapeno, gehackt
Salz
55 g Käse, gerieben

Ergibt: 2 Portionen
Pro Portion:
31,5 g Fett;
3 g Netto-Kohlenhydrate;
30 g Eiweiß;
415 Kalorien

Den Speck in einer Pfanne bei mittlerer Hitze braten, bis er knusprig ist, dann aus der Pfanne nehmen und beiseitestellen. Die Zucchini unter gelegentlichem Umrühren in dem Fett etwa 10 Minuten sautieren, bis sie gebräunt sind. Die Eier mit Jalapeno und Salz mit dem Schneebesen schlagen und die Masse gleichmäßig über die Zucchini verteilen. Dann zunächst den Käse darüber verteilen. Den Speck zerbröseln und ebenfalls darüber verteilen. Abdecken und braten, bis die Eiermasse stockt, etwa 7 Minuten.

Zwiebel-Frittata

Dies ist ein Omelett für Zwiebelliebhaber. Die Frittata ist ein italienisches Omelett, das von beiden Seiten gebraten wird.

- 1 mittelgroße süße Zwiebel, geschält und sehr dünn geschnitten
- 3 EL (42 g) Kokosöl oder Olivenöl extra virgin
- 1 Knoblauchzehe, gehackt
- 4 Eier, leicht geschlagen
- ¾ TL Salz
- ⅛ TL schwarzer Pfeffer
- 1 TL getrocknetes Basilikum
- ¼ Tasse (80 g) Parmesankäse, gerieben

Ergibt: 2 Portionen
Pro Portion:
38,5 g Fett;
6,5 g Netto-Kohlenhydrate;
24,5 g Eiweiß;
470 Kalorien

In einer Pfanne die Zwiebeln in der Hälfte des Öls bei mittlerer bis niedriger Hitze 5 bis 8 Minuten sautieren, bis sie weich sind, aber nicht braun. Den Knoblauch dazugeben und etwa 1 Minute sautieren. Die Zwiebeln und den Knoblauch in eine Schüssel geben und mit den Eiern sowie Salz, schwarzem Pfeffer, Basilikum und Käse verrühren. Das restliche Öl in die Pfanne geben und 1 oder 2 Minuten heiß werden lassen, dann die Eiermischung in die Pfanne geben. Abdecken und ohne umzurühren etwa 3 bis 4 Minuten braten, bis die Unterseite gebräunt ist und die Oberseite etwas stockt. Das Omelett in 4 Teile schneiden, die Viertel wenden und von der anderen Seite braten, bis sie braun sind.

Fluffiges Soufflé

Soufflés haben einen ganz anderen Geschmack und eine ganz andere Textur als Omeletts, auch wenn sie mit den gleichen Zutaten zubereitet werden. Bei dieser Version beginnt die Zubereitung wie bei einem Omelett auf dem Herd, abschließend kommt das Soufflé jedoch in den Backofen, wo es seinen besonderen Geschmack und seine fluffige Textur erhält. Das Geheimnis für ein fluffiges Soufflé ist, die Eiermasse langsam zu braten und zu backen. Dazu Eier verwenden, die Zimmertemperatur haben, dadurch bekommen sie besser Volumen. Wichtig ist, eine Pfanne zu verwenden, die sowohl herd- als auch backofentauglich ist.

4 Eier, Eiweiß und Eigelb getrennt
¼ TL Salz
⅛ TL schwarzer Pfeffer
3 EL (42 g) Kokosöl, Butter oder Speckfett

Ergibt: 2 Portionen
Pro Portion:
30 g Fett;
0,5 g Netto-Kohlenhydrate;
11 g Eiweiß;
316 Kalorien

Den Backofen auf 170 °C vorheizen. Mit einem Mixer das Eiweiß steif schlagen. In einer separaten Schüssel das Eigelb mit Salz und Pfeffer verrühren, bis eine cremige Masse entstanden ist. ¼ des Eischnees vorsichtig unter das Eigelb heben, sodass alles gut miteinander vermischt wird. Dann die Eigelbmischung unter den restlichen Eischnee heben. Nicht übermäßig stark vermischen.

Das Öl bei mittlerer Temperatur in einer backofenfesten Pfanne auf dem Herd erhitzen. Die Eiermischung in die heiße Pfanne geben, die Oberseite vorsichtig glätten, die Hitze auf eine mittlere bis niedrige Temperatur zurückstellen und ohne abzudecken etwa 5 Minuten braten, bis die Unterseite des Soufflés braun zu werden beginnt. Die Pfanne in den vorgeheizten Backofen stellen und ohne abzudecken 18 bis 20 Minuten backen, bis das Soufflé aufgegangen und delikat gebräunt ist. Aus dem Backofen nehmen, in der Mitte halbieren und servieren.

Fluffiges Soufflé

Wie bei allen Rezepten in diesem Kapitel können Sie auch hier mehr Öl dazugeben, um den Fettgehalt zu erhöhen. Alternativ können Sie den Fettgehalt auch durch Hinzufügen von Käse, Wurst und anderen fetthaltigen Zutaten erhöhen.

Käse-Soufflé

Bei diesem Rezept bereiten Sie als Erstes eine Käsesauce zu, die dann unter den Eischnee gehoben wird. Eine Pfanne verwenden, die sowohl herd- als auch backofentauglich ist.

2 EL (28 g) Butter
½ Tasse (120 ml) Schlagsahne
1¼ Tassen (150 g) scharfer Cheddar-Käse, gerieben
3 Eier, Eigelb und Eiweiß getrennt
¼ TL Salz
⅛ TL schwarzer Pfeffer
1 EL (14 g) Kokosöl

Ergibt: 2 Portionen
Pro Portion:
72,5 g Fett;
3 g Netto-Kohlenhydrate;
28,5 g Eiweiß;
778 Kalorien

Die Butter in einem Topf bei moderater Hitze zum Schmelzen bringen. Die Sahne und den Käse dazugeben und ständig weiter rühren, bis der Käse geschmolzen ist. Das Eigelb mit Salz und Pfeffer mit einer Gabel leicht schlagen. Etwa ¼ Tasse (60 ml) der heißen Käsesauce mit dem Eigelb verrühren, dann die Eigelbmischung sofort unter die Käsesauce unterrühren. Die Sauce bei niedriger Temperatur unter ständigem Rühren 1 bis 2 Minuten ziehen lassen. Dann von der Herdplatte nehmen und auf Zimmertemperatur abkühlen lassen.

In der Zwischenzeit den Backofen auf 170 °C vorheizen. In einer separaten Schüssel das Eiweiß steif schlagen. ¼ des Eischnees vorsichtig unter die Käsesauce heben. Dann den restlichen Eischnee unter die Sauce heben. Nicht übermäßig verrühren, sonst wird Ihr Soufflé nicht aufgehen.

Das Kokosöl bei mittlerer Temperatur in einer backofenfesten Pfanne auf dem Herd erhitzen. Die Eiermasse in die Pfanne geben, die Hitze auf eine mittlere bis niedrige Temperatur zurückstellen und etwa 5 Minuten braten, bis die Unterseite des Soufflés braun zu werden beginnt. Dann die Pfanne in den Backofen schieben und ohne abzudecken 18 bis 20 Minuten backen, bis das Soufflé fluffig und delikat gebräunt ist. Aus dem Backofen nehmen, in der Mitte halbieren und servieren.

Variationen

Das Käse-Soufflé wie beschrieben zubereiten, aber vor dem Abkühlen der Käsesauce noch ¼ bis ½ Tasse (25 bis 50 g) einer oder mehrerer der nachstehenden Zutaten unterrühren: gekochter Schinken oder Wurst; knuspriger Speck, zerbröselt; Hühnerleber, gehackt und sautiert; scharf gewürzter Schinken; Champignons, gehackt und sautiert; Fisch, gebraten und zerkleinert; Schalen- oder Krustentiere, gebraten oder gekocht und zerkleinert; oder gegartes Gemüse (Pimientos, Spargel, Spinat, Brokkoli, Blumenkohl, Weißkohl, Rosenkohl oder Zwiebeln). Diese Zutaten bei der Berechnung der Netto-Kohlenhydrate berücksichtigen.

Zimt-Pfirsich-Soufflé

Auch wenn der Name dieses Soufflés nach einem süßen Dessert klingt, ist es nur sehr leicht süß und absolut keto-freundlich. Der Zimt und die Pfirsiche geben diesem Soufflé einen Geschmack, der sich von den typischen herzhaften Eiergerichten unterscheidet.

4 Eier, Eiweiß und Eigelb getrennt
⅛ TL Salz
¼ TL Mandelextrakt
¼ TL Zimt
⅛ TL gemahlene Gewürznelken
¾ Tasse (128 g) Pfirsiche, fein gehackt
¼ Tasse (30 g) Pekannüsse, gehackt
1 EL (8 g) Kokosmehl
2 EL (28 g) Kokosöl

Ergibt: 2 Portionen
Pro Portion: 34,5 g Fett; 7 g Netto-Kohlenhydrate; 14 g Eiweiß; 394 Kalorien

Den Backofen auf 180 °C vorheizen. Mit einem Mixer das Eiweiß steif schlagen. In einer separaten Schüssel das Eigelb mit Mandelextrakt, Zimt, Gewürznelken, Pfirsichen, Pekannüssen und Kokosmehl verrühren. Vorsichtig ein Drittel der Eischneemasse unter die Eigelbmasse heben, sodass alles gut miteinander vermischt ist. Dann die Eigelbmasse unter den restlichen Eischnee heben. Nicht übermäßig stark verrühren.

Das Öl bei mittlerer Temperatur in einer backofenfesten Pfanne auf dem Herd erhitzen. Die Eiermasse in die heiße Pfanne geben und die Oberseite vorsichtig glatt streichen. Die Hitze auf eine mittlere bis niedrige Temperatur zurückstellen und ohne abzudecken etwa 4 Minuten braten, bis die Unterseite des Soufflés braun zu werden beginnt. Dann die Pfanne in den Backofen stellen und ohne abzudecken 18 bis 20 Minuten backen, bis das Soufflé fluffig und köstlich gebräunt ist. Aus dem Backofen nehmen, in der Mitte halbieren und servieren.

Ananas-Soufflé

Dies ist ein Rezept für ein leicht süßes, ketogenes Soufflé. Die Süße kommt von den Ananas, die darin enthalten sind. Dazu können frische Ananas oder auch Ananas aus der Dose verwendet werden. Falls Sie Ananas aus der Dose nehmen, sollten es Ananasscheiben oder Ananasstücke, nicht zerdrückte Ananas sein.

4 Eier, Eiweiß und Eigelb getrennt
⅛ TL Salz
¼ TL Orangenextrakt
¼ TL gemahlene Muskatnuss oder gemahlenes Piment
¾ Tasse (130 g) Ananas, fein gehackt
¼ Tasse (30 g) Pekannüsse, gehackt
1 EL (8 g) Kokosmehl
2 EL (28 g) Kokosöl

Ergibt: 2 Portionen
Pro Portion:
34 g Fett;
9,5 g Netto-Kohlenhydrate;
14 g Eiweiß;
400 Kalorien

Den Backofen auf 180 °C vorheizen. Mit einem Mixer das Eiweiß steif schlagen. In einer separaten Schüssel das Eigelb mit Salz, Orangenextrakt, Muskatnuss, Ananas, Pekannüssen und Kokosmehl verrühren. Ein Drittel des Eischnees vorsichtig unter die Eigelbmasse heben und gut miteinander vermischen. Dann den restlichen Eischnee unter die Eigelbmasse heben. Nicht übermäßig stark verrühren.

Bei mittlerer Temperatur das Öl in einer backofenfesten Pfanne auf dem

Herd erhitzen. Die Eiermasse in die heiße Pfanne geben und die Oberseite vorsichtig glatt streichen. Die Hitze auf eine mittlere bis niedrige Temperatur zurückdrehen und ohne abzudecken etwa 4 Minuten braten, bis die Unterseite des Soufflés braun zu werden beginnt. Dann die Pfanne in den vorgeheizten Backofen schieben und ohne abzudecken 18 bis 20 Minuten backen, bis das Soufflé fluffig und köstlich gebräunt ist. Aus dem Backofen nehmen, in der Mitte halbieren und servieren.

Apfel-Soufflé

Sie können jede beliebige Apfelsorte verwenden; der Apfel soll dem Soufflé eine leichte Süße geben. Nehmen Sie einen mittelgroßen Apfel, etwa 150 Gramm, nachdem er geschält und entkernt wurde.

4 Eier, Eiweiß und Eigelb getrennt
⅛ TL Salz
¼ TL Mandelextrakt
¼ TL Zimt
⅛ TL gemahlene Muskatnuss
1 mittelgroßer Apfel, geschält, entkernt und gewürfelt
¼ Tasse (30 g) Pekannüsse, gehackt
1 EL (8 g) Kokosmehl
2 EL (28 g) Kokosöl

Ergibt: 2 Portionen
Pro Portion:
34 g Fett;
10,5 g Netto-Kohlenhydrate;
13,5 g Eiweiß;
402 Kalorien

Den Backofen auf 180 °C vorheizen. Mit einem Mixer das Eiweiß steif schlagen. In einer separaten Schüssel das Eigelb mit Salz, Mandelextrakt, Zimt, Muskatnuss, Äpfeln, Pekannüssen und Kokosmehl verrühren. Ein Drittel des Eischnees vorsichtig unter die Eigelbmasse heben und gut miteinander vermischen. Dann den restlichen Eischnee unter die Eigelbmasse heben. Nicht übermäßig stark verrühren.

Bei mittlerer Temperatur das Öl in einer backofenfesten Pfanne auf dem Herd erhitzen. Die Eiermasse in die heiße Pfanne geben und die Oberseite vorsichtig glatt streichen. Die Hitze auf eine mittlere bis niedrige Temperatur zurückdrehen und ohne abzudecken etwa 4 Minuten braten, bis die Unterseite des Soufflés braun zu werden beginnt. Dann die Pfanne in den vorgeheizten Backofen schieben und ohne abzudecken 18 bis 20 Minuten backen, bis das Soufflé fluffig und köstlich gebräunt ist. Aus dem Backofen nehmen, in der Mitte halbieren und servieren.

Heidelbeer-Soufflé

Bei diesem Rezept sind Heidelbeeren vorgesehen. Sie können aber auch Himbeeren, Brombeeren, Boysenbeeren oder eine Kombination aus verschiedenen Beeren verwenden.

4 Eier, Eiweiß und Eigelb getrennt
⅛ TL Salz
¼ TL Mandelextrakt
1 Tasse (145 g) Heidelbeeren
¼ Tasse (30 g) Pekannüsse, gehackt
1 EL (8 g) Kokosmehl
2 EL (28 g) Kokosöl

Ergibt: 2 Portionen
Pro Portion:
34,5 g Fett;
10,5 g Netto-Kohlenhydrate;
14 g Eiweiß;
408 Kalorien

Den Backofen auf 180 °C vorheizen. Mit einem Mixer das Eiweiß steif schlagen. In einer separaten Schüssel das Eigelb mit Salz, Mandelextrakt, Blaubeeren, Pekannüssen und Kokosmehl verrühren. Ein Drittel des Eischnees vorsichtig unter die Eigelbmasse heben und gut miteinander vermischen. Dann den restlichen Eischnee unter die Eigelbmasse heben. Nicht übermäßig stark verrühren.

Bei mittlerer Temperatur das Öl in einer backofenfesten Pfanne auf dem Herd erhitzen. Die Eiermasse in die heiße Pfanne geben und die Oberseite vorsichtig glatt streichen. Die Hitze auf eine mittlere bis niedrige Temperatur zurückdrehen und ohne abzudecken etwa 4 Minuten braten, bis die Unterseite des Soufflés braun zu werden beginnt. Dann die Pfanne in den vorgeheizten Backofen schieben und ohne abzudecken 18 bis 20 Minuten backen, bis das Soufflé fluffig und köstlich gebräunt ist. Aus dem Backofen nehmen, in der Mitte halbieren und servieren.

Blumenkohl-„Muffins"

Bei diesem Rezept wird ein Soufflé in Muffinförmchen gebacken. Diese „Muffins" sind leicht, locker und sehr delikat; sie werden am besten mit einer Gabel gegessen.

450 g Blumenkohl, klein geschnitten
1 mittelgroße Schalotten, geschält und halbiert
¼ Tasse (60 g) saure Sahne
110 g scharfer Cheddar-Käse, gerieben
1 EL (4 g) Petersilie, gehackt
¼ TL Salz, ⅛ TL schwarzer Pfeffer
4 Eier, Eiweiß und Eigelb getrennt
¼ Tasse (38 g) Schinken, zuckerfrei und ohne Nitritpökelsalz, gewürfelt

Ergibt: 12 „Muffins"
Pro Portion:
6 g Fett;
1,5 g Netto-Kohlenhydrate;
5,5 g Eiweiß;
82 Kalorien

Den Backofen auf 190 °C vorheizen. Eine 12er-Muffinform (Muffinblech) einfetten. Den Blumenkohl und die Schalotten etwa 15 Minuten dünsten, bis sie zart sind. Das Gemüse aus dem Dampfgarer nehmen und einige Minuten ruhen lassen, damit überschüssige Feuchtigkeit verdampfen kann. Dann das Gemüse in einer Küchenmaschine pürieren, bis eine glatte Masse entstanden ist. Saure Sahne, Käse, Petersilie, Salz und schwarzen Pfeffer dazugeben. Dann das Eigelb unterrühren. In einer separaten Schüssel das Eiweiß steif schlagen. Den Eischnee vorsichtig unter die Blumenkohlmasse heben, gerade so viel verrühren, bis alles miteinander vermischt ist. Die Masse mit einem Löffel in die Muffinform füllen und 25 bis 30 Minuten backen, bis die „Muffins" gebräunt sind. Heiß servieren.

Eier Benedict

Dies ist ein klassisches Gericht aus pochierten Eiern und einer Scheibe Schinken auf einem englischen Muffin mit Sauce hollandaise. Bei dieser Version erfüllt ein Schinken-Soufflé den Zweck der ansonsten üblichen Zutaten aus pochierten Eiern, Schinken und Muffins. Wie beim Original wird diese Version auch mit Sauce hollandaise gereicht.

Ergibt: 2 Portionen
Pro Portion:
33 g Fett;
1,5 g Netto-Kohlenhydrate;
17 g Eiweiß;
371 Kalorien

Das Fluffige Soufflé nach der Anleitung auf S. 345–347 zubereiten. Zusätzlich jedoch noch ½ Tasse (75 g) klein geschnittenen Schinken mit in die heiße Pfanne geben und etwa 5 Minuten braten, bevor der gebratene Schinken ebenfalls in die geschlagene Eiermischung gegeben wird.

Abschließend die Sauce hollandaise (S. 40–41) darüber verteilen und servieren.

Keto-Brot

Was die meisten Menschen vermissen, wenn sie ihre Ernährung auf ein ketogenes Ernährungsprogramm umstellen, ist Brot. Hier finden Sie eine köstliche kohlenhydratarme, körnerfreie Keto-Version. Das nachstehende Rezept reicht für 4 „Scheiben" Brot. Wenn Sie mehr haben möchten, verdoppeln oder verdreifachen Sie einfach die Mengenangaben im Rezept. Das Brot schmeckt am besten, wenn es frisch aus dem Ofen kommt. Deshalb sollten Sie es möglichst immer dann zubereiten, wenn Sie es brauchen, statt auf Vorrat zu backen.

Jedes Stück Brot hat in etwa die gleiche Größe wie eine normale Scheibe Brot, sieht allerdings mehr wie ein rundes Teilchen als wie eine Scheibe Brot

Keto-Brot aus Eiern, Mandelmehl und Käse

aus. Mit 2 Scheiben können Sie ein Sandwich oder einen Hamburger zubereiten. 1 Scheibe, die in der Mitte gefaltet wird, kann einen Hotdog halten, als Tortilla für ein Taco oder als Wrap genutzt werden. Da das Keto-Brot bereits Käse enthält, brauchen Sie für Ihr Sandwich nicht unbedingt zusätzlichen Käse.

Ergibt: 4 Scheiben
Pro Portion:
12 g Fett;
0 g Netto-Kohlenhydrate;
10 g Eiweiß;
148 Kalorien

2 Eier, geschlagen
¼ Tasse (30 g) Mandelmehl
1 Tasse (115 g) Monterey Jack oder ein anderer milder Käse, gerieben

Den Backofen auf 180 °C vorheizen. Ein Blatt Backpapier auf ein Backblech legen und mit Backspray (Trennspray) einsprühen. Ich verwende am liebsten ein Backspray auf der Basis von Kokosöl.

In einer kleinen Schüssel die Eier mit dem Mandelmehl verrühren, bis eine glatte Masse entstanden ist. Den Käse unterrühren, bis alles gut mitei-

Verwenden Sie das Keto-Brot für einen Hotdog, als Tortilla für ein Taco oder als Wrap mit Ihrer Lieblingsfüllung

nander vermischt ist. Den Teig zu 4 gleich großen Portionen mit einem Löffel auf das Backpapier verteilen. Mit der Rückseite des Löffels die Teigportionen zu „Brotscheiben“ im Durchmesser von 10 bis 12 Zentimetern flach drücken. 20 Minuten backen, bis das Brot leicht gebräunt ist. Vom Backpapier nehmen und abkühlen lassen.

Pfannkuchen mit Wurst und Käse

Dies ist ein Eiergericht, das mit Kokosmehl, Wurst und Käse zubereitet wird. Kokosmehl ist ein kohlenhydratarmes Mehl, das verwendet werden kann, um kohlenhydratarme Köstlichkeiten zu backen.

170 g Fleischwurst
4 Eier
¼ TL Zwiebelpulver
¼ TL Salz
2 EL (16 g) Kokosmehl
2 TL Jalapeno, fein gehackt
56 g Cheddar-Käse, gerieben
3 EL (42 g) Kokosöl

Ergibt:
12 Pfannkuchen
Pro Pfannkuchen:
10 g Fett;
0,8 g Netto-Kohlenhydrate;
6 g Eiweiß;
125 Kalorien

Die Wurst in einer Pfanne bräunen, von der Herdplatte nehmen und abkühlen lassen. In einer Schüssel mit einem Schneebesen die Eier mit Zwiebelpulver und Salz schlagen. Das Kokosmehl dazugeben und mit dem Schneebesen schlagen, bis eine glatte Masse entstanden ist. Die Jalapeno zusammen mit der Wurst und dem Käse unterrühren. Das Kokosöl in einer Pfanne erhitzen. Mit einem Löffel so viel Teig in die heiße Pfanne geben, dass es reicht, um 1 Pfannkuchen im Durchmesser von 6 Zentimetern zu braten. Insgesamt reicht der Teig für 1 Dutzend Pfannkuchen. Den Pfannkuchen braten, bis die Unterseite gebräunt ist, dann wenden und von der anderen Seite braten, etwa 5 Minuten von jeder Seite, abhängig von der Temperatur der Pfanne.

Den Pfannkuchen essen, wie er ist, oder mit saurer Sahne, Avocados, Salsa oder einem anderen Topping.

Frühstücks-Pizza

Es gibt Frühstücks-Burritos, warum also nicht auch mal Frühstücks-Pizza? Eine Keto-Pizza hat eine leichte Kruste, nicht zu knusprig, eher wie eine Pizza mit dickem Rand. Sie ist allerdings nicht fest genug, um sie mit der Hand zu essen wie eine normale Pizza, deshalb sollten Sie sie mit einer Gabel genießen. Diese Keto-Pizza kommt vom Geschmack her, wie ich finde, einer normalen Pizza sehr nahe, und sie ist dennoch ketogen. Bei dieser Pizza wird kein Mehl verwendet, die Kruste entsteht durch Eier und Käse. Diese „Frühstücks-Pizza" ist natürlich ebenso gut zum Mittag- oder Abendessen geeignet.

1 EL Kokosöl oder Speckfett
2 Eier, Eiweiß und Eigelb getrennt
⅛ TL Salz
½ Tasse (58 g) Käse, gerieben

Ergibt: 1 Pizza
Pro Pizza:
42 g Fett;
1,5 g Netto-Kohlenhydrate;
25 g Eiweiß;
484 Kalorien

Den Backofen auf 180 °C vorheizen. 1 Esslöffel Kokosöl oder aus Speck ausgelassenes Fett in eine 22 Zentimeter große Auflaufform geben und in den Backofen stellen, während dieser vorgeheizt wird.

Das Eiweiß steif schlagen und beiseitestellen. Das Eigelb mit dem Salz und dem Käse gut verrühren. Etwa ¼ des Eischnees mit einem Löffel unter die Eigelbmasse heben. Dann die Eigelbmasse unter den restlichen Eischnee

Frühstücks-Pizza

heben, nicht übermäßig stark verrühren.

Sobald der Backofen vorgeheizt und die Auflaufform heiß ist, die Auflaufform aus dem Backofen nehmen und etwas hin- und herschwenken, damit das geschmolzene Öl gleichmäßig den Boden und die Seiten bedeckt. Die Eiermasse in die Auflaufform geben und die Oberseite vorsichtig glatt streichen. Die Auflaufform wieder in den Backofen schieben und 18 bis 20 Minuten backen, bis die Eierkruste fluffig ist und leicht braun zu werden beginnt.

Das Öl in der Auflaufform verteilen.

Die Eiermasse in die Auflaufform geben.

Die Eiermasse in der Auflaufform glatt streichen.

Die Pizza aus dem Backofen nehmen. Den Backofen auf Grillen oder auf 230 °C stellen. Während der Backofen aufheizt, Pizzasauce, geriebenen Käse, Wurst, Zwiebeln, Paprikaschoten oder einen anderen Belag Ihrer Wahl auf der Pizza verteilen. Das Fleisch und das Gemüse sollten jedoch durchgegart sein, bevor es auf die Pizza kommt. Die Pizza samt Belag wieder in den Backofen stellen und 3 bis 4 Minuten backen, bis der Käsebelag ganz geschmolzen ist. Hierbei geht es nicht darum, die Pizza zu backen, sondern nur darum, den Käse zu schmelzen. Aus dem Backofen nehmen und genießen.

Dieses Rezept ergibt ein herzhaftes Gericht für 1 Person oder ein kleineres Gericht für 2 Personen.

Gemüse-Shakchuka

Shakchuka ist ein scharfes, würziges tunesisches Gericht mit Paprika und pochierten Eiern. Bei dieser Version werden die Paprika zum Teil durch Weißkohl ersetzt, sodass sie von der Würze her nicht ganz so scharf ist.

2 EL (28 g) Kokosöl
½ Tasse (50 g) Zwiebeln, gehackt
½ Tasse (60 g) rote Paprikaschoten, gehackt
2 Knoblauchzehen, gewürfelt
2 mittelgroße Tomaten, gehackt
1 Tasse (85 g) Weißkohl, gehackt
½ TL gemahlener Koriander
½ TL Kreuzkümmelpulver
½ TL Chilipulver
4 Eier
Salz, Pfeffer
Cayennepfeffer (optional)

Ergibt: 2 Portionen
Pro Portion:
15,9 g Fett;
9,3 g Netto-Kohlenhydrate;
13,4 g Eiweiß;
242 Kalorien

Gemüse-Shakchuka

Das Kokosöl in einer Pfanne bei mittlerer Temperatur erhitzen, dann die Zwiebeln dazugeben und 2 Minuten braten. Paprika und Knoblauch dazugeben und unter gelegentlichem Umrühren 5 Minuten garen lassen. Die Tomaten mit dem Weißkohl und Koriander, Kreuzkümmel und Chilipulver dazugeben und weitere 10 Minuten garen lassen, bis das ganze Gemüse zart ist. Mit der Rückseite eines großen Löffels 4 Vertiefungen in die Gemüsemischung drücken und 1 Ei in jede Vertiefung aufschlagen. Die Pfanne abdecken und köcheln lassen, bis das Eiweiß stockt, das Eigelb aber noch weich ist. Mit Salz und schwarzem Pfeffer abschmecken. Wenn Sie das Gericht noch etwas würziger haben möchten, geben Sie einige Prisen Cayennepfeffer dazu.

Gebratene Eier mit Wurst

Dies ist eines meiner Lieblingsgerichte zum Frühstück, weil es eine schöne Abwechslung zu den üblichen Frühstückseiern bietet.

2 EL (28 g) Kokosöl
170 g Fleischwurst
½ Tasse (80 g) Zwiebeln, gehackt
½ grüne Paprikaschote, gehackt
3 Eier, leicht geschlagen
2 Tassen (180 g) Weißkohl, gehackt
Salz und schwarzer Pfeffer

Ergibt: 2 Portionen
Pro Portion:
44,5 g Fett;
7,5 g Netto-Kohlenhydrate;
26,5 g Eiweiß;
536 Kalorien

Das Öl in einer großen Pfanne erhitzen. Die Wurst mit Zwiebeln und Paprika sautieren, bis die Wurst leicht gebräunt ist. Das Fleisch und das Gemüse in der Pfanne auf eine Seite schieben und auf der anderen Seite die leicht geschlagenen Eier dazugeben. Die Pfanne abdecken und braten, bis die Eier stocken, etwa 4 bis 5 Minuten. Die gebratenen Eier in mundgerechte Stücke zerteilen und den Weißkohl unterrühren. Abdecken und weitere 4 bis 5 Minuten garen lassen, bis der Weißkohl weich ist. Mit Salz und Pfeffer abschmecken. Von der Herdplatte nehmen und servieren.

Blumenkohl-Haschee mit Eiern

Das Blumenkohl-Haschee wird aus Blumenkohlreis hergestellt. Dies ist eines der Gerichte, bei denen Sie so viel Fett, wie Sie mögen, dazugeben können, da der Blumenkohlreis das Öl absorbiert. Für das Rezept sind zwar nur 2 Esslöffel Öl vorgesehen, Sie können aber problemlos ¼ Tasse (60 ml) oder mehr verwenden.

Ergibt: 2 Portionen
Pro Portion ohne Eier: 38 g Fett; 6 g Netto-Kohlenhydrate; 19 g Eiweiß; 442 Kalorien
Pro Ei: 4 g Fett; 0,5 g Netto-Kohlenhydrate; 6 g Eiweiß; 62 Kalorien

2 EL (28 g) Kokosöl
170 g Wurst
½ Tasse (60 g) Zwiebeln, gehackt
¼ Tasse (30 g) rote Paprikaschoten, gehackt
226 g Blumenkohlreis (S. 131–132)
Salz, Pfeffer
Eier

Das Öl in einer großen Pfanne bei mittlerer Temperatur erhitzen. Die Wurst mit Zwiebeln und Paprika sau-

Blumenkohl-Haschee mit Eiern

tieren, bis die Wurst leicht gebräunt ist. Den Blumenkohlreis dazugeben und ohne abzudecken unter gelegentlichem Umrühren etwa 10 Minuten weiter garen lassen, bis der Blumenkohl zart ist. Mit Salz und Pfeffer abschmecken. Von der Herdplatte nehmen. Zusammen mit Spiegeleiern oder mit Rührei servieren.

Frühstück mit Bratwurst und Sauerkraut

Man braucht kein Brötchen, um Bratwurst und Sauerkraut zu genießen: Dies ist ein leckeres Gericht, bei dem das Brötchen durch Eier ersetzt wird.

3 EL (42 g) Kokosöl
2 Bratwürste (à 85 g)
4 Eier, leicht geschlagen
1 Prise Salz
1 Prise schwarzer Pfeffer
½ Tasse (70 g) Sauerkraut
Dillgurken-Relish
Dijon-Senf

Ergibt: 2 Portionen
Pro Portion:
54 g Fett;
5 g Netto-Kohlenhydrate;
23 g Eiweiß;
598 Kalorien

Das Öl in einer Pfanne erhitzen und die Bratwürste braten, bis sie von allen Seiten leicht gebräunt und durchgegart sind. Die Bratwürste in der Pfanne an den Rand schieben und die leicht geschlagenen Eier dazugeben. Abdecken und braten, bis die Eier stocken. Mit Salz und Pfeffer abschmecken und das Sauerkraut über die Eier verteilen. Abdecken und 1 Minute garen lassen, um das Sauerkraut aufzuwärmen. Das Sauerkraut wird nicht gegart, nur aufgewärmt. Von der Herdplatte nehmen. Falls gewünscht, mit Dillgurken-Relish und Senf garniert servieren.

Rinderhack-Gemüse-Turm mit Spiegelei

Bei diesem Rezept wird das aufeinander geschichtet angerichtete Fleisch und Gemüse mit 1 Spiegelei obenauf serviert. Der Name dieses Gerichtes kommt daher, dass hier das Fleisch samt Gemüse und Spiegelei aufeinander zu einem Turm aufgeschichtet werden.

1 EL (14 g) Speiseöl
85 g Rinderhackfleisch oder Rindfleisch, zerkleinert
28 g Zwiebeln, gehackt
28 g Paprikaschoten, gehackt
1 Ei
Salz und schwarzer Pfeffer zum Abschmecken
1 EL (14 g) Salsa oder Chilisauce

Ergibt: 1 Portion
Pro Portion:
23,5 g Fett;
4,5 g Netto-Kohlenhydrate;
32 g Eiweiß;
358 Kalorien

Das Öl in einer Pfanne bei mittlerer Temperatur erhitzen. Das Fleisch mit Zwiebeln und Paprika zusammen verrühren und etwa 5 bis 6 Minuten sautieren, bis das Fleisch gegart und das Gemüse knackig zart ist. Die Mischung in der Pfanne auf eine Seite schieben und auf der anderen Seite das Ei in die Pfanne geben, um es als Spiegelei mit zu braten. Abdecken und das Ei 4 bis 5 Minuten braten, bis das Eiweiß stockt, aber das Eigelb noch etwas flüssig ist. Das Spiegelei aus der Pfanne nehmen und mit Salz und Pfeffer würzen. Das Fleisch mit dem Gemüse in der Mitte eines Tellers anrichten und das Ei darüberlegen. Salsa oder Chilisauce auf das Ei träufeln und servieren.

Rinderhack-Gemüse-Turm mit Spiegelei

Variationen

Statt Paprika können Sie bei diesem Rezept auch 28 Gramm von folgenden Zutaten verwenden: Spinat, Grünkohl, Champignons, Zucchini, Kohlrabi oder Süßkartoffeln, jeweils zerkleinert.

Rührei mit Zucht-Champignons (Portobello) I

Dieses Rezept macht aus gewöhnlichem Rührei mit Eiern und Schinken etwas besonders Leckeres.

Ergibt: 2 Portionen
Pro Portion:
27 g Fett;
5,5 g Netto-Kohlenhydrate;
24,5 g Eiweiß;
361 Kalorien

- 2 EL (28 g) Speiseöl
- 170 g Schinken, zuckerfrei und ohne Nitritpökelsalz, klein gewürfelt
- 2 Eier, geschlagen
- 4 Scheiben (à 28 g) Cheddar-Käse
- 2 große Zucht-Champignons (Portobello) (à 80 g)
- Salz und schwarzer Pfeffer zum Abschmecken
- 1 EL saure Sahne

Zucht-Champignons (Portobello)

Das Öl in einer Pfanne bei mittlerer Temperatur erhitzen. Den Schinken mit den Eiern verrühren, in die heiße Pfanne geben, abdecken und 4 bis 5 Minuten braten, bis die Eier fest sind. Bei den Champignons den Stiel am Ansatz entfernen, die Champignons zuerst jeweils mit 1 Scheibe Käse und anschließend mit der Rührei-Mischung füllen und abschließend mit einer 2. Scheibe Käse belegen. Die Champignons in die heiße Pfanne geben, ¼ Tasse (60 ml) Wasser dazugeben, sofort abdecken und etwa 3 Minuten dünsten, bis der Käse geschmolzen ist. Von der Herdplatte nehmen, mit Salz und Pfeffer abschmecken und auf Tellern anrichten. Zum Schluss mit saurer Sahne garnieren.

Variation

Zucht-Champignons (Portobello) mit Eiern und Schinken II

Dies ist eine leichte Abwandlung, ist ebenfalls sehr schnell zuzubereiten und ergibt ein einfaches, aber delikates Eiergericht.

- 2 EL (28 g) Speiseöl
- 2 Eier
- 170 g Schinken oder Pastrami, zuckerfrei und ohne Nitritpökelsalz, geschnitten
- 4 Scheiben (à 28 g) Monterey-Jack-Käse
- 2 große Zucht-Champignons (Portobello) (à 80 g)
- 1 EL (9 g) Jalapeno, gehackt (optional)
- Salz und schwarzer Pfeffer zum Abschmecken

Ergibt: 2 Portionen
Pro Portion:
26 g Fett;
5,5 g Netto-Kohlenhydrate;
24,5 g Eiweiß;
352 Kalorien

Das Öl in einer Pfanne bei mittlerer Temperatur erhitzen. Die Eier wie bei Spiegeleiern in die heiße Pfanne aufschlagen, abdecken und braten, bis das Eiweiß fest, das Eigelb aber noch flüssig ist. Aus der Pfanne nehmen und beiseitestellen.

Den Schinken in die Pfanne geben und 1 bis 2 Minuten von beiden Seiten aufwärmen. Aus der Pfanne nehmen und beiseitestellen.

Die Stiele bei den Champignons entfernen. Die Champignons jeweils mit 2 Scheiben Käse füllen, dann die gehackten Jalapeno darauf verteilen, abschließend den Schinken darauflegen und die Champignons in die heiße Pfanne geben. ¼ Tasse (60 ml) Wasser dazugeben und sofort abdecken. Die

Champignons etwa 3 Minuten dünsten, bis der Käse geschmolzen ist und die Champignons gar sind. Von der Herdplatte nehmen. Die Champignons auf Tellern anrichten, jeweils ein Spiegelei darüberlegen und mit Salz und Pfeffer abschmecken. Sofort servieren.

Zucht-Champignons (Portobello) mit Eiern und Schinken

Eier Foo Young (Chinesische Pfannkuchen)

Dies ist ein chinesisches Gericht mit Eiern und Gemüse, das mit unterschiedlichsten Zutaten zubereitet werden kann. Bei Eier Foo Young handelt es sich im Grunde um einen Gemüse-Pfannkuchen, der ohne Mehl zubereitet wird. Fleisch ist optional, bei diesem Rezept jedoch inbegriffen.

6 Eier
1 Tasse (50 g) Bohnensprossen
¼ Tasse (24 g) Frühlingszwiebeln, gehackt
¼ Tasse (38 g) Bambussprossen
½ Tasse (45 g) Chinakohl, zerkleinert
½ Tasse (70 g) Hähnchen- oder Schweinefleisch oder Garnelen, gebraten und klein geschnitten
1 TL Sojasauce oder Coconut-Aminos-Sauce
3 EL (42 g) Kokosöl oder Schmalz

Ergibt: 4 Pfannkuchen
Pro Portion ohne Sauce: 17,5 g Fett; 2,5 g Netto-Kohlenhydrate; 14,5 g Eiweiß; 225 Kalorien

Die Eier mit dem Gemüse und dem Fleisch sowie der Sojasauce verrühren. Das Kokosöl in einer Pfanne bei mittlerer Temperatur erhitzen. Von der Eiermasse jeweils löffelweise so viel in die Pfanne geben, wie Sie für 1 Pfannkuchen benötigen. Die Pfannkuchen backen, bis sie auf der Unterseite leicht gebräunt sind, dann wenden und von der anderen Seite bräunen. Die fertigen Pfannkuchen warm halten, aber nicht aufeinanderstapeln, während Sie die restlichen Pfannkuchen backen.

Eier Foo Young werden oft mit einer Sauce gereicht. Wenn Sie mögen, können Sie zum Beispiel Bratwurst-/Hackfleischsauce (S. 27–28), Hühnerfleischsauce (S. 28) oder braune Bratensauce (S. 24–28) bzw. eine Variation dieser Saucen dazu servieren.

Brokkoli-Quiche-Muffins

Diese kleinen krustenlosen Quiches werden in einer Muffinform (Muffinblech) gebacken.

1 EL (14 g) Butter
3 Eier
¼ Tasse (60 ml) Schlagsahne
1 Tasse (120 g) Cheddar-Käse, gerieben
28 g Zwiebeln, gewürfelt
1 TL Dijon-Senf
½ TL Salz, ⅛ TL schwarzer Pfeffer
140 g Brokkoli, mundgerecht zerkleinert

Ergibt:
6 Quiche-Muffins
Pro Portion:
11 g Fett;
2 g Netto-Kohlenhydrate;
8,5 g Eiweiß;
141 Kalorien

Den Backofen auf 200 °C vorheizen. Die Butter großzügig in einer 6er-Muffinform verteilen. Die Eier und die Sahne mit dem Schneebesen schlagen. ½ Tasse (60 g) Käse mit Zwiebeln, Senf, Salz und schwarzem Pfeffer unterrühren. Die Masse zu gleichen Teilen in der 6er-Muffinform verteilen. Die Brokkoli-Stücke dazugeben und zuletzt den restlichen Käse darauf verteilen. Im Backofen 20 bis 24 Minuten backen, bis die Ränder braun zu werden beginnen.

Gefüllte Paprika-Quiche

Eine Quiche wird traditionell mit einem Teigboden zubereitet. Bei dieser kohlenhydratarmen Version wird demgegenüber eine halbierte Paprikaschote als „Boden" verwendet. Ich finde, dass sie besser schmeckt als eine konventionelle Quiche.

2 Paprikaschoten
4 Eier
85 g Schinken, zuckerfrei und ohne Nitritpökelsalz, gehackt
½ Tasse (80 g) Zwiebeln, gewürfelt

½ TL Salz, ⅛ TL schwarzer Pfeffer
¼ TL rote Paprikaflocken (optional)
¼ TL getrockneter Thymian
85 g Colby-, Monterey-Jack- oder Cheddar-Käse, gerieben

Ergibt: 4 gefüllte Paprikahälften
Pro Portion: 13,5 g Fett; 4,5 g Netto-Kohlenhydrate; 15 g Eiweiß; 199 Kalorien

Den Backofen auf 180 °C vorheizen. Die Paprikaschoten längs halbieren, den Stiel nicht abschneiden, aber die Kerne und die weißen Membranen sorgfältig entfernen. Einen großen Topf mit so viel Wasser füllen, dass die Paprika bedeckt sind. Das Wasser zum Kochen bringen, die Paprika dazugeben und 5 Minuten kochen. Mit einem Schaumlöffel die Paprika herausnehmen und zum Abkühlen beiseitestellen, damit die Feuchtigkeit verdampfen kann.

Paprikaschoten halbieren.

Die Kerne und weißen Membranen aus den Paprikaschoten entfernen.

In einer Schüssel die Eier mit Schinken, Zwiebeln, Salz, schwarzem Pfeffer, roten Paprikaflocken, Thymian und der Hälfte des Käses verrühren. Die Paprikahälften auf ein Backblech oder in eine Auflaufform legen. Mit einem Löffel die Füllung zu gleichen Teilen in die vier Paprikahälften füllen und abschließend den restlichen Käse darüberstreuen. Die Paprikahälften nicht übermäßig füllen, da die Füllung beim Backen noch etwas aufgeht. 40 Minuten im Backofen backen, bis die Füllung fest geworden ist.

Gefüllte Paprika-Quiche

Gefüllte Paprika-Quiche mit Hackfleisch und Champignons

2 Paprikaschoten
1 EL (14 g) Kokosöl
170 g Schweine-, Puten- oder Lammhackfleisch
½ Tasse (80 g) Zwiebeln, gehackt
60 g Champignons, gehackt
4 Eier
1 TL Salz
1 EL (9 g) Jalapeno, gehackt (optional)
60 g Colby-, Monterey-Jack- oder Cheddar-Käse

Ergibt: 4 gefüllte Paprikahälften
Pro Portion: 14,5 g Fett; 4,5 g Netto-Kohlenhydrate; 21,5 g Eiweiß; 234 Kalorien

Den Backofen auf 180 °C vorheizen. Die Paprikaschoten längs halbieren, den Stiel nicht abschneiden, aber die Kerne und die weißen Membranen sorgfältig entfernen. Einen großen Topf mit so viel Wasser füllen, dass die Paprika bedeckt sind. Das Wasser zum Kochen bringen, die Paprika dazugeben und 4 bis 5 Minuten kochen. Mit einem Schaumlöffel die Paprika herausnehmen und zum Abkühlen beiseitestellen, damit die Feuchtigkeit verdampfen kann.

Das Öl in einer Pfanne erhitzen und das Hackfleisch mit den Zwiebeln sautieren, bis das Hackfleisch braun zu werden beginnt. Die Champignons dazugeben und 1 bis 2 Minuten weiter braten. Von der Herdplatte nehmen und etwas abkühlen lassen. Die Eier mit Salz, Jalapeno und der Hackfleischmischung verrühren. Die Paprikahälften auf ein Backblech oder in eine Auflaufform legen. Mit einem Löffel die Füllung zu gleichen Teilen in die 4 Paprikahälften füllen und abschließend den Käse darüberstreuen. Die Paprikahälften nicht übermäßig füllen, da die Füllung beim Backen noch etwas aufgeht. 40 Minuten im Backofen backen, bis die Füllung fest geworden ist.

Gefüllte Paprika mit Blumenkohl und Eiern

2 Paprikaschoten
1 EL (14 g) Butter
85 g Schweinehackfleisch
¼ Tasse (40 g) Zwiebeln, fein gehackt
170 g Blumenkohl
56 g Frischkäse (auf Zimmertemperatur gebracht)

2 Eier
½ TL Salz
2 TL Jalapeno, gewürfelt (optional)
110 g Monterey-Jack- oder Cheddar-Käse, gerieben

Ergibt: 4 gefüllte Paprikahälften
Pro Portion:
20 g Fett; 5 g Netto-Kohlenhydrate;
17,5 g Eiweiß;
270 Kalorien

Den Backofen auf 180 °C vorheizen. Die Paprikaschoten längs halbieren, den Stiel nicht abschneiden, aber die Kerne und die weißen Membranen sorgfältig entfernen. Einen großen Topf mit so viel Wasser füllen, dass die Paprika bedeckt sind. Das Wasser zum Kochen bringen, die Paprika dazugeben und 4 bis 5 Minuten kochen. Mit einem Schaumlöffel die Paprika herausnehmen und zum Abkühlen beiseitestellen, damit die Feuchtigkeit verdampfen kann.

Die Butter in einer kleinen Pfanne bei mittlerer Hitze zum Schmelzen bringen. Das Schweinehackfleisch mit den Zwiebeln etwa 5 Minuten sautieren, bis das Hackfleisch braun zu werden beginnt und die Zwiebeln zart sind. Von der Herdplatte nehmen und beiseitestellen.

Den Blumenkohl in Röschen zerteilen und dämpfen, bis er zart ist. Den Blumenkohl zusammen mit der Sahne, den Eiern und dem Salz in eine Küchenmaschine geben und pürieren, bis eine glatte Masse entstanden ist. Das gebratene Hackfleisch mit den Zwiebeln und Jalapeno unterrühren.

Die Paprikahälften auf ein Backblech oder in eine Auflaufform legen. Mit einem Löffel die Füllung zu gleichen Teilen in die vier Paprikahälften füllen und abschließend den Käse darüberstreuen. 45 Minuten im Backofen backen.

Gebackene Eier auf portugiesische Art

Dieses Rezept ergibt ein herzhaftes Frühstück oder Abendessen für 2 Personen oder eine leichte Mahlzeit für 4 Personen.

¼ Tasse (56 g) Olivenöl extra virgin
1 rote Paprikaschote, fein geschnitten
1 Tasse (82 g) Auberginen, geschält und gewürfelt
½ mittelgroße rote Zwiebel, dünn geschnitten
1 mittelgroße Tomate, in Spalten geschnitten
2 Knoblauchzehen, dünn geschnitten
2 EL (5 g) frische Basilikumblätter

Ergibt: 2 Portionen
Pro Portion:
54 g Fett;
14 g Netto-Kohlenhydrate;
34 g Eiweiß;
678 Kalorien

2 EL (8 g) frische Oreganoblätter
1 TL Chilipulver
½ TL Paprikapulver
¼ TL Salz
5 bis 8 Tropfen Chilisauce
¾ Tasse (188 g) Ricotta-Käse, gerieben
4 Eier
½ Tasse (58 g) scharfer Cheddar-Käse, gerieben
¼ Tasse (20 g) Parmesankäse, gerieben

Den Backofen auf 200 °C vorheizen. Während der Backofen vorgeheizt wird, das Öl in einer backofenfesten Pfanne bei mittlerer Temperatur auf dem Herd erhitzen. Die Paprika samt Auberginen und Zwiebeln dazugeben und unter gelegentlichem Umrühren garen, bis das Gemüse weich ist und braun zu werden beginnt, etwa 10 bis 12 Minuten. Die Tomaten mit Knoblauch, Basilikum, Oregano, Chilipulver und Paprikapulver dazugeben. Die Hitze auf eine mittlere bis niedrige Temperatur zurückstellen und alles etwa 20 Minuten garen lassen, bis das Gemüse sehr weich ist und die Flüssigkeit anzudicken beginnt. Mit Salz und Chilisauce würzen.

Mit der Rückseite eines großen Löffels 4 gleich große Vertiefungen in die Gemüsemischung drücken. Mit einem Löffel etwas Ricotta in jede Vertiefung geben, dann jeweils 1 Ei aufschlagen und in jede Vertiefung geben. Den Cheddar-Käse und Parmesankäse darüber verteilen. Die Pfanne in den Backofen stellen und etwa 15 bis 18 Minuten backen, bis der Käse geschmolzen ist und das Eiweiß fast fest, das Eigelb aber noch flüssig ist.

Nachdem Sie die Pfanne aus dem Backofen genommen haben, werden die Eier in der heißen Mischung noch weiter gekocht. Sofern Sie die Eier weich haben möchten, sofort servieren. Ansonsten, wenn Sie sie etwas fester haben möchten, die Pfanne einige Minuten auf der Arbeitsplatte stehen lassen, bevor Sie das Eiergericht servieren.

Pochierte Eier mit Spinat (Eggs Florentine)

Ergibt: 4 Portionen
Pro Portion:
39 g Fett;
6,5 g Netto-Kohlenhydrate;
26,5 g Eiweiß;
483 Kalorien

8 Streifen Speck, zuckerfrei und ohne Nitritpökelsalz
1 kleine Zwiebel, fein gehackt
3 Knoblauchzehen, gehackt
5 Tassen (140 g) Babyspinat
¼ TL gemahlene Muskatnuss
¾ Tasse (60 ml) Schlagsahne
⅔ Tasse (66 g) Pecorino-Romano-Schafskäse oder Parmesankäse, gerieben
¼ TL Salz
⅛ TL frisch gemahlener schwarzer Pfeffer
4 Eier, pochiert
2 große Tomaten, in 2,5 cm dicke Scheiben geschnitten

Den Speck in einer Pfanne bei mittlerer Hitze braten, bis er knusprig ist, aus der Pfanne nehmen, zerbröseln und beiseitestellen. Das Fett in der Pfanne lassen und die Zwiebeln unter häufigem Umrühren etwa 5 Minuten darin braten, bis sie weich sind. Den Knoblauch dazugeben und garen lassen, bis er duftet, etwa 1 Minute. Den Spinat samt Muskatnuss dazugeben und etwa 2 bis 3 Minuten garen lassen, bis der Spinat weich wird. Die Sahne unterrühren und zum Köcheln bringen. Alles zusammen unter gelegentlichem Umrühren etwa 5 Minuten köcheln lassen, bis das Ganze leicht andickt. Von der Herdplatte nehmen und den Pecorino-Romano-Schafskäse mit Salz und schwarzem Pfeffer unterrühren.

Nach der Anleitung auf S. 331–332 die Eier nacheinander pochieren.

Auf 4 Tellern jeweils 1 Tomatenscheibe anrichten. Mit einem Löffel jeweils ¼ der heißen Spinatsauce auf jede Scheibe geben. 1 pochiertes Ei auf jedem Teller darauf platzieren und abschließend mit zerbröseltem Speck garnieren.

Rührei mit Spargel und Käsesauce

Auf diese Weise kann ein gewöhnliches Rührei wunderbar aufgepeppt werden. Die Käsesauce sorgt im Übrigen für eine ordentliche Erhöhung des Fettgehaltes.

Käsesauce (S. 34–35)*
3 Streifen Speck, zuckerfrei und ohne Nitritpökelsalz, knusprig gebraten
110 g Spargelspitzen
2 Eier, leicht geschlagen
Salz
Schwarzer Pfeffer

Ergibt: 1 Portion
Pro Portion:
72,5 g Fett;
6,5 g Netto-Kohlenhydrate;
42,5 g Eiweiß;
848 Kalorien

Die Käsesauce nach der Anleitung zubereiten. Den Speck in einer Pfanne braten, bis er knusprig ist, aus der Pfanne nehmen und beiseitestellen. Die Spargelspitzen in dem Fett unter gelegentlichem Rühren sautieren, bis sie zart und leicht gebräunt sind. Den Spargel zum Weitergaren auf die eine Seite der Pfanne schieben, in die andere Seite die geschlagenen Eier geben, braten lassen. Mit Salz und schwarzem Pfeffer würzen. Sobald der Spargel und das Rührei fertig sind, beides auf einem Teller anrichten, etwa ½ Tasse (120 ml) von der heißen Käsesauce darübergeben, mit den Speckstreifen garnieren und genießen!

* Zur Abwechslung können Sie dieses Gericht auch mit der weißen Grundsauce oder Variationen der weißen Grundsauce (S. 30–33) zubereiten.

Eier und Schinken mit Sauce Espagnole

Ergibt: 1 Portion
Pro Portion mit ½ Tasse (120 ml) Sauce Espagnole: 41 g Fett; 7 g Netto-Kohlenhydrate; 32 g Eiweiß; 525 Kalorien

- Sauce Espagnole (S. 36–39)
- 1 EL (14 g) Kokosöl oder Speckfett
- 85 g Schinken, zuckerfrei und ohne Nitritpökelsalz
- 2 Eier

Die Sauce Espagnole nach der Anleitung zubereiten. Das Öl in einer großen Pfanne bei mittlerer Temperatur erhitzen. Den Schinken und die Eier dazugeben. Die Eier können nach Ihrer Wahl als Spiegelei oder Rührei zubereitet werden. Anschließend den Schinken und die Eier auf einem Teller anrichten und die heiße Sauce Espagnole über die Eier verteilen.

Blumenkohl-Muffins

Dieses Rezept ist eine Mischung aus Blumenkohlpüree und Eiern, die in einer Muffinform gebacken wird, sodass „Muffins" entstehen. Diese Blumenkohl-Muffins sind etwas weicher als normale Muffins und sollten am besten mit einer Gabel gegessen werden.

Ergibt: 6 Blumenkohl-Muffins
Pro Muffin: 9 g Fett; 1,5 g Netto-Kohlenhydrate; 6,5 g Eiweiß; 113 Kalorien

- 225 g Blumenkohl
- 56 g Frischkäse (auf Zimmertemperatur gebracht)
- 3 Eier
- ½ TL Salz
- 56 g Käse, gerieben

Den Backofen auf 200 °C vorheizen. Den Blumenkohl in Röschen zerteilen und dünsten, bis er zart ist. Von der Herdplatte nehmen und etwas abkühlen lassen. Dann mit dem Frischkäse, den Eiern und dem Salz in eine Küchenmaschine geben und pürieren, bis eine glatte Masse entstanden ist.

Eine 6er-Muffinform großzügig mit Butter einfetten. Die Blumenkohlmasse mit einem Löffel in die Muffinform füllen. Abschließend mit Käse bestreuen. 30 Minuten backen.

Kapitel 13

Snacks und Appetizer

Wenn Sie sich ketogen ernähren möchten, müssen auch Ihre Snacks entsprechend kohlenhydratarm und fettreich sein, um den Maßstäben einer ketogenen Ernährung gerecht zu werden. Diese Rezepte können Sie für Beilagen zu regulären Mahlzeiten, für Vorspeisen, Desserts oder für kleine Snacks anstelle einer vollen Mahlzeit nutzen.

Manche Lebensmittel und Gerichte mögen zwar sehr kohlenhydratarm sein, enthalten aber nicht genug Fett, um wirklich ketogen zu sein. Ich bezeichne solche Lebensmittel und Gerichte als keto-freundlich, das heißt, sie können problemlos ketogen werden, wenn etwas mehr Fett dazugegeben wird. Ein Fischfilet von 85 Gramm kann keto-freundlich sein, muss aber nicht unbedingt ketogen sein. Wird es hingegen parallel zu einem fettreichen Gericht oder einer fettreichen Beilage zubereitet, kann es auch ketogen sein. Mit diesen Rezepten für Snacks und Appetizer können Sie das erreichen.

Gefüllte Minipaprika mit Speck-Guacamole

Süße Minipaprika gibt es in tiefroten bis leuchtend gelben Farben; sie sind etwa nur ein Viertel so groß wie normale Paprikaschoten. Süße Paprika enthalten keine Schärfe. Der kleine würzige Kick bei diesem Rezept kommt von der scharfen Sauce in der Guacamole (Avocado-Dip). Wenn Sie keine süßen Minipaprika zur Verfügung haben, können Sie sich auch mit normalen Paprikaschoten behelfen, indem Sie sie klein schneiden und teilen.

6 süße Minipaprika
1 Avocado
1 EL (15 ml) Limonensaft
2 EL (2 g) Koriander, gehackt
½ TL (oder zum Abschmecken) Chilisauce
Salz zum Abschmecken
12 Streifen Speck, zuckerfrei und ohne Nitritpökelsalz, knusprig gebraten

Ergibt: 12 gefüllte Paprikahälften
Pro Portion:
11 g Fett;
2 g Netto-Kohlenhydrate;
7,5 g Eiweiß;
137 Kalorien

Süße Minipaprika

Die Paprika längs halbieren, die Membranen, die Kerne und den Stiel entfernen und die Paprika beiseitelegen. Für die Füllung die Avocado mit Limonensaft, Koriander, Chilisauce und Salz zu einer glatten Masse verarbeiten. Die Paprika mit der Avocado-Mischung füllen und jeweils mit einem Streifen Speck garnieren.

Jalapeno Poppers (Überbackene Chilischoten)

Mit diesem köstlichen Snack können Sie Ihre tägliche Fettaufnahme erhöhen: Jeder Popper liefert deftige 7,5 Gramm Fett.

Ergibt: 24 Poppers
Pro Popper:
7,5 g Fett;
0,5 g Netto-Kohlenhydrate;
5 g Eiweiß;
89 Kalorien

- 12 Jalapeno
- 110 g Frischkäse (auf Zimmertemperatur gebracht)
- 110 g Cheddar-Käse, gerieben
- 12 Streifen Speck, halbiert

Den Backofen auf 220 °C vorheizen. Die Jalapeno längs halbieren; die Kerne und die Membranen entfernen. Den Frischkäse mit dem Cheddar-Käse verrühren, bis alles gleichmäßig miteinander vermischt ist. Jede Paprikahälfte mit der Käsemischung füllen. Einen halben Streifen Speck darauflegen. Die gefüllten Paprikahälften auf ein tiefes Backblech legen. Ein tiefes Backblech, das einen höheren Rand hat, verhindert, dass Fett vom Blech in den Backofen tropft. Denn beim Überbacken der Poppers sammelt sich auf dem Backblech viel Fett von dem Speck.

Die Paprika in den Backofen schieben und 18 bis 20 Minuten überbacken, bis der Speck knusprig geworden ist. Frisch und heiß direkt aus dem Ofen servieren.

Halbierte Jalapeno

Tiefes Backblech

Jalapeno Poppers (Überbackene Chilischoten)

Das Fett vom Braten für ein anderes Rezept aufbewahren. Die Popper können in einem luftdicht verschlossenen Behälter ein paar Tage im Kühlschrank aufbewahrt werden. Einfach aufwärmen, um sie wieder heiß zu servieren.

Mozzarella-Sticks im Speckmantel

Ergibt: 6 Mozzarella-Sticks im Speckmantel
Pro Mozzarella-Stick: 21 g Fett; 0,5 g Netto-Kohlenhydrate; 22 g Eiweiß; 279 Kalorien

Mozzarella-Sticks im Speckmantel mag etwas dekadent klingen, sie sehen aber köstlich aus und schmecken auch köstlich!

6 Mozzarella-Sticks, zurechtgeschnitten und eingefroren
Kokosöl zum Frittieren
12 Streifen Speck, zuckerfrei und ohne Nitritpökelsalz

Mozzarella-Sticks mit Speckstreifen umwickeln, deren Enden mit Zahnstochern befestigt werden.

Frittierte Mozzarella-Sticks im Speckmantel

Den Mozzarella abtropfen lassen, mit Küchenpapier trocken tupfen und längs halbieren, dann längs aus den beiden Hälften Sticks schneiden. Die Mozzarella-Sticks mindestens 2 Stunden vor dem Frittieren einfrieren.

Das Kokosöl in einer Fritteuse auf 180 °C vorheizen. Jeden Mozzarella-Stick mit 2 Streifen Speck umwickeln und diesen mit Zahnstochern befestigen. Die Enden der Mozzarella-Sticks müssen nicht mit Speck verschlossen sein. Beim Frittieren wird der Käse nicht heraustropfen, es sei denn, Sie frittieren die Sticks zu lange. Entscheidend dafür, dass kein Käse heraustropft, ist, dass die Mozzarella-Sticks vorher ganz gefroren waren, bevor Sie mit dem

Frittieren beginnen. Und achten Sie darauf, dass das Öl mindestens eine Temperatur von 180 °C hat.

Dann die Mozzarella-Sticks in ihrem Speckmantel in das heiße Öl geben und frittieren, bis der Speck knusprig braun ist, etwa 2 bis 3 Minuten. Sie müssen die Sticks genau im Auge behalten, da sie schnell knusprig werden und leicht verbrennen können. Aus dem heißen Öl nehmen und vor dem Essen abkühlen lassen.

Hüttenkäse und Beeren-„Pudding"

Dies ist kein Pudding im herkömmlichen Sinne, da zum einen kein zusätzlicher Zucker hinzugefügt wird und der „Pudding" zum anderen hauptsächlich durch das Verrühren von Kokosöl und Hüttenkäse entsteht, wodurch eine fast puddingähnliche Textur entsteht. Die Beeren (jede beliebige Kombination von Himbeeren, Boysenbeeren oder Brombeeren) geben der Mischung zusätzlich Geschmack und eine leichte Süße. Dies ist ein großartiger fettreicher Snack. Da er sehr sättigend ist, esse ich ihn oft anstelle einer ganzen Mahlzeit.

Ergibt: 2 Portionen
Pro Portion:
28,5 g Fett;
3,5 g Netto-Kohlenhydrate;
8 g Eiweiß;
302 Kalorien

¼ Tasse (120 g) Kokosöl, geschmolzen
½ Tasse (65 g) Beeren
½ Tasse (115 g) Hüttenkäse
⅛ TL Mandelextrakt

Das Kokosöl in eine kleine herdtaugliche, hitzebeständige Schüssel oder einen kleinen Topf geben. Ich verwende eine hitzebeständige Glasschüssel (240 ml). Das Öl und die Beeren in einer Schüssel auf dem Herd bei mittlerer bis niedriger Temperatur erhitzen, bis das Öl geschmolzen und etwas heiß ist (etwa 65 °C). Wenn die Beeren erhitzt werden, entfalten sie ihr Aroma. Die Schüssel von der Herdplatte nehmen, den Hüttenkäse und das Mandelextrakt dazugeben und mit einem Löffel alles verrühren, aber nur so viel, dass die körnige Struktur des Hüttenkäses und die Beeren noch zu sehen sind.

Keto-Pfirsichcreme

Keto-Cremes sind eine schöne, etwas süße, fettreiche Gaumenfreude, die – ohne zusätzlichen Zucker oder künstliche Süßstoffe – zu einer ketogenen Ernährung hervorragend passt. Die Süße ergibt sich aus den Früchten, die dabei verwendet werden.

Jede Portion enthält etwa 6 Gramm Kohlenhydrate. Diese Cremes ist sind nicht als eigenständige Mahlzeit, sondern als Snack oder kleine Leckerei gedacht. Essen Sie deshalb jeweils nur 1 Portion, da Sie sonst schnell sehr viele Kohlenhydrate zu sich nehmen. Solche Cremes können bis zu 5 Tage im Kühlschrank aufbewahrt werden.

3 Eier, leicht geschlagen
2 Tassen (470 ml) Schlagsahne oder Kokosmilch
1 TL Mandelextrakt
⅛ TL Salz
1½ Tassen (255 g) Pfirsiche, fein gehackt
Zimt
1 EL (7 g) Mandelsplitter

Ergibt: 6 Portionen
Pro Portion:
32 g Fett;
6 g Netto-Kohlenhydrate;
5 g Eiweiß;
332 Kalorien

Keto-Pfirsich-Creme

Den Backofen auf 180 °C vorheizen. Mit einem Schneebesen die Eier mit Sahne, Mandelextrakt und Salz schlagen. Die Pfirsiche unterrühren. Die Mischung in 6 backofenfeste Dessertschalen füllen. Darüber jeweils etwas Zimt streuen. Die Schalen auf ein Backblech mit einem 5 Zentimeter hohen Rand stellen. Das Blech so weit mit heißem Wasser füllen, dass es 2,5 Zentimeter hoch steht. In den Backofen schieben und 40 bis 45 Minuten backen, bis ein Messer, das mitten in die Creme gestochen wird, wieder sauber herauskommt. Die Schalen mit der Creme aus dem Wasserbad nehmen und abkühlen lassen. Entweder warm essen oder erst in den Kühlschrank stellen und gekühlt essen. Vor dem Servieren mit Mandelsplittern garnieren.

Keto-Ananas-Creme

Ergibt: 6 Portionen
Pro Portion:
33,5 g Fett;
6 g Netto-Kohlenhydrate;
5 g Eiweiß;
345 Kalorien

3 Eier, leicht geschlagen
2 Tassen (470 ml) Schlagsahne oder Kokosmilch
1 TL Vanilleextrakt
1½ TL Orangenextrakt
⅛ TL Salz
1 Tasse (155 g) Ananas, gewürfelt
Zimt
6 EL (30 g) Kokosnuss, ungesüßt, gerieben und geröstet

Den Backofen auf 180 °C vorheizen. Mit einem Schneebesen die Eier mit Sahne, Vanilleextrakt, Orangenextrakt und Salz schlagen. Die Ananas unterrühren. Die Mischung in 6 backofenfeste Dessertschalen füllen. Darüber jeweils großzügig Zimt streuen. Die Schalen auf ein Backblech mit einem 5 Zentimeter hohen Rand stellen. Das Blech so weit mit heißem Wasser füllen, dass es 2,5 Zentimeter hoch steht. In den Backofen schieben und 40 bis 45 Minuten backen, bis ein Messer, das mitten in die Creme gestochen wird, wieder sauber herauskommt. Die Schalen mit der Creme aus dem Wasserbad nehmen und abkühlen lassen. Entweder warm essen oder erst in den Kühlschrank stellen und gekühlt essen. Vor dem Servieren mit den gerösteten geriebenen Kokosnüssen garnieren.

Keto-Beeren-Creme

Ergibt: 6 Portionen
Pro Portion:
32 g Fett;
6,5 g Netto-Kohlenhydrate;
5,5 g Eiweiß;
336 Kalorien

3 Eier, leicht geschlagen
2 Tassen (470 ml) Schlagsahne oder Kokosmilch
1½ TL Vanilleextrakt
⅛ TL Salz
3 Tassen (440 g) Himbeeren, Boysenbeeren, Brombeeren und Heidelbeeren, gemischt

Den Backofen auf 180 °C vorheizen. Mit einem Schneebesen die Eier mit Sahne, Vanilleextrakt und Salz schlagen. Die Beeren unterrühren. Die Mischung in 6 backofenfeste Dessertschalen füllen. Die Schalen auf ein großes Backblech mit einem 5 Zentimeter hohen Rand stellen. Das Blech so weit mit heißem Wasser füllen, dass es 2,5 Zentimeter hoch steht. In den Backofen schieben und 40 bis 45 Minuten backen, bis ein Messer, das mitten in die Creme gestochen wird, wieder sauber herauskommt. Die Schalen mit der Creme aus dem Wasserbad nehmen und abkühlen lassen. Entweder warm essen oder erst in den Kühlschrank stellen und gekühlt essen.

Schinken-Käse-Röllchen

Röllchen sind nicht nur einfach zuzubereiten, sondern können auch im Voraus zubereitet und als Mini-Mahlzeit für unterwegs mitgenommen werden. Sie sind auch ein ausgezeichneter Snack für zu Hause.

Dieses Rezept kann beliebig verändert werden – Sie können dazu alle Zutaten oder Füllungen verwenden, die Sie mögen: Avocados, in feine Streifen (Julienne) geschnittene Jalapeno, Krautsalat, Frühlingszwiebeln, geschnittene Tomaten usw.

Ergibt: 1 Portion
Pro Portion:
15,5 g Fett;
4 g Netto-Kohlenhydrate;
16 g Eiweiß;
219 Kalorien

1 Scheibe (28 g) dünn geschnittenes Fleisch, zuckerfrei und ohne Nitritpökelsalz
1 Scheibe (28 g) Käse
1 EL (14 g) Mayonnaise (S. 49–51)
14 g Mixed Pickles, geschnitten
14 g Sprossen, gemischt

Schinken-Käse-Röllchen

Für diese Röllchen sind die meisten dünn geschnittenen Fleischsorten (Schinken, Rindfleisch, Hühnerfleisch, Putenfleisch) und dünn geschnittenen Hartkäsesorten (Cheddar, Colby, Edamer, Monterey Jack, Schweizer Käse, Mozzarella, Munsterkäse) geeignet.

Für das Röllchen 1 dünne Scheibe Käse auf 1 dünne Scheibe Fleisch legen, dann die Mayonnaise, Mixed Pickles und Sprossen darauf verteilen. Zusammenrollen, sodass das Fleisch außen und die Sprossen innen sind. Essen und genießen.

Eierflip

Dies ist ein leicht süßes, kohlenhydratarmes, fettreiches ketogenes Getränk, das ausgezeichnet zu jeder Mahlzeit passt, deren Fettgehalt erhöht werden muss. Denn jede Portion liefert kolossale 53 Gramm Fett (87 Prozent der Gesamtkalorien pro Portion an Fett). Bei diesem Rezept kann MCT-Öl oder Kokosöl verwendet werden. Ich bevorzuge MCT-Öl, da es selbst in einem kalten Getränk flüssig bleibt. Kokosöl wird bei Temperaturen von unter 24 °C fest, sodass es am besten für warme oder heiße Gerichte verwendet werden sollte. Für dieses Rezept ist 1 Esslöffel (14 g) Öl vorgesehen, Sie können den

Ölgehalt noch erhöhen, indem Sie 2 oder 3 Esslöffel (28 bis 42 g) Öl verwenden.

- 1 Tasse (240 ml) Schlagsahne oder Kokosmilch
- ½ Tasse (120 ml) Wasser
- ¼ TL Zimt
- ⅛ TL Muskatnuss
- 1 Ei, leicht geschlagen
- 1 EL (14 g) MCT-Öl oder Kokosöl, geschmolzen
- ¼ TL Vanilleextrakt
- ⅛ TL Mandelextrakt
- 2 EL (18 g) Ananas, zerdrückt

Ergibt: 2 Portionen
Pro Portion:
53 g Fett;
4,5 g Netto-Kohlenhydrate;
4 g Eiweiß;
511 Kalorien

In einem kleinen Topf die Sahne mit dem Wasser leicht zum Köcheln bringen. Zimt und Muskatnuss dazugeben und 1 Minute köcheln lassen, aber nicht kochen. Durch die Hitze entfaltet sich das Aroma der Gewürze. Von der Herdplatte nehmen und abkühlen lassen. Alle restlichen Zutaten unterrühren. Warm oder gekühlt trinken.

Tomatensaft-Cocktail

Dieses Getränk kann gut warm serviert werden. Im Geschmack ähnelt es sehr einer leichten Tomatensuppe. Es kann gut mit Kokosöl zubereitet werden, sodass das gesunde Öl bequem in die Ernährung integriert wird und Ihre tägliche Fettaufnahme erhöht.

- 1 Dose (240 ml) Tomatensauce
- 1½ Tassen (355 ml) Wasser
- ¼ TL Zwiebelpulver
- 1½ TL Zitronensaft
- 2 EL (28 g) Kokosöl
- ¼ TL Salz, Pfeffer zum Abschmecken

Ergibt: 2 Portionen
Pro Portion:
14 g Fett;
8 g Netto-Kohlenhydrate;
2 g Eiweiß;
166 Kalorien

Die Tomatensauce mit Wasser und Zwiebelpulver in einem kleinen Topf verrühren und erhitzen, bis die Mischung heiß ist. Von der Herdplatte nehmen und den Zitronensaft mit dem Kokosöl unterrühren. Mit Salz und Pfeffer abschmecken. Verrühren und genießen.

Variation

Cremiger Tomatensaft-Cocktail

Ergibt: 2 Portionen
Pro Portion:
36 g Fett;
8,5 g Netto-Kohlenhydrate; 2 g Eiweiß;
366 Kalorien

Dies ist eine cremige, fettreichere Version des Tomatensaft-Cocktails. Dazu den Tomatensaft-Cocktail, wie vorstehend beschrieben, zubereiten, zusätzlich aber noch ½ Tasse (120 ml) Schlagsahne in den Topf mit der Tomatensauce und dem Wasser mit dazugeben.

Kokosnuss-Fritten

Ich liebe geröstete Kokosnüsse – Kokosnussstreifen, die goldbraun geröstet werden. Kokosnuss-Fritten sind in etwa so groß wie Pommes frites. Dazu wird frisches Kokosnussfleisch in Streifen geschnitten und in Kokosöl frittiert. Sie sind weitaus gesünder als herkömmliche Pommes frites aus Kartoffeln, enthalten viel weniger Kohlenhydrate und eine für die ketogene Ernährung gute Dosis an Kokosöl. Sie schmecken eher herzhaft als süß und sind ein leckerer Keto-Snack.

Ergibt:
etwa 10 Portionen à 0,5 x 5 cm große 8 Streifen
Pro Portion:
15 g Fett; 2 g Netto-Kohlenhydrate;
2 g Eiweiß;
151 Kalorien

1 reife Kokosnuss
Kokosöl zum Frittieren
Salz

Das Kokosnussfleisch aus der Schale lösen. Das Fleisch in 0,5 Zentimeter breite Streifen schneiden; die Länge wird unterschiedlich sein. Die braune Haut, die das weiße Fruchtfleisch umgibt, muss nicht entfernt werden, da sie essbar ist und es sehr viel Mühe machen würde, sie zu lösen. Die Kokosnussstreifen in einen Behälter geben und in den Gefrierschrank stellen, bis sie ganz gefroren sind, mindestens 3 Stunden. Die Kokosnuss ist bis zu 6 Monaten im Gefrierschrank haltbar. Das Einfrieren ist sehr wichtig, da die Kokosnussfasern dadurch weicher werden, sodass beim Frittieren mehr Feuchtigkeit entweichen kann. Dadurch lassen sich die Kokosnussstreifen besser bräunen und nehmen etwas mehr Öl auf, was die Aufnahme an Kokosöl erhöht.

Wenn Sie die Kokosnussstreifen schließlich frittieren möchten, die Streifen aus dem Gefrierschrank nehmen und etwa 30 bis 60 Minuten bei Zim-

Kokosnussstreifen frittieren.

Fertige Kokosnuss-Fritten

mertemperatur auftauen. Die aufgetauten Kokosnussstreifen vor dem Frittieren mit einem Papiertuch trocken tupfen. Das Kokosöl in der Fritteuse auf 170 °C vorheizen. Eine Handvoll Kokosnussstreifen in das heiße Öl geben. Nicht versuchen, zu viel auf einmal zu frittieren, sondern jeweils eine Handvoll nacheinander. Das Öl wird leicht aufwallen, wenn die Feuchtigkeit der Kokosnuss in Wasserdampf umgewandelt wird und entweicht.

Die Kokosnussstreifen frittieren, bis sie goldbraun sind, etwa 6 bis 8 Minuten. Die Kokosnussstreifen herausnehmen und auf einen Teller legen. Es ist nicht notwendig, die frittierten Kokosnussstreifen auf ein Papiertuch zu legen, um überschüssiges Öl aufzunehmen, da das auf dem Teller zunächst ausgelaufene Öl von der Kokosnuss während des Abkühlens wieder absorbiert wird, sodass die Kokosnussstreifen einen trockenen Teller hinterlassen. Abschließend mit Salz bestreuen und genießen.

Übrig gebliebene Kokosnuss-Fritten sind mehrere Tage haltbar, wenn sie in einer Papiertüte aufbewahrt werden, sodass Luft zirkulieren kann. In einem Plastikbeutel oder in einem luftdicht verschlossenen Behälter bleibt die Feuchtigkeit hingegen in den „Fritten“, sodass sie schlaff werden.

Käse-Puffs

Diese teilchenähnlichen Snacks schmecken wie fluffige Crêpes mit einem leichten Käsegeschmack. Mit ihrer dicken und luftigen Textur ähneln sie sehr einem Biskuitkuchen. Sie können diese Käse-Puffs wie eine Scheibe Brot oder auch wie einen flachen Biskuit essen. Sie sind delikat und fallen leicht auseinander, sodass Sie etwas vorsichtig damit umgehen müssen. Bei diesem Rezept wird scharfer Cheddar verwendet, Sie können aber auch Monterey Jack, Pepper Jack, Schweizer Käse und andere verwenden.

Ergibt: 4 Käse-Puffs
Pro Käse-Puff:
15 g Fett;
0,5 g Netto-Kohlenhydrate;
10 g Eiweiß;
177 Kalorien

2 Eier, Eiweiß und Eigelb getrennt
⅛ TL Weinstein-Backpulver
1 EL 814 g) Butter, weich
1 Tasse (115 g) scharfer Cheddar-Käse, gerieben

Den Backofen auf 170 °C vorheizen. Mit einem Mixer das Eiweiß zusammen mit dem Weinstein-Backpulver steif schlagen. In einer separaten Schüssel das Eigelb und die Butter miteinander verrühren. Den Käse dazugeben und gründlich verrühren. Etwa ein Drittel des Eischnees unter die Eigelbmasse heben, bis alles gut miteinander vermischt ist. Dann die Eigelbmasse unter den restlichen Eischnee heben. Nicht übermäßig stark verrühren.

Ein Blatt Backpapier auf einem Backblech auslegen. Mit einem Löffel die Eigelbmischung als 4 gleich große Häufchen auf das Backblech geben – mit reichlich Abstand, denn beim Backen laufen die Käse-Puffs flach auseinander. In den Backofen schieben und 18 bis 20 Minuten backen, bis die Käse-Puffs leicht gebräunt sind. Aus dem Backofen nehmen und abkühlen lassen, dann vorsichtig mit einem Küchenwender vom Backblech nehmen, da die Käse-Puffs sehr zart sind und leicht auseinanderfallen.

Käse-Puffs

Käse-Cracker

Ergibt: 1 Portion pro ½ Tasse (55 g) Käse
Pro Portion:
18 g Fett;
0,5 g Netto-Kohlenhydrate;
13,5 g Eiweiß;
218 Kalorien

Dieses Rezept liefert leckere ketogene Käse-Cracker. Dabei wird nur eine einzige Zutat verwendet: Käse. Wählen Sie einen mild schmeckenden Käse, da sich der Geschmack beim Backen noch verstärkt. Bei scharfem Cheddar-Käse ist der Geschmack sehr stark, bleiben Sie also lieber bei einem milden Cheddar, Monterey Jack, Pepper Jack, Munsterkäse oder etwas Ähnlichem. Pepper Jack enthält allerdings scharfe Pfefferkörner; kombinieren Sie ihn – wenn Sie nicht gerne scharf essen – mit einer milderen Käsesorte, die ihm die Schärfe etwas nimmt.

½ Tasse (55 g) gehobelten Käse für einen 12 Zentimeter großen Cracker oder ¼ Tasse (28 g) für einen kleineren Cracker. Den Backofen auf 180 °C vorheizen. Ein Blatt Backpapier auf ein Backblech legen und mit Backspray (Trennspray) einsprühen. Ich verwende lieber Backspray, als das Backpapier einfach mit Öl oder Butter einzufetten, da das Spray eine stärkere Antihaftwirkung hat und geschmolzener Käse dazu neigt, haften zu bleiben.

Häufchen aus gehobeltem Käse für Käse-Cracker

Fertig gebackener Käse-Cracker

½ Tasse (55 g) Käse so auf das Backpapier streuen, dass ein etwa 12 Zentimeter großer Cracker entsteht. Geben Sie Käse für so viele Cracker, wie Sie mögen, auf das Papier. Dann in den Backofen schieben und 25 bis 30 Minuten backen, bis der Käse heiß ist, Blasen wirft und goldbraun zu werden beginnt. Aus dem Backofen nehmen und abkühlen lassen. Die Cracker können in einem luftdicht verschlossenen Behälter mehrere Tage aufbewahrt werden.

Variationen

Fertige Käse-Cracker-Variation

Vor dem Backen eine oder mehrere der nachstehenden Zutaten mit dem Käse verrühren: Jalapeno, gehackte Zwiebeln, Sesamsamen, Kümmelkörner, gehackter roher Speck, Putenbrustscheiben, Scheiben von Kanadischem Speck. Sofern Sie Putenbrustscheiben oder Scheiben von Kanadischem Speck verwenden, die Scheiben zuerst auf das Backpapier legen und dann den Käse darauf verteilen. Alle anderen Zutaten können dann auf dem Käse verteilt werden.

Eine köstliche Kombination sind 2 Esslöffel (20 g) gehackte Zwiebeln und 1 Teelöffel gehackte Jalapeno auf ½ Tasse (55 g) gehobeltem Käse.

Gefüllter Stangensellerie

Ein schneller und einfacher Snack ist ein Stangensellerie (Staudensellerie) mit einer fettreichen Füllung. Alle nachstehenden Rezepte für Stangensellerie-Füllungen halten sich an die gleichen Grundschritte:

Die Zutaten für die Füllung miteinander verrühren. Eine Stange vom Stangensellerie in drei Teile schneiden. Jedes Teil mit einem Papiertuch trocken tupfen. Mit einem Messer die Füllung in die Vertiefung in jedem Selleriestück geben und genießen. Übrig gebliebene Füllung im Kühlschrank aufbewahren, aber den Stangensellerie immer frisch zubereiten.

Nussbutter-Füllungen

Stangensellerie ist ein sehr kohlenhydratarmes Gemüse. Eine Stange eines Stangenselleries enthält nur 0,5 Gramm Kohlenhydrate und im Grunde kein Fett oder Eiweiß. Insofern entscheidet die Füllung, wie viel Fett, Eiweiß und Kohlenhydrate jeder gefüllte Stangensellerie hat. Eine Stange kann etwa 2 Esslöffel Füllung aufnehmen. Mit Nussbutter können einfache, leckere Füllungen zubereitet werden.

Gefüllter Stangensellerie ist ein großartiger Snack.

Die nachstehend pro Portion angegebenen Nährwerte sind Richtwerte für 1 Stange vom Stangensellerie und 2 Esslöffel Nussbutter.

Macadamianussbutter

Pro Portion: 22 g Fett; 2 g Netto-Kohlenhydrate; 2 g Eiweiß; 214 Kalorien

Mandelbutter

Pro Portion: 14 g Fett; 4,5 g Netto-Kohlenhydrate; 5 g Eiweiß; 164 Kalorien

Kokos-Aufstrich

Pro Portion: 9,5 g Fett; 2 g Netto-Kohlenhydrate; 1 g Eiweiß; 97 Kalorien

Erdnussbutter

Pro Portion: 14 g Fett; 4,5 g Netto-Kohlenhydrate; 7 g Eiweiß; 172 Kalorien

Krabben-Füllung

225 g Frischkäse (auf Zimmertemperatur gebracht)
½ Tasse (60 g) Krabbenfleisch, abgetropft, oder Krabbenfleisch-Imitat
1 EL (14 g) Mayonnaise (S. 49–51)
½ TL Zitronensaft
2 Frühlingszwiebeln, fein gehackt
⅛ TL Zwiebelsalz
⅛ TL Knoblauchsalz
8 Stangensellerie

Ergibt: 8 gefüllte Stangensellerie
Pro Portion: 11 g Fett; 2,5 g Netto-Kohlenhydrate; 3 g Eiweiß; 121 Kalorien

Käse-Pimiento-Füllung

½ Tasse (115 g) Mayonnaise (S. 49–51)
56 g Pimientos, gewürfelt
½ TL Worcestershire-Sauce
1 TL Zwiebeln, gehackt
⅛ TL Cayennepfeffer
225 g scharfer Cheddar-Käse, gerieben
8 Stangensellerie
Paprikapulver zum Garnieren

Ergibt: 8 gefüllte Stangensellerie
Pro Portion: 20 g Fett; 1,5 g Netto-Kohlenhydrate; 7,5 g Eiweiß; 216 Kalorien

Frischkäse-Füllung mit grünen Oliven

225 g Frischkäse (auf Zimmertemperatur gebracht)
⅓ Tasse (55 g) mit Pimientos gefüllte grüne Oliven, gehackt
1 Knoblauchzehe, gehackt
1 Prise Salz, 1 Prise schwarzer Pfeffer
8 Stangensellerie

Ergibt: 8 gefüllte Stangensellerie
Pro Portion: 10 g Fett; 2 g Netto-Kohlenhydrate; 2 g Eiweiß; 106 Kalorien

Frischkäse-Ananas-Füllung

225 g Frischkäse (auf Zimmertemperatur gebracht)
225 g Ananas, zerdrückt
8 Stangensellerie

Ergibt: 8 gefüllte Stangensellerie
Pro Portion: 10 g Fett; 4,5 g Netto-Kohlenhydrate; 2,5 g Eiweiß; 118 Kalorien

Dips können wunderbare fettreiche, keto-freundliche Appetizer und Snacks sein. Statt kohlenhydratreicher Cracker und Chips nehmen Sie Karotten, Sellerie, Blumenkohl, Brokkoli, Daikon-Rettich-Scheiben, Knollensellerie und andere kohlenhydratarme Gemüsesorten zum Dippen. Zum Dippen eignet sich jedoch nicht nur Gemüse sehr gut. Probieren Sie es auch mit knusprigem Speck (siehe unten und nachfolgende Seiten), Schweinekrusten (Speckkrusten) Käse-Crackern (S. 388–389) und Keto-Brot (S. 353–355).

Leckere Dips

Speck-Guacamole-Happen

Ergibt: 8 halbe Streifen Speck (8 Portionen)
Pro Portion (mit 1 Esslöffel/ 1,4 g Guacamole): 22 g Fett; 1,5 g Netto-Kohlenhydrate; 5,5 g Eiweiß; 226 Kalorien

4 Streifen Speck
8 EL Koriander-Limonen-Guacamole-Dip (siehe unten)

Die Speckstreifen halbieren und braten, bis sie knusprig sind. Den Speck wie einen Cracker verwenden und auf jeden halben Streifen (oder ganzen Streifen) Speck einen Löffel Guacamole geben und genießen.

Koriander-Limonen-Guacamole-Dip

Diese Guacamole kann als Dip oder als Salatdressing oder auch als Beilage zu Fleisch und Gemüse verwendet werden.

Ergibt: 1½ Tassen (230 g)
Pro Portion (¼ Tasse/38 g): 13 g Fett; 1,5 g Netto-Kohlenhydrate; 1,5 g Eiweiß; 129 Kalorien

- 2 Avocados
- 2 EL (30 ml) frischer Limonensaft
- ¾ TL Salz, mehr als notwendig
- ½ TL gemahlener Koriander
- ¼ TL gemahlener Kreuzkümmel
- 4 EL (4 g) Koriander, gehackt
- 1 Frühlingszwiebel, gehackt
- 2 TL Knoblauch, gehackt
- 1 TL Jalapeno, gehackt
- ¼ Tasse (45 g) Roma-Tomaten, fein gehackt

Die Avocados halbieren, die Kerne entfernen, mit einem Löffel das Fruchtfleisch herausheben und in eine kleine Rührschüssel geben. Den Limonensaft mit Salz, gemahlenem Koriander und Kreuzkümmel dazugeben und mit einem Löffel oder einer Gabel zu einer einheitlichen Masse zerdrücken und verrühren. Den gehackten Koriander sowie Frühlingszwiebeln, Knoblauch, Jalapeno und Tomaten dazugeben und unterrühren. Mit Salz abschmecken.

Speck mit Koriander-Limonen-Guacamole-Dip

Schinken-Käse-Dip überbacken

Dieser Dip ist ein großartiger Appetizer, wenn Sie Gäste haben. Er enthält 4 Gramm Fett pro Portion von 1 Esslöffel (14 g). Er schmeckt so gut, dass Sie mitunter gleich mehrere Esslöffel des Dips auf einmal essen werden.

110 g Frischkäse (auf Zimmertemperatur gebracht)
1 Tasse (230 g) saure Sahne
¾ Tasse (90 g) Cheddar-Käse, gerieben
6 Streifen Speck, zuckerfrei und ohne Nitritpökelsalz, knusprig gebraten und zerbröselt
3 Frühlingszwiebeln, gehackt

Ergibt: etwa 2½ Tassen (590 g)
Pro Portion von 1 Esslöffel (14 g): 4 g Fett; 0,5 g Netto-Kohlenhydrate; 2 g Eiweiß; 46 Kalorien

Den Backofen auf 190 °C vorheizen. In einer Schüssel alle Zutaten gut miteinander verrühren. In eine kleine Auflaufform geben und 30 bis 35 Minuten backen, bis der Käse ganz geschmolzen ist und Blasen wirft.

Spinat-Dip

1 EL (15 ml) Olivenöl extra virgin
1 TL Knoblauch, gehackt
255 g Spinat, tiefgefroren und zerkleinert; aufgetaut und zusammengepresst, um überschüssige Flüssigkeit abtropfen zu lassen
225 g Frischkäse
¾ Tasse (90 g) Monterey-Jack-Käse, gerieben
¼ Tasse (20 g) Parmesankäse, gerieben
¼ Tasse (60 ml) Schlagsahne
¼ Tasse (10 g) frisches Basilikum, gehackt
Salz, schwarzer Pfeffer

Ergibt: etwa 2¾ Tassen (670 g)
Pro Portion von 1 Esslöffel (14 g): 3 g Fett; 0,5 g Netto-Kohlenhydrate; 1 g Eiweiß; 33 Kalorien

Den Backofen auf 180 °C vorheizen. Das Öl in einer Pfanne bei mittlerer Temperatur erhitzen. Den Knoblauch dazugeben und 30 Sekunden unter ständigem Rühren garen lassen. Den Spinat dazugeben und unter häufigem Rühren etwa 4 Minuten garen lassen, bis der Spinat gar ist und keine Flüssigkeit mehr in der Pfanne ist. Vom Herd nehmen und abkühlen lassen.

In einer mittelgroßen Schüssel den Frischkäse mit Monterey Jack, Parmesan, Schlagsahne, Basilikum und einer Prise Salz sowie einer Prise schwarzen Pfeffer mit einem Mixer verrühren. Die abgekühlte Spinatmischung dazugeben und mit dem Mixer verrühren, bis alles gut miteinander vermischt ist. Die Masse in eine Auflaufform geben und 20 Minuten backen, bis sie heiß ist und Blasen wirft. Mit gehacktem Gemüse, Speckkrusten oder Keto-Brot (S. 353–355) servieren.

Avocado-Eier-Dip

Bei diesem Dip handelt es sich im Grunde um eine Guacamole mit hart gekochten Eiern. Er kann als Dip für Gemüse oder Speckkrusten oder auch als Füllung für ein Wrap verwendet werden.

Ergibt: etwa 2¼ Tassen (500 g)
Pro Portion von 1 Esslöffel (14 g): 2 g Fett; 0,5 g Netto-Kohlenhydrate; 0,5 g Eiweiß; 22 Kalorien

1 Avocado
2 hart gekochte Eier, gewürfelt
¼ Tasse (16 g) frische Petersilie oder frischer Koriander, gehackt
2 Frühlingszwiebeln, gehackt
1 EL (15 ml) Zitronensaft
2 TL Zitronenschale
¼ Tasse (60 g) Mayonnaise (S. 49–51)
¼ Tasse (60 g) saure Sahne
¼ TL gemahlener Kreuzkümmel
1 TL Jalapeno, gewürfelt
Salz und frischer gemahlener schwarzer Pfeffer zum Abschmecken
Mehrere Tropfen Chilisauce (optional)

Die Avocado halbieren, den Kern entfernen, das Fruchtfleisch aus der Schale lösen, in einer Schüssel zerkleinern und mit einer Gabel zu einer Masse zerdrücken. Die gewürfelten hart gekochten Eier mit Petersilie, Frühlingszwiebeln, Zitronensaft, Zitronenschale, Mayonnaise, saurer Sahne, Kreuzkümmel, Jalapeno, Salz, Pfeffer und ein paar Tropfen Chilisauce dazugeben. Gut verrühren und servieren.

Sardellen-Dip mit saurer Sahne

1 Tasse (230 g) saure Sahne
3 EL (45 g) Sardellenpaste
1 EL (15 ml) Zitronensaft

Ergibt: etwa 1¼ Tassen (280 g)
Pro Portion von 1 Esslöffel (14 g): 5 g Fett; 0,5 g Netto-Kohlenhydrate; 0,5 g Eiweiß; 49 Kalorien

Die saure Sahne mit der Sardellenpaste und dem Zitronensaft verrühren. Als Dip für rohes Gemüse oder als Beilage zu Fisch servieren.

Schnittlauch-Dip mit saurer Sahne

1 Tasse (230 g) saure Sahne
¼ Tasse (12 g) Schnittlauch, gehackt
1 TL Salz, ⅛ TL schwarzer Pfeffer

Ergibt: etwa 1 Tasse (224 g)
Pro Esslöffel (14 g): 3 g Fett; 0,5 g Netto-Kohlenhydrate; 0,5 g Eiweiß; 29 Kalorien

Die saure Sahne mit dem Schnittlauch verrühren. Mit Salz und Pfeffer abschmecken.

Ranch-Dip

¼ Tasse (30 g) Naturjoghurt
¼ Tasse (30 g) saure Sahne
¼ Tasse (4 g) frischer Koriander, klein geschnitten
1 Frühlingszwiebel, fein gehackt
½ TL Zwiebelpulver
¼ TL Knoblauchpulver
½ TL Salz

Ergibt: etwa ½ Tasse (110 g)
Pro Esslöffel (14 g): 1 g Fett; 0,5 g Netto-Kohlenhydrate; 0,5 g Eiweiß; 13 Kalorien

Alle Zutaten miteinander verrühren. In einem luftdicht verschlossenen Behälter im Kühlschrank aufbewahren. Innerhalb von 2 Tagen verbrauchen.

Ranch-Dip

Lachs-Dip

1 Dose (170 g) Lachs
½ Tasse (115 g) Mayonnaise (S. 49–51)
1 EL (14 g) Olivenöl extra virgin
56 g scharfer Cheddar-Käse, gerieben
1 Frühlingszwiebel, fein gehackt
¼ Tasse (60 g) Dillgurken, fein gehackt
⅛ TL Paprikapulver
Salz und schwarzer Pfeffer zum Abschmecken

Ergibt: etwa 1 Tasse (224 g)
Pro Esslöffel (14 g): 9,5 g Fett; 0 g Netto-Kohlenhydrate; 0 g Eiweiß; 97 Kalorien

Den Lachs mit der Mayonnaise und dem Olivenöl gut verrühren. Den Käse mit Frühlingszwiebeln, Dillgurken, Paprikapulver, Salz und Pfeffer unterrühren. Kann bis zu 1 Woche im Kühlschrank aufbewahrt werden.

C

D

E

F

G

H

I

J

K

P

Q

R

S

T

Über den Autor

Bruce Fife (C. N., N. D.) ist Ernährungsexperte und in den USA als Naturarzt tätig. Als Referent und als Autor von mehr als 20 Büchern zu Gesundheits- und Ernährungsthemen hat er sich international großes Renommee erworben. Er leitet das *Coconut Research Center* in Colorado Springs (USA), kennt alle wissenschaftlichen Studien zum Thema Kokosöl und hat zahlreiche praktische Erfahrungen damit gesammelt.

Seine Erkenntnisse über die gesundheitsfördernden Kräfte der Kokosnuss vermittelt er weltweit in Vorträgen und Seminaren. Vielfach wird er daher als „Dr. Kokosnuss" oder als der „Kokosnuss-Papst" bezeichnet.

In der VAK Verlags GmbH ist von dem Autor 2015 bereits erschienen:
Das Keto-Prinzip: Ketogen ernähren mit Kokosöl und Fett

Weitere Informationen und Kontakt:
www.coconutresearchcenter.org

Bruce Fife:

Das Keto-Prinzip

Ketogen ernähren mit Kokosöl und Fett

Leseprobe: www.vakverlag.de

Ketogen kochen – diese neue Ernährungsform ist derzeit im Kommen, denn sie hat große gesundheitliche Vorzüge. Eine Kurzformel für ketogenes Kochen könnte lauten: Weniger Kohlenhydrate und mehr Fett, am besten das der Kokosnuss! Kokosöl verbrennt nicht nur die Kalorien, die es selbst liefert, sondern auch die von anderen Nahrungsmitteln und hilft so beim Abnehmen. Darüber hinaus kurbelt es die Schilddrüsenfunktion an. Erfahren Sie hier erstmals, wie Sie mit Hilfe von Kokosöl Krankheiten vorbeugen und Ihr Gewicht reduzieren können.

448 Seiten, 10 Abbildungen, Paperback (15 x 21,5 cm)
ISBN 978-3-86731-163-2

Peter Königs:

Das Kokosbuch

Natürlich heilen und genießen mit Kokosöl und Co.

Leseprobe: www.vakverlag.de

Kokosöl und Co. – wie Mehl, Milch, Flocken und Wasser aus der Kokosnuss – schmecken ausgesprochen gut und sind gesundheitsfördernd, immunstärkend und erleichtern das Abnehmen.
Der umfassende Ratgeber des erfahrenen Autors berücksichtigt aktuelle wissenschaftliche Studien, enthält alles Wissenswerte zum Thema Fettsäuren und erläutert verständlich, auf welche Gesundheitsprobleme Kokosöl sich positiv auswirkt. Mit vielen Rezepten, praktischen Tipps und einem Extrakapitel über die Ernährungsbehandlung bei Alzheimer.

176 Seiten, 67 Abbildungen, Paperback (16 x 22,5 cm)
ISBN 978-3-86731-127-4

Kyra und Sascha Kauffmann:

Der Histamin-Irrtum

Weg von Radikaldiäten und Verbotslisten – die Formel für ein gesundes Leben mit Histamin

Leseprobe: www.vakverlag.de

Histaminintoleranz ist oft die letzte Erklärung, wenn diffuse Beschwerden wie Verdauungsprobleme nicht nachlassen und alle Behandlungsansätze wirkungslos bleiben. Als Ausweg wird dann eine erhebliche Einschränkung der Ernährung verordnet. Doch diese bleibt häufig wirkungslos, weil die Beschwerden in erster Linie nicht durch histaminhaltige Lebensmittel entstehen, sondern durch das Histamin, das unser Körper selbst produziert. Die Autoren erklären, wie es gelingt, den Histaminhaushalt wieder in Balance zu bringen.

224 Seiten, zahlreiche Abb., Klappenbroschur (16,5 x 22,5 cm)
ISBN 978-3-86731-238-7

Abonnieren Sie unseren Newsletter (gratis) unter: www.vakverlag.de

Phoebe Lapine:

SIBO – Wenn der Darm in Aufruhr ist

Die richtige Behandlungsstrategie bei Dünndarmfehlbesiedelung und Reizdarm

Leseprobe: www.vakverlag.de

Krämpfe, Durchfall oder Verstopfung – das sogenannte Reizdarmsyndrom ist auf dem Vormarsch. Experten nehmen an, dass häufig eine Fehlbesiedelung des Dünndarms dahintersteckt, wenn sich Bakterien aus dem Dickdarm weiter oben im Darmtrakt ansiedeln und dort Beschwerden verursachen. Phoebe Lapine ist selbst betroffen und bündelt hier ihr gesamtes Wissen zum Thema: Sie erklärt, was genau sich hinter der Dünndarmfehlbesiedelung – kurz: SIBO – verbirgt, welche Krankheiten oft damit einhergehen und wie sich durch praktische Strategien trotzdem gut damit leben lässt.

352 Seiten, zahlreiche Abbildungen, Klappenbroschur (17,5 x 24 cm)
ISBN 978-3-86731-246-2

Dr. Susan Blum:

Autoimmunerkrankungen erfolgreich behandeln

Das 4-Schritte-Programm für ein gesundes Immunsystem

Leseprobe: www.vakverlag.de

Was haben Rheuma, Hashimoto, MS oder Zöliakie gemeinsam? Es sind Autoimmunerkrankungen, die sich schulmedizinisch nur symptomatisch behandeln lassen – heilen kann man sie nicht. Die Ursache der Beschwerden ist ein Immunsystem auf „Abwegen“: Das fehlgesteuerte Abwehrsystem greift gesunde Körperzellen an und die Entzündungen führen zu Schäden an den betroffenen Organen. Das hier vorgestellte 4-Schritte-Programm beruhigt das überaktive Immunsystem und bringt die chronisch entzündlichen Prozesse im Körper zum Stillstand.

432 Seiten, 20 Abbildungen, Klappenbroschur (15 x 21,5 cm)
ISBN 978-3-86731-160-1

Justin Brewer:

Hunger Habit

Wie wir mit unserem Gehirn zusammenarbeiten können, um ungesunde Essgewohnheiten zu überwinden

Leseprobe: www.vakverlag.de

Judson Brewer erklärt die wahren Gründe hinter unserem Essverhalten, und wie wir zu einem guten Umgang mit Essen zurückkehren. Die Ursprünge unserer Essprobleme gehen auf Muster im Gehirn zurück, die evolutionär zunächst vorteilhaft waren, in Zeiten ständiger Verfügbarkeit von Nahrung aber oft ins Gegenteil umschlagen – Binge-Eating, Überessen, Heißhunger und Kontrollverlust sind die Folge. Hunger Habit hilft, problematisches Essverhalten abzulegen, indem wir dafür zuständige Abläufe im Gehirn verstehen und erkennen, wie wir sie gezielt ändern und steuern können.

336 Seiten, Klappenbroschur (15 x 21,5 cm)
ISBN 978-3-86731-282-0

Bestellen Sie unsere kostenlosen Kataloge unter: www.vakverlag.de